ŒUVRES

DE

DENIS DIDEROT.

TOME VI.

OPINIONS DES ANCIENS PHILOSOPHES.
TOME SECOND.

ŒUVRES

DE

DENIS DIDEROT,

publiées sur les manuscrits de l'Auteur,

PAR JACQUES-ANDRÉ NAIGEON,

de l'Institut national des sciences, etc.

TOME SIXIEME.

A PARIS,

Chez DETERVILLE, Libraire, rue du Battoir, N.° 16.

AN VIII.

OPINIONS

DES

ANCIENS PHILOSOPHES.

OPINIONS

DES

ANCIENS PHILOSOPHES.

JAPONOIS.

(PHILOSOPHIE DES)

Les *Japonois* ont reçu des Chinois presque tout ce qu'ils ont de connoissances philosophiques, politiques et superstitieuses, s'il en faut croire les Portugais, les premiers d'entre les Européens qui aient abordé au Japon, et qui nous aient entretenus de cette contrée. François Xavier, de la compagnie de Jésus, y fut conduit en 1549, par un ardent et beau zèle d'étendre la religion chrétienne : il y fut écouté ; et le Christ seroit peut-être adoré dans toute l'étendue du Japon, si l'on n'eût point allarmé les peuples par une conduite imprudente, qui leur fit soupçonner qu'on en vouloit plus à la perte de leur liberté qu'au salut de leurs ames. Le rôle d'apôtre n'en souffre point d'autre : on ne l'eut pas plus-tôt déshonoré au Japon, en lui associant celui d'intérêt et de politique, que les persécutions s'élevèrent, que les échafauds se dressèrent, et que le sang coula de toutes parts. La haine du nom chrétien est telle au Japon, qu'on n'en approche point aujourd'hui sans fouler le Christ aux pieds; cérémonie ignominieuse, à laquelle on dit que quelques Européens, plus attachés à l'argent qu'à leur Dieu, se soumettent sans répugnance.

Les fables que les *Japonois* et les Chinois débitent sur l'antiquité de leur origine, sont presque les mêmes; et il résulte, de la comparaison qu'on en fait, que ces sociétés d'hommes se formoient et se poliçoient sous une ère peu différente. Le célèbre Kempfer, qui a parcouru le Japon en naturaliste, géographe, politique et théologien; et dont le voyage tient un rang distingué parmi nos meilleurs livres, divise l'histoire *japonoise* en fabuleuse, incertaine ou vraie. La période fabuleuse commence long-temps avant la création du monde, selon la chronologie sacrée. Ces peuples ont eu aussi la manie de reculer leur origine. Si on les en croit, leur premier gouvernement fut théocratique; il faut entendre les merveilles qu'ils racontent de son bonheur et de sa durée. Le temps du mariage du dieu Isanagi Mikotto et de la déesse Isanami Mikotto fut l'âge d'or pour eux. Allez d'un pole à l'autre; interrogez les peuples; et vous y verrez par-tout l'idolâtrie et la superstition s'établir par les mêmes moyens. Partout, ce sont des hommes qui se rendent respectables à leurs semblables, en se donnant ou pour des dieux, ou pour des descendans des dieux. Trouvez un peuple sauvage ; faites du bien ; dites que vous êtes un dieu, et l'on vous croira ; et vous serez adoré pendant votre vie et après votre mort.

Le règne d'un certain nombre de rois, dont on ne peut fixer l'ère, remplit la période incertaine. Ils y succèdent aux premiers fondateurs ; et s'occupent à dépouiller leurs sujets d'un reste de férocité naturelle, par l'institution des loix, et l'invention des arts ; l'invention des arts, qui fait la douceur de la vie ; l'institution des loix, qui en fait la sécurité.

Fohi, premier législateur des Chinois, est aussi le premier législateur des *Japonois ;* et ce nom n'est pas moins célèbre dans l'une de ces contrées, que dans l'autre. On le représente tantôt sous la figure d'un serpent, tantôt sous la figure d'un homme à tête sans corps, deux symboles de la science et de la sagesse. C'est à lui que les *Japonois* attribuent la connoissance des mouvemens célestes, des signes du zodiaque, des révolutions de l'année, de son partage en mois, et d'une infinité de découvertes utiles. Ils disent qu'il vivoit l'an 596 de la création ; ce qui est faux, puisque l'histoire du déluge universel est vraie, comme tout le monde le sait.

Les premiers Chinois et les premiers *Japonois*, instruits par un même homme, n'ont pas eu vraisemblablement un culte fort différent. Le Xékia des premiers est le Siaka des seconds. Il est de la même période ; mais les Siamois, les *Japonois* et les Chinois, qui les révèrent également, ne s'accordent pas sur le temps précis où il a vécu.

L'histoire vraie du Japon ne commence guère que 660 ans avant la naissance de Jésus-Christ. C'est la date du règne de Syn-mu ; Syn-mu qui fut si cher à ses peuples, qu'ils le surnommèrent Niu-o, le très-grand, le très-bon, *optimus, maximus* ; ils lui font honneur des mêmes découvertes qu'à Fohi.

Ce fut sous ce prince, que vécut le philosophe Roosi, c'est-à-dire, le vieillard enfant. Confucius naquit 50 ans après Roosi. Confucius a des temples au Japon ; et le culte qu'on lui rend diffère peu des honneurs divins. Entre les disciples les plus illustres de Confucius, on nomme au Japon Ganquai, autre vieillard enfant. L'ame de Ganquai qui mourut à 33 ans, fut transmise à Kosobosati, disciple de Xékia, d'où il est évident que le Japon n'avoit, dans les commencemens, d'autres notions de philosophie, de morale et de religion que celle de Xékia, de Confucius et des

Chinois, quelle que soit la diversité que le temps y ait introduite.

La doctrine de Siaka et de Confucius n'est pas la même ; celle de Confucius a prévalu à la Chine ; et le Japon a préféré celle de Siaka ou Xékia.

Sous le règne de Synin, Kobote, philosophe de la secte de Xékia, porta au Japon le livre Kio. Ce sont proprement des pandectes de la doctrine de son maître. Cette philosophie fut connue dans le même temps à la Chine. Quelle différence entre nos philosophes et ceux-ci ! les rêveries d'un Xékia se répandent dans l'Inde, la Chine et le Japon, et deviennent la loi de cent millions d'hommes. Un homme naît quelquefois parmi nous avec les talens les plus sublimes, écrit les choses les plus sages, ne change pas le moindre usage, vit obscur, et meurt ignoré.

Il paroît que les premières étincelles de lumière, qui aient éclairé la Chine et le Japon, sont parties de l'Inde et du brachmanisme.

Kobote établit au Japon la doctrine ésotérique et exotérique de Foï. A-peine y fut-il arrivé, qu'on lui éleva le Fakabasi, ou le temple du Cheval Blanc ; ce temple subsiste encore. Il fut appelé du *Cheval Blanc*, parce que Kobote parut au Japon monté sur un cheval de cette couleur.

La doctrine de Siaka ne fut pas tout-à-coup celle du peuple. Elle étoit encore particulière et secrète, lorsque Darma, le vingt-huitième disciple de Xékia, passa de l'Inde au Japon.

Mokuris suivit les traces de Darma. Il se montra d'abord dans le Tinsiku, sur les côtes du Malabar et de Coromandel. Ce fut là qu'il annonça la doctrine d'un dieu ordonnateur du monde et protecteur des hommes, sous le nom d'*Amida*. Cette idée fit fortune, et se répandit dans les contrées voisines, d'où elle parvint à la Chine et au Japon. Cet événement fait date dans la chronologie des *Japonois*.

Le prince Tonda Josimits porta la connoissance d'Amida dans la contrée de Sinano. C'est au dieu Amida que le temple de Synquosi fut élevé : et sa statue ne tarda pas à y opérer des miracles ; car il en faut aux peuples. Mêmes impostures en Egypte, dans l'Inde, à la Chine, au Japon. Dieu a permis cette ressemblance entre la vraie religion et les fausses, pour que notre foi nous fût méritoire; car il n'y a que la vraie religion qui ait de vrais miracles : cela est démontré. Nous avons été éclairés par les moyens qu'il fut permis au diable d'employer, pour précipiter dans la perdition les nations sur lesquelles Dieu n'avoit point résolu, dans ses décrets éternels, d'ouvrir l'œil de sa miséricorde. (*Voyez* ci-dessus tom. 1, p. 566, note 1).

Voilà donc la superstition et l'idolâtrie s'échappant des sanctuaires égyptiens, et allant infecter au loin l'Inde, la Chine et le Japon, sous le nom de doctrine xékienne. Voyons maintenant les révolutions que cette doctrine éprouva; car il n'est pas donné aux opinions des hommes de rester les mêmes, en traversant le temps et l'espace.

Nous observerons d'abord que le Japon entier ne suit pas le dogme de Xékia. Le mensonge national est tolérant chez ces peuples; il permet à une infinité de mensonges étrangers de subsister paisiblement à ses côtés.

Après que le christianisme eut été extirpé par le massacre de trente-sept mille hommes, exécuté presque en un moment, la nation se partagea en trois sectes. Les uns s'attachèrent au sintos ou à la vieille religion; d'autres embrassèrent le budso, ou la doctrine de Budda, ou de Siaka, ou de Xékia; et le reste s'en tint au Sindo, ou au code des philosophes moraux.

Du sintos, du budso et du sindo.

Le sintos, qu'on appelle aussi *sinsin* et *kammitsi*, le culte le plus ancien du Japon, est celui des idoles. L'idolâtrie est le premier pas de l'esprit humain dans l'histoire naturelle de la religion; c'est de-là qu'il s'avance au manichéisme (*voyez* l'article B<small>ELBUCH</small> et Z<small>EOMBUCH</small>); du manichéisme, à l'unité de Dieu, pour revenir à l'idolâtrie, et tourner dans le même cercle. Sin et Kami sont les deux idoles du Japon. Tous les dogmes de cette théologie se rapportent au bonheur actuel. La notion, que les sintoïstes paroissent avoir de l'immortalité de l'ame, est fort obscure; ils s'inquiètent peu de l'avenir : rendez-nous aujourd'hui heureux, disent-ils à leurs dieux ; et nous vous tenons quittes du reste. Ils reconnoissent cependant un grand Dieu, qui habite au haut des cieux ; des dieux subalternes, qu'ils ont placés dans les étoiles; mais ils ne les honorent ni par des sacrifices, ni par des fêtes. Ils sont trop loin d'eux, pour en attendre du bien, ou en craindre du mal. Ils jurent par ces dieux inutiles; et ils invoquent ceux qu'ils imaginent présider aux élémens, aux plantes, aux animaux et aux événemens importans de la vie.

Ils ont un souverain pontife, qui se prétend descendu en droite ligne des dieux qui ont anciennement gouverné la nation. Ces dieux ont même encore une assemblée générale chez lui, le dixième mois de chaque année. Il a le droit d'instaler parmi eux ceux qu'il en juge dignes ; et l'on pense bien qu'il n'est pas assez mal-adroit, pour oublier le prédécesseur du prince régnant; et que le prince régnant ne manque pas d'égards pour un homme dont il espère un jour les honneurs divins. C'est ainsi que le despotisme et la superstition se prêtent la main.

Rien de si mystérieux et de si misérable que la physicologie de cette secte. C'est la fable du chaos défigurée. A l'origine des choses, le chaos étoit ; il en sortit je ne sais quoi, qui ressembloit à une épine; cette épine se mut, se transforma, et le Kunito-khodatsno-Micotto ou l'esprit, parut. Du reste, rien dans les livres sur la nature des dieux ni sur leurs attributs, qui ait l'ombre du sens commun. Il en est de même des nôtres.

Les sintoïstes, qui ont senti la pauvreté de leur système, ont emprunté des budsoïstes quelques opinions. Quelques-uns d'entre eux, qui font secte, croient que l'ame d'Amida a passé par métempsycose dans le Tin-sio-dai-sin, et a donné naissance au premier des dieux ; que les ames des gens de bien s'élèvent dans un lieu fortuné au-dessus du trente-troisième ciel ; que celles des méchans sont errantes jusqu'à ce qu'elles aient expié leurs crimes; et qu'on obtient le bonheur à venir par l'abstinence de tout ce qui peut souiller l'ame, la sanctification des fêtes, les pélerinages religieux, et les macérations de la chair.

Tout, chez ce peuple, est rappelé à l'honnêteté civile et à la politique; il n'en est ni moins heureux, ni plus méchant.

Ses hermites, car il en a, sont des ignorans et des ambitieux ; et le peu de cérémonies religieuses, auxquelles le peuple est assujetti, est conforme à son caractère mol et voluptueux.

Les budsoïstes adorent les dieux étrangers Budso et Fotoke : leur religion est celle de *Xékia*. Le nom de Budso est indien, et non *japonois*; il vient de *Budda* ou *Budha*, qui est synonyme à *Hermès*.

Siaka ou Xékia s'étoit donné pour un dieu. Les Indiens le regardent encore comme une émanation divine. C'est sous la forme de cet homme, que Wisthnou s'incarna pour la neuvième fois ; et les mots *Budda* et *Siaka* désignent au Japon les dieux étrangers, quels qu'ils soient, sans en excepter les saints et les philosophes qui ont prêché la doctrine xékienne.

Cette doctrine eut de la peine à prendre à la Chine et au Japon, où les esprits étoient prévenus de celle de Confucius, qui avoit en mépris les idoles : mais de quoi ne viennent point à bout l'enthousiasme et l'opiniâtreté, aidés de l'inconstance des peuples et de leur goût pour le nouveau et le merveilleux ! Darma attaqua, avec ses avantages, la sagesse de Confucius. On dit qu'il se coupa les paupières, de peur que la méditation ne le conduisît au sommeil. Au-reste, les *Japonois* furent enchantés d'un dogme qui leur promettoit l'immortalité et des récompenses à venir ; et une multitude de disciples de Confucius passèrent dans la secte de Xékia, prêchée par un homme qui avoit commencé de se rendre vénérable par la sainteté de ses mœurs. La première idole publique de Xékia, fut élevée chez les *Japonois*, l'an de J. C. 543.

Bientôt on vit à ses côtés la statue d'Amida ; et les miracles d'Amida entraînèrent la ville et la cour.

Amida est regardé par les disciples de Xékia comme le dieu suprême des demeures heureuses, que les bons vont habiter après leur mort. C'est lui qui les rejette, ou les admet. Voilà la base de la doctrine exotérique. Le grand principe de la doctrine exotérique, c'est que tout n'est rien, et que c'est de ce rien que tout dépend. De-là le distique qu'un enthousiaste xékien écrivit après trente ans de méditations, au pied d'un arbre sec qu'il avoit dessiné : « Arbre, dis-moi qui t'a planté ? moi, dont » le principe n'est rien, et la fin rien ». Ce qui revient à cette autre inscription d'un philosophe de la même secte : « Mon cœur n'a ni être ni non- » être ; il ne va point, il ne revient point ; il n'est » retenu nulle part ». Ces folies paroissent bien étranges : cependant qu'on essaie ; et l'on verra qu'en suivant la subtilité de la métaphysique aussi loin qu'elle peut aller, on aboutira à d'autres folies qui ne seront guère moins ridicules.

Au-reste, les xékiens négligent l'extérieur, s'appliquent uniquement à méditer, méprisent toute discipline qui consiste en paroles, et ne s'attachent qu'à l'exercice qu'ils appellent *soquxin*, *soqubut*, ou *du cœur*.

Il n'y a, selon eux, qu'un principe de toutes choses ; et ce principe est par-tout.

Tous les êtres en émanent, et y retournent.

Il existe de toute éternité ; il est unique, clair, lumineux, sans figure, sans raison, sans mouvement, sans action, sans accroissement ni décroissement.

Ceux qui l'ont bien connu dans ce monde, acquièrent la gloire parfaite de Fotoque et de ses successeurs.

Les autres errent et erreront jusqu'à la fin du monde : alors le principe commun absorbera tout.

Il n'y a ni peines, ni récompenses à venir.

Nulle différence réelle entre la science et l'ignorance, entre le bien et le mal.

Le repos qu'on acquiert par la méditation, est le souverain bien, et l'état le plus voisin du principe général, commun et parfait.

Quant à leur vie, ils forment des communautés ; se lèvent à minuit, pour chanter des hymnes ; et le soir, ils se rassemblent autour d'un supérieur qui traite en leur présence quelques points de morale, et leur en propose à méditer.

Quelles que soient leurs opinions particulières, ils s'aiment et se cultivent. Les entendemens, disent-ils, ne sont pas unis de parenté comme les corps.

Il faut convenir que si ces gens ont des choses en quoi ils valent moins que nous, ils en ont aussi en quoi nous ne les valons pas.

La troisième secte des *Japonois* est celle des sendosivistes, ou de ceux qui se dirigent par le sicuto ou la voie philosophique : ceux-ci sont proprement sans religion. Leur unique principe est qu'il faut pratiquer la vertu, parce que la vertu seule peut nous rendre aussi heureux que notre nature le comporte. Selon eux, le méchant est assez à plaindre en ce monde, sans lui préparer un avenir fâcheux ; et le bon, assez heureux, sans qu'il lui faille encore une récompense future. Ils exigent de l'homme qu'il soit vertueux, parce qu'il est raisonnable ; et qu'il soit raisonnable, par ce qu'il n'est ni une pierre, ni une brute. Ce sont les vrais principes de la morale de Confucius et de son disciple *japonois* Moosi. Les ouvrages de Moosi jouissent au Japon de la plus grande autorité.

La morale des sendosivistes ou philosophes *japonois*, se réduit à cinq points principaux.

Le premier, ou *dsin*, est de la manière de conformer ses actions à la vertu.

Le second, *gi*, de rendre la justice à tous les hommes.

Le troisième, *re*, de la décence et de l'honnêteté des mœurs.

Le quatrième, *tsi*, des règles de la pudeur.

Le cinquième, *sin*, de la pureté, de la conscience, et de la rectitude de la volonté.

Selon eux, point de métempsycose ; il y a une ame universelle qui anime tout, dont tout émane, et qui absorbe tout. Ils ont quelques notions de spiritualité ; ils croient l'éternité du monde ; ils célèbrent la mémoire de leurs parens, par des sacrifices; ils ne reconnoissent point de dieux nationaux; ils n'ont ni temple, ni cérémonies religieuses: s'ils se prêtent au culte public, c'est par esprit d'obéissance aux loix : ils usent d'ablutions, et s'abstiennent du commerce des femmes dans les jours qui précèdent leurs fêtes commémoratives : ils ne brûlent point les corps des morts ; mais ils les enterrent comme nous : ils ne permettent pas seulement le suicide, ils y exhortent ; ce qui prouve le peu de cas qu'ils font de la vie. L'image de Confucius est dans leurs écoles. On exigea d'eux, au temps de l'extirpation du christianisme, qu'ils eussent une idole ; elle est placée dans leurs foyers, couronnée de fleurs et parfumée d'encens. Leur secte souffrit beaucoup de la persécution des chrétiens; et ils furent obligés de cacher leurs livres. Il n'y a pas long-temps qu'un prince *japonois*, appelé *Sisen*, qui avoit pris du goût pour les sciences et la philosophie, fonda une académie dans ses domaines, y appela les hommes les plus instruits, les encouragea à l'étude par des récompenses ; et la raison commençoit à faire des progrès dans un canton de l'empire, lorsque de vils petits sacrificateurs qui vivoient de la superstition et de la crédulité des peuples, fâchés du discrédit de leurs rêveries, portèrent des plaintes à l'empereur et au daïro ; et menacèrent la nation des plus grands désastres, si l'on ne se hâtoit d'étouffer cette race naissante d'impies. Sisen vit tout-à-coup la tyrannie écclésiastique et civile conjurée contre lui ; et ne trouva d'autre moyen d'échapper au péril qui l'environnoit, qu'en renonçant à ses projets, et en cédant ses livres et ses dignités à son fils. C'est Kempfer même qui nous raconte ce fait, bien propre à nous instruire sur l'espèce d'obstacles, que les progrès de la raison doivent rencontrer par-tout. *Voyez* Bayle, Brucker, Possevin, etc. *Voyez* aussi les articles INDIENS, CHINOIS et ÉGYPTIENS.

JÉSUITES.

HISTOIRE DES SUPERSTITIONS MODERNES.

ORDRE religieux, fondé par Ignace de Loyola, et connu sous le nom de *compagnie*, ou *société de Jésus*.

Nous ne dirons rien ici de nous-même. Cet article ne sera qu'un extrait succinct et fidèle des comptes rendus par les procureurs généraux des cours de judicature, des mémoires imprimés par ordre des parlemens, des différens arrêts, des histoires, tant anciennes que modernes, et des ouvrages qu'on a publiés en si grand nombre dans ces derniers temps.

En 1521 Ignace de Loyola, après avoir donné les vingt-neuf premières années de sa vie au métier de la guerre et aux amusemens de la galanterie,

A *

se consacra au service de la mère de Dieu, au Mont Ferrat en Catalogne, d'où il se retira dans la solitude de Manrèse, où Dieu lui inspira certainement son ouvrage des *exercices spirituels ;* car il ne savoit pas lire quand il l'écrivit. *Abrégé hist. de la C. D. J.*

Décoré du titre de chevalier de Jésus-Christ et de la vierge Marie, il se mit à enseigner, à prêcher, et à convertir les hommes avec zèle, ignorance et succès. *Même ouvrage.*

Ce fut en 1538, sur la fin du carême, qu'il rassembla à Rome les dix compagnons qu'il avoit choisis selon ses vues.

Après divers plans formés et rejetés, Ignace et ses collègues se vouèrent de concert à la fonction de catéchiser les enfans, d'éclairer de leurs lumières les infidèles, et de défendre la foi contre les hérétiques.

Dans ces circonstances, Jean III, roi de Portugal, prince zélé pour la propagation du christianisme, s'adressa à Ignace pour avoir des missionnaires, qui portassent la connoissance de l'évangile aux Japonois et aux Indiens. Ignace lui donna Rodriguès et Xavier ; mais ce dernier partit seul pour ces contrées lointaines, où il opéra une infinité de choses merveilleuses que nous croyons, et que le *jésuite* Acosta ne croit pas.

L'établissement de la compagnie de Jésus souffrit d'abord quelques difficultés ; mais sur la proposition d'obéir au pape seul, en toutes choses et en tous lieux, pour le salut des ames et la propagation de la foi ; le pape Paul III conçut le projet de former, par le moyen de ces religieux, une espèce de milice répandue sur la surface de la terre, et soumise sans réserve aux ordres de la cour de Rome ; et l'an 1540 les obstacles furent levés; on approuva l'institut de Ignace ; et la compagnie de Jésus fut fondée.

Benoît XLV, qui avoit tant de vertus, et qui a dit tant de bons mots ; ce pontife, que nous regretterons long-temps encore, regardoit cette milice comme les janissaires du saint-siège ; troupe indocile et dangéreuse, mais qui sert bien.

Au vœu d'obéissance fait au pape, et à un général, représentant de Jésus-Christ sur la terre, les *jésuites* joignirent ceux de pauvreté et de chasteté, qu'ils ont observé jusqu'à ce jour, comme on sait.

Depuis la bulle qui les établit, et qui les nomma *jésuites*, ils en ont obtenu quatre-vingt-douze autres qu'on connoît, et qu'ils auroient dû cacher; et peut-être autant, qu'on ne connoît pas.

Ces bulles, appelées *lettres apostoliques*, leur accordent depuis le moindre privilége de l'état monastique, jusqu'à l'indépendance de la cour de Rome.

Outre ces prérogatives, ils ont trouvé un moyen singulier de s'en créer tous les jours. Un pape a-t-il proféré inconsidérément un mot qui soit favorable à l'ordre ? on s'en fait aussi-tôt un titre, et il est enregistré dans les fastes de la société, à un chapitre qu'elle appelle les oracles de vive voix, *vivæ vocis oracula*.

Si un pape ne dit rien, il est aisé de le faire parler. Ignace, élu général, entra en fonction le jour de Pâques de l'année 1541.

Le généralat, dignité subordonnée dans son origine, devint sous Lainez et sous Aquaviva un despotisme illimité et permanent.

Paul III avoit borné le nombre des profès à soixante ; trois ans après il annulla cette restriction ; et l'ordre fut abandonné à tous les accroissemens qu'il pouvoit prendre, et qu'il a pris.

Ceux qui prétendent en connoître l'économie et le régime, le distribuent en six classes, qu'ils appellent « des profès, des coadjuteurs spirituels, » des écoliers approuvés, des frères lais ou coad- » juteurs temporels, des novices, des afiliés ou » adjoints, ou jésuites de robe courte ». Ils disent que cette dernière est nombreuse, qu'elle est incorporée dans tous les états de la société, et qu'elle se déguise sous toutes sortes de vêtemens.

Outre les trois vœux solemnels de religion, les profès qui forment le corps de la société font encore un vœu d'obéissance spéciale au chef de l'église, mais seulement pour ce qui concerne les missions étrangères.

Ceux qui n'ont pas encore prononcé ce dernier

vœu d'obéissance, s'appellent *coadjuteurs spirituels.*

Les écoliers approuvés sont ceux qu'on a consérvés dans l'ordre après deux ans de noviciat, et qui se sont liés en particulier par trois vœux non solemnels, mais toute-fois déclarés vœux de religion, et portant empêchement diriment.

C'est le temps et la volonté du général, qui conduiront, un jour, les écoliers aux grades de profès ou coadjuteurs spirituels.

Ces grades, sur-tout celui de profès, supposent deux ans de noviciat, sept ans d'études, qu'il n'est pas toujours nécéssaire d'avoir faites dans la société; sept ans de régence, une troisième année de noviciat, et l'âge de trente-trois ans, celui où notre Seigneur Jésus-Christ fut attaché à la croix.

Il n'y a nulle réciprocité d'engagemens entre la compagnie et ses écoliers, dans les vœux qu'elle en exige : l'écolier ne peut sortir; et il peut être chassé par le général.

Le général seul, même à l'exclusion du pape, peut admettre ou rejeter un sujet.

L'administration de l'ordre est divisée en assistances; les assistances, en provinces; et les provinces, en maisons.

Il y a cinq assistans, chacun porte le nom de son département, et s'appelle l'*assistant* ou d'Italie, ou d'Espagne, ou d'Allemagne, ou de France, ou de Portugal.

Le devoir d'un assistant est de préparer les affaires, et d'y mettre un ordre qui en facilite l'expédition au général.

Celui qui veille sur une province porte le titre de *provincial* ; le chef d'une maison, celui de *recteur*.

Chaque province contient quatre sortes de maisons ; des maisons professes, qui n'ont point de fonds ; des colléges, où l'on enseigne ; des résidences, où vont séjourner un petit nombre d'apostolisans ; et des noviciats.

Les profès ont renoncé à toute dignité ecclésiastique ; ils ne peuvent accepter la crosse, la mitre ou le rochet, que du consentement du général.

Qu'est-ce qu'un *jésuite ?* est-ce un prêtre séculier ? est-ce un prêtre régulier ? est-ce un laïc ? est-ce un religieux ? est-ce un homme de communauté ? est-ce un moine ? c'est quelque chose de tout cela ; mais ce n'est point cela.

Lorsque ces hommes se sont présentés dans les contrées où ils sollicitoient des établissemens, et qu'on leur a demandé ce qu'ils étoient, ils ont répondu, tels quels, *tales quales*.

Ils ont, dans tous les temps, fait mystère de leurs constitutions ; et jamais ils n'en ont donné entière et libre communication aux magistrats.

Leur régime est monarchique ; toute l'autorité réside dans la volonté d'un seul.

Soumis au despotisme le plus excessif dans leurs

maisons, les *jésuites* en sont les fauteurs les plus abjects dans l'etat. Ils prêchent aux sujets une obéissance sans réserve pour leurs souverains ; aux rois l'indépendance des loix et l'obéissance aveugle au pape ; ils accordent au pape l'infaillibilité et la domination universelle, afin que, maîtres d'un seul, ils soient maîtres de tous.

Nous ne finirions point si nous entrions dans le détail de toutes les prérogatives du général. Il a le droit de faire des constitutions nouvelles, ou d'en renouveller d'anciennes, et sous telle date qu'il lui plaît ; d'admettre, ou d'exclure ; d'édifier ou d'anéantir ; d'approuver, ou d'improuver ; de consulter, ou d'ordonner seul ; d'assembler, ou de dissoudre ; d'enrichir, ou d'appauvrir ; d'absoudre, de lier, ou de délier ; d'envoyer, ou de retenir ; de rendre innocent, ou coupable ; coupable d'une faute légère, ou d'un crime ; d'annuller, ou de confirmer un contrat ; de ratifier, ou de commuer un legs ; d'approuver, ou de supprimer un ouvrage ; de distribuer des indulgences, ou des anathêmes ; d'associer, ou de retrancher : en un mot, il possède toute la plénitude de puissance qu'on peut imaginer dans un chef sur ses sujets ; il en est la lumière, l'ame, la volonté, le guide, et la conscience.

Si ce chef despote et machiavéliste étoit par hasard un homme violent, vindicatif, ambitieux, méchant ; et que dans la multitude de ceux auxquels il commande, il se trouvât un seul fanatique; où est le prince, où est le particulier qui fût en sûreté sur son trône ou dans son foyer?

Les provinciaux de toutes les provinces sont tenus d'écrire au général, une fois chaque mois ; les recteurs, les supérieurs des maisons, et les maîtres des novices, de trois mois en trois mois.

Il est enjoint à chacun des provinciaux d'entrer dans le détail le plus étendu sur les maisons, les collèges, tout ce qui peut concerner la province ; à chaque recteur, d'envoyer deux catalogues, l'un de l'âge, de la patrie, du grade, des études, et de la conduite des sujets ; l'autre, de leur esprit, de leurs talens, de leur caractère, de leurs mœurs : en un mot, de leurs vices et de leurs vertus.

En conséquence, le général reçoit chaque année, environ deux cents états circonstanciés de chaque royaume, et de chaque province d'un royaume, tant pour les choses temporelles que pour les choses spirituelles.

Si ce général étoit par hasard un homme vendu à quelque puissance étrangère ; s'il étoit malheureusement disposé par caractère, ou entraîné par intérêt, à se mêler de choses politiques, quel mal ne pourroit-il pas faire?

Centre où vont aboutir tous les secrets de l'état et des familles, et même des familles royales ; aussi instruit qu'impénétrable ; dictant des volontés absolues, et n'obéissant à personne ; prévenu d'opinions les plus dangereuses sur l'agrandissement et la conservation de sa compagnie, et les prérogatives de la puissance spirituelle; capable d'armer à nos côtés des mains dont on ne peut se défier; quel est l'homme sous le ciel, à qui ce général ne pût susciter des embarras fâcheux, si, encouragé par le silence et l'impunité, il osoit oublier une fois la sainteté de son état?

Dans les cas importans, on écrit en chiffres au général.

Mais un article bizare du régime de la compagnie de Jésus, c'est que les hommes qui la composent, sont tous rendus, par serment, espions et délateurs les uns des autres.

A-peine fut-elle formée, qu'on la vit riche, nombreuse et puissante. En un moment, elle exista en Espagne, en Portugal, en France, en Italie, en Allemagne, en Angleterre, au nord, au midi, en Afrique, en Amérique, à la Chine, aux Indes, au Japon; par-tout également ambitieuse, redoutable et turbulente,; par-tout s'affranchissant des loix; portant son caractère d'indépendance, et le conservant; marchant comme si elle se sentoit destinée à commander à l'univers.

Depuis sa fondation jusqu'à ce jour, il ne s'est presque écoulé aucune année, sans qu'elle se soit signalée par quelque action d'éclat. Voici *l'abrégé chronologique de son histoire*, tel à-peu-près qu'il a paru dans l'arrêt du parlement de Paris,

6 août 1762, qui supprime cet ordre, comme une secte d'impies, de fanatiques, de corrupteurs, de régicides, etc..., commandés par un chef étranger et machiavéliste par institut.

En 1547, Bobadilla, un des compagnons d'Ignace, est chassé des états d'Allemagne, pour avoir écrit contre l'*intérim* d'Ausbourg.

En 1560, Gonzalès Silveria est supplicié au Monomotapa, comme espion du Portugal et de sa société.

En 1578, ce qu'il y a de *jésuites* dans Anvers en est banni, pour s'être refusés à la pacification de Gand.

En 1581, Campian, Skerwin et Briant sont mis à mort pour avoir conspiré contre Elisabeth d'Angleterre.

Dans le cours du règne de cette grande reine, cinq conspirations sont tramées contre sa vie, par des *jésuites*.

En 1588, on les voit animer la ligue formée en France contre Henri III.

La même année, Molina publie ses pernicieuses rêveries sur la concorde de la grace et du libre arbitre.

En 1593, Barrière est armé d'un poignard contre le meilleur des rois, par le *jésuite* Varadé.

En 1594, les *jésuites* sont chassés de France, comme complices du parricide de Jean Chatel.

En 1595, leur P. Guignard, saisi d'écrits apologétiques de l'assassinat d'Henri IV, est conduit à la Grève.

En 1597, les congrégations *de auxiliis* se tiennent à l'occasion de la nouveauté de leur doctrine sur la grace; et Clément VIII leur dit : *Brouillons, c'est vous qui troublez toute l'église.*

En 1598, ils corrompent un scélérat, lui administrent son Dieu d'une main, lui présentent un poignard de l'autre, lui montrent la couronne éternelle descendant du ciel sur sa tête, l'envoyent assassiner Maurice de Nassau, et se font chasser des états de Hollande.

En 1604, la clémence du cardinal Frédéric Borromée les chasse du collége de Bréda, pour des crimes qui auroient dû les conduire au bûcher.

En 1605, Oldecorn et Garnet, auteurs de la conspiration des poudres, sont abandonnés au supplice.

En 1606, rebelles aux décrets du sénat de Venise, on est obligé de les chasser de cette ville et de cet état.

En 1610, Ravaillac assassine Henri IV. Les *jésuites* restent sous le soupçon d'avoir dirigé sa main; et comme s'ils en étoient jaloux, et que leur dessein fût de porter la terreur dans le sein des monarques, la même année Mariana publie avec son institution du prince, l'apologie du meurtre des rois.

En 1618, les *jésuites* sont chassés de Bohême;

comme perturbateurs du repos public, gens soulevant les sujets contre leurs magistrats ; infectant les esprits de la doctrine pernicieuse de l'infaillibilité et de la puissance universelle du pape ; et semant, par toutes sortes de voies, le feu de la discorde entre les membres de l'état.

En 1619, ils sont bannis de Moravie, pour les mêmes causes.

En 1631, leurs cabales soulèvent le Japon ; et la terre est trempée, dans toute l'étendue de l'empire, de sang idolâtre et chrétien.

En 1641, ils allument en Europe la querelle absurde du jansénisme, qui a coûté le repos et la fortune à tant d'honnêtes fanatiques.

En 1643, Malte, indignée de leur dépravation et de leur rapacité, les rejette loin d'elle

En 1646, ils font à Séville une banqueroute, qui précipite dans la misère plusieurs familles. Celle de nos jours n'est pas la première, comme on voit.

En 1709, leur basse jalousie détruit Port-Royal, ouvre les tombeaux des morts, disperse leurs os, et renverse les murs sacrés, dont les pierres leur retombent aujourd'hui si lourdement sur la tête.

En 1713, ils appellent de Rome cette bulle *Unigenitus*, qui leur a servi de prétexte pour causer tant de maux, au nombre desquels on peut compter quatre-vingt mille lettres de cachet, décernées contre les plus honnêtes gens de l'état, sous le plus doux des ministères.

La même année, le *jésuite* Jouvency, dans une histoire de la société, ose installer parmi les martyrs les assassins de nos rois ; et nos magistrats attentifs font brûler son ouvrage.

En 1723, Pierre-le-Grand ne trouve de sûreté pour sa personne, et de moyen de tranquilliser ses états, que dans le bannissement des *jésuites*.

En 1728, Berruyer travestit en roman l'histoire de Moïse, et fait parler aux patriarches la langue de la galanterie et du libertinage.

En 1730, le scandaleux Tournemine prêche à Caën dans un temple, et devant un auditoire chrétien, qu'il est incertain que l'évangile soit écriture sainte.

C'est dans ce même temps qu'Hardouin commence à infecter son ordre d'un scepticisme aussi ridicule qu'impie.

En 1731, l'autorité et l'argent dérobent aux flammes le corrupteur et sacrilége Girard.

En 1743, l'impudique Benzi suscite en Italie la secte des mamillaires.

En 1745, Pichon prostitue les sacremens de pénitence et d'eucharistie, et abandonne le pain des saints à tous les chiens qui le demanderont.

En 1755, les *jésuites* du Paraguay conduisent en bataille rangée les habitans de ce pays contre leurs légitimes souverains.

En 1757, un attentat parricide est commis contre Louis XV notre monarque ; et c'est par un homme qui a vécu dans les foyers de la société de Jésus ; que ces Pères ont protégé, qu'ils ont placé en plusieurs maisons ; et dans la même année ils publient une édition d'un de leurs auteurs classiques, où la doctrine du meurtre des rois est enseignée. C'est comme ils firent en 1610, immédiatement après l'assassinat de Henri IV; mêmes circonstances, même conduite.

En 1758, le roi de Portugal est assassiné, à la suite d'un complot formé et conduit par les *jésuites* Malagrida, Mathos et Alexandre.

En 1759, toute cette troupe de religieux assassins est chassée de la domination portugaise.

En 1761, un de cette compagnie, après s'être emparé du commerce de la Martinique, menace d'une ruine totale ses correspondans. On réclame en France la justice des tribunaux contre le *jésuite* banqueroutier, et la société est déclarée solidaire du P. la Valette.

Elle traîne mal-adroitement cette affaire d'une juridiction à une autre. On y prend connoissance de ses constitutions ; on en reconnoît l'abus ; et les suites de cet événement amènent son extinction parmi nous.

Voilà les principales époques du jésuitisme. Il n'y en a aucune, entre lesquelles on n'en pût intercaler d'autres semblables.

Combien cette multitude de crimes connus n'en fait-elle pas présumer d'ignorés !

Mais ce qui précède suffit pour montrer que, dans un intervalle de deux cents ans, il n'y a sorte de forfaits, que cette race d'hommes n'ait commis.

J'ajoute qu'il n'y a sorte de doctrines perverses qu'elle n'ait enseignées. L'*Elucidarium* de Posa en contient lui seul plus que n'en fourniroient cent volumes des plus distingués fanatiques. C'est là qu'on lit, entre autres choses, de la mère de Dieu, qu'elle est *Dei-pater* et *Dei-mater ;* et que, quoiqu'elle n'ait été sujette à aucune excrétion naturelle, cependant elle a concouru comme homme et comme femme, « secundùm generalem » naturæ tenorem ex parte maris et ex parte fœ- » minæ », à la production du corps de Jésus-Christ ; et mille autres folies.

La doctrine du probabilisme est d'invention jésuitique.

La doctrine du péché philosophique est d'invention jésuitique.

Lisez l'ouvrage intitulé les *Assertions*, et publié cette année 1762, par arrêt du parlement de Paris ; et frémissez des horreurs que les théologiens de cette société ont débitées depuis son origine, sur la simonie, le blasphême, le sacrilége, la magie, l'irréligion, l'astrologie, l'impudicité, la fornication, la pédérastie, le parjure, la fausseté, le mensonge, la direction d'intention, le faux témoignage, la prévarication des juges, le vol, la compensation occulte, l'homicide, le suicide, la prostitution et le régicide ; ramas d'opinions, qui, comme le dit M. le procureur-général du roi au parlement de Bretagne, dans son second compte rendu, page 73, attaque ouvertement les principes les plus sacrés, tend à détruire la loi naturelle ; à rendre la foi humaine douteuse ; à rompre tous les liens de la société civile, en autorisant l'infraction de ses loix ; à étouffer tout sentiment d'humanité parmi les hommes ; à anéantir l'autorité royale ; à porter le trouble et la désolation dans les empires, par l'enseignement du régicide; à renverser les fondemens de la révélation ; et à substituer au christianisme des superstitions de toute espèce.

Lisez dans l'arrêt du parlement de Paris, publié le 6 août 1762, la liste infamante des condamnations qu'ils ont subies à tous les tribunaux du monde chrétien, et la liste plus infamante encore des qualifications qu'on leur a données.

On s'arrêtera sans-doute ici pour se demander comment cette société s'est affermie, malgré tout ce qu'elle a fait pour se perdre ; illustrée, malgré tout ce qu'elle a fait pour s'avilir ; comment elle a obtenu la confiance des souverains, en les assassinant ; la protection du clergé, en le dégradant ; une si grande autorité dans l'église, en la remplissant de troubles, et en pervertissant sa morale et ses dogmes.

C'est qu'on a vu en-même-temps dans le même corps, la raison assise à côté du fanatisme ; la vertu, à côté du vice ; la religion, à côté de l'impiété ; le rigorisme, à côté du relâchement ; la science, à côté de l'ignorance ; l'esprit de retraite, à côté de l'esprit de cabale et d'intrigue ; tous les contrastes réunis. Il n'y a que l'humilité qui n'a jamais pu trouver un asyle parmi ces hommes.

Ils ont eu des poëtes, des historiens, des orateurs, des philosophes, des géomètres et des érudits.

Je ne sais si ce sont les talens et la sainteté de quelques particuliers qui ont conduit la société au haut dégré de considération dont elle jouissoit il n'y a qu'un moment : mais j'assurerai sans crainte d'être contredit, que ces moyens étoient les seuls qu'elle eût de s'y conserver ; et c'est ce que ces hommes ont ignoré.

Livrés au commerce, à l'intrigue, à la politique, et à des occupations étrangères à leur état et indignes de leur profession ; il a fallu qu'ils tombassent dans le mépris qui a suivi, et qui suivra, dans tous les temps et dans toutes les maisons religieuses, la décadence des études et la corruption des mœurs.

Ce n'étoit pas l'or, ô mes Pères, ni la puissance qui pouvoient empêcher une petite société comme la vôtre, enclavée dans la grande, d'en être étouffée. C'étoit au respect qu'on doit et qu'on rend toujours à la science et à la vertu, à vous soutenir et à écarter les efforts de vos ennemis, comme on voit au milieu des flots tumultueux d'une popu-

lace assemblée, un homme vénérable demeurer immobile et tranquille au centre d'un espace libre et vide, que la considération forme et réserve autour de lui. Vous avez perdu ces notions si communes; et la malédiction de saint François de Borgia, le troisième de vos généraux, s'est accomplie sur vous. Il vous disoit, ce saint et bon homme : « Il viendra
» un temps, où vous ne mettrez plus de bornes
» à votre orgueil et à votre ambition; où vous ne
» vous occuperez plus qu'à accumuler des riches-
» ses, et à vous faire du crédit; où vous négligerez
» la pratique des vertus : alors il n'y aura puissance
» sur la terre qui puisse vous ramener à votre
» première perfection ; et s'il est possible de vous
» détruire, on vous détruira ».

Il falloit que ceux qui avoient fondé leur durée sur la même base, qui soutient l'existence et la fortune des grands, passassent comme eux ; la prospérité des *jésuites* n'a été qu'un songe un peu plus long.

Mais en quel temps le colosse s'est-il évanoui ? Au moment même où il paroissoit le plus grand et le mieux affermi. Il n'y a qu'un moment que les *jésuites* remplissoient les palais de nos rois ; il n'y a qu'un moment que la jeunesse, qui fait l'espérance des premières familles de l'état, remplissoit leurs écoles ; il n'y a qu'un moment que la religion les avoit portés à la confiance la plus intime du monarque, de sa femme et de ses enfans : moins protégés que protecteurs de notre clergé, ils étoient l'ame de ce grand corps. Que ne se croyoient-ils pas ? J'ai vu ces chênes orgueilleux toucher le ciel de leur cîme ; j'ai tourné la tête, et ils n'étoient plus.

Mais tout événement a ses causes. Quelles ont été celles de la chûte inopinée et rapide de cette société ? En voici quelques-unes, telles qu'elles se présentent à mon esprit.

L'esprit philosophique a décrié le célibat ; et les *jésuites* se sont ressentis, ainsi que tous les autres ordres religieux, du peu de goût qu'on aujourd'hui pour le cloître.

Les *jésuites* se sont brouillés avec les gens de lettres, au moment où ceux-ci alloient prendre parti pour eux contre leurs implacables et tristes ennemis. Qu'en est-il arrivé ? C'est, qu'au-lieu de couvrir leur côté foible, on l'a exposé, et qu'on a marqué du doigt, aux sombres enthousiastes qui les menaçoient, l'endroit où ils devoient frapper.

Il ne s'est plus trouvé, parmi eux, d'homme qui se distinguât par quelque grand talent; plus de poëtes, plus de philosophes, plus d'orateurs, plus d'érudits, aucun écrivain de marque ; et on a méprisé le corps.

Une anarchie interne les divisoit depuis quelques années ; et si par hasard ils avoient un bon sujet, ils ne pouvoient le garder.

On les a reconnus pour les auteurs de tous nos troubles intérieurs ; et on s'est lassé d'eux.

Leur journaliste de Trévoux, bon-homme, à ce qu'on dit, mais auteur médiocre, et pauvre politique, leur a fait, avec son livret bleu, mille ennemis redoutables, et ne leur a pas fait un ami.

Il a bêtement irrité contre sa société notre de Voltaire, qui a fait pleuvoir sur elle et sur lui le mépris et le ridicule ; le peignant, lui, comme un imbécille; et ses confrères, tantôt comme des gens dangereux et méchans, tantôt comme des ignorans; donnant l'exemple et le ton à tous nos plaisans subalternes, et nous apprenant qu'on pouvoit impunément se moquer d'un *jésuite* ; et aux gens du monde, qu'ils en pouvoient rire sans conséquence.

Les *jésuites* étoient mal depuis très-long-temps avec les dépositaires des loix; et ils ne songeoient pas que les magistrats, aussi durables qu'eux, seroient à la longue les plus forts.

Ils ont ignoré la différence qu'il y a entre des hommes nécessaires, et des moines turbulens ; et que, si l'état étoit jamais dans le cas de prendre un parti, il tourneroit le dos avec dédain à des gens que rien ne recommandoit plus.

Ajoutez qu'au moment où l'orage a fondu sur eux, dans cet instant où le ver de terre qu'on foule au pied montre quelque énergie, ils étoient si pauvres de talens et de ressources, que dans tout l'ordre il ne s'est pas trouvé un homme qui sût dire un mot qui fit ouvrir les oreilles. Ils n'avoient plus de voix; et ils avoient fermé d'avance toutes les bouches qui auroient pu s'ouvrir en leur faveur.

Ils étoient haïs ou enviés.

Pendant que les études se relevoient dans l'université, elles achevoient de tomber dans leur collége ; et cela , lorsqu'on étoit à demi convaincu que, pour le meilleur emploi du temps, la bonne culture de l'esprit, et la conservation des mœurs et de la santé, il n'y avoit guère de comparaison à faire entre l'institution publique et l'éducation domestique.

Ces hommes se sont mêlés de trop d'affaires diverses ; ils ont eu trop de confiance en leur crédit.

Leur général s'étoit ridiculement persuadé que son bonnet à trois cornes couvroit la tête d'un potentat ; et il a insulté, lorsqu'il falloit demander grace.

Le procès avec les créanciers du Père la Valette les a couverts d'opprobre.

Ils furent bien imprudens, lorsqu'ils publièrent leurs constitutions ; ils le furent bien davantage, lorsqu'oubliant combien leur existence étoit précaire, ils mirent des magistrats qui les haïssoient, à portée de connoître de leur régime ; et de comparer ce système de fanatisme, d'indépendance et de machiavélisme, avec les loix de l'état.

Et puis, cette révolte des habitans du Paraguay ne dut-elle pas attirer l'attention des souverains, et leur donner à penser ? Et ces deux parricides exécutés dans l'intervalle d'une année ?

Enfin, le moment fatal étoit venu ; le fanatisme l'a connu, et en a profité.

Qu'est-ce qui auroit pu sauver l'ordre contre tant de circonstances réunies qui l'avoient amené au bord du précipice ? Un seul homme, comme Bourdaloue peut-être, s'il eut existé parmi les *jésuites ;* mais il falloit en connoître le prix, laisser aux mondains le soin d'accumuler des richesses, et songer à ressusciter Cheminais de sa cendre.

Ce n'est ni par haine, ni par ressentiment contre les *jésuites*, que j'ai écrit ces choses : mon but a été de justifier le gouvernement qui les a abandonnés ; les magistrats, qui en ont fait justice ; et d'apprendre aux religieux de cet ordre qui tenteront un jour de se rétablir dans ce royaume, s'ils y réussissent, comme je le crois, à quelles conditions ils peuvent espérer de s'y maintenir.

JÉSUS-CHRIST.

HISTOIRE DES SUPERSTITIONS ANCIENNES ET MODERNES.

Avertissement de l'éditeur.

[Nous ne commettrons pas ici la même faute, que l'abbé Bergier a faite dans son dictionnaire théologique. Ce prêtre, d'une crédulité stupide, avoit beaucoup étudié la théologie ; ce qui signifie, en d'autres termes, qu'il n'avoit guère dans la tête que des erreurs et des absurdités, auxquelles il attachoit la même importance que les philosophes mettent à des vérités démontrées et d'une utilité générale et constante. Si les préjugés religieux, dont il paroit avoir été un des esclaves les plus soumis, avoient laissé à sa raison égarée quelques intervalles lucides, il auroit fait du dictionnaire de théologie qu'il a compilé pour l'*Encyclopédie méthodique*, un dictionnaire purement historique des dogmes et de la croyance des chrétiens, depuis l'origine du christianisme, jusqu'au dix-huitième siècle; et ce dictionnaire, écrit dans cet esprit, avec exactitude et clarté, auroit été, un jour, un fort bon livre de mythologie, où les savans de l'an deux mille trois ou quatre cents, plus ou moins, auroient trouvé, sur celle des chrétiens, tous les faits, tous les détails et les éclaircissemens nécessaires, sans aucune réflexion critique ou apologétique. En effet, comme nous l'avons observé ailleurs (*), toutes les religions connues ayant une origine commune, doivent nécessairement finir toutes de la même manière; c'est-à-dire, être regardées un peu plus-tôt, un peu plus-tard, comme des espèces de mythologie; et comme telles, exercer un jour la sagacité de quelque érudit qui voudra recueillir ces tristes débris d'une partie des folies humaines, et connoitre les causes de la plupart des maux qui ont désolé la terre, et des crimes qui l'ont souillée. En considérant sous ce point de vue très-philosophique ces différens dogmes ou articles de foi, dont l'en-

―――――――――――

(*) Voyez, dans l'Encyclopédie méthodique, le discours préliminaire du premier volume du dictionnaire de la Philosophie ancienne et moderne, page 13.

semble s'appelle aujourd'hui *religion*, et demain, *un conte absurde*; il est évident que rien ne seroit plus ridicule que de traiter la théologie chrétienne comme une science positive, et de ne pas lire le sort qui l'attend, dans celui qu'ont éprouvé successivement tous les systèmes religieux. Il n'y a donc qu'une seule manière de juger d'une religion actuellement établie et consacrée chez un peuple; c'est de se transporter tout-à-coup à sept ou huit cents ans plus ou moins du siècle où l'on écrit, de consulter alors les lignes impartiales de l'histoire, et d'en parler comme elle.

C'est dans ces idées que nous allons exposer ici historiquement ce que les chrétiens pensoient encore, au dix-huitième siècle, de la personne et de la religion instituée par *Jésus-Christ*. Tel est l'objet que Diderot s'est proposé dans cet article de doctrine exotérique. On ne doit donc pas s'attendre à trouver ici ses vrais sentimens, d'ailleurs très connus, mais seulement ceux qu'il étoit prudent d'énoncer sur un sujet aussi délicat, et qu'il n'auroit pu traiter dans ses principes, sans renverser des opinions très-ridicules, il est vrai, mais qu'il étoit alors dangereux d'attaquer ouvertement. En un mot, c'est ici un de ces articles où, à l'exemple de Léibnitz, dans sa théodicée, et pour les mêmes raisons, il a eu soin *de tout diriger à l'édification*, mais dont il a donné lui-même le correctif et l'explication dans ce passage très-remarquable sur l'usage des renvois de mots dans une encyclopédie.

« Il y auroit, *dit-il*, un grand art et un avantage
» infini dans ces derniers renvois. L'ouvrage entier en
» recevroit une force interne et une utilité secrète,
» dont les effets sourds seroient nécessairement sen-
» sibles avec le temps. Toutes les fois, par exemple,

» qu'un préjugé national mériteroit du respect, il
» faudroit à son article, l'exposer *respectueusement*,
» et avec tout son cortège de vraisemblance et de sé-
» duction ; mais renverser l'*édifice de fange*, dissiper
» un vain amas de poussière, en renvoyant aux ar-
» ticles où des principes solides servent de base aux
» vérités opposées. Cette manière de *détromper les*
» *hommes* opère très-promptement sur les bons es-
» prits ; et elle opère infailliblement et sans aucune
» fâcheuse conséquence, secrètement et sans éclat,
» sur tous les esprits. C'est l'art de déduire tacitement
» les conséquences les plus fortes »].

Jésus-Christ, fondateur de la religion chrétienne. Cette religion, qu'on peut appeler *la philo-*
sophie par excellence, si l'on veut s'en tenir à la
chose, sans disputer sur les mots, a beaucoup influé
sur la morale et sur la métaphysique des anciens
pour l'épurer ; et la métaphysique et la morale
des anciens sur la religion chrétienne, pour la corrompre. C'est sous ce point de vue que nous nous
proposons de la considérer. *Voyez* ce que nous en
avons déjà dit à *l'article* CHRISTIANISME. Mais pour
fermer la bouche à certains calomniateurs obscurs
qui nous accusent de traiter la doctrine de *Jésus-*
Christ comme un système, nous ajouterons avec
saint Clément d'Alexandrie, Φιλόσοφοι λέγονται
παρ ἡμῖν μεν οἱ σοφίας ἐρῶντες των πάντων δημιυργȣ
και διδασκαλιȣ, τουτεστι τοῦ υἱοῦ τȣ Θεοῦ ; « Phi-
». losophi apud nos dicuntur, qui amant sapien-

B *

». tiam, quæ est omnium opifex et magistra, hoc
» est filii Dei cognitionem ».

A parler rigoureusement, *Jésus-Christ* ne
fut point un philosophe; ce fut un Dieu. Il ne
vint point proposer aux hommes des opinions,
mais leur annoncer des oracles ; il ne vint point
faire des syllogismes, mais des miracles ; les
apôtres ne furent point des philosophes, mais
des inspirés. Paul cessa d'être un philosophe,
lorsqu'il devint un prédicateur. « Fuerat Paulus
» Athenis, *dit Tertullien ;* et istam sapientiam
» humanam, adfectatricem et interpolatricem
» veritatis de congressibus noverat, ipsam quo-
» que in suas hæreses multipartitam varietate
» sectarum invicem repugnantium. Quid ergo
» Athenis et Jerosolymis ? Quid academiæ et
» ecclesiæ ? Quid hæreticis et christianis ?
» Nobis curiositate non opus est, post *Jesum-*
» *Christum*, nec inquisitione post evangelium.
» Cum credimus, nihil desideramus ultrà cre-
» dere. Hoc enim priùs credimus, non esse
» quod ultra credere debemus ».

« Paul avoit été à Athènes ; ses diputes avec
ses philosophes lui avoient appris à connoître la
vanité de leur doctrine, de leurs prétentions, de
leurs vérités, et toute cette multitude de sectes
opposées qui les divisoit. Mais qu'y a-t-il de
commun entre Athènes et Jérusalem ? entre des
sectaires et des chrétiens ? Il ne nous reste plus

de curiosité, après avoir ouï la parole de *Jésus-Christ;* plus de recherche, après avoir lu l'évangile. Lorsque nous croyons, nous ne désirons point à rien croire au-delà ; nous croyons même d'abord que nous ne devons rien croire au-delà de ce que nous croyons ».

Voilà la distinction d'Athènes et de Jérusalem; de l'académie et de l'église, bien déterminée. Ici l'on raisonne ; là, on croit. Ici l'on étudie; là, on sait tout ce qu'il importe de savoir. Ici on ne reconnoît aucune autorité ; là, il en est une infaillible. Le philosophe dit : « amicus Plato, amicus Aristoteles, » sed magis amica veritas ». J'aime Platon ; j'aime Aristote : mais j'aime encore davantage la vérité. Le chrétien a bien plus de droit à cet axiome ; car son Dieu est pour lui la vérité même.

Cependant ce qui devoit arriver, arriva ; et il faut convenir, 1.° que la simplicité du christianisme ne tarda pas à se ressentir de la diversité des opinions philosophiques qui partageoient ses premiers sectateurs. Les Egyptiens conservèrent le goût de l'allégorie ; les Pythagoriciens, les Platoniciens, les Stoïciens, renoncèrent à leurs erreurs, mais non à leur manière de présenter la vérité. Ils attaquèrent tous la doctrine des Juifs et des Gentils ; mais avec des armes qui leur étoient propres. Le mal n'étoit pas grand, mais il en annonçoit un autre. Les opinions philosophiques ne tardèrent pas à s'entrelacer avec les dogmes chrétiens ; et l'on vit tout-à-coup éclore de ce mélange, une multitude incroyable d'hérésies, la plupart sous un faux air de philosophie. On en a un exemple frappant, entre autres dans celles des Valentiniens. *Voyez l'article* VALENTINIENS. De-là cette haine des pères contre la philosophie, avec laquelle leurs successeurs ne se sont jamais bien reconciliés. Tout système leur fut également odieux, si l'on en excepte le platonisme. Un auteur du seizième siècle nous a exposé cette distinction, avec son motif et ses inconvéniens, beaucoup mieux que nous ne le pourrions faire. Voici comment il s'en exprime. La citation sera longue; mais elle est pleine d'éloquence et de vérité.

« Plato, humaniter et plusquam par erat,
» benignè à nostris susceptus, cum ethnicus
» esset, et hostium famosissimus antesignanus,
» et vanis tùm Græcorum, tùm exterarum gen-
» tium superstitionibus apprimè imbutus, et
» mentis acumine et variorum dogmatum co-
» gnitione, et famosâ illâ ad Ægyptum navi-
» gatione; ingenii sui, alioqui præclarissimi
» vires adeo roboraverit, et patriâ eloquentiâ
» usque adeo disciplinas adauxit, ut sive de Deo,
» et de ipsius unâ quâdam nescio quâ trinitate,
» bonitate, providentiâ, sive de mundi creatione,
» de cœlestibus mentibus, de dæmonibus, sive
» de animo, sive tandem de moribus sermonem
» habuerit, solus à Græcorum numero ad subli-

» mem sapientiæ græcæ metam pervenisse vi-
» deretur. Hinc nostri prima mali labes. Hinc hæ-
» retici spargere voces ambiguas in vulgu ausi
» sunt ; hinc superstitionum, mendaciorum, et
» pravitatum omne genus in ecclesiam Dei, agmine
» facto, cœpit irruere. Hinc ecclesiæ parietibus,
» tectis, columnis ac postibus sanctis horrificum
» quoddam et nefarium omni imbutum odio
» atque scelere bellum, hæretici intulerunt :
» et quidem tanta fuit in captivo Platone sapien-
» tia, tantaque, quin de victoribus, triumpho
» leporis eloquentiæ dulcedo, ut parum abfuerit,
» ipse actus, triumpharet. Nam, ut à primis
» nostrorum Patrum proceribus exordiar, si Cle-
» mentem Alexandrinum inspicimus, quanti ille
» Platonem fecerit, plusquam sexcentis in locis,
» dum libet, videre licet, et tanquam veri ama-
» torem à primo ferè suorum librorum limine salu-
» tavit. Si verò etiam Origenem, quàm frequen-
» ter in ejusdem sententiam iverit, magno quidem
» sui et christianæ reipublicæ documento experi-
» mur. Si Justinum, gavisus ipse olim est, se in
» Platonis doctrinam incidisse. Si Eusebium,
» nostra ille ad Platonem cuncta ferè ad satietatem
» usque retulit. Si Theodoretum, adeo illius doc-
» trinâ perculsus est, ut, cùm Græcos affectus cu-
» rasse tentasset, medicamenta, non sinè Platone
» præparante, illis adhibere sit ausus. Si verò tan-
» dem Augustinum, dissimulem ne pro millibus

» unum, quod referre piget. Platonis ille quidem,
» jam, non dicta, verum decreta, et eadem sacro-
» sancta appellare non dubitavit. Vide igitur quan-
» tos, qualesque viros victus ille græcus ad sui
» benevolentiam de se triumphantes pellexerit; ut
» nec aliis deinde artibus ipsemet Plato in multo-
» rum animis sese veluti hostis deterrimus insi-
» nuaverit ; quem tamen vel egregiè corrigi, vel
» adhibitâ potiùs cautione legi, quam veluti capti-
» vum servari præstitisset ». *Joan. Bapt. Crisp.*

Je ne vois pas pourquoi le platonisme a été reproché aux premiers disciples de *Jésus - Christ ;* et pourquoi l'on s'est donné la peine de les en défendre. Y a-t-il eu aucun système de philosophie, qui ne contînt quelques vérités? Et les chrétiens devoient-ils les rejeter parce qu'elles avoient été connues, avancées ou prouvées par des payens? Ce n'étoit pas l'avis de saint Justin, qui dit des philosophes : » quæcumque apud omnes rectè dicta sunt, » nostrum christianorum sunt » ; et qui retient des idées de Platon tout ce qu'il en put concilier avec la morale et les dogmes du christianisme. Qu'importe, en effet, au dogme de la trinité, qu'un métaphysicien, à force de subtiliser ses idées, ait ou non rencontré je ne sais quelle opinion qui lui soit analogue ? Qu'en conclure, sinon que ce mystère, loin d'être impossible, comme l'impie le prétend, n'est pas tout-à-fait inaccessible à la raison.

2.° Qu'emportés par la chaleur de la dispute,

nos premiers docteurs se sont quelquefois embarrassés dans des paralogismes, ont mal choisi leurs argumens, et montré peu d'exactitude dans leur logique;

3.° Qu'ils ont outré le mépris de la raison et des sciences naturelles ;

4.° Qu'en suivant à la rigueur quelqu'un de leurs préceptes, la religion, qui doit être le lien de la société, en deviendroit la destruction ;

5.° Qu'il faut attribuer ces défauts aux circonstances des temps et aux passions des hommes, et non à la religion, qui est divine, et qui montre par-tout ce caractère.

Après ces observations sur la doctrine des Pères en général, nous allons parcourir leurs sentimens particuliers, selon l'ordre dans lequel l'histoire de l'église nous les présente.

Saint Justin fut un des premiers philosophes, qui embrassèrent la doctrine évangélique. Il vécut au commencement du second siècle, et signa de son sang la foi qu'il avoit défendue par ses écrits. Il avoit d'abord été stoïcien, ensuite péripatéticien, pythagoricien, platonicien, lorsque la constance avec laquelle les chrétiens alloient au martyre, lui fit soupçonner l'imposture des accusations dont on les noircissoit. Telle fut l'origine de sa conversion. Sa nouvelle façon de penser ne le rendit point intolérant; au contraire, il ne balança pas de donner le nom de *chrétiens*, et de sauver tous ceux qui, avant et après *Jésus-Christ*, avoient su faire un bon usage de leur raison. « Quicumque, *dit-il*, » secundùm rationem et verbum vixere, chris- » tiani sunt, quamvis athæi, id est, nullius nu- » minis cultores habiti sunt, quales inter Græcos » fuere Socrates, Heraclitus, et his similes; inter » barbaros autem Abraham et Ananias et Azarias » et Misael et Elias, et alii complures »; et celui qui nie la conséquence que nous venons de tirer de ce passage et que nous pourrions inférer d'un grand nombre d'autres, est, selon Brucker, d'aussi mauvaise foi, que s'il disputoit en plein midi contre la lumière du jour.

Justin pensoit encore, et cette opinion lui étoit commune avec Platon et la plupart des Pères de son temps, que les anges avoient habité avec les filles des hommes, et qu'ils avoient des corps propres à la génération.

D'où il s'en suit que, quelques éloges qu'on puisse donner d'ailleurs à la piété et à l'érudition de Bullus, de Baltus et de le Nourri, ils nuisent plus à la religion qu'ils ne la servent, par l'importance qu'ils semblent attacher aux choses, lorsqu'on les voit occupés à obscurcir des questions fort claires. Saint Justin étoit homme; et s'il s'est trompé en quelques points, pourquoi n'en pas convenir ?

Tatien, syrien d'origine, gentil de religion, sophiste de profession, fut disciple de saint Justin. Il partagea avec son maître la haine et les persécutions du cynique Crescence. Entraîné par la chaleur de son imagination, Tatien se fit un christianisme mêlé de philosophie orientale et égyptienne. Ce mélange malheureux souilla un peu l'apologie qu'il écrivit pour la vérité du christianisme ; apologie d'ailleurs pleine de vérité, de force et de sens. Celui-ci fut l'auteur de l'hérésie des encratites. *Voy.* cet article. Cet exemple ne sera pas le seul d'hommes transfuges de la philosophie, que l'église reçut d'abord dans son giron, et qu'elle fut ensuite obligée d'en rejeter comme hérétiques.

Sans entrer dans le détail de ses opinions, on voit qu'il étoit dans le systême des émanations ; qu'il croyoit que l'ame meurt et ressuscite avec le corps; que ce n'étoit pas une substance simple, mais composée de parties ; que ce n'étoit point par la raison, qui lui étoit commune avec la bête, que l'homme en étoit distingué, mais par l'image et la ressemblance de Dieu qui lui avoit été imprimée ; que, si le corps n'est pas un temple que Dieu daigne habiter, l'homme ne diffère de la bête que par la parole ; que les démons ont trouvé le secret de se faire auteurs de nos maladies, en s'emparant quelquefois de nous quand elles commencent; que c'est par le péché, que l'homme a perdu la tendance qu'il avoit à Dieu, tendance qu'il doit travailler sans cesse à recouvrer, etc.

Théophile d'Antioche eut occasion de parcourir les livres des chrétiens chez son savant ami Autolique, et se convertit; mais cette faveur du ciel ne le débarrassa pas entièrement de son platonisme. Il appelle le verbe λογος; et ce mot joue dans ses opinions le même rôle que dans Platon. Du-moins le savant Pétau s'y est-il trompé.

Athénagoras fut en-même-temps chrétien, platonicien et éclectique. On peut conjecturer ce qu'il entendoit par ce mot λογος, qui a causé tant de querelles, lorsqu'il dit : « A principio Deus, » qui est mens æterna, ipse in se ipso λογον habet, » cum æterno rationalis sit »; et ailleurs, « Plato » excelso animo mentem æternam et sola ratione » comprehendendum Deum est contemplatus ; de » supremâ potestate optimè disseruit ». Le verbe ou λογος est en Dieu de toute éternité, parce qu'il a raisonné de toute éternité. Platon, homme d'un esprit élevé et profond, a bien connu la nature divine.

Celui-ci croyoit aussi au commerce des anges avec les filles des hommes. Ces impudiques errent à-présent autour du globe, et traversent, autant qu'il est en eux, les desseins de Dieu. Ils entraînent les hommes à l'idolâtrie, et ils avalent la fumée des victimes; ils jettent pendant le sommeil dans nos esprits des songes et des images qui les souillent, etc.

Après Athénagore, on rencontre, dans les fastes de l'église, les noms d'Hermias et d'Irénée. L'un s'appliqua à exposer avec soin les sentimens des philosophes payens; et l'autre, à en purger le christianisme. Il seroit seulement à souhaiter qu'Irénée eût été aussi instruit qu'Hermias fut zélé ; il eût travaillé avec plus de succès.

Nous voici arrivés au temps de Tertullien, ce bouillant africain qui a plus d'idées que de mots ; et qui seroit peut-être à la tête de tous les docteurs du christianisme, s'il eût pu concevoir la distinction des deux substances, et ne pas se faire un dieu et une ame corporelle. Ses expressions ne sont point équivoques. « Quis negabit, *dit-il*, Deum
» corpus esse, etsi spiritus sit »?

Clément d'Alexandrie parut dans le second siècle. Il avoit été l'élève de Pantaenus, philosophe stoïcien, avant que d'être chrétien. Si, cependant, on juge de sa philosophie par les précautions qu'il exige avant que d'initier quelqu'un au christianisme, on sera tenté de la croire un peu pythagorique; et si l'on en juge par la diversité de ses opinions, fort éclectique. L'éclectisme, ou cette philosophie qui consistoit à rechercher dans tous les systêmes ce qu'on y reconnoissoit de vérités, pour s'en composer un particulier, commençoit à se renouveler dans l'église. *Voyez* l'article ECLECTIQUE.

L'histoire d'Origène, dont nous aurions maintenant à parler, fourniroit seule un volume considérable; mais nous nous en tiendrons à notre objet, en exposant les principaux axiomes de sa philosophie.

Selon Origène, Dieu, dont la puissance est limitée par les choses qui sont, n'a créé de matière qu'autant qu'il en avoit à employer ; il n'en pouvoit ni créer ni employer davantage. Dieu est un corps seulement plus subtil. Toute la matière tend à un état plus parfait.

La substance de l'homme, des anges, de Dieu, et des personnes divines, est la même.

Il y a trois hypostases en Dieu ; et par ce mot il n'entend point des personnes. Le fils diffère du père ; et il y a entre eux quelque inégalité. Il est le ministre de son père dans la création. Il en est la première émanation.

Les anges, les esprits, les ames, occupent dans l'univers un rang particulier, selon leur dégré de bonté. Les anges sont corporels ; les corps des mauvais anges sont plus grossiers.

Chaque homme a un ange tutélaire, auquel il est confié au moment de sa naissance ou de son baptême. Les anges sont occupés à conduire la matière, chacun selon son mérite. L'homme en a un bon et un mauvais.

Les ames ont été créées avant les corps. Les corps sont des prisons, où elles ont été renfermées pour quelques fautes commises antérieurement. Chaque homme a deux ames ; c'étoient des esprits purs qui ont dégénéré avec l'interêt que Dieu y prenoit.

Outre le corps, les ames ont encore un véhicule

plus subtil qui les enveloppe. Elles passent successivement dans différens corps.

L'état d'ame est moyen entre celui d'esprit et de corps. Les ames les moins coupables sont allées animer les astres. Les astres, en qualité d'êtres animés, peuvent indiquer l'avenir.

Tout étant en vicissitude, la damnation n'est point éternelle; les ames peuvent se relever et retomber. Les fautes des ames s'expient par le feu.

Il y a des régions basses où les ames des pécheurs subissent des châtimens proportionnés à leurs fautes. Elles en sortent libres de souillures, et capables d'atteindre aux demeures éternelles.

Voici les différens dégrés du bonheur de l'homme; perdre ses erreurs, connoître la vérité, être ange, s'assimiler à Dieu, s'y unir. L'homme en jouit successivement sur la terre, dans l'air, dans le paradis.

Le cours de félicité se remplit dans un espace de siècles indéfinis, après lequel Dieu étant tout en tout, et tout étant en Dieu, il n'y aura plus de mal dans l'univers, et le bonheur sera général et parfait.

A ce monde, il en succédera un autre; à celui-ci, un troisième; et ainsi de suite, jusqu'à celui où Dieu sera tout en tout; et ce monde sera le dernier. La base de ce système, c'est que Dieu produit sans cesse; et qu'il en émane des mondes qui y retournent et y retourneront jusqu'à la consommation des siècles où il n'y aura plus que lui.

Les temps de l'église qui suivent virent naître Anatolius, qui ressuscita le péripatétisme : Arnobe, qui, mêlant l'optimisme avec le christianisme, disoit que, nous prenant pour la mesure de tout, nous faisons à la nature qui est bonne un crime de notre ignorance : Lactance, qui prit en une telle haine toutes les sectes philosophiques, qu'il ne put souffrir que ni Socrate, ni Platon eussent dit d'eux-mêmes quelque chose de bien; et qui, affectant des connoissances de toutes sortes d'espèces, tomba dans un grand nombre de puérilités qui défigurent ses ouvrages, d'ailleurs très-précieux : Eusèbe, qui nous auroit laissé un ouvrage incomparable dans sa préparation évangélique, s'il eût été mieux instruit des principes de la philosophie ancienne, et s'il n'eût pas pris les dogmes absurdes des argumentateurs de son temps pour les vrais sentimens de ceux dont ils se disoient les disciples : Didyme d'Alexandrie, qui sut très-bien séparer d'Aristote et de Platon ce qu'ils avoient de faux et de vrai, être philosophe et chrétien, croire avec jugement, et raisonner avec sobriété : Chalcidius, dont le christianisme est demeuré fort suspect jusqu'à ce jour : Augustin, qui fut d'abord manichéen : Synésius, dont les incertitudes sont peintes dans une lettre qu'il écrivit à son frère d'une manière naïve qui charme. La voici :

« Ego, cùm meipsum considero, omninò inferio-

» rem sentio, quàm ut episcopali fastigio respor-
» deam ». Plus je m'examine moi-même, plus je me
sens au-dessous du poids et de la dignité épiscopale.

« Ac sanè apud te de animi mei motibus dispu-
» tabo; neque enim apud alium, quàm amicissi-
» mum tuum unàque mecum educatum caput,
commodius istud facere possum ». Je ne balancerai
point à vous dévoiler mes sentimens; et à qui
pourrois-je montrer plus volontiers le fond de mon
cœur, qu'à mon frère, qu'à celui avec lequel j'ai
été nourri, élevé, qu'à l'homme qui m'aime le
mieux, et à qui je suis le plus cher?

« Te enim æquum est et earumdem curarum
» esse participem, et cùm noctu vigilare, tùm
» interdiu cogitare, quemadmodum aut boni mihi
» aliquid contingat aut mali quidpiam evitare pos-
» sim ». Il faut qu'il partage tous mes soins; s'il
est possible qu'en veillant avec moi la nuit, en
m'entretenant le jour, je me procure quelque bien,
ou que j'évite quelque mal, il ne s'y refusera pas.

« Audi igitur quid sit mearum rerum status,
» quarum pleræque, jam opinor, tibi fuerint
» cognitæ ». Vous connoissez déjà une partie de
ma situation, écoutez-moi, mon frère, et sachez
le reste. « Cùm exiguum onus suscepissem, com-
» modè mihi hactenùs sustinuisse videor, philo-
» sophiam ». Jusqu'à-présent je me suis contenté
du rôle de philosophe; il étoit facile; et je crois
m'en être assez bien acquitté. Mais on a mal jugé

de ma capacité; et parce qu'on m'a vu soutenir sans peine un fardeau léger, on a cru que j'en pourrois porter un plus pesant. « Pro eo vero quod
» non omnino ab eâ aberrare videor, à nonnullis
» laudatus, majoribus dignus ab iis existimor, qui
» animi facultatem habilitatemque dignoscere ne-
» queant ».

Jugeons-nous nous-mêmes, et ne nous laissons point séduire par cet éloge. Craignons que de nouveaux honneurs ne nous rendent vains; et qu'un poste plus élevé ne m'ôte le peu de mérite que j'ai dans celui que j'occupe, s'il arrive qu'après avoir, pour ainsi dire, méprisé l'un, l'on me reconnoisse indigne de l'autre. « Vereor autem ne, arro-
» gantior redditus, cum honorem admittens, ab
» utroque excidam, postquàm alterum quidem
» contempsero, alterius vero non fuerim digni-
» tatem assecutus ».

Dieu, la loi et la main sacrée de Théophile, m'ont attaché à une femme; il ne me convient ni de m'en séparer, ni de vivre secrètement avec elle comme un adultère. « Mihi et Deus ipse et
» lex et sacra Theophili manus uxorem dedit:
» quare hoc omnibus prædico, et testor neque
» me ab eâ prorsùs sejungi velle, neque adulteri
» instar cum eâ clanculum consuescere ».

Je partage mon temps en deux portions; j'étudie ou j'enseigne. En étudiant, je suis ce qu'il me plaît. En enseignant, c'est autre chose. « Duobus

» hisce tempus identidem distinguo ; ludis, atque
» studiis. At cùm in studiis occupor, tùm mihi
» uni deditus sum ; in ludendo verò, maximè om-
» nibus expositus ».

Il est difficile, il est impossible de chasser de son esprit des opinions qui y sont entrées par la voie de la raison, et que la force de la démonstration y retient. Et vous n'ignorez pas qu'en plusieurs points, la philosophie ne s'accorde ni avec nos dogmes, ni avec nos décrets. « Difficile est, vel
» fieri potiùs nullo pacto potest, ut quæ dogmata
» scientiarum ratione ad demonstrationem per-
» ducta in animum pervenerint, convellantur.
» Nosti autem philosophiam cum plerisque ex per-
» vulgatis iisce decretis pugnare ».

Jamais, mon frère, je ne me persuaderai que l'origine de l'ame soit postérieure au corps ; je ne prendrai jamais sur moi de dire que ce monde et ses autres parties puissent passer en-même-temps. J'ai une façon de penser qui n'est point celle du vulgaire ; et il y a, dans cette doctrine usée et rebattue de la résurrection, je ne sais quoi de ténébreux et de sacré, que je ne saurois digérer. Une ame imbue de la philosophie, un esprit accoutumé à la recherche de la vérité, ne s'expose pas sans répugnance à la nécessité de mentir.
« Etenim nunquam profectò mihi persuasero ani-
» mum originis esse posteriorem corpore ; mundum
» cæterasque ejus partes unà interire nunquàm

» dixero; tritam illam ac decantatam resurrec-
» tionem sacrum quidpiam atque arcanum arbi-
» tror, longèque absum à vulgi opinionibus com-
» probandis. Animus certè quidem philosophiâ
» imbutus ac veritatis inspector, mentiendi neces-
» sitati non nihil remittit ».

Il en est de la vérité, comme de la lumière. Il faut que la lumière soit proportionnée à la force de l'organe, si l'on ne veut pas qu'il en soit blessé. Les ténèbres conviennent aux ophtalmiques, et le mensonge aux peuples; et la vérité nuit à ceux dont l'esprit, ou inactif, ou hébété, ne peut ou n'est pas accoutumé à approfondir. « Lux enim ve-
» ritati, oculus vulgo proportione quâdam respon-
» dent. Et oculus ipse non sine damno suo immo-
» dicâ luce perfruitur. Ac uti ophtalmicis caligo
» magis expedit, eodem modo mendacium vulgo
» prodesse arbitror; contrà nocere veritatem iis
» qui in rerum perspicuitatem intendere mentis
» aciem nequeunt ».

Cependant, voyez; je ne refuse pas d'être évê-
que, s'il m'est permis d'allier les fonctions de cet état avec mon caractère et ma franchise, philoso-
phant dans mon cabinet, répétant des fables en public, n'enseignant rien de nouveau, ne désabu-
sant sur rien, et laissant les hommes dans leurs préjugés, à-peu-près comme ils me viendront; mais le croyez-vous? « Hæc si mihi episcopalis
» nostri muneris jussa concesserint, subire hanc

» dignitatem possim, ità ut domi quidem philo-
» sopher, foris vero fabulas texam, ut nihil penitùs
» docens, sic nihil etiam dedocens, atque in præ-
» sumptâ animi opinione manere sinens ».

Sans cela, s'il faut qu'un évêque soit populaire dans ses opinions, je me déclarerai sur-le-champ. On me conférera l'épiscopat, si l'on veut; mais je ne veux point mentir. J'en atteste Dieu et les hommes. Dieu et la vérité se touchent. Je ne veux point me rendre coupable d'un crime à ses yeux. Non, mon frère, non, je ne puis dissimuler mes sentimens. Jamais ma bouche ne proférera le contraire de ma pensée. Mon cœur est sur le bord de mes lèvres. C'est en pensant comme je fais, c'est en ne disant rien que je ne pense, que j'espère de plaire à Dieu. « Si dixerint episcopum opinionibus popu-
» larem esse, ego me illicò omnibus manifestum
» præbebo. Si ad episcopale munus vocer, nolo
» ementiri dogmata. Horum Deum, horum ho-
» mines testes facio. Affinis est Deo veritas, apud
» quem criminis expers omnis cupio. Dogmata
» porrò mea nunquam obtegam, neque mihi ab
» animo lingua dissidebit. Ità sentiens, itàque
» loquens, placere me Deo arbitror ». *Voyez les ouvrages de Synésius dans la Collect. des Pères de l'Eglise.*

Cette protestation ne l'empêcha point d'être consacré évêque de Ptolémaïs. Il est incroyable que Théophile n'ait point balancé à élever à cette dignité un philosophe infecté de platonisme, et s'en faisant honneur. On eut égard, dit Photius, à la sainteté de ses mœurs; et l'on espéra de Dieu qu'il l'éclaireroit, un jour, sur la résurrection et sur les autres dogmes que ce philosophe rejetoit.

Denis l'Aréopagite, Claudien Mammert, Boëce, Æneas Gazeus, Zacharie le Scholastique, Philopon et Némésius, ferment cette ère de la philosophie chrétienne, que nous allons suivre dans l'Orient, dans la Grèce et dans l'Occident, en exposant les révolutions depuis le septième siècle jusqu'au douzième.

Cette philosophie des émanations, cette chaîne d'esprits qui descendoit et qui s'élevoit, toutes ces visions platonico-origénico-alexandrines, qui promettoient à l'homme un commerce plus ou moins intime avec Dieu, étoient très-propres à entretenir l'oisiveté pieuse de ces contemplateurs inutiles qui remplissoient les forêts, les monastères et les solitudes; aussi fit-elle fortune parmi eux. Le péripatétisme, au contraire, dont la dialectique subtile fournissoit des armes aux hérétiques, s'accréditoit d'un autre côté. Il y en eut qui, jaloux d'un double avantage, tâchèrent de concilier Aristote avec Platon; mais celui-ci perdit de jour en jour; Aristote gagna; et la philosophie alexandrine étoit presque oubliée, lorsque Jean Damascène parut. Il professa dans le monde le péripatétisme, qu'il ne quitta point dans son monastère. Il fut le premier, qui commença à introduire l'ordre didactique dans la théologie. Les scholastiques pourroient le regarder comme leur fondateur. Damascène fit-il bien d'associer Aristote à *Jesus-Christ;* et l'Eglise lui a-t-elle une grande obligation d'avoir habillé ses dogmes à la mode scholastique ? c'est ce que je laisse discuter à de plus habiles.

Les ténèbres de la barbarie se répandirent en Grèce, au commencement du huitième siècle. Dans le neuvième, la philosophie y avoit subi le sort des lettres, qui y étoient dans le dernier oubli. Ce fut la suite de l'ignorance des empereurs et des incursions des Arabes. Le jour ne reparut, mais foible, que vers le milieu du neuvième, sous le règne de Michel et de Barda. Celui-ci établit des écoles, et stipendia des maîtres. Les connoissances s'étendirent un peu sous Constantin Porphyrogenète. Psellus l'ancien, et Léon Allatius son disciple, luttèrent contre les progrès de l'ignorance, mais avec peu de succès. L'honneur de relever les lettres et la philosophie étoit réservé à ce Photius, qui, deux fois nommé patriarche, et deux fois déposé, mit toute l'église d'Orient en combustion. Cet homme nous a conservé dans sa bibliothèque des notices d'un grand nombre d'ouvrages qui n'existent plus. Il fit aussi l'éducation de l'empereur Léon, qu'on a surnommé le sage, et qui a passé pour un des hommes les plus instruits de son temps. On trouve sous le règne de Léon, dans la liste des restaurateurs de la science, les noms de Nicétas David, de Michel Ephésius, de Magentinus, d'Eustratius, de Michel Anchialus, de Nicéphore Blemmides, qui furent suivis de Georgius de Pachimere, de Théodore Méthochile, de Georgius de Chipre, de Georgius Lapitha, de Michel Psellus le jeune, et de quelques autres, travaillant successivement à ressusciter les lettres, la poésie et la philosophie aristotélique et péripatélicienne, jusqu'à la prise de Constantinople, temps où les connoissances abandonnèrent l'Orient, et vinrent chercher le repos en Occident, où nous allons examiner l'état de la philosophie depuis le septième siècle jusqu'au douzième.

Nous avons vu les sciences, les lettres et la philosophie décliner parmi les premiers chrétiens, et s'éteindre, pour ainsi dire, à Boëce. La haine que Justinien portoit aux philosophes; la pente des esprits à l'esclavage; les misères publiques; les incursions des Barbares; la division de l'empire romain; l'oubli de la langue grecque, même par les propres habitans de la Grèce; mais sur-tout la haine que la superstition s'efforçoit à susciter contre la philosophie; la naissance des astrologues, des genethliaques et de la foule des fourbes de cette espèce, qui ne pouvoit espérer d'en imposer qu'à la faveur de l'ignorance, consommèrent l'ouvrage : les livres moraux de Grégoire devinrent le seul livre qu'on eût.

Cependant il y avoit encore des hommes ; et quand n'y en a-t-il plus ? mais les obstacles étoient trop difficiles à surmonter. On compte, parmi ceux qui cherchèrent à secouer le joug de la barbarie, Capella, Cassiodore, Macrobe, Firmicus Maternus, Chalcidius, Augustin ; au commencement du septième siècle, Isidore d'Hispale, les moines de l'ordre de S. Benoît ; sur la fin de ce siècle, Adhelme ; au milieu du huitième, Beda, Acca, Egbert, Alcuin, et notre Charlemagne, auquel ni les temps antérieurs, ni les temps postérieurs n'auroient peut-être aucun homme à comparer, si la providence eût placé à côté de lui des personnages dignes de cultiver les talens qu'elle lui avoit accordés. Il tendit la main à la science abattue, et la releva. On vit renaître par ses encouragemens les connoissances profanes et sacrées, les sciences, les arts, les lettres et la philosophie. Il arrachoit cette partie du monde à la barbarie, en la conquérant, mais la superstition renversoit d'un côté, ce que le prince édifioit d'un autre. Cependant les écoles qu'il forma subsistèrent ; et c'est de-là qu'est sortie la lumière qui nous éclaire aujourd'hui. Qui est-ce qui écrira dignement la vie de Charlemagne ? Qui est-ce qui consacrera à l'immortalité le nom d'Alfred, à qui la science a les mêmes obligations en Angleterre, qu'à Charlemagne en France ?

Nous n'oublierons pas ici Rabanus Maurus, qui naquit dans le huitième siècle, et qui se fit distinguer dans le neuvième ; Strabon, Scot, Eginhard, Anlegisus, Adelhard, Hincmar, Paule - Wenfride, Lupus-Servatus, Herric, Angilbert, Egobart, Clément, Wandalbert, Reginon, Grimbeld, Ruthard, et d'autres qui repoussèrent la barbarie, mais qui ne la dissipèrent point. On sait quelle fut encore l'ignorance du dixième siècle. C'étoit en vain que les Otons d'un côté, les rois de France d'un autre, les rois d'Angleterre, et différens princes, offroient des asyles et des secours à la science ; l'ignorance duroit. Ah ! si ceux qui gouvernent, parcouroient des yeux l'histoire de ces temps, ils verroient tous les maux qui accompagnent la stupidité ; et combien il est difficile de reproduire la lumière, lorsqu'une fois elle s'est éteinte ! il ne faut qu'un homme, et moins d'un siècle, pour hébêter une nation ; il faut une multitude d'hommes, et le travail de plusieurs siècles, pour la ranimer (*).

Les écoles d'Oxford produisirent en Angleterre Britferth, Dunstan, Alfred de Malmesbury ; celles

---

(*) Il semble que Diderot ait eu ici en vue ce beau passage de Tacite : « Naturâ tamen infirmitatis humanæ, tardiora sunt remedia quàm mala : et, ut corpora lentè augescunt, citò extinguuntur, sic ingenia studiaque oppresseris faciliùs quàm revocaveris. Subit quippe etiam ipsius in inertiâ dulcedo : et invisa primo desidia, postremo amatur ». *In vit. Agricol. cap. 3.*

NOTE DE L'ÉDITEUR.

de France, Remy, Constantin Abbon; on vit en Allemagne Notkere, Ratbod, Nannon, Bruno, Balgric, Israël, Ratgerius, etc.... mais aucun ne se distingua plus que notre Gerbert, souverain pontife, sous le nom de *Sylvestre second*, et notre Odon; cependant le onzième siècle ne fut pas fort instruit. Si Guido Arétin composa la gamme, un moine s'avisa de composer le droit pontifical, et prépara bien du mal aux siècles suivans. Les princes, occupés d'affaires politiques, cessèrent de favoriser les progrès de la science, et l'on ne rencontre dans ces temps que les noms de Fulbert, de Berenger et de Lanfranc, et des Anselmes ses disciples, qui eurent pour contemporains ou pour successeurs Léon IX, Maurice, Franco, Willeram, Lambert, Gerard, Wilhelme, Pierre d'Amiens, Hermann Contracte, Hildebert, et quelques autres, tels que Roscelin.

La plupart de ces hommes, nés avec un esprit très-subtil, perdirent leur temps à des questions de dialectique et de théologie scholastique; et la seule obligation qu'on leur ait, c'est d'avoir disposé les hommes à quelque chose de mieux.

On voit les frivolités du péripatétisme occuper toutes les têtes au commencement du douzième siècle. Que font Constantinus Afer, Daniel Morlay, Robert, Adelard, Oton de Frinsigue, etc. Ils traduisent Aristote, ils disputent, ils s'anathématisent; ils se détestent, et ils arrêtent plutôt la philosophie

C *

qu'ils ne l'avancent. *Voyez* dans Gerson et dans Thomasius l'histoire et les dogmes d'Alméric. Celui-ci eut pour disiciple David Dinant. David prétendit avec son maître, que tout étoit Dieu, et que Dieu étoit tout ; qu'il n'y avoit aucune différence entre le créateur et la créature ; que les idées créent et sont créées ; que Dieu étoit la fin de tout, en ce que tout en étoit émané, et y retournoit, etc. Ces opinions furent condamnées dans un concile tenu à Paris, et les livres de David Dinant brûlés.

Ce fut alors qu'on proscrivit la doctrine d'Aristote. Mais tel est le caractère de l'esprit humain, qu'il se porte avec fureur aux choses qu'on lui défend. La proscription de l'aristotélisme fut la date de ses progrès ; et les choses en vinrent au point, qu'il y eut plus encore de danger à n'être pas péripatéticien qu'il y en avoit eu, à l'être. L'aristotélisme s'étendit peu-à-peu ; et ce fut la philosophie régnante pendant le treizième et le quatorzième siècles entiers. Elle prit alors le nom de *scholastique. Voyez* SCHOLASTIQUE *philosophie.* C'est à ce moment qu'il faut aussi rapporter l'origine du droit canonique, dont les premiers fondemens avoient été jetés dans le cours du douzième siècle. Du droit canonique, de la théologie scholastique et de la philosophie, mêlés ensemble, il naquit un espèce de monstre qui subsiste encore, et qui n'expirera pas si-tôt.

IONIQUE.

(SECTE)

L'histoire de la philosophie des Grecs se divise en fabuleuse, politique et sectaire ; et la sectaire, en *ionique* et en pythagorique. Thalès est à la tête de la secte *ionique* ; et c'est de son école que sont sortis les philosophes *ioniens*, Socrate avec la foule de ses disciples, les académiciens, les cyrénaïques, les éristiques, les péripatéticiens, les cyniques et les stoïciens. On l'appelle *secte ionique*, de la patrie de son fondateur, *Milet en Ionie*. Pythagore fonda la secte appelée de son nom la *pythagorique*; et celle-ci donna naissance à l'éléatique, à l'héraclitique, à l'épicurienne et à la pyrrhonienne. *Voyez* à l'article GRECS, PHILOSOPHIE DES GRECS ; et l'histoire de chacune de ces sectes, à leurs noms.

Thalès naquit à Milet, d'Examias et de Cléobuline, de la famille des Thalides, une des plus distinguées de la Phénicie, la première année de la trente-cinquième olympiade. L'état de ses parens, le soin que l'on prit de son éducation, ses talens, l'élévation de son ame, et une infinité de circonstances heureuses, le portèrent à l'administration des affaires publiques. Cependant sa vie fut d'abord privée ; il passa quelque temps sous Thrasibule, homme d'un génie peu commun, et d'une expérience consommée. Il y en a qui le marient ; d'autres le retiennent dans le célibat, et lui donnent pour héritier le fils de sa sœur ; et la vraisemblance est pour ces derniers. Quand on lui demandoit pourquoi il refusoit à la nature le tribut que tout homme lui doit, en se remplaçant dans l'espèce par un certain nombre d'enfans : Je ne veux point avoir d'enfans, répondoit-il, parce que je les aime ; les soins qu'ils exigent, les événemens auxquels ils sont exposés, rendent la vie trop pénible et trop agitée. Le législateur Solon, qui regardoit la propagation de l'espèce d'un œil politique, n'approuvoit pas cette façon de penser ; et Thalès, qui ne l'ignoroit pas, se proposa d'amener Solon à son sentiment, par un moyen aussi ingénieux que cruel. Un jour, il envoie à Solon un messager lui porter la nouvelle de la mort de son fils ; ce père tendre en est aussi-tôt plongé dans la douleur la plus profonde : alors Thalès vient à lui, et lui dit en l'abordant d'un air riant : Eh bien ! trouvez-vous encore qu'il soit fort doux d'avoir des enfans ?

La tyrannie n'eut point d'ennemis plus déclarés. Il crut que les conseils d'un particulier auroient plus de poids dans sa société que les ordres d'un magistrat ; et il n'imita point les sept sages qui l'avoient précédé, et qui tous avoient été à la tête du gouvernement. Mais son goût pour la philosophie naturelle et l'étude des mathématiques, l'arracha de bonne heure aux affaires. Le désir de s'instruire de la religion et de ses mystères le fit passer en Crète ; il espéroit démêler, dans le culte et la théogonie de ces peuples, ce que les temps les plus reculés avoient pensé de la naissance du monde et de ses révolutions.

De la Crète, il alla en Asie. Il vit les Phéniciens, si célèbres alors par leurs connoissances astronomiques. Il voulut, dans sa vieillesse, converser avec les prêtres de l'Egypte. Il apprit à ceux qu'il alloit interroger, à mesurer la hauteur de leur pyramide, par son ombre et par celle d'un bâton. Qu'étoit-ce donc que ces géomètres égyptiens ?

De retour de ses voyages, les grands, que la curiosité et l'amour-propre appelent toujours autour des philosophes, recherchèrent son intimité ; mais il préféra l'étude, la retraite et le repos à tous les avantages de leur commerce. C'est de lui dont il est question, dans la vieille et ridicule fable de cet astronome qui regarde aux astres, et qui n'apperçoit pas une fosse qui est à ses pieds : bien ou mal imaginée, il falloit en étendre la moralité en l'appliquant aux grandes vues de l'homme et à la courte durée de sa vie ; il projette dans l'avenir, et il a un tombeau ouvert à côté de lui.

Thalès atteignit l'âge de quatre-vingt-dix ans. S'étant imprudemment engagé dans la foule que les jeux olympiques attiroient, il y périt de chaleur et de soif. On raconte de lui que, pour montrer à ses concitoyens combien il étoit facile au philosophe de s'enrichir, il acheta tout le produit des oliviers de Milet et de Chio, sur la connoissance que l'astronomie lui avoit donnée d'une récolte abondante. Il ne fut pas seulement philosophe, il fut aussi poëte. Les uns lui attribuent un traité de la nature des choses, un autre de l'astronomie nautique et des points tropiques et équinoxiaux. Mais ceux qui assurent que Thalès n'a rien laissé, paroissent avoir raison. Il ne faut pas confondre le philosophe de Milet avec le législateur et le poëte de la Crète. Il eut pour disciple Anaximandre.

Il y a plusieurs circonstances qui rendent l'histoire de la secte *ionienne* difficile à suivre. Peu d'écrits et de disciples ; le mystère, la crainte du ridicule, le mépris du peuple, l'effroi de la superstition, la double doctrine, la vanité qui laisse les autres dans l'ignorance ; le goût général pour la morale ; l'éloignement des esprits de l'étude des sciences naturelles ; l'autorité de Socrate qui les avoit abandonnées ; l'inexactitude de Platon qui, ramenant tout à ses idées, corrompoit tout ; la briéveté et l'infidélité d'Aristote qui mutile, altère et tronque ce qu'il touche ; les révolutions des temps, qui défigurent les opinions, et ne les laissent jamais passer intactes aux bons esprits qui auroient pu les exposer nettement s'ils avoient paru plus-tôt ; la fureur de dépouiller les contemporains, qui recule autant qu'elle peut l'origine des découvertes; que sais-je encore? et après cela, quel fond pouvons-nous faire sur ce que nous allons exposer de la doctrine de Thalès?

De la naissance des choses.

La principale doctrine de la *secte ionique*, étoit que l'eau est le principe de toutes choses. *Voyez* EAU, PRINCIPE, etc. C'est à quoi Pindare fait allusion au commencement de la première ode de ses olympiennes, lorsqu'il dit que *rien n'est si excellent que l'eau;* pensée froide et commune, si on la prend à la lettre, comme faisoit M. Perrault; mais qui présente un sens noble, si, remontant aux idées de la philosophie de Thalès, on imagine l'eau comme le premier principe de tous les autres êtres. L'eau est donc le principe de tout; tout en vient; et tout s'y résout.

Il n'y a qu'un monde; il est l'ouvrage d'un Dieu: donc il est très-parfait.

Dieu est l'ame du monde.

Le monde est, dans le lieu, la chose la plus vaste qui soit.

Il n'y a point de vide.

Tout est en vicissitude; et l'état des choses est momentané.

La matière se divise sans cesse; mais cette division a sa limite.

La nuit exista la première.

Le mélange naît de la composition des élémens.

Les étoiles sont d'une nature terrestre, mais enflammée.

La lune est éclairée par le soleil.

C'est l'interposition de la lune, qui nous éclipse le soleil.

Il n'y a qu'une terre ; elle est au centre du monde.

Ce sont des vents étésiens, qui, soufflant contre le cours du Nil, le retardent, et causent ses inondations.

Des choses spirituelles.

Il y a un premier Dieu, le plus ancien ; il n'a point eu de commencement, il n'aura point de fin.

Ce Dieu est incompréhensible. Rien ne lui est caché : il voit au fond de nos cœurs.

Il y a des démons ou génies, et des héros.

Les héros sont nos ames séparées de nos corps. Ils sont bons, si les ames ont été bonnes ; méchans, si elles ont été mauvaises.

L'ame humaine se meut toujours, et d'elle-même.

Les choses inanimées ne sont pas sans sentiment ni sans ame.

L'ame est immortelle.

C'est la nécessité qui gouverne tout.

La nécessité est la puissance immuable et la volonté constante de la providence.

Géométrie de Thalès.

Elle se réduit à quelques propositions élémentaires sur les lignes, les angles et les triangles; son astronomie, à quelques observations sur le lever et le coucher des étoiles, et autres phénomènes.

Mais il faut observer, à l'honneur de ce philosophe, que la philosophie naturelle étoit alors au berceau, et qu'elle a fait ses premiers pas avec lui.

Quant aux axiomes de sa morale, voici ce que Démétrius de Phalère nous en a transmis. Il faut se rappeler son ami, quand il est absent. C'est l'ame, et non le corps, qu'il faut soigner. Avoir pour ses pères les égards qu'on exige de ses enfans. L'intempérance en tout est nuisible. L'ignorant est insupportable. Apprendre aux autres ce qu'on sait de mieux. Il y a un milieu à tout. Ne pas accorder sa confiance sans choix.

Interrogé sur l'art de bien vivre, il répondit : Ne faites point ce que vous blâmeriez en un autre. Vous serez heureux, si vous êtes sain, riche et bien né. Il est difficile de se connoître; mais cela est essentiel : sans cela, comment conformer sa conduite aux loix de la nature ?

Anaximandre marcha sur les traces de Thalès. Il naquit à Milet, dans la quarante-deuxième olympiade. Il passa toute sa vie dans l'école. Le temps de sa mort est incertain. On prétend qu'il n'a vécu que 74 ans.

Il passe pour avoir porté les mathématiques fort au-delà du point où Thalès les avoit laissées. Il mesura le diamètre de la terre et le tour de la mer. Il inventa le gnomon. Il fixa les points des équinoxes et des solstices. Il construisit une sphère. Il eut aussi sa physiologie.

Selon lui, le principe des choses étoit infini ; un, non en nombre, mais en grandeur ; immuable dans le tout ; variable dans les parties ; tout en émanoit, tout s'y résolvoit.

Le ciel est un composé de froid et de chaud.

Il y a une infinité de mondes qui naissent, périssent, et rentrent dans l'infini.

Les étoiles sont des réceptacles de feu qu'elles aspirent et exspirent ; elles sont rondes ; elles sont entraînées dans leur mouvement par celui des sphères.

Les astres sont des dieux.

Le soleil est au lieu le plus haut ; la lune, plus bas ; après la lune, les étoiles fixes, et les étoiles errantes.

L'orbe du soleil est vingt-huit fois plus grand que celui de la terre ; il répand le feu dans l'univers, comme la poussière seroit dispersée de dessus une roue creuse et trouée emportée sur elle-même avec vîtesse.

L'orbe de la lune est à celui de la terre comme 1 à 19.

Il attribue les éclipses à l'obstruction des orifices des trous par lesquels la lumière s'échappe.

Le vent est un mouvement de l'air; les éclairs et le tonnerre, des effets de sa compression dans une nue, et de la rupture de la nue.

La terre est au centre; elle est ronde; rien ne la soutient; elle y reste par sa distance égale de tous les corps.

Cosmogonie d'Anaximandre.

L'infini a produit des orbes et des mondes : la révolution perpétuelle est la cause de la génération et de la destruction; la terre est un cylindre, dont la hauteur n'est que le tiers du diamètre : une atmosphère de parties froides et chaudes forma autour de la terre une enveloppe qui la féconda. Cette enveloppe s'étant rompue, ses pièces formèrent le soleil, la lune, les étoiles et la lumière.

Quant aux animaux, il les tire tous de l'eau, d'abord hérissés d'épines, puis séchés, puis morts; il fait naître l'homme dans le corps des poissons.

Anaximène, disciple d'Anaximandre, et son compatriote, naquit entre la 55.ᵉ et 58.ᵉ olympiade : il suivit les opinions de son maître, y ajoutant et y changeant ce qu'il jugea à propos.

Celui-ci veut que l'air soit le principe et la fin de tous les êtres; il est éternel, et toujours mu; c'est un dieu; il est infini. Il y a d'autres dieux subalternes, tous également enfans de l'air : une grande portion de cet élément échappe à nos yeux;

mais elle se manifeste par le froid et le chaud, l'humidité et le mouvement ; elle se condense, et se raréfie ; elle ne garde jamais une même forme.

L'air dissous au dernier dégré, c'est du feu ; à un dégré moyen, c'est l'atmosphère ; à un moindre encore, c'est l'eau ; plus condensé, c'est la terre ; plus dense, les pierres, etc.

Le froid, le chaud, sont les causes opposées de la génération, les instrumens de la destruction.

La surface extérieure du ciel est terrestre.

La terre est une grande surface plane, soutenue sur l'air ; il en est ainsi de la lune, du soleil, et de tous les astres.

La terre a donné l'existence aux astres, par ses vapeurs qui se sont enflammées en s'atténuant.

Les vapeurs atténuées, enflammées et portées à des distances plus grandes, ont formé les astres.

Les astres tournent autour de la terre, mais ne s'abaissent point au-dessous : si nous cessons de voir le soleil, c'est qu'il est caché par des régions élevées, ou porté à de trop grandes distances.

C'est un air condensé qui meut les planètes, et qui les retient.

Le soleil est une plaque ardente.

Les éclipses se font dans son système, comme dans celui d'Anaximandre.

Il ne nous reste de sa morale que quelques sentences décousues, sur la vieillesse, sur la volupté, sur l'étude, sur la richesse et sur la pauvreté, qui toutes paroissent tirées de sa propre expérience. Il se maria, il étoit pauvre ; il eut des enfans, il fut plus pauvre encore ; il devint vieux, et connut tout ce que la misère, cette maîtresse cruelle, a coutume d'apprendre aux hommes.

Anaxagoras étudia sous Anaximène ; il naquit à Clazomène, dans la 70.º olympiade. Eubule son père est connu par ses richesses, et plus encore par son avarice. Son fils en fit peu de cas ; il négligea la fortune que son père lui avoit laissée ; voyagea ; et regardant à son retour, d'un œil assez froid, le désastre que son absence avoit introduit dans ses terres, il disoit : *Non essem ego salvus, nisi ista periissent.* Il n'ambitionna aucune des dignités, auxquelles sa naissance l'avoit destiné; et il répondit à quelqu'un qui lui reprochoit que sa patrie ne lui étoit de rien : Ma patrie, en montrant le ciel de la main, elle m'est tout : il vint à Athènes, à l'âge de vingt ans. Il n'y avoit point encore, à proprement parler, d'écoles de philosophie. A-peine eut-il connu Anaximène, qu'il s'écria dans l'enthousiasme : Je sens que je suis né pour regarder la lune, le ciel, le soleil et les astres. Ses succès ne furent point au-dessous de ses espérances ; il alla dans sa patrie interroger Hermotime ; il étoit venu la première fois à Athènes, pour apprendre; il y reparut, pour enseigner ; il eut pour auditeurs Périclès, Euripide le tragique, Socrate même, et Thémistocle.

Mais l'envie ne lui accorda pas long-temps du repos ; il fut accusé d'impiété, pour avoir dit que le soleil n'étoit qu'une pierre enflammée (*) : mis en prison, et prêt à être condamné, l'éloquence et l'autorité de Périclès le sauvèrent de la fureur des prêtres. Le mot qu'il dit dans ces circonstances fâcheuses marque la fermeté de son ame. Comme on lui annonçoit qu'il seroit condamné à mort, lui et ses enfans, il répondit : Il y a long-temps que le nature a prononcé cette sentence contre eux et contre moi ; je n'ignorois pas que je suis mortel, et que mes enfans sont nés de moi.

Il sortit d'Athènes après un séjour de trente ans ; il s'en alla à Lampsaque, passer ce qui lui restoit de jours à vivre ; il se laissa mourir de faim.

Philosophie d'Anaxagoras.

Il ne se fait rien de rien.

Dans le commencement, tout étoit ; mais en confusion, et sans mouvement.

Il n'y a qu'un principe de tout ; mais divisé en parties infinies, similaires, contiguës, opposées,

---

(*) Quelques interprètes traduisent, *une masse de fer brûlant* ; d'autres, *un globe de feu qui n'étoit ni fer, ni pierre*.

NOTE DE L'ÉDITEUR.

se touchant, se soutenant les unes hors des autres. *Voyez* Homoeomeries.

Les parties similaires de la matière étant sans mouvement et sans vie, il y a eu de toute éternité un principe infini, intelligent, incorporel, hors de la masse, mu de lui-même, et la cause du mouvement dans le reste.

Il a tout fait avec les parties similaires de la matière, unissant les homogènes aux homogènes.

Les contrées supérieures du monde sont pleines de feu, ou d'un air très-subtil mu d'un mouvement très-rapide et d'une nature divine.

Il a enlevé des masses arrachées de la terre; et les a entraînées, dans sa révolution rapide, là où elles forment des étoiles.

C'est cet air, qui entretient leurs révolutions d'un pole à l'autre; le soleil ajoute encore à sa force, par son action et sa compression.

Le soleil est une masse ardente, plus grande que le Péloponèse, dont le mouvement n'a pas d'autre cause que celui des étoiles.

La lune et le soleil sont placés au-dessous des astres; c'est la grande distance, qui nous empêche de sentir la chaleur des astres.

La lune est un corps opaque, que le soleil éclaire; elle est semblable à la terre; elle a ses montagnes, ses vallées, ses eaux, et peut-être ses habitans.

La voie lactée est un effet de la lumière réfléchie

du soleil, qui se fait appercevoir par l'absence de tout astre.

Les comètes sont des astres errans qui paroissent plusieurs ensemble, par un concours fortuit qui les a réunis ; leur lumière est un effet commun de leur union.

Le soleil, la lune et les autres astres, ne sont ni des intelligences divines, ni des êtres qu'il faille adorer.

La terre est plane ; la mer, formée de vapeurs raréfiées par le soleil, se soutient à sa surface.

La sphère du monde a d'abord été droite ; elle s'est ensuite inclinée.

Il n'y a point de vide.

Les animaux, formés par la chaleur et l'humidité, sont sortis de la terre, mâles et femelles.

L'ame est le principe du mouvement ; elle est aérienne.

Le sommeil est une affection du corps, et non de l'ame.

La mort est une dissolution égale du corps et de l'ame.

L'action du soleil, raréfiant ou atténuant l'air, cause les vents.

Le mouvement rapide de la terre, empêchant la libre sortie des vents renfermés dans les cavités de la terre, en excite les tremblemens.

Si une nue est opposée au soleil comme un

miroir, et que sa lumière la rencontre et s'y fixe, l'arc-en-ciel sera produit.

Si la terre sépare la lune du soleil, la lune sera éclipsée ; la même chose arrivera au soleil, si la lune se trouve entre la terre et cet astre.

Je n'entends rien à son explication des solstices, ni aux retours fréquens de la lune : il emploie à l'explication de l'un de ces phénomènes, le mouvement, ou plutôt l'éloignement de la lune et du soleil ; et à l'autre, le défaut de chaleur.

Si le chaud s'approche des nues qui sont froides, cette rencontre occasionnera des tonnerres et des éclairs ; la foudre est une condensation du feu.

Diogène l'Apolloniate fut disciple d'Anaximène, et condisciple d'Anaxagore. Celui-ci fut orateur et philosophe ; ses principes sont fort analogues à ceux de son maître.

Rien ne se fait de rien ; rien ne se corrompt où il n'est pas ; l'air est le principe de tout ; une intelligence divine le meut et l'anime ; il est toujours en action ; il forme des mondes à l'infini en se condensant ; la terre est une sphère alongée ; elle est au centre ; c'est le froid environnant qui fait sa consistance ; c'est le froid qui a fait sa solidité première ; la sphère étoit droite ; elle s'inclina après la formation des animaux ; les étoiles sont des exhalaisons du monde ; l'ame est dans le cœur; le son est un retentissement de l'air contenu dans la tête et frappé; les animaux naissent chauds, mais inanimés : la brute a quelque portion d'air et de raison ; mais cet air est embarrassé d'humeurs ; cette raison est bornée ; ils sont dans l'état des imbécilles; si le sang et l'air se portent vers les régions gastriques, le sommeil naît ; la mort, si le sang et l'air s'échappent.

Archélaüs de Milet succéda à Anaxagoras ; l'étude de la physique cessa dans Athènes après celui-ci ; la superstition la rendit périlleuse, et la doctrine de Socrate la rendit méprisable : Archélaüs commença à disputer des loix, de l'honnête et du juste.

Selon lui, l'air et l'infini sont les deux principes des choses ; et la séparation du froid et du chaud, la cause du mouvement : le chaud est en action; le froid, en repos; le froid liquéfié forme l'eau ; resserré par le chaud, il forme la terre ; le chaud s'élève, la terre demeure, les astres sont des terres brûlées; le soleil est le plus grand des corps célestes : après le soleil, c'est la lune; la grandeur des astres est variable : le ciel étendu sur la terre, l'éclaire et la sèche ; la terre étoit d'abord marécageuse ; elle est ronde à la surface, et creuse au centre ; ronde, puisque le soleil ne se lève pas et ne se couche pas en un même instant pour toutes ces contrées ; la chaleur et le limon ont produit tous les animaux, sans en excepter l'homme;

ils sont également animés ; les tremblemens de la terre ont pour causes des vents, qui se portent dans ses cavités qui en sont déjà pleines ; la voix n'est qu'un air frappé : il n'y a rien de juste, ni d'injuste ; de décent, ni d'indécent en soi ; c'est la loi qui fait cette distinction.

Voilà tout ce que l'antiquité nous a transmis de la *secte ionique*, qui s'éteignit à Socrate, pour ne renaître qu'à Guillelmet de Bérigard, qui naquit à Moulins en 1598.

Bérigard étudia d'abord les lettres grecques et latines, et ne négligea pas les mathématiques ; il avoit fait un assez long séjour à Paris, lorsqu'il fut appelé à Pise. Il s'attacha à Catherine de Lorraine, femme du grand-duc de Toscane, en qualité de médecin ; ce qui prouve qu'il avoit apparemment tourné son application du côté de l'art de guérir. Catherine lui procura la protection des Médicis ; il professa les mathématiques et la botanique : les Vénitiens lui proposèrent une chaire à Padoue, qu'il accepta, et qu'il garda jusqu'à sa mort, qui arriva en 1663. Son ouvrage, intitulé *Cursus Pisani*, n'est ni sans réputation, ni sans mérite ; il commença à philosopher dans un temps où le péripatétisme ébranlé perdoit un peu de son crédit, en dépit des décrets des facultés attachées à leur vieille idole. Quoiqu'il vécût dans un pays où l'on ne peut être trop circonspect, et qu'il eût sous ses yeux l'exemple de Galilée, jeté dans les prisons, pour avoir démontré le mouvement de la terre et l'immobilité du soleil, il osa avancer qu'on devoit aussi peu d'égards à ce que les théologiens pensoient dans les sciences naturelles, que les théologiens à ce que les philosophes avoient avancé dans les sciences divines. Quels progrès, sous cet homme rare, la science n'auroit-elle pas faits, s'il eût été abandonné à toute la force de son génie ! Mais il avoit des préjugés populaires à respecter ; des protecteurs, à ménager ; des ennemis, à craindre ; des envieux, à appaiser ; des sentences de philosophie accréditées, à attaquer sourdement ; des fanatiques, à tromper ; des intolérans, à surprendre ; en un mot, tous les obstacles qu'il est possible d'imaginer, à surmonter. Il en vint à bout ; il renversa Aristote, en exposant toute l'impiété de sa doctrine ; il le combattit, en dévoilant toutes les conséquences dangereuses où ses principes avoient entraîné Campanella, et une infinité d'autres. Il hasarda, à cette occasion, quelques idées sur une meilleure manière de philosopher ; il ressuscita peu à-peu l'*ionisme*.

Malgré toutes ses précautions, il n'échappa pas à la calomnie ; il fut accusé d'irréligion et même d'athéisme ; mais heureusement il n'étoit plus. Nous avouerons toute-fois que ses ouvrages en dialogues, où il s'est personnifié sous le nom d'*Aristée*, demandent un lecteur instruit et circonspect.

JOQUES.

Les *joques* sont des bramines du royaume de Narsingue. Ils sont austères ; ils errent dans les Indes ; ils se traitent avec la dernière dureté, jusqu'à ce que, devenus *abduls*, ou exempts de toutes loix et incapables de tout péché, ils s'abandonnent sans remords à toutes sortes de saletés, et ne se refusent aucune satisfaction : ils croyent avoir acquis ce droit par leur pénitence antérieure. Ils ont un chef qui leur distribue son revenu, qui est considérable, et qui les envoie prêcher sa doctrine.

JORDANUS BRUNUS.

(PHILOSOPHIE DE)

Cet homme singulier naquit à Nole, au royaume de Naples ; il est antérieur à Cardan, à Gassendi, à Bacon, à Leibnitz, à Descartes, à Hobbes : et, quel que soit le jugement que l'on portera de sa philosophie et de son esprit, on ne pourra lui refuser la gloire d'avoir osé le premier attaquer l'idole de l'école ; s'affranchir du despotisme d'Aristote ; et encourager, par son exemple et par ses écrits, les hommes à penser d'après eux-mêmes : heureux s'il eût eu moins d'imagination et plus de raison ! Il vécut d'une vie fort agitée et fort diverse ; il voyagea en Angleterre, en France et en Allemagne ; il reparut en Italie ; il y fut arrêté et conduit dans les prisons de l'inquisition, d'où il ne sortit que pour aller mourir sur un bûcher. Ce qu'il répondit aux juges, qui lui prononcèrent sa sentence de mort, marque du courage : « Majori forsàn cum timore senten- » tiam in me dicetis, quàm ego accipiam ».

Les écrits de cet auteur sont très-rares ; et le mélange perpétuel de géométrie, de théologie, de physique, de mathématique et de poésie, en rend la lecture pénible. Voici les principaux axiomes de sa philosophie.

Ces astres, que nous voyons briller au-dessus de nos têtes, sont autant de mondes.

Les trois êtres par excellence sont Dieu, la nature et l'homme. Dieu ordonne, la nature exécute, l'homme conçoit.

Dieu est une monade ; la nature, une mesure.

Entre les biens que l'homme puisse posséder, connoître est un des plus doux.

Dieu, qui a donné la raison à l'homme, et qui n'a rien fait en vain, n'a prescrit aucun terme à son usage.

Que celui qui veut savoir, commence par douter ; qu'il sache que les mots servent également l'ignorant et le sage, le bon et le méchant. La langue de la vérité est simple ; celle de la duplicité, équivoque ; et celle de la vanité, recherchée.

La substance ne change point ; elle est immortelle, sans augmentation, sans décroissement, sans corruption. Tout en émane, et s'y résout.

Le *minimum* est l'élément de tout, le principe de la quantité.

Ce n'est pas assez que du mouvement, de l'espace et des atomes ; il faut encore un moyen d'union.

La monade est l'essence du nombre, et le nombre, un accident de la monade.

La matière est dans un flux perpétuel ; et ce qui est un corps aujourd'hui, ne l'est pas demain.

Puisque la substance est impérissable, on ne meurt point ; on passe, on circule, ainsi que Pythagore l'a conçu.

Le composé n'est point, à parler exactement, la substance.

L'ame est un point, autour duquel les atomes s'assemblent dans la naissance, s'accumulent pendant un certain temps de la vie, et se séparent ensuite jusqu'à la mort, où l'atome central devient libre.

Le passage de l'ame dans un autre corps n'est point fortuit ; elle y est prédisposée par son état précédent. Ce qui n'est pas un, n'est rien.

La monade réunit toutes les qualités possibles ; il y a pair et impair, fini et infini, étendue et non étendue, témoin Dieu.

Le mouvement le plus grand possible, le mouvement retardé, et le repos ne sont qu'un. Tout se transfère ou tend au transport.

De l'idée de la monade on passe à l'idée du fini ; de l'idée du fini, à celle de l'infini ; et l'on descend par les mêmes dégrés.

Toute la durée n'est qu'un instant infini.

La résolution du contenu en ses parties est la source d'une infinité d'erreurs.

La terre n'est pas plus au milieu du tout qu'aucun autre point de l'univers. Si l'espace est infini, le centre est par-tout, et nulle part ; de même que l'atome est tout, et n'est rien.

Le *minimum* est indéfini. Il ne faut pas confondre le *minimum* de la nature, et celui de l'art ; le *minimum* de la nature, et le *minimum* sensible.

Il n'y a ni bonté, ni méchanceté, ni beauté, ni laideur, ni peine, ni plaisir absolus.

Il y a bien de la différence entre une qualité quelconque comparée à nous, et la même qualité considérée dans le tout : de-là les notions vraies et fausses du bien et du mal, du nuisible et de l'utile.

Il n'y a rien de vrai ni de faux pour ceux qui ne s'élèvent point au-delà du sensible.

La mesure du sensible est variable.

Il est impossible que tout soit le même dans deux individus différens ; et dans un même individu, dans deux instans. Comptez les causes, mais sur-tout ayez égard à l'influ et à l'influence.

Il n'y a de plein absolu que dans la solidité de l'atome ; et de vide absolu, que dans l'intervalle des atomes qui se touchent.

La nature de l'ame est atomique ; c'est l'énergie de notre corps, dans notre durée et dans notre espace.

Pourquoi l'ame ne conserveroit-elle pas quelqu'affinité avec les parties qu'elle a animées ? Suivez cette idée ; et vous vous réconcilierez avec une infinité d'effets, que vous jugez impossibles pendant son union avec le corps et après qu'elle en est séparée.

L'atome ne se corrompt point, ne naît point, ne meurt point.

Il n'y a rien de si petit dans le tout, qui ne tende à diminuer ou à s'accroître ; rien de bien, qui ne tende à empirer ou à se perfectionner ; mais c'est relativement à un point de la matière, de l'espace et du temps. Dans le tout, il n'y a ni petit, ni grand ; ni bien, ni mal.

Le tout est le mieux qu'il est possible ; c'est une conséquence de l'harmonie nécessaire, et de l'existence, et des propriétés.

Si l'on réfléchit attentivement sur ces propositions, on y trouvera le germe de la raison suffisante, du système des monades, de l'optimisme, de l'harmonie préétablie ; en un mot, de toute la philosophie leibnitzienne.

A comparer le philosophe de Nole et celui de

Leipsick, l'un me semble un fou qui jette son argent dans la rue; et l'autre, un sage qui le suit et qui le ramasse. Il ne faut pas oublier que Jordan-Brun a séjourné et professé la philosophie en Allemagne.

Si l'on rassemble ce qu'il a répondu dans ses ouvrages sur la nature de Dieu, il restera peu de chose à Spinosa, qui lui appartienne en propre.

Selon Jordan-Brun, l'essence divine est infinie; la volonté de Dieu, c'est la nécessité même. La nécessité et la liberté ne sont qu'un. Suivre, en agissant, la nécessité de la nature, non-seulement c'est être libre; mais ce seroit cesser de l'être, que d'agir autrement. Il est mieux d'être que de ne pas être; d'agir, que de ne pas faire : le monde est donc éternel; il est un; il n'y a qu'une substance; il n'y a qu'un agent; la nature, c'est Dieu.

Notre philosophe croyoit la quadrature du cercle impossible; et la transmutation des métaux, possible.

Il avoit imaginé que les comètes étoient des corps qui se mouvoient dans l'espace, comme la terre et les autres planètes.

A dire ce que je pense de cet homme, il y auroit peu de philosophes qu'on pût lui comparer; si l'impétuosité de son imagination lui avoit permis d'ordonner ses idées, et de les ranger dans un ordre systématique; mais il étoit né poëte.

(Voici les titres de ses ouvrages : 1.° *La Cena*

de le ceneri : ce livre fut dédié par l'auteur à M. de Castelnau, pendant son ambassade d'Angleterre. La raison du titre est qu'on suppose que ce sont des entretiens tenus à table le premier jour de carême. On y soutient, entre autres choses, l'opinion de Copernic; et l'on ajoute qu'il y a une infinité de mondes semblables à celui-ci, et qu'ils sont tous des animaux intellectuels, qui ont des individus végétatifs et raisonnables, comme il y en a sur la terre. L'opinion contraire est traitée de puérile. *È cosa da fanciulli haver creduto e credere altrimente.*

2.° *De umbris idearum*, Paris. 1582. 3°. *Ars memoriæ*. 4.° *Il candelaio, comedia*. 5.° *Cantus circæus ad memoriæ praxim ordinatus, quam ipse judiciariam appellat*. Paris. 1583. 6.° *De la causa, principio ed uno*. Il fut imprimé à Venise l'an 1584, et dédié par l'auteur, à Michel de Castelnau, ambassadeur de France auprès de la reine Elisabeth. L'auteur prétend que, s'il n'eût pas eu une fermeté héroïque, il se fût abandonné au désespoir; car sa mauvaise fo*●●*ne étoit compliquée de mille disgraces; il n'y manquoit que les dédains malicieux d'une maîtresse. L'épître dédicatoire de ce livre contient le précis de cinq dialogues dont l'ouvrage est composé. Le premier sert d'apologie à *la Cena de le ceneri*. Le second traite du principe ou de la cause première, et fait voir comment la cause efficiente et la formelle se réunissent à un seul sujet, qui est l'ame de l'univers, et comment la cause formelle générale, qui est unique, diffère de la cause formelle particulière, qui est infiniment multipliée. L'auteur déclare, entre autres choses, que son système ôte la peur des enfers, qui empoisonne, dit-il, les plus doux plaisirs de la vie *Atteso che lei toglie il fosco velo del pazzo sentimento circa l'orco e avaro Caronte, onde il più dolce de la nostra vita ne si rape e avvelena.*

Il montre, dans le troisième dialogue, que David Dinant avoit raison de considérer la matière comme une chose divine. Il soutient que la forme substantielle ne périt jamais; et que la matière et la forme ne diffèrent que comme la puissance et l'acte : d'où il conclut que tout l'univers n'est qu'un être. Il montre, dans le dialogue suivant, que la matière des corps n'est point différente de la matière des esprits. Et enfin, dans le cinquième dialogue, il conclut que l'être réellement existant est un, et infini, et immobile, et indivisible ; *Senza differenza di tutto e parte, principio e principiato ;* qu'une étendue infinie se réduit nécessairement à l'individu, comme le nombre infini se réduit à l'unité. Voilà une idée générale de ce qu'il expose plus en détail dans ses sommaires, et plus amplement dans ses dialogues : d'où il paroît que son hypothèse est au fond toute semblable au spinosisme. Notez qu'on trouve à la fin du premier dialogue une digression à la louange de la reine Elisabeth.

7.° *De l'infinito universo e mondi;* in Venetia, 1584, *in-*12. Il est composé de cinq dialogues, où *Jordan-Brun* soutient, par un très-grand nombre de raisons, que l'univers est infini, et qu'il y a une infinité de mondes. Il se déclare pour le sentiment de Copernic, touchant la mobilité de la terre autour du soleil.

8.° *Spaccio de la bestia triomfante;* in Parigi, 1584, *in-*12. Jordan-Brun le dédia au chevalier Philippe Sidney, qui lui avoit rendu en Angleterre plusieurs bons offices. C'est un traité de morale bizarrement digéré ; car on y expose la nature des vices et des vertus sous l'emblême des constellations célestes, chassées du firmament pour faire place à de nouveaux astérismes qui représentent la vérité, la bonté, etc.

9.° *Cabala del cavallo pegaseo con l'aggiunte dell' asino cillenico.* 10.° *De gli heroici furori.* Cet ouvrage contient deux parties, dont chacune est divisée en cinq dialogues. Il les fit pendant son séjour en Angleterre, et les dédia à M. Sidney. Il y a beaucoup de vers italiens dans cet ouvrage, et beaucoup d'imaginations cabalistiques : car sous des figures qui semblent représenter les transports et les désordres de l'amour, il prétend élever l'ame à la contemplation des vérités les plus sublimes, et la guérir de ses défauts. On voit sur la fin quelqués poésies où il chante la beauté des femmes de Londres.

11.° *De progressu et lampade venatoriá logicorum.* 12.° *Acrotismus, seu rationes articulorum physicorum adversùs peripateticos Parisiis propositorum.* Il attaque dans ce livre la philosophie d'Aristote. 13.° *Oratio valedictoria ad professores et auditores in academiá Witebergensi.* 14°. *De specierum scrutinio et lampade combinatoriá Raimondi Lulli.* 15.° *Oratio consolatoria habita in academiá Juliá in fine exequiarum principis Julii ducis Brunsvicensium.* 16.° *De monade, numero et figura, liber consequens quinque de minimo, magno, et mensurá, item de innumerabilibus, immenso, etc.* Francofurt. 1591, *in*–8.° 17.° *De imaginum, signorum et idearum compositione, ad omnia inventionum, dispositionum et memoriæ genera*, libri tres, Francofurt. 1591, *in*-8.° 18.° *Summa terminorum metaphysicorum ad capessendum logicæ et metaphysicæ studium.* 19.° *Artificium perorandi.* 20.° *De compendiosá architecturá et complemento artis Lullii.* Paris. 1580, etc., etc.

Il cite lui-même quelques autres ouvrages qu'on n'a point, comme le *Sigillum sigillorum*, et les livres, *De imaginibus, de principiis rerum, de sphœrá, de physicá, magiá*, etc...

On peut faire deux remarques générales sur les idées de cet auteur : l'une est que ses principales doctrines sont mille fois plus obscures, que tout ce que les sectateurs de Thomas d'Aquin ou de Jean Scot ont jamais dit de plus incompréhensible : car y a-t-il rien d'aussi opposé aux notions de notre esprit, que de soutenir qu'une étendue infinie est toute entière dans chaque point de l'espace, et qu'un nombre infini ne diffère point de l'unité ? L'uno, l'infinito, lo ente è quello che è in tutto, è per tutto anzi è l'istesso ubique. Et che cosi la infinita dimenzione per non essere magnitudine coincide con l'individuo, come la infinita moltitudine, per non esser numero coincide con la unita (*).

L'autre observation est, qu'il se figure ridiculement que tout ce qu'il dit s'éloigne des hypothèses des péripatéticiens. C'est le sophisme *ignoratio elenchi*. Il n'y a entre eux et lui qu'une dispute de mots à l'égard de l'immutabilité ou de la destructibilité des choses. Ils n'ont jamais prétendu que la matière, en tant que substance, en tant que sujet commun des générations et des corruptions, souffre le moindre changement. Mais ils soutiennent que la production et la destruction des formes suppose que le sujet, qui les acquiert et qui les perd successivement, n'est point immuable et inaltérable. *Brunus* ne sauroit nier cela, qu'en prenant

─────────────

(*) Giordano Bruno, *epist. dedicator. del trattato de la causa, principio et uno.*

les mots dans un sens particulier ; ce n'est donc qu'un mal-entendu; ce ne sont que des équivoques. D'ailleurs, on voit par un passage du cinquième dialogue du même traité ci-dessus, que *Jordan-Brun* reconnoît de la mutabilité dans son être unique. Un péripatéticien lui avoueroit presque tout ce qu'il a dit à ce sujet, dès que l'on auroit levé les équivoques. Notez, je vous prie, une absurdité: il dit que ce n'est point l'être qui fait qu'il y a beaucoup de choses, mais que cette multitude consiste dans ce qui paroît sur la superficie de la substance. Qu'il me réponde, s'il lui plaît : ces apparences, qui frappent nos sens, existent-elles, ou n'existent-elles pas ? Si elles existent, elles sont un être ; c'est donc par des êtres qu'il y a une multitude de choses. Si elles n'existent pas, il s'ensuit que le néant agit sur nous et se fait sentir ; ce qui est absurde et impossible. On ne se peut évader qu'à la faveur d'une équivoque. Le spinosisme est sujet aux mêmes inconvéniens.

Jordanus-Brunus donna dans les idées de Raimond Lulle, et les rafina ; il inventa diverses méthodes de mémoire artificielle. Tout cela, dit-on, marque beaucoup de génie ; mais on y trouve tant d'obscurités, qu'on ne s'en sauroit servir. Ce qui paroît très-clairement par ses ouvrages, c'est qu'il soutenoit qu'il y avoit un très-grand nombre de mondes, tous éternels; qu'il n'y avoit que les juifs qui descendissent d'Adam et d'Eve, et que les autres hommes sortoient d'une race que Dieu avoit faite long-temps auparavant : que tous les miracles de Moyse étoient un effet de la magie ; et qu'ils ne furent supérieurs à ceux des autres magiciens, que parce qu'il avoit fait plus de progrès qu'eux dans la magie ; qu'il avoit forgé lui-même les loix qu'il donna aux Israélites ; que l'Ecriture sainte n'est qu'un songe, etc. etc. etc. [*Voyez* dans Bayle l'art. de ce philosophe.]

Ses juges firent tout ce qu'il étoit possible, pour le sauver. On n'exigeoit de lui qu'une rétractation mais on ne parvint jamais à vaincre l'opiniâtreté de cette ame aigrie par le malheur et la persécution ; et il fallut enfin le livrer à son mauvais sort. Je suis indigné de la manière indécente dont Scioppius s'est exprimé sur un événement qui ne devoit exciter que la terreur ou la pitié. « Sicque ustulatus miserè » periit, *dit cet auteur*, renuntiaturus, credo, in » reliquis illis quos finxit mundis, quonam pacto » homines blasphemi et impii à romanis tractari » solent ». Ce Scioppius avoit sans-doute l'ame atroce ; et il étoit bien loin de deviner que cette idée des mondes, qu'il tourne ridicule, illustre-roit un jour deux grands hommes.

Philos. anc. et mod. Tome II. E

JUIFS.

(PHILOSOPHIE DES)

Nous ne connoissons point de nation plus ancienne que la *Juive*. Outre son antiquité, elle a sur les autres une seconde prérogative qui n'est pas moins importante ; c'est de n'avoir point passé par le polythéïsme, et la suite des superstitions naturelles et générales, pour arriver à l'unité de Dieu. La révélation et la prophétie ont été les deux premières sources de la connoissance de ses sages. Dieu se plut à s'entretenir avec Noé, Abraham, Isaac, Jacob, Joseph, Moyse et ses successeurs. La longue vie, qui fut accordée à la plupart d'entre eux, ajouta beaucoup à leur expérience. Le loisir de l'état de pâtres qu'ils avoient embrassé, étoit très-favorable à la méditation et à l'observation de la nature. Chefs de familles nombreuses, ils étoient très-versés dans tout ce qui tient à l'économie rustique et domestique, et au gouvernement paternel. A l'extinction du patriarchat, on voit paroître parmi eux un Moïse, un David, un Salomon, un Daniel, hommes d'une intelligence peu commune, et à qui l'on ne refusera pas le titre de grands législateurs. Qu'ont su les philosophes de la Grèce, les hiérophantes de l'Egypte, et les gymnosophistes de l'Inde, qui les élève au-dessus des prophètes ?

Noé construit l'arche, sépare les animaux purs des animaux impurs, se pourvoit des substances propres à la nourriture d'une infinité d'espèces différentes, plante la vigne, en exprime le vin, et prédit à ses enfans leur destinée.

Sans ajouter foi aux rêveries, que les payens et les *Juifs* ont débitées sur le compte de Sem et de Cham, ce que l'histoire nous en apprend suffit pour nous les rendre respectables. Mais quels hommes nous offre-t-elle, qui soient comparables en autorité, en dignité, en jugement, en piété, en innocence, à Abraham, à Isaac et à Jacob ? Joseph se fit admirer par sa sagesse chez le peuple le plus instruit de la terre ; et le gouverna pendant quarante ans.

Mais nous voilà parvenus au temps de Moyse : quel historien ! quel législateur ! quel philosophe ! quel poëte ! quel homme !

La sagesse de Salomon a passé en proverbe. Il écrivit une multitude incroyable de paraboles ; il connut depuis le cèdre qui croît sur le Liban, jusqu'à l'hyssope ; il connut, et les oiseaux, et les poissons, et les quadrupèdes, et les reptiles ; et l'on accouroit de toutes les contrées pour le voir, l'entendre et l'admirer.

Abraham, Moyse, Salomon, Job, Daniel, et tous les sages, qui se sont montrés chez la nation *Juive* avant la captivité de Babylone, nous fourniroient une ample matière, si leur histoire n'appartenoit plutôt à la révélation qu'à la philosophie.

Passons maintenant à l'histoire des *Juifs*, au sortir de la captivité de Babylone ; à ces temps où ils ont quitté le nom d'Israélites et d'Hébreux, pour prendre celui de *Juifs*.

De la philosophie des Juifs *, depuis leur retour de la captivité de Babylone jusqu'à la ruine de Jérusalem.*

Personne n'ignore que les *Juifs* n'ont jamais passé pour un peuple savant. Il est certain qu'ils n'avoient aucune teinture des sciences exactes, et qu'ils se trompoient grossièrement sur tous les articles qui en dépendent. Pour ce qui regarde la physique et le détail immense qui lui appartient, il n'est pas moins constant qu'ils n'en avoient aucune connoissance, non plus que des diverses parties de l'histoire naturelle. Il faut donc donner ici au mot *philosophie* une signification plus étendue, que celle qu'il a ordinairement. En effet, il manqueroit quelque chose à l'histoire de cette science, si elle étoit privée du détail des opinions et de la doctrine de ce peuple; détail qui jette un grand jour sur la *philosophie* des peuples avec lesquels ils ont été liés.

Pour traiter cette matière avec toute la clarté possible, il faut distinguer exactement les lieux où les *Juifs* ont fixé leur demeure, et les temps où se sont faites ces transmigrations : ces deux choses ont entraîné un grand changement dans leurs opinions. Il y a sur-tout deux époques remarquables ; la première est le schisme des Samaritains, qui commença long-temps avant Esdras, et qui éclata avec fureur après sa mort ; la seconde remonte jusqu'au temps où Alexandre transporta en Egypte une nombreuse colonie de *Juifs*, qui y jouirent d'une grande considération. Nous ne parlerons ici de ces deux époques, qu'autant qu'il sera nécessaire, pour expliquer les nouveaux dogmes qu'elles introduisirent chez les Hébreux.

Histoire des Samaritains.

L'Ecriture sainte nous apprend (ij *Reg.* 15), qu'environ deux cents ans avant qu'Esdras vît le jour, Salmanasar, roi des Assyriens, ayant emmené en captivité les dix tribus d'Israël, avoit fait passer dans le pays de Samarie de nouveaux habitans, tirés, partie des campagnes voisines de Babylone, partie d'Avach, d'Emath, de Sepharvaïm, et de Cutha ; ce qui leur fit donner le nom de *Cuthéens*, si odieux aux *Juifs*. Ces différens peuples emportèrent avec eux leurs anciennes divinités, et établirent chacun leur superstition particulière dans les villes de Samarie qui leur échurent en partage. Ici l'on adoroit Sochotbenoth ; c'étoit le dieu des habitans de la campagne de Babylone ; là on rendoit les honneurs divins à Nergel ; c'étoit celui des Cuthéens. La colonie d'Emach honoroit Asima ; les Hévéens, Nébahaz et Thartac.

Pour les dieux des habitans de Sepharvaïm, nommés *Advamelech* et *Anamelech*, ils ressembloient assez au dieu Moloch, adoré par les anciens Chananéens ; ils en avoient du-moins la cruauté ; et ils exigeoient aussi des enfans pour victimes. On voyoit aussi des pères insensés les jeter au milieu des flammes en l'honneur de leur idole. Le vrai Dieu étoit le seul qu'on ne connût point dans un pays consacré par tant de marques éclatantes de son pouvoir : il déchaîna les lions du pays contre les idolâtres qui le profanoient. Ce fléau si violent et si subit portoit tant de marques d'un châtiment du ciel, que l'infidélité même fut obligée d'en convenir. On en fit avertir le roi d'Assyrie ; on lui représenta que les nations qu'il avoit transférées en Israël n'avoient aucune connoissance du dieu de Samarie et de la manière dont il vouloit être honoré ; que ce dieu irrité les persécutoit sans ménagement ; qu'il rassembloit les lions de toutes les forêts ; qu'il les envoyoit dans les campagnes et jusques dans les villes ; et que, s'ils n'apprenoient à appaiser ce dieu vengeur qui les poursuivoit, ils seroient obligés de déserter, ou qu'ils périroient tous.

Salmanasar, touché de ces remontrances, fit

chercher parmi les captifs un des anciens prêtres de Samarie ; et il le renvoya en Israël parmi les nouveaux habitans, pour leur apprendre à honorer le dieu du pays. Ses leçons furent écoutées par les idolâtres ; mais ils ne renoncèrent pas pour cela à leurs dieux ; au contraire, chaque colonie se mit à forger sa divinité. Toutes les villes eurent leurs idoles ; les temples et les hauts lieux bâtis par les Israélites recouvrèrent leur ancienne et sacrilége célébrité. On y plaça des prêtres tirés de la plus vile populace, qui furent chargés des cérémonies et du soin des sacrifices. Au milieu de ce bizarre appareil de superstition et d'idolâtrie, on donna aussi sa place au véritable Dieu. On connut, par les instructions du lévite d'Israël, que ce dieu souverain méritoit un culte supérieur à celui qu'on rendoit aux autres divinités : mais, soit la faute du maître, soit celle des disciples, on n'alla pas jusqu'à comprendre que le Dieu du ciel et de la terre ne pouvoit souffrir ce monstrueux assemblage ; et que pour l'adorer véritablement, il falloit l'adorer seul.

Ces impiétés rendirent les Samaritains extrêmement odieux aux *Juifs* ; mais la haine des derniers augmenta, lorsqu'au retour de la captivité, ils s'apperçurent qu'ils n'avoient point de plus cruels ennemis que ces faux frères. Jaloux de voir rebâtir le temple qui leur reprochoit leur ancienne séparation, ils mirent tout en œuvre pour l'empêcher.

Ils se cachèrent à l'ombre de la religion, et assurant les *Juifs* qu'ils invoquoient le même dieu qu'eux, ils leur offrirent leurs services pour l'accomplissement d'un ouvrage qu'ils vouloient ruiner. Les *Juifs* ajoutent à l'histoire sainte, qu'Esdras et Jérémie assemblèrent trois cents prêtres, qui les excommunièrent de la grande excommunication : ils maudirent *celui qui mangeroit du pain avec eux*, comme s'il avoit mangé de la chair de pourceau. Cependant les Samaritains ne cessoient de cabaler à la cour de Darius, pour empêcher les *Juifs* de rebâtir le temple ; et les gouverneurs de Syrie et de Phénicie ne cessoient de les seconder dans ce dessein. Le sénat et le peuple de Jérusalem, les voyant si animés contre eux, députèrent vers Darius Zorobabel et quatre autres des plus distingués, pour se plaindre des Samaritains. Le roi, ayant entendu ces députés, leur fit donner des lettres, par lesquelles il ordonnoit aux principaux officiers de Samarie de seconder les *Juifs* dans leur pieux dessein, et de prendre pour cet effet sur son trésor, provenant des tributs de Samarie, tout ce dont les sacrificateurs de Jérusalem auroient besoin pour leurs sacrifices. (*Josephe, Antiq. Jud. lib. XI, cap. IV.*)

La division se forma encore d'une manière plus éclatante sous l'empire d'Alexandre-le-Grand. L'auteur de la chronique des Samaritains (*voyez* **Basnage, Hist. des Juifs, liv. III, chap. III**) rapporte que ce prince passa par Samarie, où il fut reçu par le grand-prêtre Ezéchias qui lui promit la victoire sur les Perses : Alexandre lui fit des présens ; et les Samaritains profitèrent de ce commencement de faveur, pour obtenir de grands privilèges. Ce fait est contredit par Josephe, qui l'attribue aux *Juifs* ; de sorte qu'il est fort difficile de décider lequel des deux partis a raison ; et il n'est pas surprenant que les savans soient partagés sur ce sujet. Ce qu'il y a de certain, c'est que les Samaritains jouirent de la faveur du roi, et qu'ils réformèrent leur doctrine, pour se délivrer du reproche d'hérésie que leur faisoient les *Juifs*. Cependant la haine de ces derniers, loin de diminuer, se tourna en rage : Hircan assiégea Samarie, et la rasa de fond en comble, aussi bien que son temple. Elle sortit de ses ruines par les soins d'Aulus Gabinius, gouverneur de la province ; Hérode l'embellit par des ouvrages publics ; et elle fut nommée *Sébaste* en l'honneur d'Auguste.

Doctrine des Samaritains.

Il y a beaucoup d'apparence que les auteurs qui ont écrit sur la religion des Samaritains, ont épousé un peu trop la haine violente que les *Juifs* avoient pour ce peuple : ce que les anciens rapportent du culte qu'ils rendoient à la divinité, prouve évidemment que leur doctrine a été peinte sous des couleurs trop noires : sur-tout on ne peut guère justifier saint Epiphane, qui s'est trompé souvent sur ce chapitre. Il reproche (*lib. XI, cap.* 8.) aux Samaritains d'adorer les séraphins que Rachel avoit emportés à Laban, et que Jacob enterra. Il soutient aussi qu'ils regardoient vers le Garizim en priant, comme Daniel à Babylone regardoit vers le temple de Jérusalem. Mais soit que saint Epiphane ait emprunté cette histoire des thalmudistes, ou de quelques autres auteurs *juifs;* elle est d'autant plus fausse dans son ouvrage, qu'il s'imaginoit que le Garizim étoit éloigné de Samarie, et qu'on étoit obligé de tourner ses regards vers cette montagne, parce que la distance étoit trop grande pour y aller faire ses dévotions. On soutient encore que les Samaritains avoient l'image d'un pigeon, qu'ils adoroient comme un symbole de Dieu; et qu'ils avoient emprunté ce culte des Assyriens, qui mettoient dans leurs étendards une colombe, en mémoire de Sémiramis qui avoit été nourrie par cet oiseau, et changée en colombe, et à qui ils rendoient les honneurs divins. Les Cuthéens, qui étoient de ce pays, purent retenir le culte de leur pays, et en conserver la mémoire pendant quelque temps; car on ne déracine pas si facilement l'amour des objets sensibles dans la religion; et le peuple se les laisse rarement arracher.

Mais les *Juifs* sont outrés sur cette matière, comme sur tout ce qui regarde les Samaritains. Ils soutiennent qu'ils avoient élevé une statue avec la figure d'une colombe qu'ils adoroient ; mais ils n'en donnent point d'autres preuves que leur persuasion. *J'en suis très-persuadé*, dit un rabbin ; mais cette persuasion ne suffit pas sans raisons.

D'ailleurs, il faut remarquer, 1.° qu'aucun des anciens écrivains, ni profanes, ni sacrés, ni payens, ni ecclésiastiques, n'ont parlé de ce culte que les Samaritains rendoient à un oiseau : ce silence général est une preuve de la calomnie des *Juifs*. 2.° Il faut remarquer encore que les *Juifs* n'ont osé l'insérer dans le Thalmud. Cette fable n'est point dans le texte, mais dans la glose. Il faut donc reconnoître que c'est un auteur beaucoup plus moderne, qui a imaginé ce conte ; le Thalmud ne fut composé que plusieurs siècles après la ruine de Jérusalem et de Samarie. 3.° On cite le rabbin Meir, et on lui attribue cette découverte de l'idolâtrie des Samaritains ; mais le culte public, rendu sur le Garizim par un peuple entier, n'est pas une de ces choses qu'on puisse cacher long-temps, ni découvrir par subtilité ou par hasard. D'ailleurs, le rabbin Meir est un nom qu'on produit : il n'est resté de lui, ni témoignage, ni écrit sur lequel on puisse appuyer cette conjecture.

Saint Epiphane les accuse encore de nier la

résurrection des corps ; et c'est pour leur prouver cette vérité importante, qu'il leur allègue l'exemple de Sara, laquelle conçut dans un âge avancé ; et celui de la verge d'Aaron, qui reverdit ; mais il y a une si grande distance d'une verge qui fleurit, et d'une vieille qui a des enfans, à la réunion de nos cendres dispersées, et au rétablissement du corps humain pourri depuis plusieurs siècles, qu'on ne conçoit pas comment il pouvoit lier ces idées, et en tirer une conséquence. Quoi qu'il en soit, l'accusation est fausse ; car les Samaritains croyoient la résurrection. En effet, on trouve dans leur chronique deux choses qui le prouvent évidemment ; car ils parlent d'un *jour de récompense et de peine ;* ce qui, dans le style des Arabes, marque le jour de la résurrection générale et du déluge de feu. D'ailleurs, ils ont inséré dans leur chronique l'éloge de Moyse, que Josué composa après la mort de ce législateur ; et entre les louanges qu'il lui donne, il s'écrie qu'il est le *seul qui ait ressuscité les morts.* On ne sait comment l'auteur pouvoit attribuer à Moyse la résurrection miraculeuse de quelques morts, puisque l'écriture ne le dit pas, et que les *Juifs* même sont en peine de prouver qu'il étoit le plus grand des prophètes, parce qu'il n'a pas arrêté le soleil, comme Josué, ni ressuscité les morts comme Elisée. Mais ce qui achève de constater que les Samaritains croyoient à la résurrection, c'est que

Ménandre, qui avoit été samaritain, fondoit toute sa philosophie sur ce dogme. On sait, d'ailleurs, et saint Epiphane ne l'a point nié, que les Dosithéens, qui formoient une secte de Samaritains, en faisoient hautement profession. Il est vraisemblable que ce qui a donné occasion à cette erreur, c'est que les Saducéens, qui nioient véritablement la résurrection, furent appelés par les pharisiens, *Cuthim*, c'est-à-dire, hérétiques ; ce qui les fit confondre avec les Samaritains.

Enfin, Léontius (*de Sectis, cap.* 8.) leur reproche de ne point reconnoître l'existence des anges. Il sembleroit qu'il a confondu les Samaritains avec les Saducéens ; et on pourroit l'en convaincre par l'autorité de saint Epiphane, qui distinguoit les Samaritains et les Saducéens par ce caractère, que les derniers ne croyoient ni les anges, ni les esprits ; mais on sait que ce saint a souvent confondu les sentimens des anciennes sectes. Le savant Reland (*Dissert. Misc. part. II, pag.* 25.) pensoit que les Samaritains entendoient par un ange, une vertu, un instrument, dont la divinité se sert pour agir ; ou quelqu'organe sensible, qu'il emploie pour l'exécution de ses ordres : ou bien ils croyoient que les anges sont des vertus naturellement unies à la divinité, et qu'il fait sortir quand il lui plaît : cela paroît par le pentateuque samaritain, dans lequel on substitue souvent Dieu aux anges, et les anges à Dieu.

On ne doit point oublier Simon le magicien, dans l'histoire des Samaritains, puisqu'il étoit samaritain lui-même, et qu'il dogmatisa chez eux pendant quelque temps : voici ce que nous avons trouvé de plus vraisemblable à son sujet.

Simon étoit natif de Gitthon, dans la province de Samarie : il y a apparence qu'il suivit la coutume des Asiatiques, qui voyageoient souvent en Egypte pour y apprendre la philosophie. Ce fut là, sans-doute, qu'il s'instruisit dans la magie qu'on enseignoit dans les écoles. Depuis, étant revenu dans sa patrie, il se donna pour un grand personnage, abusa long-temps le peuple de ses prestiges, et tâcha de leur faire croire qu'il étoit le libérateur du genre humain. S. Luc, *Act. VIII, IX,* rapporte que les Samaritains se laissèrent effectivement enchanter par ses artifices, et qu'ils le nommèrent la *grande vertu de Dieu ;* mais on suppose, sans fondement, qu'ils regardoient Simon le magicien comme le Messie. Saint Epiphane assure (*Hœres.* pag. 54.) que cet imposteur prêchoit aux Samaritains qu'il étoit le père ; et aux *Juifs*, qu'il étoit le fils. Il en fait par-là un extravagant, qui n'auroit trompé personne par la contradiction qui ne pouvoit être ignorée dans une si petite distance de lieux. En effet, Simon, adoré des Samaritains, ne pouvoit être le docteur des *Juifs* ; enfin, prêcher aux *Juifs* qu'il étoit le fils, c'étoit les soulever contre lui, comme ils s'étoient soulevés contre Jésus-Christ, lorsqu'il avoit pris le titre de fils de Dieu. Il n'est pas même vraisemblable qu'il se regardât comme le Messie ; 1.° parce que l'historien sacré ne l'accuse que de magie ; et c'étoit par-là qu'il avoit séduit les Samaritains : 2.° parce que les Samaritains l'appeloient seulement *la grande vertu de Dieu*, Simon abusa, dans la suite, de ce titre qui lui avoit été donné, et il y attacha des idées qu'on n'avoit pas eues au commencement ; mais il ne prenoit pas lui-même ce nom ; c'étoient les Samaritains, étonnés de ses prodiges, qui l'appeloient *la vertu de Dieu*. Cela convenoit aux miracles apparens qu'il avoit faits ; mais on ne pouvoit pas en conclure qu'il se regardât comme le Messie. D'ailleurs, il ne se mettoit pas à la tête des armées, et ne soulevoit pas les peuples ; il ne pouvoit donc pas convaincre les *Juifs* mieux que Jésus-Christ, qui avoit fait des miracles plus réels et plus grands sous leurs yeux.

Enfin ce seroit le dernier de tous les prodiges, que Simon se fût converti, s'il s'étoit fait le messie ; son imposture avoit paru trop grossière, pour en soutenir la honte ; saint Luc ne lui impute rien de semblable : il fit ce qui étoit assez naturel : convaincu de la fausseté de son art, dont les plus habiles magiciens se défient toujours ; et reconnoissant la vérité des miracles de saint Philippe, il donna les mains à cette vérité, et se fit chrétien, dans l'espérance de se rendre plus redoutable, et d'être admiré par des prodiges réels et plus éclatans que ceux qu'il avoit faits. Ce fut là tellement le but de sa conversion, qu'il offrit aussi-tôt de l'argent pour acheter le don des miracles.

Simon le magicien alla aussi à Rome, et y séduisit, comme ailleurs, par divers prestiges. L'empereur Néron étoit si passionné pour la magie, qu'il ne l'etoit pas plus pour la musique. Il prétendoit, par cet art, commander aux dieux même ; il n'épargna, pour l'apprendre, ni la dépense, ni l'application, et toutefois il ne trouva jamais de vérité dans les promesses des magiciens; en sorte que son exemple est une preuve illustre de la fausseté de cet art. D'ailleurs, personne n'osoit lui rien contester, ni dire que ce qu'il ordonnoit fût impossible; jusques-là, qu'il commanda de voler à un homme qui le promit, et fut long-temps nourri dans le palais sous cette espérance. Il fit même représenter dans le théâtre un Icare volant ; mais au premier effort, Icare tomba près de sa loge, et l'ensanglanta lui-même. Simon, dit-on, promit aussi de voler et de monter au ciel. Il s'éleva en en effet, mais saint Pierre et saint Paul se mirent à genoux, et prièrent ensemble. Simon tomba, et demeura étendu, les jambes brisées; on l'emporta en un autre lieu, où ne pouvant souffrir les douleurs et la honte, il se précipita d'un comble très-élevé.

Plusieurs savans regardent cette histoire comme

une fable ; parce que, selon eux, les auteurs qu'on cite pour la prouver ne méritent point de créance, et qu'on ne trouve aucun vestige de cette fin tragique dans les auteurs antérieurs au troisième siècle, qui n'auroient pas manqué d'en parler, si une aventure si étonnante étoit réellement arrivée.

Dosithée étoit *juif* de naissance ; mais il se jeta dans le parti des Samaritains, parce qu'il ne put être le premier dans les Deutérotes (*apud Nicetam, lib. I, cap. XXXV*). Ce terme de Nicétas est obscur ; il faut même le corriger, et remettre dans le texte celui de *Deutérotes*. Eusèbe (*præp. lib. XI., cap. III, lib. XII, cap. I*) a parlé de ces Deutérotes des *Juifs*, qui se servoient d'énigmes pour expliquer la loi. C'étoit alors l'étude des beaux esprits, et le moyen de parvenir aux charges et aux honneurs. Peu de gens s'y appliquoient, parce qu'on la trouvoit difficile. Dosithée s'étoit voulu distinguer, en expliquant allégoriquement la loi ; et il prétendoit le premier rang entre ces interprètes.

On prétend (*Epiph. p. 30*) que Dosithée fonda une secte chez les Samaritains, et que cette secte observa, 1.° la circoncision et le sabbat, comme les *Juifs* ; 2.° ils croyoient la résurrection des morts; mais cet article est contesté ; car ceux qui font Dosithée le père des Saducéens, l'accusent d'avoir combattu cette opinion très-ancienne. 3.° Il étoit grand jeûneur ; et afin de rendre son jeûne plus mortifiant, il condamnoit l'usage de tout ce qui est animé. Enfin, s'étant renfermé dans une caverne, il y mourut par une privation entière d'alimens ; et ses disciples trouvèrent, quelque temps après, son cadavre rongé de vers et plein de mouches. 4.° Les Dosithéens faisoient grand cas de la virginité que la plupart gardoient ; et les autres, dit saint Epiphane, s'abstenoient de leurs femmes après la mort. On ne sait ce que cela veut dire, si ce n'est qu'ils ne défendissent les secondes noces qui ont paru illicites et honteuses à beaucoup de chrétiens ; mais un critique a trouvé, par le changement d'une lettre, un sens plus net et plus facile à la loi des Dosithéens qui s'abstenoient de leurs femmes, lorsqu'elles étoient grosses, ou lorsqu'elles avoient enfanté. Nicétas fortifie cette conjecture ; car il dit que les Dosithéens se séparoient de leurs femmes lorsqu'elles avoient eu un enfant : cependant la première opinion paroît plus raisonnable, parce que les Dosithéens rejetoient les femmes comme inutiles, lorsqu'ils avoient satisfait à la première vue du mariage, qui est la génération des enfans. 5.° Cette secte, entêtée de ses austérités rigoureuses, regardoit le reste du genre humain avec mépris ; elle ne vouloit, ni approcher, ni toucher personne. On compte, entre les observations dont ils se chargeoient, celle de demeurer vingt-quatre heures dans la même posture où ils étoient, lorsque le sabbat commençoit.

A-peu-près dans le même temps, vivoit Mé‑
nandre, le principal disciple de Simon le magicien :
il étoit Samaritain comme lui, d'un bourg nommé
Capparentia ; il étoit aussi magicien ; en sorte
qu'il séduisit plusieurs personnes à Antioche par
ses prestiges. Il disoit, comme Simon, que la vertu
inconnue l'avoit envoyé pour le salut des hommes ;
et que personne ne pouvoit être sauvé, s'il n'étoit
baptisé en son nom ; mais que son baptême étoit la
vraie résurrection ; en sorte que ses disciples se‑
roient immortels, même en ce monde : toute-fois il
y avoit peu de gens qui reçussent son baptême.

Colonie des Juifs en Egypte.

La haine ancienne que les *Juifs* avoient eue
contre les Egyptiens, s'étoit amortie par la néces‑
sité ; et on a vu souvent ces deux peuples unis se
prêter leurs forces, pour résister au roi d'Assyrie
qui vouloit les opprimer. Aristée conte même
qu'avant que cette nécessité les eût réunis, un
grand nombre de *Juifs* avoit déjà passé en Egypte,
pour aider Psammétieus à dompter les Ethiopiens
qui lui faisoient la guerre ; mais cette première
transmigration est fort suspecte ; 1.° parce qu'on
ne voit pas quelle relation les *Juifs* pouvoient
avoir avec les Egyptiens, pour y envoyer des
troupes auxiliaires. 2.° Ce furent quelques soldats
d'Ionie et de Carie, qui, conformément à l'oracle,

parurent sur les bords de l'Egypte, comme des hommes d'airain, parce qu'ils avoient des cuirasses, et qui prêtèrent leurs secours à Psamméticus pour vaincre les autres rois d'Egypte ; et ce furent là, dit Hérodote (*lib. I, p.* 152), les premiers qui commencèrent à introduire une langue étrangère en Egypte ; car les pères leur envoyoient leurs enfans pour apprendre à parler grec. Diodore (*lib. I, p.* 48) joint quelques soldats arabes aux grecs ; mais Aristée est le seul qui parle des *Juifs*.

Après la première ruine de Jérusalem, et le meurtre de Gédalia qu'on avoit laissé en Judée pour la gouverner, Jochanan alla chercher en Egypte un asyle contre la cruauté d'Ismaël ; il enleva jusqu'au prophète Jérémie, qui réclamoit contre cette violence, et qui avoit prédit les malheurs qui suivroient les réfugiés en Egypte. Nabuchodonosor, profitant de la division qui s'étoit formée entre Apriès et Amasis, lequel s'étoit mis à la tête des rebelles, au-lieu de les combattre, entra en Egypte, et la conquit par la défaite d'Apriès. Il suivit la coutume de ces temps-là, d'enlever les habitans des pays conquis, afin d'empêcher qu'ils ne remuassent. Les *Juifs*, réfugiés en Egypte, eurent le même sort que les habitans naturels. Nabuchodonosor leur fit changer une seconde fois de domicile ; cependant il en demeura quelques-uns dans ce pays-là, dont les familles se multiplièrent considérablement.

Alexandre-le-Grand, voulant remplir Alexandrie, y fit une seconde peuplade de *Juifs*, auxquels il accorda les mêmes privilèges qu'aux Macédoniens. Ptolémée Lagus, l'un de ses généraux, s'étant emparé de l'Egypte après sa mort, augmenta cette colonie par le droit de la guerre; car voulant joindre la Syrie et la Judée à son nouveau royaume, il entra dans la Judée, s'empara de Jérusalem pendant le repos du sabbat, et enleva de tout le pays cent mille *Juifs* qu'il transporta en Egypte; depuis ce temps-là, ce prince, remarquant dans les *Juifs* beaucoup de fidélité et de bravoure, leur témoigna sa confiance, en leur donnant la garde de ses places; il y en avoit d'autres établis à Alexandrie, qui y faisoient fortune, et qui, se louant de la douceur du gouvernement, purent y attirer leurs frères, déjà ébranlés par la douceur et la promesse que Ptolémée leur avoit faite dans son second voyage.

Philadelphe fit plus que son père, car il rendit la liberté à ceux que son père avoit fait esclaves. Plusieurs reprirent la route de la Judée, qu'ils aimoient comme leur patrie; mais il y en eut beaucoup qui demeurèrent dans un lieu où ils avoient eu le temps de prendre racine: et Scaliger a raison de dire que ce furent ces gens-là qui composèrent en partie les synagogues nombreuses des *Juifs* hellénistes. Enfin, ce qui prouve que les *Juifs* jouissoient alors d'une grande liberté, c'est qu'ils composèrent cette fameuse version des septante, et peut-être la première version grecque qui se soit faite des livres de Moyse.

On dispute fort sur la manière dont cette version fut faite ; et les *Juifs* ni les chrétiens ne peuvent s'accorder sur cet événement. Nous n'entreprendrons point ici de les concilier ; nous nous contenterons de dire que l'autorité des Pères, qui ont soutenu le récit d'Aristée, ne doit plus ébranler personne, après les preuves démonstratives qu'on a produites contre lui.

Voilà l'origine des *Juifs* en Egypte ; il ne faut point douter que ce peuple n'ait commencé dans ce temps-là à connoître la doctrine des Egyptiens, et qu'il n'ait pris d'eux la méthode d'expliquer l'écriture par des allégories. Eusèbe (*cap. X.*) soutient que du temps d'Aristobule, qui vivoit en Egypte sous le règne de Ptolémée Philométor, il y eut dans ce pays-là deux factions entre les *Juifs*, dont l'une se tenoit attachée scrupuleusement au sens littéral de la loi ; et l'autre, perçant au travers de l'écorce, pénétroit dans une philosophie plus sublime.

Philon, qui vivoit en Egypte au temps de Jésus-Christ, donna tête baissée dans les allégories et dans le sens mystique ; il trouvoit tout ce qu'il vouloit dans l'écriture par cette méthode.

C'étoit encore en Egypte, que les Esséniens parurent avec plus de réputation et d'éclat ; et ces sectaires enseignoient que les mots étoient autant d'images des choses cachées ; ils changeoient les volumes sacrés et les préceptes de sagesse en allégories. Enfin, la conformité étonnante, qui se trouve entre la cabale des Egyptiens et celle des *Juifs*, ne nous permet pas de douter que les *Juifs* n'aient puisé cette science en Egypte, à-moins qu'on ne veuille soutenir que les Egyptiens l'ont apprise des *Juifs*. Ce dernier sentiment a été très-bien réfuté par de savans auteurs. Nous nous contenterons de dire ici que les Egyptiens, jaloux de leur antiquité, de leur savoir, et de la beauté de leur esprit, regardoient avec mépris les autres nations ; et les *Juifs*, comme des esclaves qui avoient plié long-temps sous le joug, avant que de le secouer. On prend souvent les dieux de ses maîtres ; mais on ne les mandie presque jamais chez ses esclaves. On remarque, comme une chose singulière à cette nation, que Sérapis fut porté d'un pays étranger en Egypte ; c'est la seule divinité qu'ils aient adoptée des étrangers ; et même le fait est contesté, parce que le culte de Sérapis paroît beaucoup plus ancien en Egypte que le temps de Ptolémée Lagus, sous lequel cette translation se fit de Sinope à Alexandrie. Le culte d'Isis avoit passé jusqu'à Rome ; mais les dieux des romains ne passoient point en Égypte, quoiqu'ils en fussent les conquérans et les maîtres. D'ailleurs, les chrétiens ont demeuré plus long-temps en Egypte que les *Juifs*; ils avoient là des évêques et des maîtres très-savans. Non-seulement la religion y florissoit; mais elle fut souvent appuyée par l'autorité souveraine. Cependant les Egyptiens, témoins de nos rits et de nos cérémonies, demeurèrent religieusement attachés à celles qu'ils avoient reçues de leurs ancêtres. Ils ne grossissoient point leur religion de nos observances, et ne les faisoient point entrer dans leur culte. Comment peut-on s'imaginer qu'Abraham, Joseph, Moyse, aient eu l'art d'obliger les Egyptiens à abolir d'anciennes superstitions, pour recevoir la religion de leur main; pendant que l'église chrétienne, qui avoit tant de lignes de communication avec les Egyptiens idolâtres, et qui étoit dans un si grand voisinage, n'a pu rien lui prêter par le ministère d'un prodigieux nombre d'évêques et de savans, et pendant la durée d'un grand nombre de siècles ? Socrate rapporte l'attachement que les Egyptiens de son temps avoient pour leurs temples, leurs cérémonies et leurs mystères : on ne voit dans leur religion aucune trace de christianisme. Comment donc y pourroit-on remarquer des caractères évidens de judaïsme ?

Origine des différentes sectes chez les Juifs.

Lorsque le don de prophétie eut cessé chez les *Juifs*, l'inquiétude générale de la nation n'étant plus réprimée par l'autorité de quelques hommes inspirés, ils ne purent se contenter du style simple et clair de l'écriture ; ils y ajoutèrent des allégories, qui, dans la suite, produisirent de nouveaux dogmes, et par conséquent des sectes différentes. Comme c'est du sein de ces sectes que sont sortis les différens ordres d'écrivains et les opinions dont nous devons donner l'idée, il est important d'en pénétrer le fond, et de voir, s'il est possible, quel a été leur sort, depuis leur origine. Nous avertissons seulement que nous ne parlerons ici que des sectes principales.

De la secte des Saducéens.

Lightfoot (*Hor. héb. ad Mat. III*, 7, *opp. tom. II*) a donné aux Saducéens une fausse origine, en soutenant que leur opinion commençoit à se répandre du temps d'Esdras. Il assure qu'il y eut alors des impies, qui commencèrent à nier la résurrection des morts et l'immortalité des ames. Il ajoute que Malachie les introduisit, disant : *C'est en vain que nous servons Dieu* ; et Esdras, qui voulut donner un préservatif à l'église contre cette erreur, ordonna qu'on finiroit toutes les prières par ces mots : *De siècle en siècle*, afin qu'on sût qu'il y avoit un siècle ou une autre vie après celle-ci. C'est ainsi que Lightfoot avoit rapporté l'origine de cette secte : mais il tomba depuis dans une autre extrémité ; il résolut de ne faire naître les

Saducéens qu'après que la version des septante eût été faite par l'ordre de Ptoléméc Philadelphe ; et pour cet effet, au-lieu de remonter jusqu'à Esdras, il a laissé couler deux ou trois générations depuis Zadoc ; il a abandonné les rabbins et son propre sentiment, parce que, les Saducéens rejetant les prophètes, et ne recevant que le pentateuque, ils n'ont pu paroître qu'après les septante interprètes, qui ne traduisirent en grec que les cinq livres de Moyse, et qui défendirent de rien ajouter à leur version; mais sans examiner si les septante interprêtes ne traduisirent pas toute la bible, cette version n'étoit point à l'usage des *Juifs*, où se forma la secte des Saducéens. On y lisoit la bible en hébreu ; et les Saducéens recevoient les prophètes, aussi bien que les autres livres ; ce qui renverse pleinement cette conjecture.

On trouve dans les docteurs hébreux une origine plus vraisemblable des Saducéens, dans la personne d'Antigone, surnommé *Sochœus*, parce qu'il étoit né à *Socho*. Cet homme vivoit environ deux cent quarante ans avant J. C., et crioit à ses disciples :
« Ne soyez point comme des esclaves, qui obéissent
» à leurs maîtres dans la vue de la récompense ;
» obéissez sans espérer aucun fruit de vos tra-
» vaux ; que la crainte du Seigneur soit sur vous ».
Cette maxime d'un théologien, qui vivoit sous l'ancienne économie, surprend ; car la loi permettoit non-seulement des récompenses, mais elle

parloit souvent d'une félicité temporelle qui devoit toujours suivre la vertu. Il étoit difficile de devenir contemplatif, dans une religion si charnelle; cependant Antigonus le devint. On eut de la peine à voler après lui, et à le suivre dans une si grande élévation. Zadoc, l'un de ses disciples, qui ne peut ni abandonner tout-à-fait son maître, ni goûter sa théologie mystique, donna un autre sens à sa maxime ; et conclut de-là qu'il n'y avoit ni peines, ni récompenses après la mort. Il devint le père des Saducéens, qui tirèrent de lui le nom de leur secte et leur dogme.

Les Saducéens commencèrent à paroître, pendant qu'Onias étoit le souverain sacrificateur à Jérusalem ; que Ptolémée Evergète régnoit en Egypte ; et Séleucus Callinicus, en Syrie. Ceux qui placent cet événement sous Alexandre-le-Grand ; et qui assurent, avec S. Epiphane, que ce fut dans le temple de Garizim, où Zadoc et Baythos s'étoient retirés, que cette secte prit naissance, ont fait une double faute : car Antigonus n'étoit point sacrificateur sous Alexandre ; et on n'a imaginé la retraite de Zadoc à Samarie, que pour rendre ses disciples plus odieux. Non-seulement Josephe, qui haïssoit les Saducéens, ne reproche jamais ce crime au chef de leur parti ; mais on les voit, dans l'évangile, adorant et servant dans le temple de Jérusalem ; on choisissoit même parmi eux le grand-prêtre. Ce qui prouve que non-seulement ils étoient tolérés chez les *Juifs*; mais qu'ils y avoient même assez d'autorité. Hircan, le souverain sacrificateur, se déclara pour eux contre les Pharisiens. Ces derniers soupçonnèrent la mère de ce prince d'avoir commis quelque impureté avec les payens. D'ailleurs ils vouloient l'obliger à opter entre le sceptre et la thiare; mais le prince, voulant être le maître de l'église et de l'état, n'eut aucune déférence pour leurs reproches. Il s'irrita contre eux ; il en fit mourir quelques-uns ; les autres se retirèrent dans les déserts. Hircan se jeta en-même-temps du côté des Saducéens : il ordonna qu'on reçût les coutumes de Zadoc, sous peine de la vie. Les *Juifs* assurent qu'il fit publier dans ses états un édit, par lequel tous ceux qui ne recevroient pas les rits de Zadoc et de Baythos, ou qui suivroient la coutume des sages, perdroient la tête. Ces sages étoient les pharisiens, à qui on a donné ce titre dans la suite, parce que leur parti prévalut. Cela arriva sur-tout après la ruine de Jérusalem et de son temple. Les Pharisiens, qui n'avoient pas sujet d'aimer les Saducéens, s'étant emparés de toute l'autorité, les firent passer pour des hérétiques, et même pour des épicuriens ; ce qui a donné sans-doute occasion à S. Epiphane et à Tertullien de les confondre avec les Dosithéens. La haine que les *Juifs* avoient conçue contre eux, passa dans le cœur même des chrétiens. L'empereur Justinien les bannit de tous les lieux de sa domination, et ordonna qu'on envoyât au dernier supplice des gens qui défendoient certains dogmes d'impiété et d'athéisme ; car ils nioient la résurrection et le dernier jugement. Ainsi cette secte subsistoit encore alors; mais elle continuoit d'être malheureuse.

L'édit de Justinien donna une nouvelle atteinte à cette secte déjà fort affoiblie: car, tous les chrétiens s'accoutumant à regarder les Saducéens comme des impies dignes du dernier supplice, ils étoient obligés de fuir et de quitter l'empire romain qui étoit d'une vaste étendue. Ils trouvoient de nouveaux ennemis dans les autres lieux où les Pharisiens étoient établis : ainsi cette secte étoit errante et fugitive, lorsqu'Ananus lui rendit quelque éclat au milieu du huitième siècle. Mais cet événement est contesté par les Caraïtes, qui se plaignent qu'on leur ravit, par jalousie, un de leurs principaux défenseurs, afin d'avoir ensuite le plaisir de les confondre avec les saducéens.

Doctrine des Saducéens.

Les Saducéens, uniquement attachés à l'écriture sainte, rejetoient la loi orale, et toutes les traditions dont on commença, sous les Machabées, à faire partie essentielle de la religion. Parmi le grand nombre de témoignages que nous pourrions apporter ici, nous nous contenterons d'un seul tiré de Josephe, qui prouvera bien clairement que c'étoit

le sentiment des Saducéens : « Les Pharisiens, *dit-*
» *il*, qui ont reçu ces constitutions par tradition de
» leurs ancêtres, les ont enseignées au peuple ;
» mais les Saducéens les rejettent, parce qu'elles
» ne sont pas comprises entre les loix données par
» Moyse, qu'ils soutiennent être les seules que
» l'on est obligé de suivre », etc. *Antiq. Jud. lib.*
XIII, cap. XVIII.

Saint Jérôme, et la plupart des pères, ont cru qu'ils retranchoient du canon les prophètes et tous les écrits divins, excepté le pentateuque de Moyse. Les critiques modernes (Simon, *Hist. Critiq. du Vieux Testament, liv. I, chap. XVI*) ont suivi les pères ; et ils ont remarqué que J. C. voulant prouver la résurrection aux Saducéens, leur cita uniquement Moyse ; parce qu'un texte tiré des prophètes, dont ils rejetoient l'autorité, n'auroit pas fait une preuve contre eux. J. Drusius a été le premier, qui a osé douter d'un sentiment appuyé sur des autorités si respectables ; et Scaliger (*Elench. tri-hæres, cap. XVI*) l'a absolument rejeté, fondé sur des raisons qui paroissent fort solides.

311.° Il est certain que les Saducéens n'avoient commencé de paroître qu'après que le canon de l'écriture fut fermé ; et que, le don de prophétie étant éteint, il n'y avoit plus de nouveaux livres à recevoir. Il est difficile de croire qu'ils se soient soulevés contre le canon ordinaire, puisqu'il étoit reçu à Jérusalem.

2.° Les Saducéens enseignoient et prioient dans le temple. Cependant on y lisoit les prophètes, comme cela paroît par l'exemple de J. C. qui expliqua quelques passages d'Isaïe.

3.° Josephe, qui devoit connoître parfaitement cette secte, rapporte qu'ils recevoient *ce qui est écrit*. Il oppose *ce qui est écrit* à la doctrine orale des Pharisiens ; et il insinue que la controverse ne rouloit que sur les traditions : ce qui fait conclure que les Pharisiens recevoient toute l'écriture et les autres prophètes, aussi bien que Moyse.

4.° Cela paroît encore plus évidemment par les disputes, que les Pharisiens ou les docteurs ordinaires des *Juifs* ont soutenues contre ces sectaires. R. Gamaliel leur prouve la résurrection des morts tirée de Moyse, des prophètes et des agiographes ; les Saducéens, au-lieu de rejeter l'autorité des livres qu'on citoit contre eux, tâchèrent d'éluder ces passages par de vaines subtilités.

5.° Enfin, les Saducéens reprochoient aux Pharisiens qu'ils croyoient que les livres saints souilloient. Quels étoient ces livres saints qui souilloient, au jugement des Pharisiens ? C'étoit l'ecclésiaste, le cantique des cantiques, et les proverbes. Les Saducéens regardoient donc tous ces livres comme des écrits divins, et avoient même plus de respect pour eux que les Pharisiens.

6.° La seconde et la principale erreur des Saducéens rouloit sur l'existence des anges, et sur la spiritualité de l'ame. En effet, les évangélistes leur reprochent qu'ils soutenoient qu'il n'y avoit ni résurrection, ni esprits, ni anges. Le P. Simon donne une raison de ce sentiment. Il assure que, de l'aveu des thalmudistes, le nom d'ange n'avoit été en usage, chez les *Juifs*, que depuis le retour de la captivité; et les Saducéens conclurent de-là, que l'invention des anges étoit nouvelle; que tout ce que l'écriture disoit d'eux avoit été ajouté par ceux de la grande synagogue; et qu'on devoit regarder ce qu'ils en rapportoient comme autant d'allégories. Mais c'est disculper les Saducéens, que l'évangile condamne sur cet article : car si l'existence des anges n'étoit fondée que sur une tradition assez nouvelle; ce n'étoit pas un grand crime que de les combattre, ou de tourner en allégorie ce que les thalmudistes en disoient. D'ailleurs tout le monde sait que le dogme des anges étoit très-ancien chez les *Juifs*.

Théophilacte leur reproche d'avoir combattu la divinité du Saint-Esprit : il doute même s'ils ont connu Dieu, parce qu'ils étoient épais, grossiers, attachés à la matière; et Arnobe, s'imaginant qu'on ne pouvoit nier l'existence des esprits, sans faire Dieu corporel, leur a attribué ce sentiment; et le savant Pétau a donné dans le même piége. Si les Saducéens eussent admis de telles erreurs, il est vraisemblable que les évangélistes en auroient parlé. Les Saducéens, qui nioient l'existence des esprits, parce qu'ils n'avoient d'idée claire et distincte que des objets sensibles et matériels, mettoient Dieu au-dessus de leur conception; et regardoient cet Être infini comme une essence incompréhensible, parce qu'elle étoit parfaitement dégagée de la matière. Enfin, les Saducéens combattoient l'existence des esprits, sans attaquer la personne du Saint-Esprit, qui leur étoit aussi inconnue qu'aux disciples de Jean-Baptiste. Mais comment les Saducéens pouvoient-ils nier l'existence des anges, eux qui admettoient le pentateuque, où il en est assez souvent parlé ? Sans examiner ici les sentimens peu vraisemblables du P. Hardouin et de Grotius, nous nous contenterons d'imiter la modestie de Scaliger, qui, s'étant fait la même question, avouoit ingénuement qu'il en ignoroit la raison.

3.° Une troisième erreur des Saducéens étoit que l'ame ne survit point au corps, mais qu'elle meurt avec lui. Josephe la leur attribue expressément.

4.° La quatrième erreur des Saducéens rouloit sur la résurrection des corps, qu'ils combattoient comme impossible. Ils vouloient que l'homme entier pérît par la mort; et de-là naissoit cette conséquence nécessaire et hardie, qu'il n'y avoit ni récompense, ni peine dans l'autre vie; ils bornoient la justice vengeresse de Dieu à la vie présente.

Il semble aussi que les Saducéens nioient la providence ; et c'est pourquoi on les met au rang des épicuriens. Josephe dit qu'ils rejetoient le destin ; qu'ils ôtoient à Dieu toute inspection sur le mal, et toute influence sur le bien, parce qu'il avoit placé le bien et le mal devant l'homme, en lui laissant une entière liberté de faire l'un et de fuir l'autre. Grotius, qui n'a pu concevoir que les Saducéens eussent ce sentiment, a cru qu'on devoit corriger Josephe, et lire, que Dieu n'a aucune part dans les actions des hommes, soit qu'ils fassent le mal ou qu'ils ne le fassent pas ; en un mot, il a dit que les Saducéens, entêtés d'une fausse idée de liberté, se donnoient un pouvoir entier de fuir le mal et de faire le bien. Il a raison dans le fond: mais il n'est pas nécessaire de changer le texte de Josephe, pour attribuer ce sentiment aux Saducéens: car le terme, dont il s'est servi, rejette seulement une providence qui influe sur les actions des hommes. Les Saducéens ôtoient à Dieu une direction agissante sur la volonté, et ne lui laissoient que le droit de récompenser ou de punir ceux qui faisoient volontairement le bien ou le mal. On voit par-là que les Saducéens étoient à-peu-près Pélagiens.

Enfin, les Saducéens prétendoient que la pluralité des femmes est condamnée dans ces paroles du Lévitique: « Vous ne prendrez point une femme » avec sa sœur, pour l'affliger en son vivant ». (*cap. XVIII*). Les thalmudistes, défenseurs zélés de la polygamie, se croyoient autorisés à soutenir leur sentiment par les exemples de David et de Salomon, et concluoient que les Saducéens étoient hérétiques sur le mariage.

Mœurs des Saducéens.

Quelques chrétiens se sont imaginé que, comme les Saducéens nioient les peines et les récompenses de l'autre vie et l'immortalité des ames, leur doctrine les conduisoit à un affreux libertinage. Mais il ne faut pas tirer des conséquences de cette nature ; car elles sont souvent fausses. Il y a deux barrières à la corruption humaine, les châtimens de la vie présente, et les peines de l'enfer. Les Saducéens avoient abattu la dernière barrière ; mais ils laissoient subsister l'autre. Ils ne croyoient ni peine ni récompense pour l'avenir ; mais ils admettoient une providence qui punissoit le vice, et récompensoit la vertu pendant cette vie. Le désir d'être heureux sur la terre suffisoit, pour les retenir dans leur devoir. Il y a bien des gens qui se mettroient peu en peine de l'éternité, s'ils pouvoient être heureux dans cette vie. C'est là le but de leurs travaux et de leurs soins. Josephe assure que les Saducéens etoient fort sévères pour la punition des crimes ; et cela devoit être ainsi : en effet, les hommes ne pouvant être retenus par la crainte des châtimens éternels que ces sectaires rejetoient, il falloit les épouvanter par la sévérité des peines temporelles. Le même Josephe les représente comme des gens farouches, dont les mœurs étoient barbares, et avec lesquels les étrangers ne pouvoient avoir de commerce. Ils étoient souvent divisés les uns contre les autres. N'est-ce point trop adoucir ce trait hideux, que de l'expliquer de la liberté qu'ils se donnoient de disputer sur les matières de religion? Car Josephe, qui rapporte ces deux choses, blâme l'une et loue l'autre; ou du-moins il ne dit jamais que ce fut la différence des sentimens et la chaleur de la dispute qui causa ces divisions ordinaires dans la secte. Quoi qu'il en soit, Josephe, qui étoit Pharisien, peut être soupçonné d'avoir trop écouté les sentimens de haine, que sa secte avoit pour les Saducéens.

Des Caraïtes. Origine des Caraïtes.

Le nom de Caraïte signifie un homme *qui lit*, un *scriptuaire*; c'est-à-dire, un homme qui s'attache scrupuleusement au texte de la loi, et qui rejette toutes les traditions orales.

Si on en croit les Caraïtes qu'on trouve aujourd'hui en Pologne et dans la Lithuanie, ils descendent des dix tribus que Salmanasar avoit transportées, et qui ont passé de-là dans la Tartarie: mais on rejettera bientôt cette opinion, pour peu qu'on fasse attention au sort de ces dix tribus; et on sait qu'elles n'ont jamais passé dans ce pays-là.

Il est encore mal-à-propos de faire descendre les Caraïtes d'Esdras; et il suffit de connoître les fondemens de cette secte, pour en être convaincu. En effet, ces sectaires ne se sont élevés contre les autres docteurs qu'à cause des traditions qu'on égaloit à l'écriture, et de cette loi orale qu'on disoit que Moyse avoit donnée. Mais on n'a commencé à vanter les traditions chez les *Juifs*, que long-temps après Esdras, qui se contenta de leur donner la loi pour règle de leur conduite. On ne se soulève contre une erreur qu'après sa naissance; et on ne combat un dogme, que lorsqu'il est enseigné publiquement. Les Caraïtes n'ont donc pu faire de secte particulière, que quand ils ont vu le cours et le nombre des traditions se grossir assez, pour faire craindre que la religion n'en souffrît.

Les rabbins donnent une autre origine aux Caraïtes: ils les font paroître dès le temps d'Alexandre-le-Grand; car quand ce prince entra à Jérusalem, Jaddus, le souverain sacrificateur, étoit déjà le chef des rabbinistes ou traditionnaires; et Ananus et Cascanatus soutenoient avec éclat le parti des Caraïtes. Dieu se déclara en faveur des premiers; car Jaddus fit un miracle en présence d'Alexandre; mais Ananus et Cascanatus montrèrent leur impuissance. L'erreur est sensible. Car Ananus, chef des Caraïtes, qu'on fait contemporain d'Alexandre, le-Grand, n'a vécu que dans le huitième siècle de l'église chrétienne.

Enfin, on les regarde comme une branche des Saducéens; et on leur impute d'avoir suivi toute la doctrine de Zadoc et de ses disciples. On ajoute qu'ils ont varié dans la suite, parce que, s'appercevant que ce système les rendoit odieux, ils en rejetèrent une partie, et se contentèrent de combattre les traditions et la loi orale qu'on a ajoutée à l'écriture. Cependant les Caraïtes n'ont jamais nié l'immortalité des ames; au contraire, le Caraïte, que le père Simon a cité, croyoit que l'ame vient du ciel, qu'elle subsiste comme les anges, et que le siècle à venir a été fait pour elle. Non-seulement les Caraïtes ont repoussé cette accusation; mais en récriminant, ils soutiennent que leurs ennemis doivent plutôt être soupçonnés de saducéisme qu'eux, puisqu'ils croient que les ames seront anéanties, après quelques années de souffrance et de tourmens dans les enfers. Enfin, ils ne comptent ni Zadoc, ni Baythos, au rang de leurs ancêtres et des fondateurs de leur secte. Les défenseurs de Caïn, de Judas, de Simon le magicien, n'ont point rougi de prendre les noms de leurs chefs; les Saducéens ont adopté celui de Zadoc : mais les Caraïtes le rejettent et le maudissent, parce qu'ils en condamnent les opinions pernicieuses.

Eusèbe (*Prep. evang. lib. VIII. cap. X.*) nous fournit une conjecture, qui nous aidera à découvrir la véritable origine de cette secte ; car, en faisant un extrait d'Aristobule, qui parut avec éclat à la cour de Ptolémée Philométor, il remarque qu'il y avoit en ce temps-là deux partis différens chez les *Juifs*, dont l'un prenoit toutes les loix de Moyse à la lettre, et l'autre leur donnoit un sens allégorique. Nous trouvons là la véritable origine des Caraïtes, qui commencèrent à paroître sous ce prince, parce que ce fut alors que les interprétations allégoriques et les traditions furent reçues avec plus d'avidité et de respect. La loi judaïque commença de s'altérer par le commerce qu'on eut avec les étrangers. Ce commerce fut beaucoup plus fréquent depuis les conquêtes d'Alexandre, qu'il n'étoit auparavant ; et ce fut particulièrement avec les Egyptiens qu'on se lia, sur-tout pendant que les rois d'Egypte furent maîtres de la Judée ; qu'ils y firent des voyages et des expéditions ; et qu'ils en transportèrent les habitans. On n'emprunta pas des Egyptiens leurs idoles, mais leur méthode de traiter la théologie et la religion. Les docteurs *Juifs*, transportés ou nés dans ce pays-là, se jetèrent dans les interprétations allégoriques ; et c'est ce qui donna occasion aux deux partis, dont parle Eusèbe, de se former et de diviser la nation.

Doctrine des Caraïtes.

1°. Le fondement de la doctrine des Caraïtes

consiste à dire qu'il faut s'attacher scrupuleusement à l'écriture sainte, et n'avoir d'autre règle que la loi et les conséquences qu'on en peut tirer. Ils rejettent donc toute tradition orale; et ils confirment leur sentiment par les citations des autres docteurs qui les ont précédés, lesquels ont enseigné que tout est écrit dans la loi; qu'il n'y a point de loi orale donnée à Moyse sur le mont Sinaï : ils demandent la raison qui auroit obligé Dieu à écrire une partie de ses loix, et à cacher l'autre, ou à la confier à la mémoire des hommes. Il faut pourtant remarquer qu'ils recevoient les interprétations que les docteurs avoient données de la loi; et par-là ils admettoient une espèce de tradition, mais qui étoit bien différente de celle des rabbins. Ceux-ci ajoutoient à l'écriture les constitutions et les nouveaux dogmes de leurs prédécesseurs; les Caraïtes, au contraire, n'ajoutoient rien à la loi; mais ils se croyoient permis d'en interpréter les endroits obscurs, et de recevoir les éclaircissemens que les anciens docteurs en avoient donnés.

2.° C'est se jouer du terme de tradition, que de croire, avec M. Simon, qu'ils s'en servent, parce qu'ils ont adopté les points des massorèthes. Il est bien vrai que les Caraïtes reçoivent ces points; mais il ne s'ensuit pas de là qu'ils admettent la tradition; car cela n'a aucune influence sur les dogmes de la religion. Les Caraïtes font deux choses : 1.° ils rejettent les dogmes importans, qu'on

a ajoutés à la loi qui est suffisante pour le salut;
2.° ils ne veulent pas qu'on égale les traditions indifférentes à la loi.

3.° Parmi les interprétations de l'écriture, ils ne reçoivent que celles qui sont littérales, et par conséquent ils rejettent les interprétations cabalistiques, mystiques et allégoriques, comme n'ayant aucun fondement dans la loi.

4.° Les Caraïtes ont une idée fort simple et fort pure de la divinité ; car ils lui donnent des attributs essentiels et inséparables ; et ces attributs ne sont autre chose que Dieu même. Ils les considèrent ensuite comme une cause opérante qui produit des effets différens : ils expliquent la création suivant le texte de Moyse ; selon eux, Adam ne seroit point mort, s'il n'avoit mangé de l'arbre de science. La providence de Dieu s'étend aussi loin que sa connoissance, qui est infinie, et qui découvre généralement toutes choses. Bien que Dieu influe dans les actions des hommes, et qu'il leur prête son secours, cependant il dépend d'eux de se déterminer au bien et au mal ; de craindre Dieu, ou de violer ses commandemens. Il y a, selon les docteurs qui suivent en cela les rabbinistes, une grace commune qui se répand sur tous les hommes, et que chacun reçoit selon sa disposition ; et cette disposition vient de la nature du tempérament ou des étoiles. Ils distinguent quatre dispositions différentes dans l'ame ; l'une, de mort et de vie ; l'autre, de santé et de maladie. Elle est morte, lorsqu'elle croupit dans le péché ; elle est vivante, lorsqu'elle s'attache au bien ; elle est malade, quand elle ne comprend pas les vérités célestes ; mais elle est saine, lorsqu'elle connoît l'enchaînure des événemens et la nature des objets qui tombent sous sa connoissance. Enfin, ils croyent que les ames, en sortant du monde, seront récompensées ou punies ; les bonnes ames iront dans le siècle à venir et dans l'Eden. C'est ainsi qu'ils appellent le paradis, où l'ame est nourrie par la vue et la connoissance des objets spirituels. Un de leurs docteurs avoue que quelques-uns s'imaginoient que l'ame des méchans passoit par la voie de la métempsycose dans le corps des bêtes : mais il réfute cette opinion, étant persuadé que ceux qui sont chassés du domicile de Dieu, vont dans un lieu qu'ils appellent la *gehenne*, où ils souffrent à cause de leurs péchés, et vivent dans la douleur et la honte, où il y a un ver qui ne meurt point, et un feu qui brûlera toujours.

5.° Il faut observer rigoureusement les jeûnes.

6.° Il n'est point permis d'épouser la sœur de sa femme, même après la mort de celle-ci.

7.° Il faut observer exactement dans les mariages les dégrés de parenté et d'affinité.

8.° C'est une idolâtrie, que d'adorer les anges, le ciel et les astres ; et il n'en faut point tolérer les représentations.

Enfin, leur morale est fort pure; ils font sur-tout profession d'une grande tempérance; ils craignent de manger trop, ou de se rendre trop délicats sur les mets qu'on leur présente; ils ont un respect excessif pour leurs maîtres : les docteurs, de leur côté, sont charitables, et enseignent gratuitement; ils prétendent se distinguer par-là de ceux qui se font des dieux d'argent, et tirent de grandes sommes de leurs leçons.

De la secte des Pharisiens. Origine des Pharisiens.

On ne connoît point l'origine des Pharisiens, ni le temps auquel ils ont commencé de paroître. Josephe, qui devoit bien connoître une secte dont il étoit membre et partisan zélé, semble en fixer l'origine sous Jonathan, l'un des Machabées, environ cent trente ans avant Jésus-Christ.

On a cru, jusqu'à-présent, qu'ils avoient pris le nom de *séparés*, ou de *Pharisiens*, parce qu'ils se séparoient du reste des hommes, au-dessus desquels ils s'élevoient par leurs austérités. Cependant il y a une nouvelle conjecture sur ce nom : les Pharisiens étoient opposés aux Saducéens, qui nioient les récompenses de l'autre vie; car ils soutenoient qu'il y avoit un *paras* ou une rémunération après la mort. Cette récompense faisant le point de la controverse avec les Saducéens, et s'appelant *paras*, les Pharisiens purent tirer de-là leur nom, plutôt que de la séparation qui leur étoit commune avec les Saducéens.

Doctrine des Pharisiens.

1.° Le zèle pour les traditions fait le premier crime des Pharisiens. Ils soutenoient, qu'outre la loi donnée sur le Sinaï, et gravée dans les écrits de Moyse, Dieu avoit confié verbalement à ce législateur un grand nombre de rits et de dogmes, qu'il avoit fait passer à la postérité, sans les écrire. Ils nommoient les personnes par la bouche desquelles ces traditions s'étoient conservées : ils leur donnoient la même autorité qu'à la loi; et ils avoient raison, puisqu'ils supposoient que leur origine étoit également divine. Jésus-Christ censura ces traditions, qui affoiblissoient le texte au-lieu de l'éclaircir, et qui ne tendoient qu'à flatter les passions, au lieu de les corriger. Mais sa censure, bien loin de ramener les pharisiens, les effaroucha; et ils en furent choqués comme d'un attentat commis par une personne qui n'avoit aucune mission.

2.° Non-seulement on peut accomplir la loi écrite et la loi orale, mais encore les hommes ont assez de force pour accomplir les œuvres de surérogation, comme les jeûnes, les abstinences, et autres dévotions très-mortifiantes, auxquelles ils donnoient un grand prix.

3.° Josephe dit que les Pharisiens admettoient, non-seulement un Dieu créateur du ciel et de la terre, mais encore une providence ou un destin. La difficulté consiste à savoir ce qu'il entend par *destin* : il ne faut pas entendre par-là les étoiles, puisque les *Juifs* n'avoient aucune dévotion pour elles. Le destin chez les payens, étoit l'enchaînement des causes secondes, liées par la vérité éternelle. C'est ainsi qu'en parle Cicéron : mais chez les Pharisiens, le destin signifioit la providence, et les décrets qu'elle a formés sur les événemens humains. Josephe explique si nettement leur opinion, qu'il est difficile de concevoir comment on a pu l'obscurcir. « Ils croient, dit-il, » (*Antiq. jud. lib. XVIII, cap. II.*) que tout » se fait par le destin; cependant ils n'ôtent pas » à la volonté la liberté de se déterminer, parce » que, selon eux, Dieu use de ce tempérament; » que, quoique toutes choses arrivent par son » décret ou par son conseil, l'homme conserve » pourtant le pouvoir de choisir entre le vice et » la vertu ». Il n'y a rien de plus clair que le témoignage de cet historien, qui étoit engagé dans la secte des Pharisiens, et qui devoit en connoître les sentimens. Comment s'imaginer, après cela, que les Pharisiens se crussent soumis aveuglément aux influences des astres et à l'enchaînement des causes secondes ?

4.° En suivant cette signification naturelle, il est

aisé de développer le véritable sentiment des Pharisiens, lesquels soutenoient trois choses différentes. 1.° Ils croyoient que les événemens ordinaires et naturels arrivoient nécessairement, parce que la providence les avoit prévus et déterminés : c'est là ce qu'ils appeloient le *destin*. 2.° Ils laissoient à l'homme sa liberté pour le bien et pour le mal. Josephe l'assure positivement, en disant qu'il dépendoit de l'homme de faire le bien et le mal. La providence régloit donc tous les événemens humains ; mais elle n'imposoit aucune nécessité pour les vices ni pour les vertus. Afin de mieux soutenir l'empire qu'ils se donnoient sur les mouvemens du cœur, et sur les actions qu'il produisoit, ils alléguoient ces paroles du Deutéronome, où Dieu déclare « qu'il a mis la mort et la vie devant » son peuple, et les exhorte à choisir la vie ». Cela s'accorde parfaitement avec l'orgueil des Pharisiens, qui se vantoient d'accomplir la loi, et demandoient la récompense due à leurs bonnes œuvres, comme s'ils l'avoient méritée. 3.° Enfin, quoiqu'ils laissassent la liberté de choisir entre le bien et le mal, ils admettoient quelque secours de la part de Dieu ; car ils étoient aidés par le destin. Ce dernier principe lève toute la difficulté : car si le destin avoit été chez eux une cause aveugle, un enchaînement des causes secondes, ou l'influence des astres, il seroit ridicule de dire que le destin les aidoit.

5.° Les bonnes et les mauvaises actions sont récompensées ou punies, non-seulement dans cette vie, mais encore dans l'autre ; d'où il s'ensuit que les Pharisiens croyoient la résurrection.

6.° On accuse les Pharisiens d'enseigner la transmigration des ames, qu'ils avoient empruntée des orientaux, chez lesquels ce sentiment étoit commun : mais cette accusation est contestée, parce que Jésus-Christ ne leur reproche jamais cette erreur, et qu'elle paroit détruire la résurrection des morts, puisque si une ame a animé plusieurs corps sur la terre, on aura de la peine à choisir celui qu'elle doit préférer aux autres.

Je ne sais si cela suffit pour justifier cette secte : Jésus-Christ n'a pas eu dessein de combattre toutes les erreurs du pharisaïsme ; et, si S. Paul n'en avoit parlé, nous ne connoîtrions pas aujourd'hui leurs sentimens sur la justification. Il ne faut donc pas conclure du silence de l'évangile, qu'ils n'ont point cru la transmigration des ames.

Il ne faut point non plus justifier les Pharisiens, parce qu'ils auroient renversé la résurrection par la métempsycose ; car les *Juifs* modernes admettent également la révolution des ames et la résurrection des corps ; et les Pharisiens ont pu faire la même chose.

L'autorité de Josephe, qui parle nettement sur cette matière, doit prévaloir. Il assure (*Antiq. jud. lib. XVIII, cap. II.*) que les Pharisiens croyoient que les ames des méchans étoient renfermées dans des prisons, et souffroient là des supplices éternels ; pendant que celles des bons trouvoient un retour facile à la vie, et rentroient dans un autre corps. On ne peut expliquer ce retour des ames à la vie par la résurrection: car, selon les Pharisiens, l'ame étant immortelle, elle ne mourra point, et ne ressuscitera jamais. On ne peut pas dire aussi qu'elle rentrera dans un autre corps au dernier jour : car, outre que l'ame reprendra, par la résurrection, le même corps qu'elle a animé pendant la vie, et qu'il y aura seulement quelque changement dans ses qualités, les Pharisiens représentoient par-là la différente condition des bons et des méchans, immédiatement après la mort ; et c'est attribuer une pensée trop subtile à Josephe, que d'étendre sa vue jusqu'à la résurrection. Un historien, qui rapporte les opinions d'une secte, parle plus naturellement, et s'explique avec plus de netteté.

Mœurs des Pharisiens.

Il est temps de parler des austérités des pharisiens : car ce fut par-là qu'ils séduisirent le peuple, et qu'ils s'attirèrent une autorité qui les rendoit redoutables aux rois. Ils faisoient de longues veilles, et se refusoient jusqu'au sommeil nécessaire. Les uns se couchoient sur une planche très-étroite, afin qu'ils ne pussent se garantir d'une chûte dans gereuse, lorsqu'ils s'endormiroient profondément ; et les autres, encore plus austères, semoient sur cette planche des cailloux et des épines, qui troublâssent leur repos en les déchirant. Ils faisoient à Dieu de longues oraisons, qu'ils répétoient sans remuer les yeux, les bras, ni les mains. Ils achevoient de mortifier leur chair par des jeûnes qu'ils observoient deux fois la semaine ; ils y ajoutoient les flagellations ; et c'étoit peut-être une des raisons qui les faisoit appeler *tire-sang*, parce qu'ils se déchiroient impitoyablement la peau, et se fouettoient jusqu'à ce que le sang coulât abondamment. Mais il y en avoit d'autres à qui ce titre avoit été donné, parce que, marchant dans les rues, les yeux baissés ou fermés, ils se frappoient la tête contre les murailles. Ils chargeoient leurs habits de phylactères, qui contenoient certaines sentences de la loi. Les épines étoient attachées aux pans de leur robe, afin de faire couler le sang de leurs pieds lorsqu'ils marchoient ; ils se séparoient des hommes, parce qu'ils étoient beaucoup plus saints qu'eux, et qu'ils craignoient d'être souillés par leur attouchement. Ils se lavoient plus souvent que les autres, afin de montrer par-là qu'ils avoient un soin extrême de se purifier. Cependant, à la faveur de ce zèle apparent, ils se rendoient vénérables au peuple. On leur donnoit le titre de *sages* par excellence ; et leurs disciples s'entre-crioient : *le sage explique aujourd'hui*. On enfle les titres à proportion qu'on les mérite moins ; on tâche d'en imposer aux peuples par de grands noms, lorsque les grandes vertus manquent. La jeunesse avoit pour eux une si profonde vénération, qu'elle n'osoit ni parler, ni répondre, lors même qu'on lui faisoit des censures : en effet, ils tenoient leurs disciples dans une espèce d'esclavage ; et ils régloient, avec un pouvoir absolu, tout ce qui regardoit la religion.

On distingue, dans le thalmud, sept ordres de Pharisiens. L'un mesuroit l'obéissance à l'aune du profit et de la gloire : l'autre ne levoit point les pieds en marchant ; et on l'appeloit, à cause de cela, *le Pharisien tronqué* : le troisième frappoit sa tête contre les murailles, afin d'en tirer le sang : un quatrième cachoit sa tête dans un capuchon, et regardoit de cet enfoncement comme du fond d'un mortier : le cinquième demandoit fièrement, » que faut-il que je fasse ? et je le ferai. Qu'y a-» t-il à faire, que je n'aie fait » ? Le sixième obéissoit par amour pour la vertu et pour la récompense : et le dernier n'exécutoit les ordres de Dieu que par la crainte de la peine.

Origine des Esséniens.

Les Esséniens, qui devroient être si célèbres par leurs austérités et par la sainteté exemplaire dont ils faisoient profession, ne le sont presque point. Serrarius soutenoit qu'ils étoient connus chez les *Juifs* depuis la sortie de l'Egypte, parce qu'il a supposé que c'étoit les Cinéens descendus de Jéthro, lesquels suivirent Moyse; et de ces gens-là sortirent les Réchabites. Mais il est évident qu'il se trompoit; car les Esséniens et les Réchabites étoient deux ordres différens de dévots; et les premiers ne paroissoient point dans toute l'histoire de l'ancien testament comme les Réchabites. Gale, savant anglais, leur donne la même antiquité; mais de plus, il en fait les pères et les prédécesseurs de Pythagore et de ses disciples. On n'en trouve aucune trace dans l'histoire des Machabées, sous lesquels ils doivent être nés; l'évangile n'en parle jamais, parce qu'ils ne sortirent point de leur retraite pour aller disputer avec J. C. D'ailleurs, ils ne vouloient point se confondre avec les Pharisiens, ni avec le reste des *Juifs*, parce qu'ils se croyoient plus saints qu'eux; enfin, ils étoient peu nombreux dans la Judée; et c'étoit principalement en Egypte qu'ils avoient leur retraite, et où Philon les avoit vus.

Drusius fait descendre les Esséniens de ceux qu'Hircan persécuta, qui se retirèrent dans les déserts, et qui s'accoutumèrent par nécessité à un genre de vie très-dur, dans lequel ils persévérèrent volontairement; mais il faut avouer qu'on ne connoît pas l'origine de ces sectaires. Ils paroissent, dans l'histoire de Josephe, sous Antigonus, car ce fut alors qu'on vit ce prophète essénien, nommé *Judas*, lequel avoit prédit qu'Antigonus seroit tué un tel jour dans une tour.

Histoire des Esséniens.

Voici comme Josephe (*bello Jud. lib. II, cap. XII*) nous dépeint ces sectaires. « Ils sont
» *Juifs* de nation, dit-il ; ils vivent dans une
» union très-étroite, et regardent les voluptés
» comme des vices que l'on doit fuir, et la conti-
» nence et la victoire de ses passions comme
» des vertus que l'on ne sauroit trop estimer. Ils
» rejettent le mariage; non qu'ils croient qu'il
» faille détruire la race des hommes, mais pour
» éviter l'intempérance des femmes, qu'ils sont
» persuadés ne garder pas la foi à leurs maris.
» Mais ils ne laissent pas néanmoins de recevoir
» les jeunes enfans qu'on leur donne pour les ins-
» truire, et de les élever dans la vertu, avec au-
» tant de soin et de charité que s'ils en étoient
» les pères; et ils les habillent et les nourrissent
» tous d'une même sorte.

» Ils méprisent les richesses; toutes choses sont
» communes entre eux avec une égalité si admira-
» ble, que, lorsque quelqu'un embrasse leur secte,
» il se dépouille de la propriété de ce qu'il possè-
» de, pour éviter, par ce moyen, la vanité des
» richesses, épargner aux autres la honte de la
» pauvreté, et, par un si heureux mélange, vivre
» tous ensemble comme frères.

» Ils ne peuvent souffrir de s'oindre le corps
» avec de l'huile ; mais si cela arrive à quelqu'un,
» contre son gré, ils essuyent cette huile comme
» si c'étoit des taches et des souillures, et se
» croient assez propres et assez parés, pourvu
» que leurs habits soient toujours bien blancs.

» Ils choisissent, pour économes, des gens de
» bien qui reçoivent tout leur revenu, et le dis-
» tribuent selon le besoin que chacun en a. Ils
» n'ont point de ville certaine dans laquelle ils
» demeurent ; mais ils sont répandus en diverses
» villes, où ils reçoivent ceux qui désirent entrer
» dans leur société ; et, quoiqu'ils ne les aient ja-
» mais vus auparavant, ils partagent avec eux ce
» qu'ils ont, comme s'ils les connoissoient de-
» puis long-temps. Lorsqu'ils font quelque voya-
» ge, ils ne portent autre chose que des armes
» pour se défendre des voleurs. Ils ont dans cha-
» que ville quelqu'un d'eux, pour recevoir et loger
» ceux de leur secte qui y viennent, et leur donner
» des habits, et les autres choses dont ils peuvent
» avoir besoin. Ils ne changent point d'habits, que
» quand les leurs sont déchirés ou usés. Ils ne
» vendent et n'achètent rien entre eux ; mais ils
» se communiquent les uns aux autres, sans au-
» cun échange, tout ce qu'ils ont. Ils sont très-
» religieux envers Dieu ; ne parlent que de choses
» saintes avant que le soleil soit levé ; et font alors
» des prières qu'ils ont reçues par tradition, pour

» demander à Dieu qu'il lui plaise de le faire luire
» sur la terre. Ils vont après travailler chacun à son
» ouvrage, selon qu'il leur est ordonné. A onze
» heures, ils se rassemblent, et couverts d'un linge
» se lavent le corps dans l'eau froide ; ils se reti-
» rent ensuite dans leurs cellules, dont l'entrée
» n'est permise à nul de ceux qui ne sont pas de
» leur secte ; et étant purifiés de la sorte, ils vont
» au réfectoire comme en un saint temple, où,
» lorsqu'ils sont assis en grand silence, on met
» devant chacun d'eux du pain et une portion
» dans un petit plat. Un sacrificateur bénit les
» viandes ; et on n'oseroit y toucher jusqu'à ce
» qu'il ait achevé sa prière : il en fait encore
» une autre après le repas. Ils quittent alors leurs
» habits, qu'ils regardent comme sacrés, et re-
» tournent à leur ouvrage.

» On n'entend jamais de bruit dans leurs mai-
» sons ; chacun n'y parle qu'à son tour ; et leur
» silence donne du respect aux étrangers. Il ne leur
» est permis de rien faire que par l'avis de leurs
» supérieurs, si ce n'est d'assister les pauvres....
» Car, quant à leurs parens, ils n'oseroient leur
» rien donner, si on ne le leur permet. Ils pren-
» nent un extrême soin de réprimer leur colère ;
» ils aiment la paix, et gardent si inviolablement
» ce qu'ils promettent, que l'on peut ajouter plus
» de foi à leurs simples paroles, qu'aux sermens
» des autres. Ils considèrent même les sermens

» comme des parjures, parce qu'ils ne peuvent
» se persuader qu'un homme ne soit pas un
» menteur, lorsqu'il a besoin, pour être cru,
» de prendre Dieu à témoin.... Ils ne reçoivent
» pas sur-le-champ, dans leur société, ceux qui
» veulent embrasser leur manière de vivre; mais
» ils les font demeurer durant un an au-dehors,
» où ils ont chacun, avec une portion, une pioche
» et un habit blanc. Ils leur donnent ensuite une
» nourriture plus conforme à la leur, et leur per-
» mettent de se laver comme eux dans de l'eau
» froide, afin de se purifier; mais ils ne les font pas
» manger au réfectoire, jusqu'à ce qu'ils aient
» encore, durant deux ans, éprouvé leurs mœurs,
» comme ils avoient auparavant éprouvé leur
» continence. Alors on les reçoit, parce qu'on
» les en juge dignes; mais avant que de s'as-
» seoir à table avec les autres, ils protestent
» solemnellement d'honorer et de servir Dieu de
» tout leur cœur; d'observer la justice envers
» les hommes; de ne faire jamais volontairement
» de mal à personne; d'assister de tout leur pou-
» voir les gens de bien; de garder la foi à tout le
» monde, et particulièrement aux souverains.

» Ceux de cette secte sont très-justes et très-
» exacts dans leurs jugemens; leur nombre n'est
» pas moins que de cent lorsqu'ils les pronon-
» cent; et ce qu'ils ont une fois arrêté demeure
» immuable.

» Ils observent plus religieusement le sabbat
» que nuls autres de tous les *Juifs*. Aux autres
» jours, ils font dans un lieu à l'écart un trou dans
» la terre, d'un pied de profondeur, où, après
» s'être déchargés de leurs excrémens, en se
» couvrant de leurs habits, comme s'ils avoient
» peur de souiller les rayons du soleil, ils rem-
» plissent cette fosse de la terre qu'ils en ont tirée.

» Ils vivent si long-temps, que plusieurs vont
» jusqu'à cent ans; ce que j'attribue à la simpli-
» cité de leur vie.

« Ils méprisent les maux de la terre; triom-
» phent des tourmens, par leur constance; et
» préfèrent la mort à la vie, lorsque le sujet
» en est honorable. La guerre que nous avons
» eue contre les Romains fait voir en mille ma-
» nières que leur courage est invincible; ils ont
» souffert le fer et le feu plutôt que de vouloir
» dire la moindre parole contre leur législateur,
» ni manger de viandes qui leur sont défendues,
» sans qu'au milieu de tant de tourmens ils aient
» jeté une seule larme, ni dit la moindre parole,
» pour tâcher d'adoucir la cruauté de leurs bour-
» reaux. Au contraire, ils se moquoient d'eux, et
» rendoient l'esprit avec joie, parce qu'ils espé-
» roient de passer de cette vie à une meilleure;
» et qu'ils croyoient fermement que, comme nos
» corps sont mortels et corruptibles, nos ames
» sont immortelles et incorruptibles; qu'elles sont

» d'une substance aérienne très-subtile ; et qu'é-
» tant enfermées dans nos corps comme dans une
» prison, où une certaine inclination les attire et
» les arrête, elles ne sont pas plus-tôt affranchies
» de ces liens charnels qui les retiennent comme
» dans une longue servitude, qu'elles s'élèvent
» dans l'air, et s'envolent avec joie. En quoi ils
» conviennent avec les Grecs, qui croyent que ces
» ames heureuses ont leur séjour au-delà de l'o-
» céan, dans une région où il n'y a ni pluie, ni
» neige, ni une chaleur excessive ; mais qu'un
» doux zéphyr rend toujours très-agréable : et
» qu'au contraire, les ames des méchans n'ont
» pour demeure que des lieux glacés et agités par
» de continuelles tempêtes, où elles gémissent
» éternellement dans des peines infinies. Car
» c'est ainsi qu'il me paroît que les Grecs veu-
» lent que leurs héros, à qui ils donnent le nom
» de demi-dieux, habitent des îles qu'ils appel-
» lent *fortunées*, et que les ames des impies
» soient à jamais tourmentées dans les enfers,
» ainsi qu'ils disent que le sont celles de Sysiphe,
» de Tantale, d'Ixion, et de Tytie.

« Ces mêmes Esséniens croient que les ames
» sont créées immortelles, pour se porter à la vertu
» et se détourner du vice ; que les bons sont rendus
» meilleurs en cette vie par l'espérance d'être
» heureux après leur mort, et que les méchans,
» qui s'imaginent pouvoir cacher en ce monde

» leurs mauvaises actions, en sont punis en l'autre
» par des tourmens éternels. Tels sont leurs sen-
» timens sur l'excellence de l'ame. Il y en a parmi
» eux qui se vantent de connoître les choses à
» venir, tant par l'étude qu'ils font des livres saints
» et des anciennes prophéties, que par le soin
» qu'ils prennent de se sanctifier: et il arrive rare-
» ment qu'ils se trompent dans leurs prédictions.

» Il y a une sorte d'Esséniens qui conviennent
» avec les premiers, dans l'usage des mêmes vian-
» des, des mêmes mœurs et des mêmes loix,
» et n'en sont différens qu'en ce qui regarde le
» mariage. Car ceux-ci croient que c'est vouloir
» abolir la race des hommes, que d'y renoncer,
» puisque, si chacun embrassoit ce sentiment, on
» la verroit bientôt éteinte. Ils s'y conduisent néan-
» moins avec tant de modération, qu'avant que de
» se marier, ils observent, durant trois ans, si la
» personne qu'ils veulent épouser paroît assez
» saine pour bien porter des enfans; et lorsqu'après
» être mariés elle devient grosse, ils ne couchent
» plus avec elle durant sa grossesse, pour témoi-
» gner que ce n'est pas la volupté, mais le désir
» de donner des hommes à la république, qui les
» engage dans le mariage ».

Josephe dit, dans un autre endroit, *qu'ils aban-donnoient tout à Dieu.* Ces paroles font assez entendre le sentiment des Esséniens sur le concours de Dieu. Cet historien dit encore ailleurs, que, selon eux, tout dépendoit du destin ; et qu'il ne nous arrivoit rien que ce qu'il ordonnoit. On voit par-là que les Esséniens s'opposoient aux Saducéens, et qu'ils faisoient dépendre toutes choses du décret de la providence : mais en-même-temps, il est évident, pour tout lecteur éclairé, que ces décrets absolus rendoient les événemens nécessaires, et ne laissoient à l'homme aucun reste de liberté. Josephe, les opposant aux Pharisiens, qui donnoient une partie des actions au destin, et l'autre à la volonté de l'homme, fait connoître qu'ils étendoient à toutes les actions l'influence du destin et la nécessité qu'il impose. Cependant, au rapport de Philon, les Esséniens ne faisoient point Dieu auteur du péché ; ce qui est assez difficile à concevoir : car il est évident que si l'homme n'est pas libre, Dieu est la cause de tout le mal qui se fait dans le monde : il ne peut donc, sans manquer d'équité, punir ceux qui le commettent, puisqu'ils ne sont que les instrumens nécessaires et purement passifs de ses volontés. (*Voyez* dans l'Encyclop. méthod. dict. de philos. anc. et mod l'art. FATALISME et FATALITÉ DES STOÏCIENS).

Philon parle des Esséniens à-peu-près comme Josephe. Ils conviennent tous les deux sur leurs austérités, leurs mortifications, et sur le soin qu'ils prenoient de cacher aux étrangers leur doctrine. Mais Philon assure qu'ils préféroient la campagne à la ville, parce qu'elle est plus propre à la méditation; et qu'ils évitoient, autant qu'il étoit possible, le commerce des hommes corrompus, parce qu'ils croyoient que l'impureté des mœurs se communique aussi aisément qu'une mauvaise influence de l'air. Ce sentiment nous paroît plus vraisemblable que celui de Josephe, qui les fait demeurer dans des villes ; en effet, on ne lit nulle part qu'il y ait eu dans aucune ville de la Palestine des communautés d'Esséniens : au contraire, tous les auteurs qui ont parlé de ces sectaires, nous les représentent comme fuyant les grandes villes, et s'appliquant à l'agriculture. D'ailleurs, s'ils eussent habité les villes, il est probable qu'on les connoîtroit un peu mieux qu'on ne le fait ; et l'évangile ne garderoit pas sur eux un si profond silence; mais leur éloignement des villes où Jésus-Christ prêchoit les a sans-doute soustraits aux censures qu'il auroit faites de leurs erreurs.

Des Thérapeutes.

Philon (*Philo, de vitâ contemp.*) a distingué deux ordres d'Esséniens ; les uns s'attachoient à la pratique ; et les autres, qu'on nomme *thérapeutes*, à la contemplation. Ces derniers étoient aussi de la secte des Esséniens ; Philon leur en donne le nom; il ne les distingue de la première branche de cette secte, que par quelque dégré de perfection.

Philon nous les représente comme des-gens, qui

faisoient de la contemplation de Dieu leur unique occupation et leur principale félicité. C'étoit pour cela qu'ils se tenoient enfermés seul à seul dans leur cellule, sans parler, sans oser sortir, ni même regarder par les fenêtres. Ils demandoient à Dieu que leur ame fût toujours remplie d'une lumière céleste; qu'élevés au-dessus de tout ce qu'il y a de sensible, ils pussent chercher et connoître la vérité plus parfaitement dans leur solitude ; et qu'après avoir ainsi purifié leur ame par l'étude et la contemplation, ils pussent enfin arriver directement à Dieu, le soleil de la justice. Les idées de la divinité, des beautés et des trésors du ciel dont ils s'étoient nourris pendant le jour, les suivoient jusques dans la nuit, jusques dans leurs songes, et pendant le sommeil même. Ils débitoient des préceptes excellens; ils laissoient à leurs parens tous leurs biens, pour lesquels ils avoient un profond mépris, depuis qu'ils s'étoient enrichis de la philosophie céleste : ils sentoient une émotion violente et une fureur divine qui les entraînoit dans l'étude de cette divine philosophie; et ils y trouvoient un souverain plaisir : c'est pourquoi ils ne quittoient jamais leur étude jusqu'à ce qu'ils fussent parvenus à ce dégré de perfection qui les rendoit heureux. On voit là, si je ne me trompe, la contemplation des mystiques, leurs transports, leur union avec la divinité, qui les rend souverainement heureux et parfaits sur la terre.

Cette secte, que Philon a peinte dans un traité qu'il a fait exprès, afin d'en faire honneur à sa religion, contre les Grecs qui vantoient la morale et la pureté de leurs philosophes, a paru si sainte, que les chrétiens leur ont envié la gloire de leurs austérités. Les plus modérés, ne pouvant ôter absolument à la synagogue l'honneur de les avoir formés et nourris dans son sein, ont au-moins soutenu qu'ils avoient embrassé le christianisme dès le moment que saint Marc le prêcha en Égypte ; et que, changeant de religion, sans changer de vie, ils devinrent les pères et les premiers instituteurs de la vie monastique.

Ce dernier sentiment a été soutenu avec chaleur par Eusèbe, par saint Jérôme, et sur-tout par le père Montfaucon, homme distingué par son savoir, non-seulement dans un ordre savant, mais dans la république des lettres. Ce savant religieux a été réfuté par M. Bouhier, premier président du parlement de Dijon, dont on peut consulter l'ouvrage ; nous nous bornerons ici à quelques remarques.

1.° On ne connoît les Thérapeutes, que par Philon. Il faut donc s'en tenir à son témoignage ; mais peut-on croire qu'un ennemi de la religion chrétienne, et qui a persévéré jusqu'à la mort dans la profession du judaïsme, quoique l'évangile fût connu, ait pris la peine de peindre d'une manière si édifiante les ennemis de sa religion et de ses cérémonies ? Le judaïsme et le christianisme sont deux religions ennemies; l'une travaille à s'établir sur les ruines de l'autre : il est impossible qu'on fasse un éloge magnifique d'une religion qui travaille à l'anéantissement de celle qu'on croit et qu'on professe.

2.º Philon, de qui on tire les preuves en faveur du christianisme des Thérapeutes, étoit né l'an 724 de Rome. Il dit qu'il étoit fort jeune quand il composa ses ouvrages; et que dans la suite ses études furent interrompues par les grands emplois qu'on lui confia ; en suivant ce calcul, il faut nécessairement que Philon ait écrit avant Jésus-Christ, et à plus forte raison, avant que le christianisme eût pénétré jusqu'à Alexandrie. Si on donne à Philon trente-cinq ou quarante ans lorsqu'il composoit ses livres, il n'étoit plus jeune. Cependant, si Jésus-Christ n'avoit alors que huit ou dix ans, il n'avoit pas encore enseigné; l'évangile n'étoit point encore connu ; les Thérapeutes ne pouvoient par conséquent être chrétiens ; d'où il est aisé de conclure que c'est une secte des *Juifs* réformés, dont Philon nous a laissé le portrait.

3.º Philon remarque que les Thérapeutes étoient une branche des Esséniens ; comment donc a-t-on pu en faire des chrétiens, et laisser les autres dans le judaïsme?

Philon remarque encore que c'étoient des disciples de Moyse; et c'est là un caractère de judaïsme qui ne peut être contesté, sur-tout par des chrétiens. L'occupation de ces gens-là consistoit à feuilleter les sacrés volumes ; à étudier la philosophie qu'ils avoient reçue de leurs ancêtres ; à y chercher des allégories, s'imaginant que les secrets de la nature étoient cachés sous les termes les plus clairs ; et pour s'aider dans cette recherche, ils avoient les commentaires des anciens : car les premiers auteurs de cette secte avoient laissé divers volumes d'allégories ; et leurs disciples suivoient leur méthode. Peut-on connoître là des chrétiens ? Qui étoient ces ancêtres, qui avoient laissé tant d'écrits, lorsqu'il y avoit à-peine un seul évangile publié ? Peut-on dire que les écrivains sacrés nous aient laissé des volumes pleins d'allégories ? Quelle religion seroit la nôtre, si on ne trouvoit que cela dans les livres divins ? Peut-on dire que l'occupation des premiers saints du christianisme fût de chercher les secrets de la nature cachés sous les termes les plus clairs de la parole de Dieu ? Cela convenoit à des mystiques et à des dévots contemplatifs qui se mêloient de médecine : cela convenoit à des *Juifs*, dont les docteurs aimoient les allégories jusqu'à la fureur : mais ni les ancêtres, ni la philosophie, ni les volumes pleins d'allégories, ne conviennent point aux auteurs de la religion chrétienne, ni aux chrétiens.

4.° Les Thérapeutes s'enfermoient toute la semaine, sans sortir de leurs cellules, et même sans oser regarder par les fenêtres ; et ne sortoient de là que le jour du sabbat, portant leurs mains sous le manteau, l'une entre la poitrine et la barbe, l'autre sur le côté. Reconnoît-on les chrétiens à cette posture ? et le jour de leurs assemblées, qui étoit le samedi, ne marque-t-il pas que c'étoient là des *Juifs*, rigoureux observateurs du jour du repos que Moyse avoit indiqué ? Accoutumés comme la cigale à vivre de rosée, ils jeûnoient toute la semaine ; mais ils mangeoient et se reposoient le jour du sabbat. Dans leurs fêtes, ils avoient une table sur laquelle on mettoit du pain, pour imiter la table des pains de proposition que Moyse avoit placée dans le temple. On chantoit des hymnes nouveaux, et qui étoient l'ouvrage du plus ancien de l'assemblée ; mais lorsqu'il n'en composoit pas, on prenoit ceux de quelque ancien poëte. On ne peut pas dire qu'il y eût alors d'anciens poëtes chez les chrétiens ; et ce terme ne convient guère au prophète David. On dansoit aussi dans cette fête ; les hommes et les femmes le faisoient en mémoire de la mer Rouge, parce qu'ils s'imaginoient que Moyse avoit donné cet exemple aux hommes, et que sa sœur s'étoit mise à la tête des femmes pour les faire danser et chanter. Cette fête duroit jusqu'au lever du soleil ; et dès le moment que l'aurore paroissoit, chacun se tournoit du côté de l'orient, se souhaitoit le bon jour, et se retiroit dans sa cellule, pour méditer et contempler Dieu ; on voit là la même superstition pour le soleil qu'on a déjà remarquée dans les Esséniens du premier ordre.

5.º Enfin, on n'adopte les Thérapeutes, qu'à cause de leurs austérités et du rapport qu'ils ont avec la vie monastique.

Mais ne voit-on pas de semblables exemples de tempérance et de chasteté chez les payens, et particulièrement dans la secte de Pythagore, à laquelle Josephe la comparoit de son temps ? La communauté des biens avoit ébloui Eusèbe, et l'avoit obligé de comparer les Esséniens aux fidèles dont il est parlé dans les actes des apôtres, qui mettoient tout en commun. Cependant les disciples de Pythagore faisoient la même chose ; car c'étoit une de leurs maximes, qu'il n'étoit pas permis d'avoir rien en propre. Chacun apportoit à la communauté ce qu'il possédoit : on en assistoit les pauvres, lors même qu'ils étoient absens ou éloignés ; et ils poussoient si loin la charité, que l'un d'eux, condamné au supplice par Denis le tyran, trouva un pleige qui prit sa place dans la prison ; c'est le souverain dégré de l'amour, que de mourir les uns pour les autres. L'abstinence des viandes étoit sévèrement observée par les disciples de Pythagore, aussi bien que par les Thérapeutes. On ne mangeoit que des herbes crûes ou bouillies. Il y avoit une certaine portion de pain réglée, qui ne pouvoit ni charger, ni remplir l'estomac : on le frottoit quelquefois d'un peu de miel. Le vin étoit défendu ; et on n'avoit pas d'autre breuvage que l'eau pure. Pythagore vouloit qu'on négligeât les plaisirs et les voluptés de cette vie, et ne les trouvoit pas dignes d'arrêter l'homme sur la terre. Il rejetoit les onctions d'huile, comme les Thérapeutes : ses disciples portoient des habits blancs ; ceux de lin paroissoient trop superbes, ils n'en avoient que de laine. Ils n'osoient ni railler, ni rire ; et ils ne devoient point jurer par le nom de Dieu, parce que chacun devoit faire connoître sa bonne-foi, et n'avoir pas besoin de ratifier sa parole par un serment. Ils avoient un profond respect pour les vieillards, devant lesquels ils gardoient long-temps le silence. Ils n'osoient faire de l'eau en présence du soleil, superstition que les Thérapeutes avoient encore empruntée d'eux. Enfin, ils étoient fort entêtés de la spéculation et du repos qui l'accompagne ; c'est pourquoi ils en faisoient un de leurs préceptes les plus importans.

« O juvenes ! tacitâ colite hæc pia sacra n quiete », disoit Pythagore à ses disciples, à la tête d'un de ses ouvrages. En comparant les sectes des Thérapeutes et des Pythagoriciens, on les trouve si semblables dans tous les chefs qui ont ébloui les chrétiens, qu'il semble que l'une soit sortie de l'autre. Cependant si on trouve de semblables austérités chez les payens, on ne doit plus être étonné de les voir chez les *Juifs*, éclairés par la loi de Moyse : et on ne doit pas leur ravir cette gloire pour la transporter au christianisme.

Histoire de la philosophie juive, depuis la ruine de Jérusalem.

La ruine de Jérusalem causa chez les *Juifs* des révolutions qui furent fatales aux sciences. Ceux qui avoient échappé à l'épée des Romains, aux flammes qui réduisirent en cendres Jérusalem et son temple, ou qui, après la désolation de cette grande ville, ne furent pas vendus aux marchés comme des esclaves et des bêtes de charge, tâchèrent de chercher une retraite et un asyle. Ils en trouvèrent un en Orient et à Babylone, où il y avoit encore un grand nombre de ceux qu'on y avoit transportés dans les anciennes guerres ; il étoit naturel d'aller implorer là la charité de leurs frères, qui s'y étoient fait des établissemens considérables. Les autres se réfugièrent en Egypte, où il y avoit aussi depuis long-temps beaucoup de *Juifs* puissans et assez riches pour recevoir ces malheureux : mais ils portèrent là leur esprit de révolte et de sédition ; ce qui causa un nouveau massacre. Les rabbins assurent que les familles considérables furent transportées dès ce temps-là en Espagne, qu'ils appeloient *Sépharad ;* et que c'est dans ce lieu où sont encore les restes des tribus de Benjamin et de Juda, les descendans de la maison de David; c'est pourquoi les *Juifs* de ce pays là ont toujours regardé avec mépris ceux des autres nations, comme si le sang royal et la distinction des tribus s'étoient mieux conservés chez eux que par-tout ailleurs. Mais il y eut un quatrième ordre de *Juifs* qui pourroient, à plus juste titre, se faire honneur de leur origine. Ce furent ceux qui demeurèrent dans leur patrie, ou dans les masures de Jérusalem, ou dans les lieux voisins, dans lesquels ils se distinguèrent en rassemblant un petit corps de la nation, et par les charges qu'ils y exercèrent. Les rabbins assurent que Tite fit transporter le sanhédrin à Japhné ou Jamnia; et qu'on érigea deux académies, l'une à Tibérias, et l'autre à Lydde. Enfin, ils soutiennent qu'il y eut aussi, dès ce temps-là, un patriarche qui, après avoir travaillé à rétablir la religion et son église dispersée, étendit son autorité sur toutes les synagogues de l'Occident.

On prétend que les académies furent érigées l'an 220 ou l'an 230; la plus ancienne étoit celle de Nahardea, ville située sur les bords de l'Euphrate. Un rabbin nommé Samuel prit la conduite de cette école : ce Samuel est un homme fameux dans sa nation. Elle le distingue par les titres de *vigilant*, d'*arioch*, de *sapor boi* et de *lunatique*, parce qu'on prétend qu'il gouvernoit le peuple aussi absolument que les rois font leurs sujets;

et que le chemin du ciel lui étoit aussi connu que celui de son académie. Il mourut l'an 270 de J. C.; et la ville de Nahardea ayant été prise l'an 278, l'académie fut ruinée.

On dit encore qu'on érigea d'abord l'académie à Sora, qui avoit emprunté son nom de la Syrie; car les *Juifs* le donnent à toutes les terres qui s'étendent depuis Damas et l'Euphrate jusqu'à Babylone; et Sora étoit située sur l'Euphrate.

Pumdébita étoit une ville située dans la Mésopotamie, agréable par la beauté de ses édifices; elle étoit fort decriée par les mœurs de ses habitans, qui étoient presque tous autant de voleurs; personne ne vouloit avoir commerce avec eux; et les *Juifs* ont encore ce proverbe : « Qu'il faut » changer de domicile, lorsqu'on a un pumdébitain » pour voisin ». Rabbin Chasda ne laissa pas de la choisir l'an 290 pour y enseigner. Comme il avoit été collégue de Huna qui régentoit à Sora, il y a lieu de soupçonner que quelque jalousie ou quelque chagrin personnel l'engagea à faire cette érection. Il ne put pourtant donner à sa nouvelle académie le lustre et la réputation qu'avoit déjà celle de Sora, laquelle tint toujours le dessus sur celle de Pumdébita.

On érigea deux autres académies l'an 373; l'une à Naresch proche de Sora, et l'autre à Machusia; enfin, il s'en éleva une cinquième à la fin du dixième siècle, dans un lieu nommé *Peruts Sciab bur*, où on dit qu'il y avoit neuf mille *Juifs*.

Les chefs des académies ont donné beaucoup de lustre à la nation juive, par leurs écrits ; et ils avoient un grand pouvoir sur le peuple : car comme le gouvernement des *Juifs* dépend d'une infinité de cas de conscience, et que Moyse a donné des loix politiques qui sont aussi sacrées que les cérémonielles ; ces docteurs, qu'on consultoit souvent, étoient aussi les maîtres des peuples. Quelques-uns croient même que, depuis la ruine du temple, les conseils étant réunis ou confondus avec les académies, le pouvoir appartenoit entièrement aux chefs de ces académies.

Parmi tous ces docteurs *juifs*, il n'y en a eu aucun qui se soit rendu plus illustre, soit par l'intégrité de ses mœurs, soit par l'étendue de ses connoissances, que *Juda le saint*. Après la ruine de Jérusalem, les chefs des écoles ou des académies, qui s'étoient élevés dans la Judée, ayant pris quelque autorité sur le peuple par les leçons et les conseils qu'ils lui donnoient, furent appelés *princes de la captivité*. Le premier de ces princes fut Gamaliel, qui eut pour successeur Simon III, son fils, après lequel parut Juda le saint, dont nous parlons ici. Celui-ci vint au monde le même jour qu'Attibas mourut ; et on s'imagine que cet évènement avoit été prédit par Salomon, qui a dit *qu'un soleil se lève, et qu'un soleil se couche*. Attibas mourut sous Adrien, qui lui fit porter la peine de son imposture. Ghédalia place la mort violente de ce fourbe l'an 37 après la ruine du temple, qui seroit la cent quarante-troisième année de l'ère chrétienne; mais alors il seroit évidemment faux que cet événement fût arrivé sous l'empire d'Adrien qui étoit déjà mort; et si Juda le saint naissoit alors, il faut nécessairement fixer sa naissance à l'an 135 de J. C. On peut remarquer, en passant, qu'il ne faut pas s'arrêter aux calculs des *Juifs*, peu jaloux d'une exacte chronologie.

Le lieu de sa naissance étoit *Tsippuri*. Ce terme signifie un *petit oiseau* ; et la ville étoit située sur une des montagnes de la Galilée. Les *Juifs*, jaloux de la gloire de Juda, lui donnent le titre de *saint* ou même de *saint des saints*, à cause de la pureté de sa vie. Cependant je n'ose dire en quoi consistoit cette pureté ; elle paroîtroit badine et ridicule. Il devint le chef de la nation, et eut une si grande autorité, que, quelques-uns de ses disciples ayant osé le quitter pour aller faire une intercalation à Lydde, ils eurent tous un mauvais regard, c'est-à-dire, qu'ils moururent tous d'un châtiment exemplaire : mais ce miracle est fabuleux, comme tous les miracles.

Juda devint plus recommandable par la répétition de la loi qu'il publia. Ce livre est un code du droit civil et canonique des *Juifs*, qu'on appelle *Misnah*. Il crut qu'il étoit souverainement nécessaire d'y travailler, parce que la nation, dispersée en tant de lieux, avoit oublié les rites, et se seroit éloignée de la religion et de la jurisprudence de ses ancêtres, si on les eût confiées uniquement à leur mémoire. Au-lieu qu'on expliquoit auparavant la tradition selon la volonté des professeurs, ou par rapport à la capacité des étudians, ou bien enfin selon les circonstances qui le demandoient. Juda fit une espèce de système et de cours, qu'on suivit depuis, exactement, dans les académies. Il divisa ce rituel en six parties. La première roule sur la distinction des semences dans un champ, les arbres, les fruits, les décimes, etc. La seconde règle l'observance des fêtes. Dans la troisième, qui traite des femmes, on décide toutes les causes matrimoniales. La quatrième, qui regarde les pertes, roule sur les procès qui naissent dans le commerce, et les procédures qu'on y doit tenir : on y ajoute un traité d'idolâtrie, parce que c'est un des articles importans sur lesquels roulent les jugemens. La cinquième partie regarde les oblations. Et on examine dans la dernière tout ce qui est nécessaire à la purification.

Il est difficile de fixer le temps auquel Juda le saint commença et finit cet ouvrage, qui lui a donné une si grande réputation. Il faut seulement remarquer, 1.° qu'on ne doit pas le confondre avec le thalmud, dont nous parlerons bientôt, et qui ne fut achevé que long-temps après. 2.° On a mal placé cet ouvrage dans les tables chro-

nologiques des synagogues, lorsqu'on compte aujourd'hui 1614 ans depuis sa publication ; car cette année tomberoit sur l'année 140 de J. C., où Juda *
saint ne pouvoit avoir que quatre ans. 3.° Au contraire on le retarde trop, lorsqu'on assure
'il fut publié cent cinquante ans après la ruine de Jérusalem ; car cette année tomberoit sur l'an 220 ou 218 de J. C. ; et Juda étoit mort auparavant. 4.° En suivant le calcul qui est le plus ordinaire, Juda doit être né l'an 135 de J. C. Il peut avoir travaillé à ce recueil depuis qu'il fut prince de la captivité, et après avoir jugé souvent les différends qui naissoient dans sa nation. Ainsi on peut dire qu'il le fit environ l'an 180, lorsqu'il avoit 44 ans, à la fleur de son âge, et qu'une assez longue expérience lui avoit appris à décider les questions de la loi.

Juda s'acquit une si grande autorité par cet ouvrage, qu'il se mit au-dessus des loix ; car au-lieu que, pendant que Jérusalem subsistoit, les chefs du sanhédrin étoient soumis à ce conseil, et sujets à la peine, Juda, si l'on en croit les historiens de sa nation, s'éleva au-dessus des anciennes loix ; et Siméon, fils de Lachis, ayant osé soutenir *que le prince devoit être fouetté lorsqu'il péchoit*, Juda envoya ses officiers pour l'arrêter, et l'auroit puni sévèrement, s'il ne lui étoit échappé par une prompte fuite. Juda conserva son orgueil jusqu'à sa mort; car il voulut qu'on portât son corps avec pompe, et qu'on pleurât dans toutes les grandes villes où l'enterrement passeroit, défendant de le faire dans les petites. Toutes les villes coururent à cet enterrement ; le jour fut prolongé, et la nuit retardée jusqu'à ce que chacun fût de retour dans sa maison, et eût le temps d'allumer une chandelle pour le sabbat. La fille de la voix se fit entendre, et prononça que tous ceux qui avoient suivi la pompe funèbre seroient sauvés, à l'exception d'un seul qui tomba dans le désespoir, et se précipita. *Credat judæus apella, non ego.*

Origine du thalmud et de la gémare.

Quoique le recueil des traditions, composé par Juda le saint, sous le titre de *misnah*, parût un ouvrage parfait, on ne laissoit pas d'y remarquer encore deux défauts considérables ; l'un, que ce recueil étoit confus, parce que l'auteur y avoit rapporté les sentimens de différens docteurs, sans les nommer, et sans décider lequel de ces sentimens méritoit d'être préféré ; l'autre défaut rendoit ce corps de droit canon presque inutile, parce qu'il étoit trop court, et ne résolvoit qu'une petite partie des cas douteux, et des questions qui commençoient à s'agiter chez les *Juifs*.

Afin de remédier à ces défauts, Jochanan, aidé de Rab et de Samuel, deux disciples de Juda le saint, firent un commentaire sur l'ouvrage de leur maître ; c'est ce qu'on appelle le *thalmud* (*thalmud* signifie *doctrine*) *de Jérusalem*. Soit qu'il eût été composé en Judée pour les *Juifs* qui étoient restés en ce pays-là , soit qu'il fut écrit dans la langue qu'on y parloit , les *Juifs* ne s'accordent pas sur le temps auquel cette partie de la gémare , qui signifie *perfection*, fut composée. Les uns croyent que ce fut deux cents ans après la ruine de Jérusalem. Enfin, il y a quelques docteurs qui ne comptent que cent cinquante ans , et qui soutiennent que Rab et Samuel quittant la Judée , allèrent à Babylone l'an 219 de l'ère chrétienne. Cependant ce sont là les chefs du second ordre des théologiens , qui sont appelés *gémaristes*, parce qu'ils ont composé la gémare. Leur ouvrage ne peut être placé qu'après le règne de Dioclétien, puisqu'il y est parlé de ce prince. Le P. Morin soutient même qu'il y a des termes barbares, comme celui de *borgheni*, pour marquer un bourg, dont nous sommes redevables aux Vandales et aux Goths : d'où il conclut que cet ouvrage ne peut avoir paru que dans le cinquième siècle.

Il y avoit encore un défaut dans la gémare ou le thalmud de Jérusalem; car on n'y rapportoit que les sentimens d'un petit nombre de docteurs. D'ailleurs , il étoit écrit dans une langue très-barbare , qui étoit celle qu'on parloit en Judée , et qui s'étoit corrompue par le mélange des nations étrangères. C'est pourquoi les amorréens , c'est-à-dire les commentateurs, commencèrent une nouvelle explication des traditions. R. Ase se chargea de ce travail. Il tenoit son école à Sora, proche de Babylone; et ce fut là qu'il produisit son commentaire sur la misnah de Juda. Il ne l'acheva pas ; mais ses enfans et ses disciples y mirent la dernière main. C'est ce qu'on appelle la *gemare* ou le *thalmud de Babylone*, qu'on préfère à celui de Jérusalem. C'est un grand et vaste corps, qui renferme les traditions, le droit canon des *Juifs*, et toutes les questions qui regardent la loi, c'est-à-dire, beaucoup de sottises.

La misnah est le texte ; la gémare en est le commentaire ; et ces deux parties font le thalmud de Babylone.

La foule des docteurs *Juifs* et chrétiens convient que le thalmud fut achevé l'an 505 de l'ère chrétienne : mais le P. Morin, s'écartant de la route ordinaire, soutient qu'on auroit tort de croire tout ce que les *Juifs* disent sur l'antiquité de leurs livres, dont ils ne connoissent pas eux-mêmes l'origine. Il assure que la misnah ne put être composée que l'an 300; et le thalmud de Babylone, l'an 700 ou environ. Nous ne prenons aucun intérêt à l'antiquité de ces livres remplis de traditions. Il faut même avouer qu'on ne peut fixer qu'avec beaucoup de peine et d'incertitude le temps auquel le thalmud peut avoir été formé, parce que c'est une compilation composée de décisions d'un grand nombre de docteurs qui ont étudié les cas de conscience , et à laquelle on a pu ajouter de temps-en-temps de nouvelles décisions. On ne peut se fier, sur cette matière, ni au témoignage des auteurs *Juifs*, ni au silence des chrétiens : les premiers ont intérêt à vanter l'antiquité de leurs livres ; et ils ne sont point exacts en matière de chronologie : les seconds ont examiné rarement ce qui se passoit chez les *Juifs*, parce qu'ils ne faisoient qu'une petite figure dans l'empire. D'ailleurs, leur conversion étoit rare et difficile ; et pour y travailler, il falloit apprendre une langue qui leur paroissoit barbare. On ne peut voir sans étonnement que, dans ce grand nombre de prêtres et d'évêques qui ont composé le clergé pendant la durée de tant de siècles, il y en ait eu si peu qui ayent su l'hébreu, et qui ayent pu lire l'ancien testament, ou les commentaires des *Juifs*, dans l'original. On passoit le temps à chicaner sur des faits ou des questions subtiles, pendant qu'on négligeoit une étude utile ou nécessaire. Les témoins manquent de toutes parts : et comment s'assurer de la tradition, lorsqu'on est privé de ce secours ?

Jugemens sur le thalmud.

On a porté quatre jugemens différens sur le thalmud, c'est-à-dire, sur ce corps de droit canon et de traditions. Les *Juifs* l'égalent à la loi de Dieu. Quelques chrétiens l'estiment avec excès. Les troisièmes le condamnent au feu ; et les derniers gardent un juste milieu entre tous ces sentimens. Il faut en donner une idée générale.

Les *Juifs* sont convaincus que les thalmudistes n'ont jamais été inspirés ; et ils n'attribuent l'inspiration qu'aux prophètes. Cependant ils ne laissent pas de préférer le thalmud à l'écriture sainte ; car ils comparent l'écriture à l'eau, et la tradition, à du vin excellent : la loi est le sel ; la misnah, du poivre ; et les thalmuds sont des aromates précieux. Ils soutiennent hardiment que celui qui *pèche contre Moyse, peut être absous ; mais qu'on mérite la mort, lorsqu'on contredit les docteurs ;* et qu'on commet un péché plus grave, en violant les préceptes des sages, que ceux de la loi. C'est pourquoi ils infligent une peine sale et puante à ceux qui ne les observent pas : *Damnantur in stercore bullienti.* Ils décident les questions et les cas de conscience par le thalmud comme par une loi souveraine.

Comme il pourroit paroître étrange qu'on puisse préférer les traditions à une loi que Dieu a dictée, et qui a été écrite par ses ordres, il ne sera pas inutile de prouver ce que nous venons d'avancer par l'autorité des rabbins.

R. Isaac nous assure qu'il ne faut pas s'imaginer que la loi écrite soit le fondement de la religion ; au contraire, c'est la loi orale. C'est à cause de cette dernière loi, que Dieu a traité alliance avec le peuple d'Israël. En effet, il savoit que son peuple seroit transporté chez les nations étrangères, et que les payens transcriroient ses livres sacrés. C'est pourquoi il n'a pas voulu que la loi orale fût écrite, de peur qu'elle ne fût connue des idolâtres; et c'est ici un des préceptes généraux des rabbins : « Apprends, mon fils, à avoir plus » d'attention aux paroles des scribes, qu'aux pa- » roles de la loi ».

Les rabbins nous fournissent une autre preuve de l'attachement qu'ils ont pour les traditions, et de leur vénération pour les sages, en soutenant, dans leur corps de droit, que ceux qui s'attachent à la lecture de la bible ont quelque dégré de vertu; mais il est médiocre, et il ne peut être mis en ligne de compte. Etudier la seconde loi ou la tradition, c'est une vertu qui mérite sa récompense, parce qu'il n'y a rien de plus parfait que l'étude de la gémare. C'est pourquoi Eléazar, étant au lit de la mort, répondit à ses écoliers, qui lui demandoient le chemin de la vie et du siècle à venir : « Détournez vos enfans de l'étude de la » bible, et les mettez aux pieds des sages ». Cette maxime est confirmée dans un livre qu'on appelle *l'autel d'or;* car on assure qu'il n'y a point d'étude au-dessus de celle du très-saint thalmud; et le rabin Jacob donne ce précepte dans le thalmud de Jérusalem: « Apprends, mon fils, que les paroles des scri-

» bes sont plus aimables que celles des prophètes ».

Enfin, tout cela est prouvé par une historiette du roi Pirgandicus. Ce prince n'est pas connu ; mais cela n'est pas nécessaire pour découvrir le sentiment des rabbins. C'étoit un infidèle, qui pria onze docteurs fameux à souper. Il les reçut magnifiquement, et leur proposa de manger de la chair de pourceau, d'avoir commerce avec des femmes payennes, ou de boire du vin consacré aux idoles. Il falloit opter entre ces trois parties. On délibéra ; et on résolut de prendre le dernier, parce que les deux premiers articles avoient été défendus par la loi, et que c'étoit uniquement les rabbins qui défendoient de boire le vin consacré aux faux dieux. Le roi se conforma au choix des docteurs. On leur donna du vin *impur*, dont ils burent largement. On fit ensuite tourner la table, qui étoit sur un pivot. Les docteurs échauffés par le vin ne prirent point garde a ce qu'ils mangeoient ; c'étoit de la chair de pourceau. En sortant de table on les mit au lit, où ils trouvèrent des femmes. La concupiscence échauffée par le vin, joua son jeu. Le remords ne se fit sentir que le lendemain matin, qu'on apprit aux docteurs qu'ils avoient violé la loi par dégrés. Ils en furent punis : car ils moururent tous, la même année, de mort subite ; et ce malheur leur arriva, parce qu'ils avoient méprisé les préceptes des sages, et qu'ils avoient cru pouvoir le faire plus impunément que ceux de la loi écrite : et en effet, on lit dans la misnah que ceux qui péchent contre les paroles des sages sont plus coupables que ceux qui violent les paroles de la loi.

Les *Juifs* demeurent d'accord que cette loi ne suffit pas ; c'est pourquoi on y ajoute souvent de nouveaux commentaires, dans lesquels on entre dans un détail plus précis ; et on fait souvent de nouvelles décisions. Il est même impossible qu'on fasse autrement, parce que les définitions thalmudiques, qui sont courtes, ne pourvoient pas à tout, et sont très-souvent obscures ; mais lorsque le thalmud est clair, on le suit exactement.

Cependant on y trouve une infinité de choses, qui pourroient diminuer la profonde vénération qu'on a depuis tant de siècles pour cet ouvrage, si on le lisoit avec attention et sans préjugé. Le malheur des *Juifs*, est d'aborder ce livre avec une obéissance aveugle pour tout ce qu'il contient. On forme son goût sur cet ouvrage ; et on s'accoutume à ne trouver rien de beau que ce qui est conforme au thalmud. Mais si on l'examinoit comme une compilation de différens auteurs qui ont pu se tromper, qui ont eu quelquefois un très-mauvais goût dans le choix des matières qu'ils ont traitées, et qui ont pu être des ignorans ; on y remarqueroit cent choses qui avilissent la religion, au-lieu d'en relever l'éclat.

On y compte que Dieu, afin de tuer le temps avant la création de l'univers où il étoit seul, s'occupoit à bâtir divers mondes qu'il détruisoit aussitôt, jusqu'à ce que, par différens essais, il eût appris à en faire un aussi parfait que le nôtre. Ils rapportent la finesse d'un rabbin, qui trompa Dieu et le diable; car il pria le démon de le porter jusqu'à la porte des cieux, afin qu'après avoir vu de là le bonheur des saints, il mourût plus tranquillement. Le diable fit ce que le rabbin demandoit, lequel voyant la porte ouverte, se jeta dedans avec violence, en jurant son grand dieu qu'il n'en sortiroit jamais; et Dieu, qui ne vouloit pas laisser commettre un parjure, fut obligé de le laisser là, pendant que le démon trompé s'en alloit fort honteux. Non-seulement on y fait Adam hermaphrodite; mais on soutient qu'ayant voulu assouvir sa passion avec tous les animaux de la terre, il ne trouva qu'Ève qui pût le contenter. Ils introduisent deux femmes, qui vont disputer dans les synagogues sur l'usage qu'un mari peut faire d'elles; et les rabbins décident nettement qu'un mari peut faire sans crime tout ce qu'il veut; parce qu'un homme qui achète un poisson, peut manger le devant ou le derrière, selon son bon plaisir. On y trouve des contradictions sensibles; et au-lieu de se donner la peine de les lever, ils font intervenir une voix miraculeuse du ciel, qui crie que *l'une et l'autre, quoique directement opposées, viennent du ciel.* La manière dont ils veulent qu'on traite les chrétiens est dure: ils permettent qu'on les regarde comme des bêtes brutes ; qu'on les pousse dans le précipice, si on les voit sur le bord ; qu'on les tue impunément, et qu'on fasse tous les matins de terribles imprécations contr'eux. Quoique la haine et le désir de la vengeance aient dicté ces leçons, il ne laisse pas d'être étonnant qu'on sème, dans un sommaire de religion, des loix et des préceptes si évidemment opposés à la charité.

Les docteurs qui ont travaillé à ces recueils de traditions, profitant de l'ignorance de leur nation, ont écrit tout ce qui leur venoit dans l'esprit, sans se mettre en peine d'accorder leurs conjectures avec l'histoire étrangère qu'ils ignoroient totalement.

L'historiette de César, se plaignant à Gamaliel de ce que Dieu est un voleur, n'est qu'une froide et insipide plaisanterie, très-déplacée dans ce recueil ? César demande à Gamaliel pourquoi Dieu a dérobé une côte à Adam. La fille répond, au-lieu de son père, que les voleurs étoient venus la nuit passée chez elle, et qu'ils avoient laissé un vase d'or dans sa maison, au-lieu de celui de terre qu'ils avoient emporté, et qu'elle ne s'en plaignoit pas. L'application de ce conte étoit aisée. Dieu avoit donné une servante à Adam, au-lieu d'une côte : le changement est bon. César l'approuva ; mais il ne laissa pas de censurer Dieu de l'avoir fait en secret, et pendant qu'Adam dormoit. La fille, toujours habile, se fait apporter un morceau de viande

suite sous la cendre, et ensuite elle le présente à l'empereur, lequel refuse d'en manger. « Cela me
» fait mal au cœur, *dit César;* eh bien ! *repliqua*
» *la jeune fille,* Eve auroit fait mal au cœur au
» premier homme, si Dieu la lui avoit donnée
» grossièrement et sans art, après l'avoir formée
» sous ses yeux ». Que de bagatelles !

Cependant il y a des chrétiens qui, à l'imitation des *Juifs,* regardent le thalmud comme une mine abondante, d'où l'on peut tirer des trésors infinis. Ils s'imaginent qu'il n'y a que le travail qui dégoûte les hommes de chercher ces trésors et de s'en enrichir ; ils se plaignent (*Sixtus Senensis. Galatin, Morin*) amèrement du mépris qu'on a pour les rabbins. Ils se tournent de tous les côtés, non-seulement pour les justifier, mais pour faire valoir ce qu'ils ont dit. On admire leurs sentences; on trouve dans leurs rites mille choses qui ont du rapport avec la religion chrétienne, et qui en développent les mystères. Il semble que Jésus-Christ et ses apôtres n'aient pu avoir de l'esprit qu'en copiant les rabbins qui sont venus après eux. Du-moins, c'est à l'imitation des *Juifs* que ce divin rédempteur a fait un si grand usage du style métaphorique : c'est d'eux aussi qu'il a emprunté les paraboles du Lazare, des vierges folles, et celle des ouvriers envoyés à la vigne ; car on les trouve encore aujourd'hui dans le thalmud.

On peut raisonner ainsi par deux motifs différens. L'amour-propre fait souvent parler les docteurs ; on aime à se faire valoir par quelque endroit ; et lorsqu'on s'est jeté dans une étude, sans peser l'usage qu'on en peut faire, on en relève l'utilité par intérêt ; on estime beaucoup un peu d'or chargé de beaucoup de crasse, parce qu'on a employé beaucoup de temps à le déterrer. On crie à la négligence ; et on accuse de paresse ceux qui ne veulent pas se donner la même peine, et suivre la route qu'on a prise. D'ailleurs, on peut s'entêter des livres qu'on lit. Combien de gens ont été fous de la théologie scholastique, qui n'apprenoit que des mots barbares, au-lieu des vérités solides qu'on doit chercher. On s'imagine que ce qu'on étudie avec tant de travail et de peine, ne peut être mauvais ; ainsi, soit par intérêt ou par préjugé, on loue avec excès ce qui n'est pas fort digne de louange.

N'est-il pas ridicule de vouloir que Jésus-Christ ait emprunté ses paraboles et ses leçons des thalmudistes, qui n'ont vécu que trois ou quatre cents ans après lui ? Pourquoi veut-on que les thalmudistes n'aient pas été ses copistes ? La plupart des paraboles qu'on trouve dans le thalmud, sont différentes de celles de l'évangile ; et on y a presque toujours un autre but. Celle des ouvriers qui vont tard à la vigne, n'est-elle pas revêtue de circonstances ridicules, et appliquées au R. Bon, qui avoit plus travaillé sur la loi, en vingt-huit ans, qu'un autre n'auroit fait en cent ? On a recueilli quantité d'expressions et de pensées des Grecs, qui ont rapport avec celles de l'évangile. Dira-t-on pour cela que Jésus-Christ ait copié les écrits des Grecs ? On dit que ces paraboles étoient déjà inventées, et avoient cours chez les *Juifs* avant que Jésus-Christ enseignât: mais d'où le sait-on ? Il faut deviner, afin d'avoir le plaisir de faire des Pharisiens autant de docteurs originaux; et de Jésus-Christ, un copiste qui empruntoit ce que les autres avoient de plus fin et de plus délicat. Jésus-Christ suivoit ses idées, et débitoit ses propres rêveries ; il y a des folies, des erreurs et des vérités communes à toutes les nations; et plusieurs hommes disent les mêmes choses, sans s'être jamais connus, ni avoir lu les ouvrages les uns des autres. Tout ce qu'on peut dire de raisonnable à cet égard, c'est que les thalmudistes ont fait des comparaisons semblables à celles de Jésus-Christ; mais que l'application que ce juif obscur et fanatique en faisoit, et les leçons qu'il en a tirées, ont en général un caractère plus grave que celles que ces similitudes et ces paraboles ont fournies aux auteurs du thalmud.

L'étude de la philosophie cabalistique fut en usage chez les *Juifs* peu de temps après la ruine de Jérusalem. Parmi les docteurs qui s'appliquèrent à cette prétendue science, R. Atriba, et R. Siméon-Ben Jochaï furent ceux qui se distinguèrent le plus. Le premier est auteur du livre Jézirah, ou de la création; le second, du Zohar, ou du livre de la splendeur. Nous allons donner l'abrégé de la vie de ces deux hommes si célèbres dans leur nation.

Atriba fleurit peu après que Tite eut ruiné la ville de Jérusalem. Il n'étoit *juif* que du côté de sa mère; et l'on prétend que son père descendoit de Lisera, général d'armée de Jabin, roi de Tyr. Atriba vécut à la campagne jusqu'à l'âge de quarante ans, et n'y eut pas un emploi fort honorable, puisqu'il y gardoit les troupeaux de Calba Schuva, riche bourgeois de Jérusalem. Enfin, il entreprit d'étudier, à l'instigation de la fille de son maître, laquelle lui promit de l'épouser, s'il faisoit de grands progrès dans les sciences. Il s'appliqua si fortement à l'étude pendant les vingt-quatre ans qu'il passa aux académies, qu'après cela il se vit environné d'une troupe de disciples, comme un des plus grands maîtres qui eussent été en Israël. Il avoit, dit-on, jusqu'à vingt-quatre mille écoliers. Il se déclara pour l'imposteur Barcho-Chebas, et soutint que c'étoit de lui qu'il falloit entendre ces paroles de Balaam: *Une étoile sortira de Jacob*, et qu'on avoit en sa personne le véritable Messie. Les troupes que l'empereur Hadrien envoya contre les *Juifs* qui, sous la conduite de ce faux Messie, avoient commis des massacres épouvantables, exterminèrent cette faction. Atriba fut pris et puni du dernier supplice avec beaucoup de cruauté. On lui déchira la chair avec des peignes de fer, mais de telle sorte qu'on faisoit durer la peine, et qu'on ne le fit, mourir qu'à petit feu. Il vécut six vingt ans, et fut enterré avec sa femme, dans une caverne, sur une montagne qui n'est pas fort loin de Tibériade. Ces vingt-quatre mille disciples furent enterrés au-dessous de lui, sur la même montagne. Il est, je pense, inutile d'avertir que je ne suis ici que simple historien. On l'accuse d'avoir altéré le texte de la bible, afin de pouvoir répondre à une objection des chrétiens. En effet, jamais ces derniers ne disputèrent contre les *Juifs* plus fortement que dans ce temps-là; et jamais aussi ils ne les combattirent plus efficacement. Car ils ne faisoient que leur montrer d'un côté les évangiles, et de l'autre, les ruines de Jérusalem, qui étoient devant leurs yeux, pour les convaincre que J. C., qui avoit si clairement prédit sa désolation, étoit le prophète que Moyse avoit promis. Ils les pressoient vivement par leurs propres traditions, qui portoient que le Christ se manifesteroit après le cours d'environ six mille ans, en leur montrant que ce nombre d'années étoit accompli.

Les *Juifs* donnent de grands éloges à Atriba; ils l'appeloient *sethumtaah*, c'est-à-dire, l'*authentique*. Il faudroit un volume tout entier, dit l'un d'eux (Zantus), si l'on vouloit parler dignement de lui. Son nom, dit un autre (*Kionig*), a parcouru tout l'univers; et nous avons reçu de sa bouche toute la loi orale.

H *

*Nous avons déjà dit que Siméon Jochaïdes est l'auteur du fameux livre de Zohar, auquel on a fait depuis un grand nombre d'additions. Il est important de savoir ce que l'on dit de cet auteur et de son livre, puisque c'est là où sont renfermés les mystères de la cabale, et qu'on lui donne la gloire de les avoir transmis à la postérité.

On croit que Siméon vivoit quelques années avant la ruine de Jérusalem. Tite le condamna à la mort ; mais son fils et lui se dérobèrent à la persécution, en se cachant dans une caverne, où ils eurent le loisir de composer le livre dont nous parlons. Cependant, comme il ignoroit encore diverses choses, le prophète Elie descendoit de temps-en-temps du ciel dans la caverne, pour l'instruire, et Dieu l'aidoit miraculeusement, en ordonnant aux mots de se ranger les uns après les autres, dans l'ordre qu'ils devoient avoir pour former de grands mystères.

Ces apparitions d'Elie, et le secours miraculeux de Dieu, embarrassent quelques auteurs chrétiens : ils estiment trop la cabale, pour avouer que celui qui en a révélé les mystères soit un imposteur qui se vante mal-à-propos d'une inspiration divine. Soutenir que le démon, qui animoit au commencement de l'église chrétienne Apollonius de Thyane, afin d'ébranler la foi des miracles apostoliques, répandit aussi chez les *Juifs* le bruit des apparitions fréquentes d'Elie, afin d'empêcher qu'on ne crût celle qui s'étoit faite pour J. C. lorsqu'il fut transfiguré sur le Thabor, c'est se faire illusion : car Dieu n'exauce point la prière des démons, lorsqu'ils travaillent à perdre l'église, et ne fait point dépendre d'eux l'apparition des prophètes. On pourroit tourner ces apparitions en allégories ; mais on aime mieux dire que Siméon Jochaïdes dictoit ces mystères avec le secours du ciel : c'est le témoignage que lui rend un chrétien (Knorius) qui a publié son ouvrage.

La première partie de cet ouvrage a pour titre, Zeniutha ou Mystère, parce qu'en effet on y révèle une infinité de choses. On prétend les tirer de l'écriture sainte ; et en effet, on ne propose presque rien sans citer quelqu'endroit des écrivains sacrés, que l'auteur explique à sa manière. Il seroit difficile d'en donner un extrait suivi : mais on y découvre particulièrement le microprosopon, c'est-à-dire, le petit visage ; le macroprosopon, c'est-à-dire, le long visage ; sa femme ; les neuf et les treize conformations de sa barbe.

On entre dans un plus grand détail dans le livre suivant, qu'on appelle le *Grand Synode*. Siméon avoit beaucoup de peine à révéler ces mystères à ses disciples : mais comme ils lui représentèrent que le secret de l'éternel est pour ceux qui le craignent ; et qu'ils l'assurèrent tous qu'ils craignoient Dieu, il entra plus hardiment dans l'explication des grandes vérités. Il explique la rosée du cerveau

du vieillard ou du grand visage. Il examine ensuite son crâne, ses cheveux; car il en porte sur sa tête mille millions de milliers, et sept mille cinq cents boucles de cheveux blancs comme la laine. A chaque boucle il y a quatre cent dix cheveux, selon le nombre du mot *Kadosch*. Des cheveux, on passe au front, aux yeux, au nez; et toutes ces parties du grand visage renferment des choses admirables; mais sur-tout, sa barbe est une barbe qui mérite des éloges infinis : « Cette barbe est au-dessus de
» toute louange ; jamais ni prophète, ni saint n'ap-
» procha d'elle : elle est blanche comme la neige ;
» elle descend jusqu'au nombril; c'est l'ornement
» des ornemens, et la vérité des vérités ; malheur
» à celui qui la touche : il y a treize parties dans
» cette barbe, qui renferment toutes de grands
» mystères ; mais il n'y a que les initiés qui les
» comprennent ».

Enfin, le petit synode est le dernier adieu que Siméon fit à ses disciples. Il fut chagrin de voir sa maison remplie de monde ; parce que le miracle d'un feu surnaturel, qui en écartoit la foule des disciples pendant la tenue du grand synode, avoit cessé; mais quelques-uns s'étant retirés, il ordonna à R. Abba d'écrire ses dernières paroles: il expliqua encore une fois le vieillard : « Sa tête est
» cachée dans un lieu supérieur, où on ne la voit
» pas; mais elle répand son front qui est beau,
» agréable ; c'est le bon plaisir des plaisirs ». On

parle avec la même obscurité de toutes les parties du petit visage, sans oublier celle qui adoucit la femme.

Si on demande à quoi tendent tous ces mystères, il faut avouer qu'il est très-difficile de le découvrir; parce que toutes les expressions allégoriques étant susceptibles de plusieurs sens, et faisant naître des idées très-différentes, on ne peut se fixer qu'avec beaucoup de peine et de travail : et qui veut prendre cette peine, s'il n'espère en tirer de grands usages ?

Remarquons plutôt que cette méthode de peindre les opérations de la divinité sous les figures humaines, étoit fort en usage chez les Egyptiens; car ils peignoient un homme sous un visage de feu et des cornes, une crosse à la main droite, sept cercles à la gauche, et des aîles attachées à ses épaules. Ils représentoient par-là Jupiter ou le soleil, et les effets qu'il produit dans le monde. Le feu du visage signifioit la chaleur qui vivifie toutes choses ; les cornes, les rayons de lumière. Sa barbe étoit mystérieuse, aussi bien que celle du long visage des cabalistes; car elle indiquoit les élémens. Sa crosse étoit le symbole du pouvoir qu'il avoit sur tous les corps sublunaires. Ses cuisses étoient la terre chargée d'arbres et des moissons ; les eaux sortoient de son nombril ; ses genoux indiquoient les montagnes, et les parties raboteuses de la terre; les aîles, les vents et la

promptitude avec laquelle ils marchent ; enfin ;
les cercles étoient le symbole des planètes.

Siméon finit sa vie, en débitant toutes ses visions :
lorsqu'il parloit à ses disciples, une lumière éclatante se répandit dans toute la maison ; tellement
qu'on n'osoit jeter les yeux sur lui. Un feu étoit au
dehors, qui empêchoit les voisins d'entrer ; mais le
feu et la lumière étant disparus, on s'apperçut que
la lampe d'Israël étoit éteinte. Les disciples de
Zippori vinrent en foule pour honorer ses funé-
railles, et lui rendre les derniers devoirs ; mais on
les renvoya, parce que Eléazar son fils, et R. Abba,
qui avoit été le secrétaire du petit synode, vouloient
agir seuls. En l'enterrant, on entendit une voix qui
crioit : « Venez aux noces de Siméon ; il entrera
» en paix, et reposera dans sa chambre ». Une
flamme marchoit devant le cercueil, et sembloit
l'embrâser ; et lorsqu'on le mit dans le tombeau,
on entendit crier : « C'est ici celui qui a fait trembler
« la terre, et qui a ébranlé les royaumes ». C'est
ainsi que les *Juifs* font de l'auteur du *Zohar* un
homme miraculeux jusqu'après sa mort, parce
qu'ils le regardent comme le premier de tous les
cabalistes.

Des grands hommes qui ont fleuri chez les Juifs
dans le douzième siècle.

Le douzième siècle fut très-fécond en docteurs
habiles. On ne se souciera peut-être pas d'en voir

le catalogue, parce que ceux qui passent pour des oracles dans les synagogues, paroissent souvent de très-petits génies à ceux qui lisent leurs ouvrages sans préjugé. Les chrétiens demandent trop aux rabbins ; et les rabbins donnent trop peu aux chrétiens. Ceux-ci ne lisent presque jamais les livres composés par un *Juif*, sans un préjugé avantageux pour lui. Ils s'imaginent qu'ils doivent y trouver une connoissance exacte des anciennes cérémonies, des événemens obscurs ; en un mot, qu'on doit y lire la solution de toutes les difficultés de l'écriture. Pourquoi cela ? Parce qu'un homme est *juif*, s'ensuit-il qu'il connoisse mieux l'histoire de sa nation que les chrétiens, puisqu'il n'a point d'autres secours que la bible et l'histoire de Josephe, que le *Juif* ne lit presque jamais ? S'imagine-t-on qu'il y a dans cette nation certains livres que nous ne connoissons pas, et que ces messieurs ont lus ? C'est vouloir se tromper ; car ils ne citent aucun monument qui soit plus ancien que le christianisme. Vouloir que la tradition se soit conservée plus fidèlement chez eux, c'est se repaître d'une chimère ; car comment cette tradition auroit-elle pu passer de lieu en lieu, et de bouche en bouche, pendant un si grand nombre de siècles et de dispersions fréquentes ? Il suffit de lire un rabbin, pour connoître l'attachement violent qu'il a pour sa nation, et comment il déguise les faits, afin de les accommoder à ses préjugés. D'un autre côté, les rabbins nous donnent beaucoup moins qu'ils ne peuvent. Ils ont deux grands avantages sur nous ; car, possédant la langue sainte dès leur naissance, ils pourroient fournir des lumières pour l'explication des termes obscurs de l'écriture ; et comme ils sont obligés de pratiquer certaines cérémonies de la loi, ils pourroient, par-là, nous donner l'intelligence des anciennes. Ils le font quelquefois ; mais souvent, au-lieu de chercher le silence littéral des écritures, ils courent après des sens mystiques, qui font perdre de vue celui de l'écrivain déjà assez obscur par lui-même. D'ailleurs, ils descendent dans un détail excessif des cérémonies, sous lesquelles ils ont enseveli l'esprit de la loi.

Si on veut faire un choix de ces docteurs, ceux du douzième siècle doivent être préférés à tous les autres : car non-seulement ils étoient habiles, mais ils ont fourni de grands secours pour l'intelligence de l'ancien testament. Nous ne parlerons ici que d'Aben-Ezra et de Maïmonides, comme les plus fameux.

Aben-Ezra est appelé *le sage* par excellence ; il naquit l'an 1099, et mourut en 1174, âgé de 75 ans. Il l'insinue lui-même, lorsque prévoyant sa mort, il disoit que comme Abraham sortit de Charan, âgé de 75 ans, il sortiroit aussi dans le même temps de Charan ou du feu de la colère du siècle. Il voyagea, parce qu'il crut que cela étoit nécessaire pour faire de grands progrès dans les sciences. Il mourut à Rhodes, et fit porter de là ses os dans la terre que les chrétiens appellent *sainte*.

Ce fut un des plus grands hommes de sa nation et de son siècle. Comme il étoit bon astronome, il fit de si heureuses découvertes dans cette science, que les plus habiles mathématiciens ne se sont pas fait un scrupule de les adopter. Il excella dans la médecine; mais ce fut principalement par ses explications de l'écriture, qu'il se fit connoître. Au lieu de suivre la méthode ordinaire de ceux qui l'avoient précédé, il s'attacha à la grammaire et au sens littéral des écrits sacrés qu'il développe avec tant de pénétration et de jugement, que les chrétiens même le préfèrent à la plupart de leurs interprètes. Il a montré le chemin aux critiques, qui soutiennent aujourd'hui que le peuple d'Israël ne passa point au travers de la mer Rouge, mais qu'il y fit un cercle pendant que la mer étoit basse, afin que Pharaon les suivît et fût submergé : mais ce n'est pas là une de ses meilleures conjectures. Il n'osa rejeter absolument la cabale, quoiqu'il en connût le foible, parce qu'il eut peur de se faire des affaires avec les auteurs de son temps, qui y étoient fort attachés ; et même avec le peuple, qui regardoit le livre de Zohar, rempli de ces sortes d'explications, comme un ouvrage excellent : il déclara seulement que cette méthode d'interpréter l'écriture n'étoit pas sûre ; et que si on respectoit la cabale des anciens, on ne devoit pas ajouter de nouvelles explications à celles qu'ils avoient produites, ni abandonner l'écriture au caprice de l'esprit humain.

Maïmonides : (il s'appeloit Moyse, et étoit fils de Maïmon ; mais il est plus connu par le nom de son père : on l'appelle *Maïmonides* ; quelques-uns le font naître l'an 1133.) il parut dans le même siècle. Scaliger soutenoit que c'étoit là le premier des docteurs, qui eût cessé de badiner chez les *Juifs*, comme Diodore chez les Grecs. En effet, il avoit trouvé beaucoup de vide dans l'étude de la gémare ; il regrettoit le temps qu'il y avoit perdu ; et s'appliquant à des études plus solides, il avoit beaucoup médité sur l'écriture. Il savoit le grec ; il avoit lu les philosophes, et particulièrement Aristote, qu'il cite souvent. Il causa de si violentes émotions dans les synagogues, que celles de France et d'Espagne s'excommunièrent à cause de lui. Il étoit né à Cordoue, l'an 1131. Il se vantoit d'être descendu de la maison de David, comme font la plupart des *Juifs* d'Espagne. Maïmon son père, et juge de la nation d'Espagne, comptoit entre ses ancêtres une longue suite de personnes qui avoient possédé successivement cette charge. On dit qu'il fut averti en songe de rompre sa résolution de garder le célibat, et de se marier avec une fille de boucher qui étoit sa voisine. Maïmon feignit peut-être un songe, pour cacher une amourette qui lui faisoit honte ; et fit intervenir le miracle pour colorer sa foiblesse. La mère mourut en mettant Moyse au monde ; et Maïmon se remaria. Je ne sais si la seconde femme, qui eut plusieurs enfans, haïssoit le petit Moyse, ou s'il avoit dans sa jeunesse un esprit morne et pesant, comme on le dit ; mais son père lui reprochoit sa naissance, le battit plusieurs fois, et enfin le chassa de sa maison. On dit que, ne trouvant point d'autre gîte que le couvert d'une synagogue, il y passa la nuit ; et à son reveil, il se trouva un homme d'esprit, tout différent de ce qu'il étoit auparavant. Il se mit sous la discipline de Joseph le Lévite, fils de Mégas, sous lequel il fit en peu de temps de grands progrès. L'envie de revoir le lieu de sa naissance le prit ; mais en retournant à Cordoue, au-lieu d'entrer dans la maison de son père, il enseigna publiquement dans la synagogue, avec un grand étonnement des assistans : son père, qui le reconnut, alla l'embrasser, et le reçut chez lui. Quelques historiens s'inscrivent en faux contre cet événement, parce que Joseph, fils de Mégas, n'étoit âgé que de dix ans plus que Moyse. Cette raison est puérile ; car un maître de trente ans peut instruire un disciple qui n'en a que vingt. Mais il est plus vraisemblable que Maïmon instruisit lui-même son fils, et ensuite l'envoya étudier sous Averroës, qui étoit alors dans une haute réputation chez les Arabes. Ce disciple eut un attachement et une fidélité exemplaire pour son maître. Averroës étoit déchu de sa faveur par une nouvelle révolution arrivée chez les Maures en Espagne. Abdi Amoumen, capitaine d'une troupe de bandits, qui se disoit descendu en ligne droite de Houssain, fils d'Aly, avoit détrôné les marabouts en Afrique; et ensuite il étoit entré l'an 1144 en Espagne, et se rendit en peu de temps maître de ce royaume. Il fit chercher Averroës, qui avoit eu beaucoup de crédit à la cour des marabouts, et qui lui étoit suspect. Ce docteur se réfugia chez les *Juifs*, et confia le secret de sa retraite à Maïmonide, qui aima mieux souffrir tout, que de découvrir le lieu où son maître étoit caché. Abulpharage dit même que Maïmonides changea de religion, et qu'il se fit musulman, jusqu'à ce qu'ayant donné ordre à ses affaires il passa en Egypte, pour vivre en liberté. Ses amis ont nié la chose ; mais Averroës, qui vouloit que son ame fût avec celle des philosophes, parce que le mahométisme étoit la religion des pourceaux ; le judaïsme, celle des enfans ; et le christianisme, impossible à observer ; n'avoit pas inspiré un grand attachement à son disciple pour la loi. Dailleurs, un espagnol, qui alla persécuter ce docteur en Egypte jusqu'à la fin de sa vie, lui reprocha cette foiblesse avec tant de hauteur, que l'affaire fut portée devant le sultan, lequel jugea que tout ce qu'on fait involontairement et par violence, en matière de religion, doit être compté pour rien : d'où il concluoit que Maïmonides n'avoit jamais été musulman. Cependant c'étoit le condamner et décider contre lui en-même-temps qu'il sembloit l'absoudre; car il déclaroit que l'abjuration étoit véritable, mais exempte de crime, puisque la volonté n'y avoit pas eu de part. Enfin, on a lieu de soupçonner Maïmonides d'avoir abandonné sa religion par sa morale relachée sur cet article ; car non-seulement il permet aux noachides de retomber dans l'idolâtrie si la nécessité le demande, parce qu'ils n'ont reçu aucun ordre de sanctifier le nom de Dieu ; mais il soutient qu'on ne pêche point en sacrifiant avec les idolâtres et en renonçant à sa religion, pourvu qu'on ne le fasse point en présence de dix personnes ; car alors il faut mourir plutôt que de renoncer à la loi : mais Maïmonides croyoit que ce péché cesse, lorsqu'on le commet en secret (*Maïmon. fondam. leg. cap. V*). La maxime est singulière ; car ce n'est plus la religion qu'il faut aimer et défendre au péril de sa vie ; c'est la présence de dix israélites qu'il faut craindre et qui seule fait le crime. On a lieu de soupçonner que l'intérêt avoit dicté à Maïmonides une maxime si bizarre ; et qu'ayant abjuré le judaïsme en secret, il croyoit calmer sa conscience, et se défendre à la faveur de cette distinction. Quoi qu'il en soit, Maïmonides demeura en Egypte le reste de ses jours, ce qui l'a fait appeler *Moyse l'égyptien*. Il y fut long-temps sans emploi, tellement qu'il fut réduit au métier de joaillier. Cependant il ne laissoit pas d'étudier ; et il acheva alors son commentaire sur la misnah , qu'il avoit commencé en Espagne dès l'âge de vingt-trois ans.

Alphadel, fils de Saladin, étant revenu en Egypte, après en avoir été chassé par son frère, connut le mérite de Maïmonides, et le choisit pour son médecin : il lui donna pension. Maïmonides assure que cet emploi l'occupoit absolument; car il étoit obligé d'aller tous les jours à la cour, et d'y demeurer long-temps s'il y avoit quelque malade. En revenant chez lui, il trouvoit quantité de personnes qui venoient le consulter. Cependant il ne laissa pas de travailler pour son bienfaiteur ; car il traduisit Avicène : et on voit encore à Bologne cet ouvrage, qui fut fait par ordre d'Alphadel, l'an 1194.

Les Egyptiens furent jaloux de voir Maïmonides si puissant à la cour : pour l'en arracher , les médecins lui demandèrent un essai de son art. Pour s'en assurer , ils lui présentèrent un verre de poison, qu'il avala sans en craindre l'effet, parce qu'il avoit le contre-poison ; mais ayant obligé dix médecins à avaler son poison, ils moururent tous, parce qu'ils n'avoient pas d'antidote spécifique. On dit aussi que d'autres médecins mirent un verre de poison auprès du lit du sultan , pour lui persuader que Maïmonides en vouloit à sa vie, et qu'on l'obligeât de se couper les veines. Mais il avoit appris qu'il y avoit dans le corps humain une veine que les médecins ne connoissoient pas, et qui n'étant pas encore coupée, l'effusion entière du sang ne pouvoit se faire ; il se sauva par cette veine inconnue. Cette circonstance ne s'accorde point avec l'histoire de sa vie.

En effet, non-seulement il protégea sa nation à la cour des nouveaux sultans, qui s'établissoient sur la ruine des Aliades ; mais il fonda une académie à Alexandrie, où un grand nombre de disciples vinrent du fond de l'Egypte, de la Syrie et de la Judée, pour étudier sous lui. Il en auroit eu beaucoup davantage, si une nouvelle persécution arrivée en Orient n'avoit empêché les étrangers de s'y rendre. Elle fut si violente, qu'une partie des *Juifs* furent obligés de se rendre mahométans, pour se garantir de la misère : et Maïmonides, qui ne pouvoit leur inspirer de la fermeté, se trouva réduit comme un grand nombre d'autres, à faire le faux prophète, et à promettre à ces religionnaires une délivrance qui n'arriva pas. Il mourut au commencement du treizième siècle, et ordonna qu'on l'enterrât à Tibérias, où ses ancêtres avoient leur sépulcre.

Ce docteur composa un grand nombre d'ouvrages ; il commenta la misnah ; il fit une *main-forte*, et le *docteur des questions douteuses*. On prétend qu'il écrivit en médecine aussi bien qu'en théologie, et en grec comme en arabe ; mais que ses livres sont très-rares ou perdus. On l'accuse d'avoir méprisé la cabale jusqu'à sa vieillesse; mais on dit que, trouvant alors à Jérusalem un homme très-habile dans cette science, il s'étoit appliqué fortement à cette étude. Rabbi Chaiim assure avoir vu une lettre de Maïmonides, qui témoignoit son chagrin de n'avoir pas percé plus-tôt dans les mystères de la loi : mais on croit que les cabalistes ont supposé cette lettre, afin de paroître n'avoir pas été méprisés par un homme qu'on appelle *la lumière* de l'orient et de l'occident.

Ses ouvrages furent reçus avec beaucoup d'applaudissement : cependant il faut avouer qu'il avoit souvent des idées fort abstraites; et qu'ayant étudié la métaphysique, il en faisoit un grand usage. Il soutenoit que toutes les facultés étoient des anges; il s'imaginoit qu'il expliquoit par-là beaucoup plus nettement les opérations de la divinité et les expressions de l'écriture. N'est-il pas étrange, disoit-il, qu'on admette ce que disent quelques docteurs, qu'un ange entre dans le sein de la femme, pour y former un embryon ; quoique les mêmes docteurs assurent qu'un ange est un feu consumant, au-lieu de reconnoître plutôt que la faculté génératrice est un ange ? C'est pour cette raison que Dieu parle souvent dans l'écriture, et qu'il dit : *Faisons l'homme à notre image :* parce que quelques rabbins avoient conclu de ce passage, que Dieu avoit un corps, quoiqu'infiniment plus parfait que les nôtres; il soutient que l'image signifie la forme essentielle qui constitue une chose dans son être. Tout cela est fort subtil, ne lève point la difficulté, et ne découvre point le véritable sens des paroles de Dieu. Il croyoit que les astres sont animés, et que les sphères célestes vivent. Il disoit que Dieu ne s'étoit repenti que d'une chose, d'avoir confondu les bons avec les méchans dans la ruine du premier temple. Il étoit persuadé que les promesses de la loi, qui subsistera toujours, ne regardent qu'une félicité temporelle, et qu'elles seront accomplies sous le règne du Messie. Il soutient que le royaume de Juda fut rendu à la postérité de Jéchonias, dans la personne de Salatiel, quoique saint Luc assure positivement que Salatiel n'étoit pas fils de Jéchonias, mais de Néri. Vrai ou faux, tout cela est peu important.

De la philosophie exotérique des Juifs.

Les *Juifs* avoient deux philosophies : l'une exotérique, dont les dogmes étoient enseignés publiquement, soit dans les livres, soit dans les écoles ; l'autre, ésotérique, dont les principes n'étoient révélés qu'à un petit nombre de personnes choisies, et étoient soigneusement cachés à la multitude. Cette dernière science s'appelle *cabale*. *Voyez* l'article CABALE.

Avant de parler des principaux dogmes de la philosophie exotérique, il ne sera pas inutile d'avertir le lecteur qu'on ne doit pas s'attendre à trouver chez les *Juifs* de la justesse dans les idées, de l'exactitude dans le raisonnement, de la précision dans le style ; en un mot, tout ce qui doit caractériser une saine philosophie. On n'y trouve, au contraire, qu'un mélange confus des principes de la raison et de la révélation ; une obscurité affectée, et souvent impénétrable ; des principes qui conduisent au fanatisme ; un respect aveugle pour l'autorité des docteurs et pour l'antiquité ; en un mot, tous les défauts qui annoncent une nation ignorante et superstitieuse. Voici les principaux dogmes de cette espèce de philosophie.

Idée que les Juifs *ont de la divinité.*

I. L'unité de Dieu fait un des dogmes fondamentaux de la synagogue moderne, aussi bien que des anciens *Juifs* ; ils s'éloignent également du payen, qui croit la pluralité des dieux, et des chrétiens qui admettent trois personnes divines dans une seule essence.

Les rabbins avouent que Dieu seroit fini, s'il avoit un corps : ainsi, quoiqu'ils parlent souvent de Dieu comme d'un homme, ils ne laissent pas de le regarder comme un être purement spirituel. Ils donnent à cette essence infinie toutes les perfections qu'on peut imaginer ; et en écartent tous les défauts qui sont attachés à la nature humaine, ou à la créature ; sur-tout ils lui donnent une puissance absolue et sans bornes, par laquelle il gouverne l'univers.

II. Le *juif*, qui convertit le roi de Cozar, expliquoit à ce prince les attributs de la divinité d'une manière orthodoxe. Il dit que, quoiqu'on appelle Dieu *miséricordieux*, cependant il ne sent jamais le frémissement de la nature, ni l'émotion du cœur, puisque c'est une foiblesse dans l'homme: mais on entend par-là que l'être souverain fait du bien à quelqu'un. On le compare à un juge qui condamne et qui absout ceux qu'on lui présente, sans que son esprit ni son cœur soient altérés par les différentes sentences qu'il prononce, quoique de-là dépendent la vie ou la mort des coupables. Il assure qu'on doit appeler Dieu *lumière* (*Cozri. part. II.*); mais il ne faut pas s'imaginer que ce soit une lumière réelle, ou semblable à celle qui nous éclaire ; car on feroit Dieu corporel, s'il étoit véritablement lumière; mais on lui donne ce nom, parce qu'on craint qu'on ne le conçoive comme *ténébreux*. Comme cette idée seroit trop basse, il faut l'écarter, et concevoir Dieu comme une lumière éclatante et inaccessible. Quoiqu'il n'y ait que les créatures qui soient susceptibles de vie et de mort, on ne laisse pas de dire que Dieu *vit*, et qu'il est la *vie* ; mais on entend par-là qu'il existe éternellement ; on ne veut pas le réduire à la condition des êtres mortels. Toutes ces explications sont pures, et conformes aux idées que l'écriture nous donne de Dieu.

III. Il est vrai qu'on trouve souvent dans les écrits des docteurs, certaines expressions fortes, et quelques actions attribuées à la divinité, qui scandalisent ceux qui n'en pénètrent pas le sens; et de-là vient que ces gens-là chargent les rabbins de blasphêmes et d'impiétés, dont ils ne sont pas coupables. En effet, on peut ramener les expressions à un bon sens, quoiqu'elles paroissent profanes aux uns, et risibles aux autres. Ils veulent dire que Dieu n'a châtié son peuple qu'avec douleur, lorsqu'ils l'introduisent pleurant pendant les trois veilles de la nuit, et criant : « Malheur à moi, qui » ai détruit ma maison, et dispersé mon peuple » parmi les nations de la terre ». Quelque forte que soit l'expression, on ne laisse pas d'en trouver de semblables dans les prophètes. Il faut pourtant avouer qu'ils outrent les choses, en ajoutant qu'ils ont entendu souvent cette voix lamentable de la divinité, lorsqu'ils passoient sur les ruines du temple; car la fausseté du fait est évidente. Ils badinent dans une chose sérieuse, quand ils ajoutent que deux des larmes de la divinité qui pleure les ruines de sa maison, tombent dans la mer, et y causent de violens mouvemens; ou lorsqu'entêtés de leurs théphilims, ils en mettent autour de la tête de Dieu, pendant qu'ils prient que sa justice cède enfin à sa miséricorde. S'ils veulent vanter par-là la nécessité des théphilims, il ne faut pas le faire aux dépens de la divinité, qu'on habille ridiculement aux yeux des peuples.

IV. Ils ont seulement dessein d'étaler les effets de la puissance infinie de Dieu, en disant que c'est un lion, dont le rugissement fait un bruit horrible ; et en contant que César ayant eu dessein de voir Dieu, R. Josué le pria de faire sentir les effets de sa présence. A cette prière, la divinité se retira à quatre cents lieues de Rome ; il rugit ; et le bruit de ce rugissement fut si terrible, que la muraille de la ville tomba ; et toutes les femmes enceintes avortèrent. Dieu s'approchant plus près de cent lieues, et rugissant de la même manière, César, effrayé du bruit, tomba de dessus son trône ; et tous les Romains qui vivoient alors, perdirent leurs dents molaires. Que de plates rêveries !

V. Ils veulent marquer sa présence dans le paradis terrestre, lorsqu'ils le font promener dans ce lieu délicieux comme un homme. Ils insinuent que les ames apportent leur ignorance de la terre, et ont peine à s'instruire des merveilles du paradis, lorsqu'ils représentent ce même Dieu comme un maître d'école qui enseigne les nouveaux venus dans le ciel. Ils veulent relever l'excellence de la synagogue, en disant qu'*elle est la mère, la femme, la fille de Dieu*. Enfin, ils disent (*Maimon. More Nevochim, cap. XXVII.*) deux choses importantes à leur justification ; l'une, qu'ils sont obligés de parler de Dieu comme ayant un corps, afin de faire comprendre au vulgaire que c'est un être réel; car le peuple ne conçoit d'existence réelle que dans les objets matériels et sensibles : l'autre, qu'ils ne donnent à Dieu que des actions nobles, et qui marquent quelque perfection, comme de se mouvoir et d'agir : c'est pourquoi on ne dit jamais que dieu mange et qu'il boit.

VI. Cependant il faut avouer que ces théologiens ne parlent pas avec assez d'exactitude ni de sincérité. Pourquoi obliger les hommes à se donner la torture, pour pénétrer leurs pensées ? Explique-t-on mieux la nature incompréhensible de Dieu, en ajoutant de nouvelles ombres à celles que cette idée abstraite et peu distincte répand déjà sur nos esprits? Il faut tâcher d'éclaircir ce qui est obscur, au-lieu de former un nouveau voile qui le cache plus profondément. C'est le penchant de tous les peuples, et presque de tous les hommes, que de se former l'idée d'un Dieu corporel. Si les rabbins n'ont point pensé comme le peuple, ils ont pris plaisir à parler comme lui; et par-là ils affoiblissent le respect qu'on doit à la divinité. Il faut toujours avoir des idées grandes et nobles de Dieu : il faut inspirer les mêmes idées au peuple, qui n'a que trop d'inclination à les avilir. Pourquoi donc répéter si souvent des choses qui tendent à faire regarder Dieu comme un être matériel ? On ne peut même justifier parfaitement ces docteurs. Que veulent-ils dire, lorsqu'ils assurent que Dieu ne put révéler à Jacob la vente de son fils Joseph, parce que ses frères avoient obligé Dieu de jurer avec eux qu'on garderoit le secret, sous peine d'excommunication? Qu'entend-on, lorsqu'on assure que Dieu, affligé d'avoir créé l'homme, s'en consola, parce qu'il n'étoit pas d'une matière céleste, puisqu'alors il auroit entraîné dans sa révolte tous les habitans du paradis? Que veut-on dire, quand on rapporte que Dieu joue avec le léviathan, et qu'il a tué la femelle de ce monstre, parce qu'il n'étoit pas de la bienséance que Dieu jouât avec une femelle? Les mystères, qu'on tirera de-là à force de machines, seront grossiers ; ils aviliront toujours la divinité : et ceux qui les étudient, se trouvent embarrassés à chercher le sens mystique, sans pouvoir le développer : que pensera le peuple à qui on débite ces imaginations ?

Sentiment des Juifs sur la providence et sur la liberté.

I. Les *Juifs* soutiennent que la providence gouverne toutes les créatures, depuis la licorne jusqu'aux œufs de poux. Les chrétiens ont accusé Maïmonides d'avoir renversé ce dogme capital de la religion : mais ce docteur attribue ce sentiment à Epicure et à quelques hérétiques en Israël ; et traite d'athées ceux qui nient que tout dépend de

Dieu. Il croit que cette providence spéciale, qui veille sur chaque action de l'homme, n'agit pas pour remuer une feuille, ni pour produire un vermisseau : car tout ce qui regarde les animaux et les créatures, se fait par accident, comme l'a dit Aristote.

II. Cependant on explique différemment la chose: comme les docteurs se sont fort attachés à la lecture d'Aristote et des autres philosophes, ils ont examiné avec soin si Dieu savoit tous les événemens; et cette question les a fort embarrassés. Quelques-uns ont dit que Dieu ne pouvoit connoître que lui-même, parce que la science se multipliant à proportion des objets qu'on connoît, il faudroit admettre en Dieu plusieurs dégrés, ou même plusieurs sciences. D'ailleurs, Dieu ne peut savoir que ce qui est immuable; cependant la plupart des événemens dépendent de la volonté de l'homme, qui est libre. Maïmonides. (*Maïmon. More Nevochim, cap. XX.*) avoue que, comme nous ne pouvons connoître l'essence de Dieu, il est aussi impossible d'approfondir la nature de sa connoissance. « Il faut donc se contenter de dire,
» que Dieu sait tout, et n'ignore rien ; que sa con-
» noissance ne s'acquiert point par dégrés, et
» qu'elle n'est chargée d'aucune imperfection. En-
» fin, si nous y trouvons quelquefois des contra-
» dictions et des difficultés, elles naissent de notre
» ignorance, et de la disproportion qu'il y a entre

» Dieu et nous ». Ce raisonnement est simple et judicieux : d'ailleurs, il croyoit qu'on devoit tolérer toutes les opinions différentes, que les sages et les philosophes avoient formées sur la science de Dieu et sur sa providence, puisqu'ils ne péchoient pas par ignorance, mais parce que la chose est incompréhensible.

III. Le sentiment commun des rabbins est que la volonté de l'homme est parfaitement libre. Cette liberté est tellement un des apanages de l'homme, qu'il cesseroit, disent-ils, d'être homme, s'il perdoit ce pouvoir. Il cesseroit en-même-temps d'être raisonnable, s'il aimoit le bien et fuyoit le mal sans connoissance, ou par un instinct de la nature, à-peu-près comme la pierre qui tombe d'en haut, et la brebis qui fuit le loup. Que deviendroient les peines et les récompenses, les menaces et les promesses ; en un mot, tous les préceptes de la loi ; s'il ne dépendoit pas de l'homme de les accomplir ou de les violer ? Enfin, les *Juifs* sont si jaloux de cette liberté d'indifférence, qu'ils s'imaginent qu'il est impossible de penser sur cette matière autrement qu'eux. Ils sont persuadés qu'on dissimule son sentiment, toutes les fois qu'on ôte au franc-arbitre quelque partie de sa liberté ; et qu'on est obligé d'y revenir tôt ou tard, parce que, s'il y avoit une prédestination, en vertu de laquelle tous les événemens deviendroient nécessaires, l'homme cesseroit de prévenir les maux, et de chercher ce qui peut contribuer à la défense ou à la conservation de sa vie : et si on dit, avec quelques chrétiens, que Dieu a déterminé en-même-temps les moyens par lesquels on l'obtient, on rétablit par-là le franc-arbitre après l'avoir ruiné, puisque le choix de ces moyens dépend de la volonté de celui qui les néglige ou qui les emploie.

IV. Mais, au-moins, ne reconnoissoient-ils point la grace ? Philon, qui vivoit au temps de Jésus-Christ, disoit que, comme les ténèbres s'écartent lorsque le soleil remonte sur l'horizon ; de même, lorsque le soleil divin éclaire une ame, son ignorance se dissipe, et la connoissance y entre. Mais ce sont là des termes généraux, qui décident d'autant moins la question, qu'il ne paroît pas par l'évangile que la grace régénérante fût connue en ce temps-là des docteurs *Juifs*, puisque Nicodème n'en avoit aucune idée ; et que les autres ne savoient pas même qu'il y eût un Saint-Esprit, dont, selon les chrétiens, les opérations sont si nécessaires pour la conversion.

V. Les *Juifs* ont dit que la grace prévient les mérites du juste. Voilà une grace prévenante, reconnue par les rabbins ; mais il ne faut pas s'imaginer que ce soit là un sentiment généralement reçu. Manassé (*Manasse, de fragilit. humanâ.*) a réfuté les docteurs qui s'éloignoient de la tradition, parce que si la grace prévenoit la volonté, elle cesseroit d'être libre ; et il n'établit que deux sortes de secours de la part de Dieu ; l'un, par lequel il ménage les occasions favorables pour exécuter un bon dessein qu'on a formé ; et l'autre, par lequel il aide l'homme, lorsqu'il a commencé de bien vivre.

VI. Il semble qu'en rejetant la grace prévenante, on reconnoît un secours de la divinité qui suit la volonté de l'homme, et qui influe dans ses actions. Manassé dit qu'on a besoin du concours de la providence pour toutes les actions honnêtes ; il se sert de la comparaison d'un homme qui, voulant charger un fardeau sur ses épaules, appelle quelqu'un à son secours. La divinité est ce bras étranger qui vient aider le juste, lorsqu'il a fait ses premiers efforts pour accomplir la loi. On cite des docteurs encore plus anciens que Manassé, lesquels ont prouvé qu'il étoit impossible que la chose se fît autrement sans détruire tout le mérite des œuvres. « Ils
» demandent si Dieu, qui préviendroit l'homme,
» donneroit une grace commune à tous, ou particu-
» lière à quelques-uns. Si cette grace efficace
» étoit commune, comment tous les hommes ne
» sont-ils pas justes et sauvés ? Et, si elle est par-
» ticulière, comment Dieu peut-il, sans injustice,
» sauver les uns, et laisser périr les autres ? Il est
» beaucoup plus vrai que Dieu imite les hommes,
» qui prêtent leurs secours à ceux qu'ils voyent
» avoir formé de bons desseins, et faire quelques
» efforts pour se rendre vertueux. Si l'homme étoit

» assez méchant pour ne pouvoir faire le bien sans
» la grace, Dieu seroit l'auteur du péché, etc. ».

VII. On ne s'explique pas nettement sur la nature de ce secours qui soulage la volonté dans ses besoins ; mais je suis persuadé qu'on se borne aux influences de sa providence, et qu'on ne distingue point entre cette providence qui dirige les événemens humains, et la grace salutaire qui convertit les pécheurs. R. Eliezer confirme cette pensée; car il introduit Dieu qui ouvre à l'homme le chemin de la vie et de la mort, et qui lui en donne le choix. Il place sept anges dans le chemin de la mort, dont quatre, pleins de miséricorde, se tiennent dehors à chaque porte, pour empêcher les pécheurs d'y entrer. *Que fais-tu*, crie le premier ange au pécheur qui veut entrer? *il n'y a point ici de vie ; vas-tu te jeter dans le feu? repens-toi.* S'il passe la première porte, le second ange l'arrête, et lui crie, *que Dieu le haïra, et s'éloignera de lui.* Le troisième lui apprend qu'il sera effacé du livre de vie : le quatrième le conjure d'attendre là que Dieu vienne chercher les pénitens ; et s'il persévère dans le crime, il n'y a plus de retour. Les anges cruels se saisissent de lui : on ne donne donc point d'autre secours à l'homme, que l'avertissement des anges qui sont les ministres de la providence.

Sentiment des Juifs *sur la création du monde.*

1.° Le plus grand nombre des docteurs *Juifs* croyent que le monde a été créé par Dieu, comme le dit Moyse; et on met au rang des hérétiques chassés du sein d'Israël ou excommuniés, ceux qui disent que la matière est co-éternelle à l'Etre souverain.

Cependant il s'éleva du temps de Maïmonides, au douzième siècle, une controverse sur l'antiquité du monde. Les uns, entêtés de la philosophie d'Aristote, suivoient son sentiment sur l'éternité du monde: c'est pourquoi Maïmonides fut obligé de les réfuter fortement. Les autres prétendoient que la matière étoit éternelle. Dieu étoit bien le principe et la cause de son existence; il a même tiré les formes différentes, comme le potier les tire de l'argile, et le forgeron du fer, qu'il manie; mais Dieu n'a jamais existé sans cette matière, comme la matière n'a jamais existé sans Dieu. Tout ce qu'il a fait dans la création, étoit de régler son mouvement, et de mettre toutes ces parties dans le bel ordre où nous les voyons. Enfin, il y a des gens qui, ne pouvant concevoir que Dieu, semblable aux ouvriers ordinaires, eût existé avant son ouvrage, ou qu'il fût demeuré dans le ciel sans agir, soutenoient qu'il avoit créé le monde de tout temps, ou plûtot de toute éternité.

Ceux qui, dans les synagogues, veulent soutenir

l'éternité du monde, tâchent de se mettre à couvert de la censure par l'autorité de Maïmonides, parce qu'ils prétendent que ce grand docteur n'a point mis la création entre les articles fondamentaux de la foi. Mais il est aisé de justifier le docteur, car on lit ces paroles dans la confession de foi qu'il a dressée : « Si le monde est créé, il y a un » créateur; car personne ne peut se créer soi-» même : il y a donc un Dieu ». Il ajoute que » Dieu est éternel, et que toutes choses ont eu » un commencement ». Enfin, il déclare ailleurs que la création est un des fondemens de la foi, sur lesquels on ne doit se laisser ébranler que par une démonstration qu'on ne trouvera jamais.

2.º Il est vrai que ce docteur raisonne quelquefois foiblement sur cette matière. S'il combattoit l'opinion d'Aristote, qui soutenoit aussi l'éternité du monde, la génération et la corruption dans le ciel; il trouvoit la méthode de Platon assez commode, parce qu'elle ne renverse pas les miracles, et qu'on peut l'accommoder avec l'écriture : enfin, elle lui paroissoit appuyée sur de bonnes raisons, quoiqu'elles ne fussent pas démonstratives. Il ajoutoit qu'il seroit aussi facile, à ceux qui soutenoient l'éternité du monde, d'expliquer tous les endroits de l'écriture où il est parlé de la création, que de donner un bon sens à ceux où cette même écriture donne des bras et des mains à Dieu. Il semble aussi qu'il ne se soit déterminé que par intérêt du côté de la création préférablement à l'éternité du monde ; parce que si le monde étoit éternel, et que les hommes se fussent créés indépendamment de Dieu, la glorieuse préférence que la nation juive a eue sur toutes les autres nations, deviendroit chimérique. Mais de quelque manière que Maïmonides ait raisonné, un lecteur équitable ne peut l'accuser d'avoir cru l'éternité du monde, puisqu'il l'a rejetée formellement, et qu'il a fait l'apologie de Salomon, que les hérétiques citoient comme un de leurs témoins.

3.º Mais si les docteurs sont ordinairement orthodoxes sur l'article de la création, il faut avouer qu'ils s'écartent presque aussi-tôt de Moyse. On toléroit, dans la synagogue, les théologiens qui soutenoient qu'il y avoit un monde avant celui que nous habitons, parce que Moyse a commencé l'histoire de la Genèse par un B, qui marque deux. Il étoit indifférent à ce législateur de commencer son livre par une autre lettre ; mais il a renversé sa construction, et commencé son ouvrage par un B, afin d'apprendre aux initiés que c'étoit ici le second monde, et que le premier avoit fini dans le système millénaire, selon l'ordre que Dieu a établi dans les révolutions qui se feront. *Voyez* l'article CABALE. (Prem. édit. de l'encyclop.)

4.º C'est encore un sentiment assez commun chez les Juifs, que le ciel et les astres sont animés. Cette croyance est même très-ancienne chez eux ; car Philon l'avoit empruntée de Platon, dont il faisoit sa principale étude. Il disoit nettement que les astres étoient des créatures intelligentes, qui n'avoient jamais fait de mal et qui etoient incapables d'en faire. Il ajoutoit, qu'ils ont un mouvement circulaire, parce que c'est le plus parfait, et celui qui convient le mieux aux ames et aux substances intelligentes.

Sentimens des Juifs *sur les anges et sur les démons, sur l'ame et sur le premier homme.*

I. Les hommes se plaisent à raisonner beaucoup sur ce qu'ils connoissent le moins. On connoît peu la nature de l'ame ; on connoît encore moins celle des anges : on ne peut savoir que par la révélation leur création et leur existence. Les écrivains sacrés, qu'on suppose inspirés, ont été timides et sobres sur cette matière. Que de raisons pour imposer silence à l'homme, et donner des bornes à sa témérité ! Cependant il y a peu de sujets sur lesquels on ait autant raisonné que sur les anges : le peuple curieux consulte ses docteurs ; les derniers ne veulent pas laisser soupçonner qu'ils ignorent ce qui se passe dans le ciel, ni se borner aux lumières que Moyse a laissées. Ce seroit se dégrader du doctorat que d'ignorer quelque chose, et se remettre au rang du simple peuple qui peut lire Moyse, et qui n'interroge les théologiens que sur ce que l'écriture ne dit pas. Avouer son ignorance dans une matière obscure, ce seroit un acte de modestie, qui n'est pas permis à ceux qui se mêlent d'enseigner. On ne pense pas qu'on s'égare volontairement, puisqu'on veut donner aux anges des attributs et des perfections sans les connoître, et sans en avoir même aucune idée.

Comme Moyse ne s'explique point sur le temps auquel les anges furent créés, on supplée à son silence par des conjectures. Quelques-uns croient que Dieu forma les anges, le second jour de la création. Il y a des docteurs qui assurent qu'ayant été appelés au conseil de Dieu sur la production de l'homme, ils se partagèrent en opinions différentes. L'un approuvoit sa création, et l'autre la rejetoit, parce qu'il prévoyoit qu'Adam pécheroit par complaisance pour sa femme; mais Dieu fit taire ces anges ennemis des hommes, et le créa avant qu'ils s'en fussent apperçus: ce qui rendit leurs murmures inutiles; il les avertit qu'ils pécheroient aussi en devenant amoureux des filles des hommes. Les autres soutiennent que les anges ne furent créés que le cinquième jour. Un troisième parti veut que Dieu les produise tous les jours, et qu'ils sortent d'un fleuve qu'on appelle *Dinor*; enfin, quelques-uns donnent aux anges le pouvoir de s'entre-créer les uns les autres;

et c'est ainsi que l'ange Gabriel a été créé par Michel, qui est au-dessus de lui.

II. Il ne faut pas regarder comme une hérésie ce que les *Juifs* enseignent sur la nature des anges. Les docteurs éclairés reconnoissent que ce sont des substances purement spirituelles, entièrement dégagées de la matière ; et ils admettent une figure dans tous les passages de l'écriture qui les représentent sous des idées corporelles, parce que les anges revêtent souvent la figure du feu, d'un homme ou d'une femme.

Il y a pourtant quelques rabbins plus grossiers, lesquels ne pouvant digérer ce que l'écriture dit des anges, qui les représente sous la figure d'un bœuf, d'un charriot de feu, ou avec des aîles, enseignent qu'il y a un second ordre d'anges, qu'on appelle les anges *du ministère,* lesquels ont des corps subtils comme le feu. Ils font plus ; ils croient qu'il y a différence de sexe entre les anges, dont les uns donnent, et les autres reçoivent.

Philon, *juif,* avoit commencé à donner trop aux anges, en les regardant comme des colonnes sur lesquelles cet univers est appuyé. On l'a suivi ; et on a cru non-seulement que chaque nation avoit son ange particulier, qui s'intéressoit fortement pour elle, mais qu'il y en avoit qui présidoient sur chaque chose. Azariel préside sur l'eau ; Gazardia, sur l'orient, afin d'avoir soin que le soleil se lève ; et Nekid, sur le pain et les alimens. Ils ont des anges, qui président sur chaque planète, sur chaque mois de l'année, et sur les heures du jour. Les *Juifs* croient aussi que chaque homme a deux anges ; l'un, bon, qui le garde ; l'autre, mauvais, qui examine ses actions. Si le jour du sabbat, au retour de la synagogue, les deux anges trouvent le lit fait, la table dressée, les chandelles allumées, le bon ange s'en réjouit, et dit : Dieu veuille qu'au prochain sabbat les choses soient en aussi bon ordre ! et le mauvais ange est obligé de répondre *amen*. S'il y a du désordre dans la maison, le mauvais ange, à son tour, souhaite que la même chose arrive au prochain sabbat ; et le bon ange répond *amen*.

La théologie des *Juifs* ne s'arrête pas là. Maïmonides, qui avoit fort étudié Aristote, soutenoit que ce philosophe n'avoit rien dit qui fût contraire à la loi, excepté qu'il croyoit que les intelligences étoient éternelles, et que Dieu ne les avoit point produites. En suivant les principes des anciens philosophes, il disoit qu'il y a une sphère supérieure à toutes les autres, qui leur communique le mouvement. Il remarque que plusieurs docteurs de sa nation croyoient, avec Pythagore, que les cieux et les étoiles formoient, en se mouvant, un son harmonieux, qu'on ne pouvoit entendre à cause de l'éloignement ; mais qu'on ne pouvoit en douter, puisque nos corps ne peuvent se mouvoir sans faire du bruit, quoiqu'ils soient beaucoup plus petits que les orbes célestes. Il paroît rejeter cette opinion; je ne sais même s'il n'a pas tort de l'attribuer aux docteurs : en effet, les rabbins disent qu'il y a trois choses dont le son passe d'un bout du monde à l'autre ; la voix du peuple romain, celle de la sphère du soleil, et de l'ame qui quitte le monde.

Quoi qu'il en soit, Maïmonides dit non-seulement que toutes les sphères sont mues et gouvernées par des anges ; mais il prétend que ce sont véritablement des anges. Il leur donne la connoissance et la volonté, par laquelle ils exercent leurs opérations : il remarque que les titres d'*ange* et de *messager* signifient la même chose. On peut donc dire que les intelligences, les sphères, et les élémens qui exécutent la volonté de Dieu, sont des anges, et doivent porter ce nom.

III. On donne trois origines différentes aux démons.

1.º On soutient quelquefois que Dieu les a créés le même jour qu'il créa les enfers pour leur servir de domicile. Il les forma spirituels, parce qu'il n'eut pas le loisir de leur donner des corps. La fête du sabbat commençoit au moment de la création ; et Dieu fut obligé d'interrompre son ouvrage, afin de ne pas violer le repos de la fête.

2.º Les autres disent qu'Adam ayant été long-temps sans connoître sa femme, l'ange Samaël touché de sa beauté, s'unit avec elle ; et elle conçut et enfanta les démons. Ils soutiennent qu'Adam, dont ils font une espèce de scélérat, fut le père des esprits malins.

On compte ailleurs, car il y a là-dessus une grande diversité d'opinions, quatre mères des diables, dont l'une est Nahama, sœur de Tubalin, belle comme les anges auxquels elle s'abandonna; elle vit encore, et elle entre subtilement dans le lit des hommes endormis, et les oblige de se souiller avec elle; l'autre est Lilith, dont l'histoire est fameuse chez les *Juifs*. Enfin, il y a des docteurs qui croient que les anges créés dans un état d'innocence, en sont déchus par jalousie pour l'homme, et par leur révolte contre Dieu : ce qui ne s'accorde pas mieux avec le récit de Moyse.

IV. Les *Juifs* croient que les démons ont été créés mâles et femelles; et que de leur conjonction il en a pu naître d'autres; ils disent encore que les ames des damnés se changent pour quelque temps en démons, pour aller tourmenter les hommes, visiter leur tombeau, voir les vers qui rongent leurs cadavres, ce qui les afflige; et ensuite s'en retournent aux enfers.

Ces démons ont trois avantages qui leur sont communs avec les anges. Ils ont des ailes comme eux; ils volent comme eux d'un bout du monde à l'autre; enfin, ils savent l'avenir. Ils ont trois imperfections qui leur sont communes avec les hommes; car ils sont obligés de manger et de boire;

ils engendrent et multiplient ; et enfin , ils meurent comme nous.

V. Dieu s'entretenant avec les anges, vit naître une dispute entre eux à cause de l'homme. La jalousie les avoit saisis ; ils soutinrent à Dieu que l'homme n'étoit que vanité; et qu'il avoit tort de lui donner un si grand empire. Dieu soutint l'excellence de son ouvrage, par deux raisons ; l'une, que l'homme le loueroit sur la terre, comme les anges le loueroient dans le ciel. Secondement, il demanda à ces anges si fiers, s'ils savoient les noms de toutes les créatures : ils avouèrent leur ignorance, qui fut d'autant plus honteuse, qu'Adam ayant paru aussitôt, il les récita sans y manquer. Schamaël, qui étoit le chef de cette assemblée céleste, perdit patience. Il descendit sur la terre; et ayant remarqué que le serpent étoit le plus subtil de tous les animaux, il s'en servit pour séduire Eve.

C'est ainsi que les *Juifs* rapportent la chûte des anges ; et de leur récit, il paroît qu'il y avoit un chef des anges avant leur apostasie ; et que le chef s'appeloit *Schamaël*. En cela, ils ne s'éloignent pas beaucoup des chrétiens: car une partie des saints pères ont regardé le diable avant sa chûte comme le prince de tous les anges.

VI. Moyse dit que les fils de Dieu, voyant que les filles des hommes étoient belles, se souillèrent avec elles. Philon, *juif*, a substitué les anges aux *fils de Dieu ;* et il remarque que Moyse a donné

le titre d'anges à ceux que les philosophes appellent *génies*. Enoch a rapporté non-seulement la chûte des anges avec les femmes ; mais il en développe toutes les circonstances : il nomme les vingt anges qui firent complot de se marier ; ils prirent des femmes l'an 1170 du monde ; et de ce mariage naquirent les géans. Les démons enseignèrent ensuite aux hommes les arts et les sciences. Azaël apprit aux garçons à faire des armes, et aux filles à se farder ; Sémiréas leur apprit la colère et la violence ; Pharmarus fut le docteur de la magie : ces leçons, reçues avec avidité des hommes et des femmes, causèrent un désordre affreux. Quatre anges persévérans se présentèrent devant le trône de Dieu, et lui remontrèrent le désordre que les géans causoient. « Les esprits des ames des hom-
» mes morts crient ; et leurs soupirs montent jus-
» qu'à la porte du ciel, sans pouvoir parvenir
» jusqu'à toi, à cause des injustices qui se font sur
» la terre. Tu vois cela ; et tu ne nous apprends
» point ce qu'il faut faire ».

VII. La remontrance eut pourtant son effet. Dieu ordonna à Uriel « d'aller avertir le fils de
» Lamech, qui étoit Noé, qu'il seroit garanti *de la*
» *mort éternellement*. Il commanda à Raphaël de
» saisir Exaël, l'un des anges rebelles, de le jeter
» *lié pieds et mains dans les ténèbres* ; d'ouvrir
» le désert qui est dans un autre désert, et de le
» jeter là ; de mettre sur lui des pierres aiguës, et

» d'empêcher qu'il ne vît la lumière, jusqu'à ce
» qu'on le jette dans l'embrasement du feu, au
» jour du jugement. L'ange Gabriel fut chargé de
» mettre aux mains les géans, afin qu'ils s'entre-
» tuassent; et Michaël devoit prendre Sémiréas et
» tous les anges mariés, afin que, quand ils auroient
» vu périr les géans et tous leurs enfans, on les
» liât pendant soixante-dix générations dans les
» cachots de la terre, jusqu'au jour de l'accomplis-
» sement de toutes choses et du jugement, jour où
» ils devoient être jetés dans un abîme de feu et de
» tourmens éternels ».

VIII. Un rabbin moderne (Manassé) qui avoit fort étudié les anciens, assure que la préexistence des ames est un sentiment généralement reçu chez les docteurs *Juifs*. Ils soutiennent qu'elles furent toutes formées dès le premier jour de la création, et qu'elles se trouvèrent toutes dans le jardin d'Eden. Dieu leur parloit, quand il dit : *Faisons l'homme*; il les unit aux corps à proportion qu'il s'en forme quelqu'un. Ils appuyent cette pensée sur ce que Dieu dit dans Isaïe : *J'ai fait les ames*. Il ne se serviroit pas d'un temps passé, s'il en créoit encore tous les jours un grand nombre : l'ouvrage doit être achevé depuis long-temps, puisque Dieu dit : *J'ai fait*.

IX. Ces ames jouissent d'un grand bonheur dans le ciel, en attendant qu'elles puissent être unies aux corps. Cependant elles peuvent mériter quelque chose par leur conduite ; et c'est là une des raisons qui fait la grande différence des mariages, dont les uns sont heureux, et les autres mauvais, parce que Dieu envoye les ames selon leur mérite. Elles ont été créées doubles, afin qu'il y eût une ame pour le mari, et une autre pour la femme. Lorsque ces ames qui ont été faites l'une pour l'autre, se trouvent unies sur la terre, leur condition est infailliblement heureuse, et le mariage tranquille ; mais Dieu, pour punir les ames qui n'ont pas répondu à l'excellence de leur origine, sépare celles qui avoient été faites l'une pour l'autre ; et alors il est impossible qu'il n'arrive de la division et du désordre. Origène n'avoit pas adopté ce dernier article de la théologie judaïque ; mais il suivoit les deux premiers ; car il croyoit que les ames avoient préexisté, et que Dieu les unissoit aux corps célestes ou terrestres, grossiers ou subtils, à proportion de ce qu'elles avoient fait dans le ciel ; et personne n'ignore qu'Origène a eu beaucoup de disciples et d'approbateurs chez les chrétiens.

X. Ces ames sortirent pures de la main de Dieu. On récite encore aujourd'hui une prière qu'on attribue aux docteurs de la grande synagogue, dans laquelle on lit : « O Dieu ! l'ame que tu m'as
» donnée est pure ; tu l'as créée, tu l'as formée, tu
» l'as inspirée ; tu la conserves au-dedans de moi ;
» tu la reprendras lorsqu'elle s'envolera, et tu me
» la rendras au temps que tu as marqué ».

On trouve, dans cette prière, tout ce qui regarde l'ame ; car voici comment le rabbin Manassé l'a commentée : l'*ame que tu m'as donnée est pure*, pour apprendre que c'est une substance spirituelle, subtile, et qui a été formée d'une matière pure et nette. *Tu l'as créée*, c'est-à-dire, au commencement du monde avec les autres ames. *Tu l'as formée*, parce que notre ame est un corps spirituel, composé d'une matière céleste et insensible ; et les cabalistes ajoutent qu'elle s'unit au corps pour recevoir la peine ou la récompense de ce qu'elle a fait. *Tu l'as inspirée*, c'est-à-dire, tu l'as unie à mon corps sans l'intervention des corps célestes, qui influent ordinairement dans les ames végétatives et sensitives. *Tu la conserves*, parce que Dieu est la garde des hommes. *Tu la reprendras*, ce qui prouve qu'elle est immortelle. *Tu me la rendras*, qui nous assure de la vérité de la résurrection.

XI. Les thalmudistes débitent une infinité de fables sur le chapitre d'Adam et de sa création. Ils comptent les douze heures du jour auquel il fut créé ; et ils n'en laissent aucune qui soit vide. A la première heure, Dieu assembla la poudre, dont il devoit le composer ; et il devint un embryon. A la seconde, il se tint sur ses pieds. A la quatrième, il donna les noms aux animaux. La septième fut employée au mariage d'Eve, que Dieu lui amena comme une paranymphe, après l'avoir frisée. A dix heures, Adam pécha ; on le jugea aussitôt ;

et à douze heures il sentoit déjà la peine et les sueurs du travail.

XII. Dieu l'avoit fait si grand, qu'il remplissoit le monde, ou du-moins il touchoit le ciel. Les anges étonnés en murmurèrent, et dirent à Dieu qu'il y avoit deux êtres souverains, l'un au ciel, et l'autre sur la terre. Dieu, averti de la faute qu'il avoit faite, appuya la main sur la tête d'Adam, et le réduisit à une nature de mille coudées ; mais en donnant au premier homme cette grandeur immense, ils ont voulu seulement dire qu'il connoissoit tous les secrets de la nature, et que cette science diminua considérablement par le péché ; ce qui est orthodoxe. Ils ajoutent que Dieu l'avoit fait d'abord double, comme les payens nous représentent Janus à deux fronts ; c'est pourquoi on n'eut besoin que de donner un coup de hache, pour partager ces deux corps ; et cela est clairement expliqué par le prophète, qui assure que Dieu l'a formé par devant et par-derrière ; comme Moyse dit aussi que Dieu le forma mâle et femelle ; on conclut que le premier homme étoit hermaphrodite.

XIII. Sans nous arrêter à toutes ces visions qu'on multiplieroit à l'infini, les docteurs soutiennent : 1.° qu'Adam fut créé dans un état de perfection ; car s'il étoit venu au monde comme un enfant, il auroit eu besoin de nourrice et de précepteur. 2.° C'étoit une créature subtile : la matière de son corps étoit si délicate et si fine, qu'il approchoit de la nature des anges ; et son entendement étoit aussi parfait que celui d'un homme le peut être. Il avoit une connoissance de Dieu et de tous les objets spirituels, sans l'avoir jamais apprise. Il lui suffisoit d'y penser ; c'est pourquoi on l'appeloit *fils de Dieu*. Il n'ignoroit pas même le nom de Dieu ; car Adam ayant donné le nom à tous les animaux, Dieu lui demanda, *quel est mon nom ?* Adam répondit : Jéhovah ; *C'est toi qui es* ; et c'est à cela que Dieu fait allusion dans le prophète Isaïe, lorsqu'il dit : *Je suis celui qui suis ; c'est là mon nom*, c'est-à-dire, *le nom qu'Adam m'a donné, et que j'ai pris.*

XIV. Ils ne conviennent pas que la femme fut aussi parfaite que l'homme, parce que Dieu ne l'avoit formée que pour lui être *une aide*. Ils ne sont pas même persuadés que Dieu l'eût faite à son image. Un théologien chrétien (Lambert Danæus, *in antiquitatibus*, *p.* 42.) a adopté ce sentiment en l'adoucissant ; car il enseigne que l'image de Dieu étoit beaucoup plus vive dans l'homme que dans la femme ; c'est pourquoi elle eut besoin que son mari lui servît de précepteur, et lui apprît l'ordre de Dieu ; au-lieu qu'Adam l'avoit reçu immédiatement de sa bouche.

XV. Les docteurs croient aussi que l'homme fait à l'image de Dieu étoit circoncis ; mais ils ne prennent pas garde que, pour relever l'excellence d'une cérémonie, ils font un Dieu corporel. Adam se plongea d'abord dans une débauche affreuse, en s'accouplant avec des bêtes, sans pouvoir assouvir sa convoitise, jusqu'à ce qu'il s'unit à Eve. D'autres disent, au contraire, qu'Eve étoit le fruit défendu auquel il ne pouvoit toucher sans crime ; mais emporté par la tentation que causoit la beauté extraordinaire de cette femme, il pécha. Ils ne veulent point que Caïn fût sorti d'Adam, parce qu'il etoit né du serpent qui avoit tenté Eve. Il fut si affligé de la mort d'Abel, qu'il demeura cent trente ans sans connoître sa femme ; et ce fut alors qu'il commença à faire des enfans à son image et ressemblance. On lui reproche son apostasie, qui alla jusqu'à faire revenir la peau du prépuce, afin d'effacer l'image de Dieu. Adam, après avoir rompu cette alliance, se repentit : il maltraita son corps l'espace de sept semaines dans le fleuve de Géhon ; et ce pauvre corps fut tellement sacrifié, qu'il devint percé comme un crible. On dit qu'il y a des mystères renfermés dans toutes ces histoires ; comme en effet il faut nécessairement qu'il y en ait quelques-uns : mais il faudroit avoir beaucoup de temps et d'esprit pour les développer tous. Remarquons seulement que ceux qui donnent des règles sur l'usage des métaphores, et qui prétendent qu'on ne s'en sert jamais que lorsqu'on y a préparé ses lecteurs, et qu'on est assuré qu'ils lisent dans l'esprit ce qu'on pense, connoissent peu le génie des orientaux, et que leurs règles se trouveroient ici beaucoup trop courtes,

XVI. On accuse les *Juifs* d'appuyer le système des préadamites qu'on a développé dans ces derniers siècles avec beaucoup de subtilité ; mais il est certain qu'ils croient qu'Adam est le premier de tous les hommes. Sangarius donne Jambuscar pour précepteur à Adam ; mais il ne rapporte ni son sentiment, ni celui de sa nation. Il a plutôt suivi les imaginations des Indiens et de quelques barbares, qui comptoient que trois hommes, nommés Jambuscha, Zagtith et Boan ont vécu avant Adam ; et que le premier avoit été son précepteur. C'est en-vain qu'on se sert de l'autorité de Maïmonides, un des plus sages docteurs des *Juifs* ; car il rapporte qu'Adam est le premier de tous les hommes qui soit né par une génération ordinaire : il attribue cette pensée aux Zabiens ; et bien loin de l'approuver, il la regarde comme une fausse idée qu'on doit rejeter ; et qu'on n'a imaginé cela que pour défendre l'éternité du monde que ces peuples qui habitoient la Perse soutenoient.

Les *Juifs* disent ordinairement qu'Adam étoit né jeune dans une stature d'homme fait, parce que toutes choses doivent avoir été créées dans un état de perfection ; et comme il sortoit immédiatement des mains de Dieu, il étoit souverainement sage et prophète créé à l'image de Dieu. On ne finiroit pas, si on rapportoit tout ce que cette image de la divinité dans l'homme leur a fait dire. Il suffit de remarquer qu'au milieu des docteurs qui s'égarent, il y en a plusieurs, comme Maïmonides et Kimki, qui, sans avoir aucun égard au corps du premier homme, la place dans son ame et dans ses facultés intellectuelles. Le premier avoue qu'il y avoit des docteurs qui croyoient que c'étoit nier l'existence de Dieu, que de soutenir qu'il n'avoit point de corps, puisque l'ame est matérielle, et que Dieu l'avoit faite à son image. Mais il remarque que l'image est la vertu spécifique qui nous fait exister; et que, par conséquent, l'ame est cette image. Il outre même la chose : car il veut que les idolâtres, qui se prosternoient devant les images, ne leur aient pas donné ce nom, à cause de quelques traits de ressemblance avec les originaux, mais parce qu'ils attribuent à ces figures sensibles quelque vertu.

Cependant il y en a d'autres, qui prétendent que cette image consistoit dans la liberté dont l'homme jouissoit. Les anges aiment le bien par nécessité; l'homme seul pouvoit aimer la vertu ou le vice. Comme Dieu, il peut agir, et n'agir pas. Ils ne prennent pas garde que Dieu aime le bien encore plus nécessairement que les anges qui pouvoient pécher, comme il paroît par l'exemple des démons ; et que, si cette liberté d'indifférence pour le bien est un dégré d'excellence, on élève le premier homme au-dessus de Dieu.

XVII. Les anti-trinitaires ont tort de s'appuyer sur le témoignage des *Juifs*, pour prouver qu'Adam étoit né mortel; et que le péché n'a fait, à cet égard, aucun changement à sa condition : car ils disent nettement que, si nos premiers pères eussent persévéré dans l'innocence, toutes leurs générations futures n'auroient pas senti les émotions de la concupiscence, et qu'ils eussent toujours vécu. R. Béchai, disputant contre les philosophes qui défendoient la mortalité du premier homme, soutient qu'il ne leur est point permis d'abandonner la théologie que leurs ancêtres ont puisée dans les écrits des prophètes, lesquels ont enseigné *que l'homme eût vécu éternellement, s'il n'eût point péché*. Manassé, qui vivoit au milieu du siècle passé, dans un lieu où il ne pouvoit ignorer la prétention des sociniens, prouve trois choses qui leur sont directement opposées: 1.° que l'immortalité du premier homme, persévérant dans l'innocence, est fondée sur l'écriture; 2.° que Hana, fils de Hanina, R. Jéhuda, et un grand nombre de rabbins, dont il cite les témoignages, ont été de ce sentiment; 3.° enfin, il montre que cette immortalité de l'homme s'accorde avec la raison, puisqu'Adam n'avoit aucune cause intérieure qui pût le faire mourir; et qu'il ne craignoit rien du dehors, puisqu'il vivoit dans un lieu très-agréable, et que le fruit de l'arbre de vie dont il devoit s nourrir, augmentoit sa vigueur.

XVIII. Nous dirons peu de chose sur la création

de la femme : peut-être prendra-t-on ce que nous en dirons pour autant de plaisanteries ; mais il ne faut pas oublier une si noble partie du genre humain. On dit donc que Dieu ne voulut pas la créer d'abord, parce qu'il prévit que l'homme se plaindroit bientôt de sa malice. Il attendit qu'Adam la lui demandât : il ne manqua pas de le faire, dès qu'il eut remarqué que tous les animaux paroissoient devant lui deux à deux. Dieu prit toutes les précautions nécessaires pour la rendre bonne ; mais ce fut inutilement. Il ne voulut point la tirer de la tête, de peur qu'elle n'eut l'esprit et l'ame coquette ; cependant, on a eu beau faire, ce malheur n'a pas laissé d'arriver ; et le prophète Isaïe se plaignoit, il y a déjà long-temps, *que les filles d'Israël alloient la tête levée et la gorge nue.* Dieu ne voulut pas la tirer des yeux, de peur qu'elle ne jouât de la prunelle ; cependant Isaïe se plaint encore que les filles avoient l'œil tourné à la galanterie. Il ne voulut point la tirer de la bouche, de peur qu'elle ne parlât trop ; mais on ne sauroit arrêter sa langue, ni le flux de sa bouche. Il ne la prit pas de l'oreille, de peur que ce ne fût une écouteuse ; cependant, il est dit de Sara, *qu'elle écoutoit à la porte du tabernacle, afin de savoir le secret des Anges.* Dieu ne la forma point du cœur, de peur qu'elle ne fût jalouse ; cependant, combien de jalousies et d'envies déchirent le cœur des filles et des femmes ! Il n'y a point de passion, après celle de l'amour, à laquelle elles succombent plus aisément. Une sœur qui a plus de bonheur, et sur-tout plus de galans, est l'objet de la haine de sa sœur; et le mérite ou la beauté sont des crimes qui ne se pardonnent jamais. Dieu ne voulut point former la femme ni des pieds, ni de la main, de peur qu'elle ne fût coureuse, et que l'envie de dérober ne la prît; cependant Dina courut et se perdit; et avant elle, Rachel avoit dérobé les dieux de son père. On a eu donc beau choisir sur une partie honnête et dure de l'homme, d'où il semble qu'il ne pouvoit sortir aucun défaut; la femme n'a pas laissé de les avoir tous. C'est la description que les auteurs *juifs* nous en donnent. Il y a peut-être des gens, qui la trouveront si juste, qu'ils ne voudront pas la mettre au rang de leurs visions; et qui s'imagineront qu'ils ont voulu renfermer une vérité connue sous des termes figurés.

Dogmes des Péripatéticiens, adoptés par les Juifs.

1. Dieu est le premier et le suprême moteur des cieux.

2. Toutes les choses créées se divisent en trois classes. Les unes sont composées de matière et de forme, et elles sont perpétuellement sujettes à la génération et à la corruption: les autres sont aussi composées de matière et de forme, comme les pre-

mières ; mais leur forme est perpétuellement attachée à la matière ; et leur matière et leur forme ne sont point semblables à celles des autres êtres créés : tels sont les cieux et les étoiles. Il y en a enfin qui ont une forme sans matière, comme les anges.

3. Il y a neuf cieux : celui de la Lune, celui de Mercure, celui de Vénus, celui du Soleil, celui de Mars, celui de Jupiter, celui de Saturne et des autres étoiles, sans compter le plus élevé de tous, qui les enveloppe, et qui fait tous les jours une révolution d'orient en occident.

4. Les cieux sont purs comme du cristal ; c'est pour cela que les étoiles du huitième ciel paroissent au-dessous du premier.

5. Chaçun de ces huit cieux se divise en d'autres cieux particuliers, dont les uns tournent d'orient en occident, les autres d'occident en orient ; et il n'y a point de vide parmi eux.

6. Les cieux n'ont ni légereté, ni pesanteur, ni couleur ; car la couleur bleue, que nous lui attribuons, ne vient que d'une erreur de nos yeux, occasionnée par la hauteur de l'atmosphère.

7. La terre est au milieu de toutes les sphères qui environnent le monde. Il y a des étoiles attachées aux petits cieux : or, ces petits cieux ne tournent point autour de la terre ; mais ils sont attachés aux grands cieux, au centre desquels la terre se trouve.

8. La terre est presque quarante fois plus grande que la lune ; et le soleil est cent soixante et dix fois plus grand que la terre. Il n'y a point d'étoile plus grande que le soleil, ni plus petite que Mercure.

9. Tous les cieux et toutes les étoiles ont une ame, et sont doués de connoissance et de sagesse. Ils vivent et ils connoissent celui qui, d'une seule parole, fit sortir l'univers du néant.

10. Au-dessous du ciel de la lune, Dieu créa une certaine matière différente de la matière des cieux; et il mit dans cette matière des formes qui ne sont pas semblables aux formes des cieux. Ces élémens constituent le feu, l'air, l'eau et la terre.

11. Le feu est le plus proche de la lune : au-dessous de lui, suivent l'air, l'eau et la terre ; et chacun de ces élémens enveloppe de toutes parts celui qui est au-dessous.

12. Ces quatre élémens n'ont ni ame, ni connoissance; ce sont comme des corps morts, qui cependant conservent leur rang.

13. Le mouvement du feu et de l'air est de monter du centre de la terre vers le ciel ; celui de l'eau et de la terre est d'aller vers le centre.

14. La nature du feu, qui est le plus léger de tous les élémens, est chaude et sèche : l'air est chaud et humide ; l'eau, froide et humide ; la terre, qui est le plus pesant de tous les élémens, est froide et sèche.

15. Comme tous les corps sont composés de ces quatre élémens, il n'y en a point qui ne renferme en-même-temps le froid et le chaud, le sec et l'humide ; mais il y en a dans lesquels une de ces qualités domine sur les autres.

Principes de morale des Juifs.

1. Ne soyez point comme des mercenaires, qui ne servent leur maître qu'à condition d'en être payés : mais servez votre maître sans aucune espérance d'en être récompensés ; et que la crainte de Dieu soit toujours devant vos yeux.

2. Faites toujours attention à ces trois choses ; et vous ne pécherez jamais. Il y a au-dessus de vous un œil qui voit tout, une oreille qui entend tout ; et toutes vos actions sont écrites dans le livre de vie.

3. Faites toujours attention à ces trois choses, et vous ne pécherez jamais. D'où venez-vous ? où allez-vous ? à qui rendrez-vous compte de votre vie ? Vous venez de la terre ; vous retournerez à la terre ; et vous rendrez compte de vos actions au roi des rois.

4. La sagesse ne va jamais sans la crainte de dieu ; ni la prudence, sans la science.

5. Celui-là est coupable, qui, lorsqu'il s'éveille la nuit, ou qu'il se promène seul, s'occupe de pensées frivoles.

6. Celui-là est sage, qui apprend quelque chose de tous les hommes.

7. Il y a cinq choses qui caractérisent le sage. 1. Il ne parle point devant celui qui le surpasse en sagesse et en autorité. 2. Il ne répond point avec précipitation. 3. Il interroge à propos, et répond à propos. 4. Il ne contrarie point son ami. 5. Il dit toujours la vérité.

8. Un homme timide n'apprend jamais bien; et un homme colère enseigne toujours mal.

9. Faites-vous une loi de parler peu, et d'agir beaucoup ; et soyez affable envers tout le monde.

10. Ne parlez pas long-temps avec une femme, pas même avec la vôtre, beaucoup moins avec celle d'un autre ; cela irrite les passions, et nous détourne de l'étude de la loi.

11. Défiez-vous des grands, et en général de ceux qui sont élevés en dignité ; ils ne se lient avec leurs inférieurs que pour leurs propres intérêts. Ils vous témoigneront de l'amitié, tant que vous leur serez utile; mais n'attendez d'eux ni secours, ni compassion dans vos malheurs.

12. Avant de juger quelqu'un, mettez-vous à sa place ; et commencez toujours par le supposer innocent.

13. Que la gloire de votre ami vous soit aussi chère que la vôtre.

14. Celui qui augmente ses richesses, multiplie ses inquiétudes. Celui qui multiplie ses femmes,

remplit sa maison de poisons. Celui qui augmente le nombre de ses servantes, augmente le nombre des femmes débauchées. Enfin, celui qui augmente le nombre de ses domestiques, augmente le nombre des voleurs.

LÉIBNITZIANISME,

OU PHILOSOPHIE DE LÉIBNITZ.

Les modernes ont quelques hommes, tels que Bayle, Descartes, *Léibnitz* et Newton, qu'ils peuvent opposer, et peut-être avec avantage, aux génies les plus étonnans de l'antiquité. S'il existoit au-dessus de nos têtes une espèce d'êtres qui observât nos travaux, comme nous observons ceux des êtres qui rampent à nos pieds, avec quelle surprise n'auroit-elle pas vu ces quatre merveilleux insectes? Combien de pages n'auroient-ils pas remplies dans leurs éphémerides naturelles? Mais l'existence d'esprits intermédiaires entre l'homme et Dieu, est une supposition trop absurde, pour que nous n'osions pas affirmer que l'immensité de l'intervalle est vide, et que, dans la grande chaîne, après le créateur universel, qu'on ne peut même admettre en bonne philosophie, c'est l'homme qui se présente; et à la tête de l'espèce humaine, ou Socrate, ou Marc-Aurèle, ou Pascal, ou Trajan, ou Julien, ou Bacon, ou Bayle, ou Descartes, ou Newton, ou *Léibnitz*.

Ce dernier naquit à Léipsick en Saxe, le 23 juin 1646; il fut nommé *Godefroi-Guillaume*. Frédéric, son père, étoit professeur en morale, et greffier de l'université; et Catherine Schmuck, sa mère, troisième femme de Frédéric, fille d'un docteur et professeur en droit. Paul *Léibnitz*, son grand-oncle, avoit servi en Hongrie, et mérité, en 1600, des titres de noblesse de l'empereur Rodolphe II.

Il perdit son père à l'âge de six ans; et le sort de son éducation retomba sur sa mère, femme de mérite. Il se montra également propre à tous les genres d'études, et s'y porta avec la même ardeur et le même succès. Lorsqu'on revient sur soi, et qu'on compare les talens qu'on a reçus avec ceux d'un *Léibnitz*, on est tenté de jeter loin les livres, et d'aller mourir tranquille au fond de quelque recoin ignoré.

Son père lui avoit laissé une assez ample collection de livres: à-peine le jeune *Léibnitz* sut-il un peu de grec et de latin, qu'il entreprit de les lire tous, poëtes, orateurs, historiens, jurisconsultes, philosophes, théologiens, médecins. Bientôt il sentit le besoin de secours; et il en alla chercher. Il s'attacha particulièrement à Jacques Thomasius; personne n'avoit des connoissances plus profondes de la littérature et de la philosophie ancienne que Thomasius; cependant le disciple ne tarda pas à devenir plus habile que son maître:

Thomasius avoua la supériorité de *Léibnitz ; Léibnitz* reconnut les obligations qu'il avoit à Thomasius. Ce fut souvent entre eux un combat d'éloge, d'un côté ; et de reconnoissance, de l'autre.

Léibnitz apprit sous Thomasius à attacher un grand prix aux philosophes anciens, à la tête desquels il plaça Pythagore et Platon : il eut du goût et du talent pour la poésie ; ses vers sont remplis de choses. Je conseille à nos jeunes auteurs de lire ce poëme, qu'il composa en 1676 sur la mort de Jean - Frédéric de Brunswick, son protecteur ; ils y verront combien la poésie, lorsqu'elle n'est pas un vain bruit, exige de connoissances préliminaires.

Il fut profond dans l'histoire ; il connut les intérêts des princes. Jean Casimir, roi de Pologne, ayant abdiqué la couronne en 1668, Philippe-Guillaume de Neubourg, comte Palatin, fut un des prétendans ; et *Léibnitz*, caché sous le nom de *George Ulicorius*, prouva que la république ne pouvoit faire un meilleur choix : il avoit alors vingt-deux ans ; et son ouvrage fut attribué aux plus fameux jurisconsultes de son temps.

Quand on commença à traiter de la paix de Nimègue, il y eut des difficultés sur le cérémonial, à l'égard des princes libres de l'empire qui n'étoient pas électeurs. On refusoit à leurs ministres des honneurs, qu'on accordoit à ceux des princes d'Italie. Il écrivit en faveur des premiers l'ouvrage intitulé : *Cæsarini Furstenerii, de jure supre-*

matûs ac legationis principum Germaniœ. C'est un système, où l'on voit un luthérien placer le pape à côté de l'empereur, comme un chef temporel de tous les états chrétiens, du-moins en Occident. Le sujet est particulier; mais à chaque pas, l'esprit de l'auteur prend son vol, et s'élève aux vues générales.

Au milieu de ces occupations, il se lioit avec tous les savans de l'Allemagne et de l'Europe; il agitoit, soit dans des thèses, soit dans des lettres, des questions de logique, de métaphysique, de morale, de mathématique et de théologie; et son nom s'inscrivoit dans la plupart des académies.

Les princes de Brunswick le destinèrent à écrire l'histoire de leur maison. Pour remplir dignement ce projet, il parcourut l'Allemagne et l'Italie, visitant les anciennes abbayes, fouillant dans les archives des villes, examinant les tombeaux et les autres antiquités, et recueillant tout ce qui pouvoit répandre de l'agrément et de la lumière sur une matière ingrate.

Ce fut en passant sur une petite barque, seul, de Venise à Mesola, dans le Ferrarois, qu'un chapelet dont il avoit jugé à propos de se pourvoir à tout événement dans un pays d'inquisition, lui sauva la vie. Il s'éleva une tempête furieuse: le pilote, qui ne croyoit pas être entendu par un allemand, et qui le regardoit comme la cause du péril, proposa de le jeter en mer, en conservant néanmoins ses hardes et son argent, qui n'étoient pas hérétiques. *Leibnitz*, sans se troubler, tira son chapelet d'un air dévot ; et cet artifice fit changer d'avis au pilote. Un philosophe ancien, c'étoit, je crois, Diagoras, surnommé l'athée, échappa au même danger, en montrant au loin, à ceux qui méditoient d'appaiser les dieux en le précipitant dans les flots, des vaisseaux battus par la tempête, et où Diagoras n'étoit pas.

De retour de ses voyages à Hanovre en 1699, il publia une portion de la récolte qu'il avoit faite ; car son avidité s'étoit jetée sur tout, en un volume *in-fol.* sous le titre de *Code du Droit des Gens.* C'est là qu'il démontre que les actes publiés de nation à nation sont les sources les plus certaines de l'histoire ; et que, quels que soient les petits ressorts honteux qui ont mis en mouvement ces grandes masses, c'est dans les traités qui ont précédé leurs émotions et accompagné leur repos momentané, qu'il faut découvrir leurs véritables intérêts. La préface du *codex juris gentium diplomaticus* est un morceau de génie. L'ouvrage est une mer d'érudition : il parut en 1693.

Le premier volume *scriptorum Brunsvicensia illustrantium*, où la base de son histoire fut élevée, parut en 1707 ; c'est là qu'il juge, d'un jugement dont on n'a point appelé, de tous les matériaux qui devoient servir au reste de l'édifice.

On croyoit que des gouverneurs de villes de

l'empire de Charlemagne étoient devenus, avec le temps, princes héréditaires; *Léibnitz* prouve qu'ils l'avoient toujours été. On regardoit le dixième et le onzième siècles comme les plus barbares du christianisme; *Léibnitz* rejette ce reproche sur le treizième et le quatorzième siècles, où des hommes pauvres par institut, avides de l'aisance par foiblesse humaine, inventoient des fables par nécessité. On le voit suivre l'enchaînement des événemens; discerner les fils délicats qui les ont attirés les uns à la suite des autres; et poser les règles d'une espèce de divination, d'après laquelle l'état antérieur et l'état présent d'un peuple étant bien connus, on peut annoncer ce qu'il deviendra.

Deux autres volumes, *scriptorum Brunsvicensia illustrantium*, parurent en 1710 et en 1711; le reste n'a point suivi. M. de Fontenelle a exposé le plan général de l'ouvrage, dans son éloge de *Léibnitz*, *Mém. de l'acad. des scienc. année* 1716.

Dans le cours de ses recherches, il prétendit avoir découvert la véritable origine des François; et il en publia une dissertation en 1716.

Léibnitz étoit grand jurisconsulte; le droit étoit et sera long-temps l'étude dominante de l'Allemagne; il se présenta à l'âge de vingt ans aux examens du doctorat: sa jeunesse, qui auroit dû lui concilier la bienveillance de la femme du doyen de la Faculté, excita, je ne sais comment, sa mauvaise humeur; et *Léibnitz* fut refusé; mais l'applaudissement général et la même dignité qui lui fut offerte et conférée par les habitans de la ville d'Altorf, le vengèrent bien de cette injustice. S'il est permis de juger du mérite du candidat par le choix du sujet de sa thèse, quelle idée ne se formera-t-on pas de *Léibnitz ?* Il disputa *des cas perplexes en droit.* Cette thèse fut imprimée dans la suite avec deux autres petits traités, l'un intitulé, « specimen encyclopediæ in jure »; *l'autre :* « specimen certi- » tudinis seu demonstrationum in jure exhibitum » in doctrinâ conditionum ».

Ce mot, *Encyclopédie,* avoit été employé dans un sens plus général par Alstedius : celui-ci s'étoit proposé de rapprocher les différentes sciences, et de marquer les lignes de communication qu'elles ont entre elles. Le projet en avoit plu à *Leibnitz ;* il s'étoit proposé de perfectionner l'ouvrage d'Alstedius; il avoit appelé à son secours quelques savans : l'ouvrage alloit commencer, lorsque le chef de l'entreprise, distrait par les circonstances, fut entraîné à d'autres occupations, malheureusement pour nous qui lui avons succédé, et pour qui le même travail n'a été qu'une source de persécutions, d'insultes et de chagrins; qui se renouvellent de jour en jour, qui ont commencé il y a plus de quinze ans, et qui ne finiront peut-être qu'avec notre vie.

A l'âge de vingt-deux ans, il dédia à l'électeur de Mayence, Jean Philippe de Schomborn, « une

» nouvelle méthode d'enseigner et d'apprendre la
» jurisprudence, avec un catalogue des choses
» à désirer dans la science du droit ». Il donna,
dans la même année, *son projet pour la réforme
générale du corps du droit.* La tête de cet homme
étoit ennemie du désordre ; et il falloit que les
matières les plus embarrassées s'y arrangeassent
en y entrant : il réunissoit deux grandes qualités
presqu'incompatibles ; l'esprit d'invention, et celui
de méthode ; et l'étude la plus opiniâtre et la plus
variée, en accumulant en lui les connoissances
les plus disparates, n'avoit affoibli ni l'une ni l'autre:
philosophe et mathématicien, tout ce que ces deux
mots renferment, il l'étoit. Il alla d'Altorf à Nuremberg visiter des savans ; il s'insinua dans une société
secrète d'alchimistes, qui le prirent pour adepte,
sur une lettre farcie de termes obscurs qu'il leur
adressa, qu'ils entendirent apparemment, mais
qu'assurément *Leibnitz* n'entendoit pas. Ils le créè-
rent leur secrétaire ; et il s'intruisit beaucoup avec
eux, pendant qu'ils croyoient s'instruire avec lui.

En 1670, âgé de vingt-quatre ans, échappé
du laboratoire de Nuremberg, il fit réimprimer
le traité de Marius-Nizolius de Bersello, *de veris
principiis et de verá ratione philosophandi con-
trá pseudo-philosophos*, avec une préface et des
notes, où il cherche à concilier l'aristotélisme avec
la philosophie moderne : c'est là qu'il montre quelle
distance il y a entre les disputes de mots et la science

des choses ; qu'il étale l'étude profonde qu'il avoit faite des anciens ; et qu'il montre qu'une erreur surannée est quelquefois le germe d'une vérité nouvelle. Tel homme, en effet, s'est illustré et s'illustrera en disant blanc, après un autre qui a dit noir. Il y a plus de mérite à penser à une chose qui n'avoit point encore été remuée, qu'à penser juste sur une chose dont on a déjà disputé : le dernier dégré du mérite, la véritable marque du génie, c'est de trouver la vérité sur un sujet important et nouveau.

Il publia une lettre *de Aristotele recentioribus reconciliabili*, où il ose parler avantageusement d'Aristote, dans un temps où les Cartésiens fouloient aux pieds ce philosophe, qui devoit être un jour vengé par les Newtoniens. Il prétendit qu'Aristote contenoit plus de vérités que Descartes ; et il démontra que la philosophie de l'un et de l'autre étoit *corpusculaire* et mécanique.

En 1711, il adressa à l'académie des sciences *sa théorie du mouvement abstrait* ; et à la société royale de Londres, *sa théorie du mouvement concret.* Le premier traité est un systême du mouvement en général ; le second en est une application aux phénomènes de la nature ; il admettoit dans l'un et l'autre du vide ; il regardoit la matière comme une simple étendue indifférente au mouvement et au repos ; et il en étoit venu à croire que, pour découvrir l'essence de la matière, il falloit y concevoir une force particulière, qui ne peut guère se rendre que par ces mots : « Mentem momentaneam, seu carentem » recordatione, quia conatum simul suum et alie- » num contrarium non retinet ultrò momentum, » adeoque careat memoriâ, sensu actionum pas- » sionumque suarum, atque cogitatione ».

Le voilà tout voisin de l'entéléchie d'Aristote, de son système des monades, de la sensibilité, propriété générale de la matière, et de beaucoup d'autres idées qui nous occupent à-présent. Au-lieu de mesurer le mouvement par le produit de la masse et de la vîtesse, il substituoit à l'un de ces élémens la force, ce qui donnoit pour mesure du mouvement le produit de la masse par le quarré de la vîtesse. Ce fut là le principe, sur lequel il établit une nouvelle dynamique ; il fut attaqué ; il se défendit avec vigueur : et la question n'a été, si-non décidée, du-moins bien éclaircie depuis, que par des hommes qui ont réuni la métaphysique la plus subtile à la plus haute géométrie. *Voyez* l'article Force, dans le dictionnaire de mathématiques de l'Encyclop. méthod.

Il avoit encore sur la physique générale une idée particulière ; c'est que Dieu a fait, avec la plus grande économie possible, ce qu'il y avoit de plus parfait et de meilleur : il est le fondateur de l'optimisme, ou de ce système qui semble faire de Dieu un automate dans ses décrets et dans ses actions ; et ramener sous un autre nom et sous une forme spirituelle le *fatum* des anciens, ou cette nécessité aux choses d'être ce qu'elles sont. *Voyez* Optimisme, et l'article Fatalisme et Fatalité des Stoïciens (Encyclop. méthod. philos. anc. et mod.).

Il est inutile de dire que *Léibnitz* étoit un mathématicien du premier ordre. Il a disputé à Newton l'invention du calcul différentiel. M. de Fontenelle, qui paroît toujours favorable à *Léibnitz*, prononce que Newton est certainement inventeur, et que sa gloire est en sûreté; mais qu'on ne peut être trop circonspect, lorsqu'il s'agit d'intenter une accusation de vol et de plagiat, contre un homme tel que *Léibnitz :* et M. de Fontenelle a raison.

[La querelle que fit naître, entre Newton et ses disciples d'une part, *Léibnitz* et Jean Bernoulli de l'autre, l'invention du calcul différentiel, a donné lieu à des jugemens qui ont besoin d'être rectifiés par des faits. Diderot n'avoit point assez étudié l'histoire de cette dispute, pour que sa décision puisse être ici de quelque poids. M. Montucla, dans son excellente *histoire des mathématiques*, a rendu plus de justice à *Léibnitz :* mais il s'en faut beaucoup qu'il ait dit sur cette matière tout ce qui étoit vrai, et peut-être même tout ce qu'il savoit : on voit trop que le nom de Newton lui en impose; que le soin de sa gloire l'occupe fortement; et qu'il ne prend pas un intérêt aussi vif à celle de *Léibnitz*.

M. l'abbé Bossut, dans un très-beau discours préliminaire, qui sert d'introduction à la partie mathématique de l'Encyclopédie méthodique, a tenu la balance parfaitement égale entre deux rivaux, dont il n'est pas donné à tout le monde de déterminer avec précision la force et la mesure. Il a remis *Léibnitz* à sa vraie place, et lui a restitué des droits que Newton et ses disciples lui avoient vainement et injustement contestés. On peut assurer que personne n'a mieux éclairci cette question, que M. l'abbé Bossut. Ce géomètre célèbre, un de ceux qui ont le plus contribué aux progrès de cette science, a porté dans l'examen et la discussion des pièces de ce procès important l'attention la plus sévère, la plus rigoureuse impartialité ; et, ce qui n'étoit pas moins nécessaire pour découvrir la vérité fort altérée par les passions et les préjugés nationaux, une profonde intelligence de la matière qui fait l'objet de la contestation. Il est donc bien démontré aujourd'hui, que, non-seulement *Léibnitz* a publié le premier le calcul différentiel, comme ses ennemis même en conviennent, mais encore qu'il l'a trouvé aussi de son côté, sans rien emprunter de Newton, selon l'aveu formel de ce dernier (*).

───────────────────────────────

(*) Voici le passage de Newton, qui paroît si décisif en faveur de *Léibnitz*, que dans une édition des *principes mathématiques*, faite en 1714, on supprima très-mal-adroitement ce passage ; ce qui rappelle le mot sublime de Tacite : *præfulgebant Cassius atque Brutus, eo ipso quod effigies eorum non visebantur*. Mais écoutons Newton : « Dans un commerce de lettres que j'entretenois, il
» y a dix ans, avec le très-savant géomètre M. *Léibnitz*, ayant
» mandé que e possédois une méthode pour déterminer les *maxi-*
» *ma* et les *minima*, mener les tangentes, et faire autres choses
» semblables ; laquelle réussissoit également dans les quantités
» rationnelles et dans les quantités radicales ; et ayant caché
» cette méthode sous des lettres transposées, qui signifioient :
» *étant donné une équation qui contienne un nombre quelconque de quan-*
» *tités fluentes, trouver les fluxions, et réciproquement* : Cet homme
» célèbre me répondit qu'il avoit trouvé une méthode semblable ;

Si l'on pouvoit douter un moment que le philosophe de Léipsick eût à cet égard les mêmes droits que Newton au titre d'inventeur, et peut-être même de plus réels, il suffiroit d'examiner l'usage que ces deux grands géomètres ont fait de cette méthode, et de comparer entre eux les avantages qu'ils en ont tirés : c'est alors qu'on verroit que Newton n'a jamais cultivé toutes les branches de ce calcul ; qu'il n'a été entre ses mains qu'un instrument dont il semble qu'il ne connoissoit ni toute la force, ni toutes les propriétés ; et qu'il n'employoit, pour ainsi dire, qu'avec une sorte de timidité et de tâtonnement : au-

» et il me communiqua sa méthode, qui ne différoit de la mienne
» que dans l'énoncé et dans la notation ».

» In litteris quæ mihi cum geometrâ peritissimo G. G. Leib-
» nitio annis abhinc decem intercedebant, cum significarem me
» compotem esse methodi determinandi maximas et minimas
» ducendi tangentes, et similia peragendi ; quæ in terminis sur-
» dis æquè ac in rationalibus procederet, et litteris transpositis
» hanc sententiam involventibus [*datâ æquatione quotcumque fluentes*
» *quantitates involvente, fluxiones invenire, et vice versâ,*] eandem
» celarem : rescripsit vir clarissimus se quoque in ejusmodi
» methodum incidisse, et methodum suam communicavit à meâ
» vix abludentem præterquam in verborum et notarum formu-
» lis, etc. » *Newton, princip. mathemat. lib. 2, propos. 7, schol. édit.*
*de 1686. Le même passage se trouve encore dans l'édition de 1713, qui est
la seconde.*

La remarque de M. Bossut, sur la suppression de ce passage dans l'édition du livre de Newton, publiée à Londres en 1726, est d'un juge intègre et d'un excellent esprit. « C'étoit, dit-il,
» avouer la découverte de *Léibnitz* d'une manière bien authen-
» tique et bien mal-adroite : ne devoient-ils pas sentir (ceux
» qui publièrent l'édition de 1726) que l'on attribueroit à une
» prévention nationale, ou peut-être à un sentiment encore
» plus injuste, le dessein chimérique d'anéantir l'hommage
» qu'une noble émulation avoit autrefois rendu à la vérité » ?

lieu que la facilité, la hardiesse et l'adresse singulières avec lesquelles *Léibnitz* et les Bernoulli manioient ce calcul, les applications fréquentes qu'ils en faisoient à des problêmes très-difficiles et inattaquables par d'autres moyens, le dégré de perfection où ils le portèrent en peu de temps, prouvent en eux une connoissance réfléchie et très-étendue de tous les usages de ce calcul et de l'art de le faire valoir. Il y a, d'ailleurs, une autre considération, non moins favorable à la cause de *Léibnitz*; je veux parler de son *commercium Epistolicum* avec Jean Bernoulli. C'est dans cet ouvrage, un des plus instructifs et des plus curieux que puissent lire ceux qui se livrent à l'étude des sciences exactes, qu'on trouve plusieurs inventions beaucoup plus difficiles que celle du calcul infinitésimal, et qui, au jugement des plus célèbres analystes, supposent encore des vues plus fines, plus profondes, et plus de vigueur de tête. Je citerai entre autres, son élégante et savante méthode de différencier *de curvâ in curvam*, ou de trouver la différence entre deux courbes infiniment proches, monument éternel, et véritablement imposant (*) de

_____

(*) *Voyez* le jugement que Jean Bernoulli porte de cette belle découverte qu'il avoit lui-même fort perfectionnée. « Quàm
» verò ingeniosè, *écrit-il à Léibnitz*, quàm acutè illum huic ne-
» gotio accommodaveris satis mirari nequeo : profectò nihil ele-
» gantius est, neque excogitari potest quàm modus differen-
» tiandi curvam per summam differentiuncularum numero infi-
» nitarum. Quin crebrius conscendis currum, si tunc tibi vena
» mathematica aperitur. Imò verò defectus haud mediocris cal-
» culi differentialis sublatus est. Hinc quid censes? an non
» possent depromi problemata.... quibus exercere possemus
» geometras, in interiori geometriâ licet maximè versatos. Vi-
» derent sanè omnes suos conatus irritos, quamdiu in nostrum

la sagacité et du génie original de cet homme extraordinaire. C'est à l'aide de ce nouvel instrument inconnu de Newton, et dont les Anglois, à cette époque, et plusieurs années encore après, ne soupçonnoient pas même l'existence, que *Léibnitz* et Jean Bernoulli résolvoient depuis long-temps sans efforts, et comme en se jouant, une foule de problèmes insolubles par toutes les méthodes connues, préparoient tous les jours de nouvelles tortures et de nouvelles défaites aux disciples de Newton, dont les forces réunies leur opposoient une résistance inutile (*), et se plaisoient à étonner l'Europe par le nombre et la rapidité de leurs succès.

Mais ce qui mérite sur-tout d'être remarqué, et ce qui peut même faire conjecturer que Newton n'a pas

---

» artificium non penetrarent, suamque infirmitatem tantò magis
» mirarentur, quod hujusmodi problemata videantur facilia, et
» ex directa tantum methodo tangentium desumpta, etc. » *Commercium epistolicum* Leibnitii et Bernoullii, *epist. 61, tom. 1, pag.* 330 et 331. On voit dans la lettre précédente que Leibnitz tiroit de cette méthode un moyen de perfectionner le calcul intégral.
« Nam ex novâ differentiandi methodo necesse est vicissim no-
» vas etiam summandi rationes oriri, ad quas aliter fortassè
» aditus vix pateret, etc. ». *Id. ibid. pag.* 322.

(*) Après une énumération rapide des principales découvertes que *Léibnitz, Jacques* et *Jean Bernoulli* avoient faites dans la géométrie transcendante; découvertes dont on ne trouve pas la moindre trace dans les ouvrages de Newton; Jean Bernoulli ajoute ces paroles remarquables : « Quæ Angli pro parte trac-
» tarunt, sed omni suo calculo fluxionum adjuti, irresoluta re-
» liquerunt, quod vel ex solo problemate catenariæ et curvarum
» transformandarum patet, cui pertinaciter, et longo tempore
» insudantes, aliud nihil quam turpes paralogismos produxe-
» runt, etc. ». *Commerc. epistol. epist.* 208, *pag.* 317, *tom.* II.

eu, avant *Leibnitz*, la caractéristique et l'algorithme infinitésimal; c'est que, comme je l'ai observé ci-dessus, il ne paroit pas avoir tiré, de sa méthode des fluxions, tout le fruit qu'il auroit pu en recueillir. C'est une des objections proposées en termes très-énergiques dans ce fragment d'une lettre de Jean Bernoulli, datée de Bâle, le 7 de juin 1713.

« Il semble que M. Newton a fort avancé, par
» occasion, la doctrine des *séries*, en se servant de
» l'extraction des racines, qu'il a employée le pre-
» mier; et il paroit qu'il y a mis toute son étude au
» commencement, sans avoir songé à son *calcul des
» fluxions* ou des *fluants*, ou à la réduction de ce cal-
» cul à des opérations analytiques générales, en forme
» d'algorithme ou de règles arithmétiques ou algé-
» braïques. Ma conjecture est appuyée sur un indice
» très-fort; c'est que, dans toutes les lettres du *com-
» merce épistolique*, on ne trouve point la moindre
» trace, ni ombre de lettres, comme x ou y, pointées
» d'un, deux, trois, ou plusieurs points mis dessus,
» qu'il emploie maintenant à la place de dx, ddx,
» $dddx$, dy, ddy, $dddy$, etc.; et même dans l'ouvrage
» des principes mathématiques de la nature, où il
» avoit si souvent occasion d'employer son calcul des
» fluxions; il n'en dit pas un mot; et on ne voit au-
» cune de ces marques; et tout s'y fait avec les lignes
» des figures, sans aucune certaine analyse détermi-
» née; mais seulement d'une manière qui a été em-
» ployée, non-seulement par lui, mais encore par M.
» Huyghens, et même en quelque façon par Torri-
» celli, Roberval, Fermat, Cavalleri, et autres. Ces
» lettres pointées n'ont paru que dans le troisième
» volume des Œuvres de M. Wallis, plusieurs années
» après que le calcul des différences fut déjà reçu par

» tout. Un autre indice, qui fait conjecturer que le
» calcul des fluxions n'est point né avant celui des
» différences, est que la véritable manière de prendre
» les fluxions, c'est-à-dire, de différencier les diffé-
» rences, n'a pas été connu à Newton; c'est ce qui se
» manifeste par ses *principes mathématiques*, où,
» non-seulement l'accroissement constant de la gran-
» deur x, qu'il marqueroit à-présent par un point,
» est marqué par un o; mais même une fausse règle est
» donnée pour les dégrés ultérieurs des différences:
» par où l'on peut juger qu'au-moins la véritable ma-
» nière de différencier les différences ne lui a point été
» connue, quand elle étoit déjà fort en usage auprès
» d'autres (*) ».

(*) « Une chose singulière, dit le chevalier de Jaucourt, » dans sa vie de *Léibnitz*, c'est qu'on ignore si cette lettre est » de M. Bernoulli ou non »; et il penche pour la négative. Rien ne prouve mieux que les compilateurs sont de mauvais guides, et que les meilleurs même doivent être lus avec beaucoup de précaution. Si le chevalier de Jaucourt avoit consulté le *commercium epistolicum*, (et comment ose-t-on écrire la vie de *Léibnitz*, avant d'avoir lu vingt fois ce précieux recueil?) il y auroit trouvé cette lettre toute entière, avec le nom de Bernoulli; il y auroit appris dans quelle circonstance elle fut publiée, pour quelles raisons elle parut anonyme, et beaucoup d'autres particularités très-curieuses, dont il auroit pu enrichir son exposé de la dispute de *Léibnitz* et de Newton, sur le premier inventeur du calcul différentiel. On ne conçoit pas comment ce compilateur, qui, en général, connoissoit assez bien les bonnes sources, et dont la plupart des articles d'Encyclopédie sont copiés mot pour mot de nos auteurs les plus célèbres, a pu ignorer l'existence d'un livre d'où il auroit pu tirer une foule d'excellens matériaux pour servir à l'histoire de *Léibnitz*, et de ses différentes découvertes dans la géométrie transcendante. Rien de plus louable, sans-doute, que de consacrer une

On peut voir le texte latin de cette lettre, dans le *commercium epistolicum* Leibnitii *et Bernoullii*, *Epist.* 206, *tom. II, pag.* 309 *et seq.* Voyez aussi la lettre 208 de la même année, dont j'ai cité ci-dessus un beau passage.

Quoique Varignon ne soit pas un géomètre qu'on puisse comparer à Jean Bernoulli, il étoit très-versé dans la nouvelle analyse, et très-attentif à suivre les progrès de cette découverte. On peut donc le regarder, non-seulement comme un juge très-compétent dans cette matière, mais même comme un juge très-impartial et très-désintéressé, puisqu'il n'étoit ni anglais, ni allemand; et qu'il n'y avoit rien, dans le calcul dont Newton et *Léibnitz* se disputoient l'invention, qu'il fût en droit de revendiquer : c'est ce qui nous détermine à joindre ici son témoignage à celui de Bernoulli. Il n'affirme pas aussi positivement que ce dernier, qu'il est évident que Newton n'avoit connu que les premières différences; puisque, excepté ce seul cas, sa règle, pour trouver les différentielles de tous les ordres, étoit fausse; mais ce qu'il dit à ce sujet est aussi favorable à *Léibnitz*, qu'il l'est peu à Newton. « Je suis, comme vous, » écrit-il à Jean Bernoulli, fort mécontent de la mau- » vaise querelle que M. Keil vient de susciter à M.

---

partie de son temps à rendre un hommage public à la mémoire d'un grand homme ; mais pour remplir dignement cette tâche, il faut déterminer avec précision la mesure de l'espace qu'il a parcouru ; il faut sur-tout indiquer les divers ouvrages où ce grand homme a montré le plus de génie : et ce sont précisément ces renseignemens si nécessaires pour perfectionner l'histoire des sciences, qu'on ne trouve point dans la vie de *Leibnitz*, par le chevalier de Jaucourt.

» *Léibnitz*. Il me paroît, comme à vous, que le *com-*
» *mercium epistolicum* (*) prouve seulement que M.
» Newton, au temps des lettres qui y sont rapportées,
» avoit connoissance des infiniment petits; mais il
» n'y paroit pas qu'il en eût le calcul, tel que M. de
» *Léibnitz* l'a publié en 1684, et que M. Newton l'a
» donné trois ans après dans les pages 251, 252, 253
» de ses *princip. mathémat.*, où il reconnoit que le
» calcul lui avoit été communiqué dix ans auparavant,
» par M. *Léibnitz*, auquel temps il l'avoit aussi, ainsi
» que la phrase renversée le prouve, sans dire à quel
» point il l'avoit. Avant vous, M. *Léibnitz*, et feu
» M. votre frère, je ne sais point qu'on eût passé
» les premières différences employées dans les pages
» précédentes de M. Newton, qui n'en a fait mention
» que long-temps depuis dans son traité *de quadra-*
» *turis*, etc. ».

Un autre analyste très-postérieur à Varignon, et qui s'est appliqué avec succès à perfectionner le calcul intégral, sans décider aussi nettement la question en faveur de *Léibnitz*, ne balance pas à reconnoître ses droits à l'invention de l'analyse infinitésimale, et à en partager la gloire entre Newton et lui. Il résulte même de ce qu'il dit à ce sujet, que ces deux grands hommes, considérés purement et simplement comme géomètres (car sous d'autres rapports tout l'avantage seroit du côté de *Léibnitz*), doivent être placés sur la même ligne. On seroit d'autant moins

---

(*) Il s'agit ici de l'ouvrage intitulé : *Commercium epistolicum D. Johannis* Collins, *et aliorum, de analysi promotâ jussu societatis regiæ in lucem editum*, imprimé à Londres en 1712, in-4.°; j'observe ici que ce recueil est rare, même à Londres.

L *

fondé à appeler de ce jugement, qu'il réunit toutes les conditions qui peuvent le rendre légal ; et que le philosophe qui l'a prononcé, écrivant plus de soixante ans après la mort de ces deux illustres rivaux, ne peut avoir eu d'autre intérêt que celui de la justice et de la vérité. Voici comment il s'est exprimé.

« *Léibnitz* a disputé à Newton la gloire d'avoir
» trouvé le calcul différentiel ; et en examinant les
» pièces de ce grand procès, on ne peut, sans in-
» justice, refuser à *Léibnitz*, au-moins *une égalité*
» *toute entière*. Observons que ces deux grands hom-
» mes se contentèrent de l'égalité, se rendirent jus-
» tice ; et que la dispute qui s'éleva entre eux fut l'ou-
» vrage du zèle de leurs disciples. Le calcul des quan-
» tités exponentielles, la méthode de différencier sous
» le signe, plusieurs autres découvertes trouvées dans
» les lettres de *Léibnitz*, et auxquelles il sembloit
» attacher peu d'importance, prouvent que, COMME
» GÉOMÈTRE, IL NE LE CÉDOIT PAS EN GÉNIE A
» NEWTON LUI-MÊME. Ses idées sur la géométrie de
» situation, ses essais sur le jeu du solitaire, sont
» les premiers traits d'une science nouvelle, qui peut
» être très-utile, mais qui n'a fait encore que peu
» de progrès, quoique de savans géomètres s'en soient
» occupés, etc.] »

Cette addition, qui commence page 249, *est de l'éditeur.*

Léibnitz étoit entièrement neuf (*) dans la

―――――――――――――

(*) *Voyez* à ce sujet une longue lettre de *Léibnitz*

haute géométrie, en 1672, lorsqu'il connut à Paris M. Huyghens, qui étoit, après Galilée et Descartes, celui à qui cette science devoit le plus. Il lut le traité de *horologio oscillatorio* ; il médita les ouvrages de Pascal et de Grégoire de Saint-Vincent ; et il imagina une méthode dont il retrouva dans la suite des traces profondes dans Grégori, Barrow et d'autres. C'est ce calcul par lequel il se glorifie d'avoir soumis à l'analyse des choses qui ne l'avoient jamais été.

Quoi qu'il en soit de cette histoire que *Léibnitz* a faite de ses découvertes, à la sollicitation de M. Bernoulli, il est sûr qu'on apperçoit des infiniment petits de (*) différens ordres dans son

---

à l'abbé Conti, en réponse à la lettre de Newton ; et l'histoire qu'il fait de sa découverte dans les nouvelles de la république des lettres du mois de novembre 1706, art. 5. On voit dans ce dernier écrit que *Léibnitz* avoit trouvé son nouveau calcul dès l'an 1674, mais qu'il fut long-temps sans en rien faire paroître. *Voyez* aussi la lettre à madame de Kilmansegg, du 18 avril 1716. Ces deux lettres, et plusieurs autres du même recueil, doivent être lues avec attention de ceux qui veulent se faire des idées exactes du véritable état de la question.

(*) Fontenelle observe, avec raison, que c'est là une des clefs du système ; et que ce principe ne pouvoit guère demeurer stérile entre les mains de *Léibnitz*.

NOTES DE L'ÉDITEUR.

traité du mouvement abstrait, publié en 1671 ; que le calcul différentiel parut en 1684 ; que les principes mathématiques de Newton ne furent publiés qu'en 1686 ; et que celui-ci ne révendiqua point cette découverte. Mais Newton, depuis que ses amis eurent élevé la querelle, n'en demeura pas moins tranquille, comme Dieu, au milieu de sa gloire (*).

Léibnitz avoit entrepris un grand ouvrage *de la science de l'infini;* mais il n'a pas été achevé.

De ses hautes spéculations, il descendit souvent

(*) Cette assertion est démentie par des faits positifs, dont Diderot auroit pu facilement s'instruire, s'il eût consulté les sources. Non-seulement Newton ne *demeura point tranquille, comme Dieu, au milieu de sa gloire ;* mais il paroit que, malgré l'influence qu'il avoit sur la société royale, dont il étoit alors président, il ne fut pas sans inquiétude sur l'issue de cette affaire, puisqu'après avoir commis à ses disciples le soin de sa défense, il sentit bientôt la nécessité de plaider lui-même sa cause ; ce qu'il fit avec beaucoup d'orgueil, d'aigreur et de mauvaise foi. Il est vrai que, quelque temps après, il abandonna la lice à ses élèves et à ses amis, qui ne combattirent ni avec plus de loyauté, ni avec plus de succès. Tout cela est prouvé évidemment par les lettres originales de Newton et de *Léibnitz*, recueillies et publiées par Des-Maiseaux, édit. d'Amsterdam, 1740.

NOTE DE L'ÉDITEUR.

à des choses d'usage. Il proposa *des machines pour l'épuisement des eaux*, qui font abandonner quelquefois, et interrompent toujours les travaux des mines.

Il employa une partie de son temps et de sa fortune à la construction d'*une machine arithmétique*, qui ne fut entièrement achevée que dans les dernières années de sa vie.

Nous avons montré jusqu'ici *Léibnitz* comme poëte, jurisconsulte et mathématicien; nous l'allons considérer comme métaphysicien, ou comme homme remontant des cas particuliers à des loix générales. Tout le monde connoît son principe de la raison suffisante et de l'harmonie préétablie, son idée de la monade. Mais nous n'insisterons point ici là-dessus; nous renvoyons aux différens articles de ce dictionnaire et à l'exposition abrégée de la philosophie de *Léibnitz*, qui terminera celui-ci.

Il s'éleva en 1715 une dispute entre lui et le trop fameux M. Clarke, sur l'espace, le temps, le vide, les atomes, le naturel, le surnaturel, la liberté, et autres sujets non moins importans qu'épineux.

Il en avoit eu une autre avec un disciple de Socin, appelé *Wissovatius*, en 1671, sur la trinité; car *Léibnitz* étoit encore théologien dans le sens strict de ce mot; et publia contre son adversaire un écrit intitulé: *sacrosancta trinitas per nova inventa logicæ defensa*. C'est toujours le même esprit qui règne dans les ouvrages de *Leïbnitz*. A l'occasion d'une question sur les mystères, il propose des moyens de perfectionner la logique ; et il expose les défauts de celle qu'on suivoit. Il fut appelé aux conférences qui se tinrent vers le commencement de ce siècle sur le mariage d'un grand prince catholique et d'une princesse luthérienne. Il releva M. Burnet, évêque de Salisbury, sur les vues peu exactes qu'il avoit eues dans son projet de réunion de l'église anglicane avec l'église luthérienne. Il défendit la tolérance des religions, contre M. Pélisson. Il mit au jour sa *Théodicée* en 1711 : c'est une réponse ou plutôt une confirmation des difficultés de Bayle, sur l'origine du mal physique et du mal moral.

Nous devrions présentement avoir épuisé *Leïbnitz* ; cependant il ne l'est pas encore. Il conçut le projet d'une langue philosophique, qui mît en société toutes les nations : mais il ne l'exécuta point ; il remarqua seulement que des savans ses contemporains, qui avoient eu la même vue que lui, perdoient leur temps, et ne frappoient pas au vrai but.

Après cette ébauche de la vie savante de *Leïbnitz*, nous allons passer à quelques détails de sa vie particulière.

Il étoit de la société secrète des alchimistes de Nuremberg, lorsque M. le baron de Boinebourg, ministre de l'électeur de Mayence, Jean-Philippe, rencontré par hasard dans une hôtellerie, reconnut son mérite, lui fit des offres, et l'attacha à son maître. En 1688 l'électeur de Mayence le fit conseiller de la chambre de révision de sa chancellerie. M. de Boinebourg avoit envoyé son fils à Paris; il engagea *Leïbnitz* à faire le voyage, et à veiller à ses affaires particulières et à la conduite de son fils. M. de Boinebourg mourut en 1675; et *Leïbnitz* passa en Angleterre, où peu de temps après il apprit la mort de l'électeur : cet événement renversa les commencemens de sa fortune; mais le duc de Brunswick-Lunebourg s'empara de lui pendant qu'il étoit vacant, et le gratifia de la place de conseiller, et d'une pension. Cependant il ne partit pas sur-le-champ pour l'Allemagne. Il revint à Paris, d'où il retourna en Angleterre; et ce ne fut qu'en 1676 qu'il se rendit auprès du duc Jean-Frédéric, qu'il perdit au bout de trois ans. Le duc Ernest Auguste lui offrit sa protection, et le chargea de l'histoire de Brunswick : nous avons parlé de cet ouvrage et des voyages qu'il occasionna. Le duc Ernest le nomma en 1696 son conseiller-privé de justice; on ne croit pas en Allemagne qu'un philosophe soit incapable d'affaires. En 1699 l'académie des sciences de Paris le mit à la tête de ses associés étrangers. Il eût trouvé dans cette capitale un sort assez doux; mais il falloit changer de religion; et cette condition lui déplut. Il inspira à l'électeur de Brandebourg le dessein d'établir une académie à Berlin ; et ce projet fut exécuté en 1700, d'après ses idées : il en fut nommé président perpétuel ; et ce choix fut généralement applaudi.

En 1710 parut un volume de l'académie de Berlin, sous le titre de *Miscellanea Berolinensia*; *Leibnitz* s'y montra sous toutes ses formes ; d'historien, d'antiquaire, d'étymologiste, de physicien, de mathématicien, et même d'orateur.

Il avoit les mêmes vues sur les états de l'électeur de Saxe ; et il méditoit l'établissement d'une autre académie à Dresde ; mais les troubles de la Pologne ne lui laissèrent aucune espérance de succès.

En revanche, le czar, qui étoit allé à Torgau pour le mariage de son fils aîné et de Charlotte-Christine, vit *Leibnitz*, le consulta sur le dessein où il étoit de tirer ses peuples de la barbarie, l'honora de présens, et lui conféra le titre de son conseiller-privé de justice, avec une pension considérable.

Mais toute prospérité humaine cesse ; le roi de Prusse mourut en 1713 ; et le goût militaire de son successeur détermina *Leibnitz* à chercher un nouvel asyle aux sciences. Il se tourna du côté de la cour impériale, obtint la faveur du prince Eugène ; peut-être eût-il fondé une académie à Vienne; mais la peste survenue dans cette ville rendit inutiles tous ses mouvemens.

Il étoit à Vienne en 1714, lorsque la reine

Anne mourut. L'électeur d'Hanovre lui succéda. *Léibnitz* se rendit à Hanovre; mais il n'y trouva pas le roi; et il n'étoit plus d'âge à le suivre. Cependant le roi d'Angleterre repassa en Allemagne; et *Léibnitz* eut la joie qu'il désiroit : depuis ce temps, sa santé s'affoiblit toujours. Il étoit sujet à la goutte; ce mal lui gagna les épaules; et une tisanne, dont un jésuite d'Ingolstadt lui avoit donné la recette, lui causa des convulsions et des douleurs excessives, dont il mourut le 14 novembre 1716.

Dans cet état, il méditoit encore. Un moment avant que d'expirer, il demanda de l'encre et du papier : il écrivit; mais ayant voulu lire ce qu'il avoit écrit, sa vue s'obscurcit, et il cessa de vivre, âgé de 70 ans. Il ne se maria point : il étoit d'une complexion forte; il n'avoit point eu de maladies que quelques vertiges, et la goutte. Il étoit sombre, et passoit souvent les nuits dans un fauteuil. Il étudioit des mois entiers de suite; il faisoit des extraits de toutes ses lectures. Il aimoit à converser avec toutes sortes de personnes; gens de cour, soldats, artisans, laboureurs. Il n'y a guère d'ignorans, dont on ne puisse apprendre quelque chose. Il aimoit la société des femmes; et elles se plaisoient en la sienne. Il avoit une correspondance littéraire très-étendue. Il fournissoit des vues aux savans; il les animoit; il leur applaudissoit; il chérissoit autant la gloire des autres que la sienne. Il étoit colère, mais il revenoit promptement : il s'indignoit d'abord de la contradiction ; mais son second mouvement étoit plus tranquille. On l'accuse de n'avoir été qu'un grand et rigide observateur du droit naturel: ses pasteurs lui en ont fait des réprimandes publiques et inutiles. On dit qu'il aimoit l'argent ; il avoit amassé une somme considérable qu'il tenoit cachée. Ce trésor, après l'avoir tourmenté d'inquiétudes pendant sa vie, fut encore funeste à son héritière ; cette femme, à l'aspect de cette richesse, fut si saisie de joie, qu'elle en mourut subitement (*).

Il ne nous reste plus qu'à exposer les principaux axiomes de la philosophie de *Leibnitz*. Ceux qui voudront connoître plus à fond la vie, les travaux et le caractère de cet homme extraordinaire, peu-

---

(*) Diderot a oublié d'avertir (et je m'empresse de réparer ici cette omission importante), que dans tout ce qu'il a dit jusqu'à-présent de *Leibnitz*, il n'a fait qu'abréger et exprimer souvent dans les mêmes termes, ce que Fontenelle a écrit de ce grand homme, dans l'excellent éloge qu'il en a publié. Il ne faut pas qu'un philosophe, aussi riche de son propre fonds que Diderot, puisse être ni accusé, ni même soupçonné de plagiat par quelque folliculaire assez injuste, pour traiter de vol prémédité ce qui n'est que l'effet d'un oubli, d'une négligence, ou d'une distraction.

NOTE DE L'ÉDITEUR.

vent consulter les actes des savans, Kortholt, Eckard, Baringius, les mémoires de l'académie des sciences, l'éloge de Fontenelle, Fabricius, Feller, Grundmann, Gentzkennius, Reimann, Collins, Murat, Charles Gundelif-Ludovici. Outre Thomasius, dont nous avons parlé, il avoit eu pour instituteur en mathématiques Kunnius; et en philosophie, Scherzer et Rappolt. Ce fut Weigel qui lui fit naître l'idée de son arithmétique binaire ou de cette méthode d'exprimer tout nombre avec les deux caractères 1 et 0. Il revint sur la fin de sa vie au projet de l'encyclopédie, qui l'avoit occupé étant jeune; et il espéroit encore l'exécuter de concert avec Wolf. Il fut chargé, par M. de Montausier de l'édition de Martien-Capella, à l'usage du Dauphin : l'ouvrage étoit achevé, lorsqu'on le lui vola. Il s'en manque beaucoup que nous ayons parlé de tous ses ouvrages. Il en a peu publié séparément; la plus grande partie est dispersée dans les journaux et les recueils d'académies; d'où l'on a tiré sa *Protogée*, ouvrage qui n'est pas sans mérite, soit qu'on le considère par le fond des choses, soit qu'on n'ait égard qu'à l'élévation du discours.

I. Principes des méditations rationnelles de Léibnitz.

Il disoit : La connoissance est ou claire ou obscure; et la connoissance claire est ou confuse ou distincte ; et la connoissance distincte est ou adéquate ou inadéquate, ou intuitive ou symbolique.

Si la connoissance est en-même-temps adéquate et intuitive, elle est très-parfaite ; si une notion ne suffit pas à la connoissance de la chose représentée, elle est obscure; si elle suffit, elle est claire.

Si je ne puis énoncer séparément les caractères nécessaires de distinction d'une chose à une autre, ma connoissance est confuse, quoique dans la nature la chose ait de ces caractères, dans l'énumération exacte desquels elle se limiteroit et se résoudroit.

Ainsi les odeurs, les couleurs, les saveurs et d'autres idées relatives aux sens, nous sont assez clairement connues; la distinction que nous en faisons est juste, mais la sensation est notre unique garant. Les caractères qui distinguent ces choses ne sont pas énonciables. Cependant elles ont des causes : les idées en sont composées; et il semble que, s'il ne manquoit rien, soit à notre intelligence, soit à nos recherches, soit à nos idiomes, il y auroit une certaine collection de mots dans lesquels elles pourroient se résoudre et se rendre.

Si une chose a été suffisamment examinée ; si la collection des signes qui la distinguent de toute autre est complexe, la notion que nous en aurons sera distincte : c'est ainsi que nous connoissons certains objets communs à plusieurs sens, plusieurs affections de l'ame, tout ce dont nous pouvons former une définition verbale ; car qu'est-ce que cette définition, si-non une énumération suffisante des caractères de la chose ?

Il y a cependant connoissance distincte d'une chose indéfinissable, toutes les fois que cette chose est primitive ; qu'elle est elle-même son propre caractère; ou que, s'entendant par elle-même, elle n'a rien d'antérieur ou de plus connu en quoi elle soit résoluble.

Dans les notions composées, s'il arrive, ou que la somme des caractères ne se saisisse pas à-la-fois, ou qu'il y en ait quelques uns qui échappent ou qui manquent ; ou que la perception nette, générale ou particulière des caractères soit momentanée ou fugitive, la connoissance est distincte, mais inadéquate.

Si tous les caractères de la chose sont permanens, bien rendus et bien saisis ensemble et séparement, c'est-à-dire, que la résolution et l'analyse s'en fassent sans embarras et sans défaut la connoissance est adéquate.

Nous ne pouvons pas toujours embrasser dans notre entendement la nature entière d'une chose très-composée : alors nous nous servons des signes qui abrègent ; mais nous avons, ou la conscience, ou la mémoire que la résolution ou l'analyse entière est possible, et s'exécutera quand nous le voudrons : alors la connoissance est aveugle ou symbolique.

Nous ne pouvons pas saisir à-la-fois toutes les notions particulières, qui forment la connoissance complète d'une chose très-composée. C'est un fait. Lorsque la chose se peut, notre connoissance est intuitive autant qu'elle peut l'être. La connoissance d'une chose primitive et distincte est intuitive ; celle de la plupart des choses composées est symbolique.

Les idées des choses que nous connoissons distinctement, ne nous sont présentes que par une opération intuitive de notre entendement.

Nous croyons à tort avoir des idées des choses, lorsqu'il y a quelques termes dont l'explication n'a pas été faite, mais supposée.

Souvent nous n'avons qu'une notion telle quelle des mots, une mémoire foible d'en avoir connu autrefois la valeur ; et nous nous en tenons à cette connoissance aveugle, sans nous embarrasser de suivre l'analyse des expressions aussi loin et aussi rigoureusement que nous le pourrions. C'est ainsi que nous échappe la contradiction enveloppée dans la notion d'une chose composée.

Qu'est-ce qu'une définition nominale ? Qu'est-ce qu'une définition réelle ? Une définition nominale, c'est l'énumération des caractères qui distinguent une chose d'une autre. Une définition réelle, celle qui nous assure, par la comparaison et l'explication des caractères, que la chose définie est possible. La définition réelle n'est donc pas arbitraire ;

car tous les caractères de la définition nominale ne sont pas toujours compatibles.

La science parfaite exige plus que des définitions nominales, à-moins qu'on ne sache d'ailleurs que la chose définie est possible.

La notion est vraie, si la chose est possible; fausse, s'il y a contradiction entre ses caractères.

La possibilité de la chose est connue *à priori* ou *à posteriori*.

Elle est connue *à priori*, lorsque nous résolvons sa notion en d'autres d'une possibilité avouée, et dont les caractères n'impliquent aucune contradiction : il en est ainsi toutes les fois que la manière dont une chose peut être produite nous est connue ; d'où il s'ensuit qu'entre toutes les définitions, les plus utiles ce sont celles qui se font par les causes.

La possibilité est connue *à posteriori*, lorsque l'existence actuelle de la chose nous est constatée ; car ce qui est, ou a été, est possible.

Si l'on a une connoissance adéquate, l'on a aussi la connoissance *à priori* de la possibilité ; car en suivant l'analyse jusqu'à sa fin, si l'on ne rencontre aucune contradiction, il naît la démonstration de la possibilité.

Il est un principe, dont il faut craindre l'abus ; c'est que l'on peut dire une chose, et qu'on dira vrai, si l'on affirme ce que l'on en apperçoit clairement et distinctement. Combien de choses obscures et confuses paroissent claires et distinctes à ceux qui se pressent de juger ! L'axiome dont il s'agit est donc superflu, si l'on a établi les règles de la vérité des idées, et les marques de la clarté et de la distinction, de l'obscurité et de la confusion.

Les règles, que la logique commune prescrit sur les caractères des énonciations de la vérité, ne sont méprisables que pour ceux qui les ignorent, et qui n'ont ni le courage, ni la sagacité nécessaires pour les apprendre : ne sont-ce pas les mêmes que celles des géomètres ? Les uns et les autres ne prescrivent-ils pas de n'admettre pour certain, que ce qui est appuyé sur l'expérience ou la démonstration ? Une démonstration est solide, si elle garde les formes prescrites par la logique. Il ne s'agit pas toujours de s'assujettir à la forme du syllogisme ; mais il faut que tout raisonnement soit réductible à cette forme, et qu'elle donne évidemment force à la conclusion.

Il ne faut donc rien passer des prémisses ; tout ce qu'elles renferment doit avoir été, ou démontré, ou supposé : dans le cas de supposition, la conclusion est hypothétique.

On ne peut ni trop louer, ni s'assujettir trop sévèrement à la règle de Pascal, qui veut qu'un terme soit défini, pour peu qu'il soit obscur ; et qu'une proposition soit prouvée, pour peu qu'elle soit douteuse. Avec un peu d'attention sur les principes qui précèdent, on verra comment ces deux conditions peuvent se remplir.

C'est une opinion fort ancienne, que nous voyons tout en Dieu ; et cette opinion, bien entendue, n'est pas à mépriser.

Quand nous verrions tout en Dieu, il ne seroit pas moins nécessaire à l'homme d'avoir des idées propres, ou des sensations, ou des mouvemens d'ame, ou des affections correspondantes à ce que nous appercevrions en Dieu. Notre ame subit autant de changemens successifs, qu'il s'y succède de pensées diverses. Les idées des choses, auxquelles nous ne pensons pas actuellement, ne sont donc pas autrement dans notre ame, que la figure d'Hercule dans un bloc de marbre informe.

Dieu n'a pas seulement l'idée actuelle de l'étendue absolue et infinie, mais l'idée de toute figure ou modification de cette étendue.

Qu'est-ce qui se passe en nous dans la sensation des couleurs et des odeurs ? Des mouvemens de fibres, des changemens de figures, mais si déliés qu'ils nous échappent. C'est par cette raison, qu'on ne s'apperçoit pas que c'est là pourtant tout ce qui entre dans la perception composée de ces choses.

II. Métaphysique de Leibnitz, ou ce qu'il a pensé des élémens des choses.

Qu'est-ce que la monade ? Une substance simple. Les composés en sont formés. Je l'appelle *simple*, parce qu'elle n'a point de parties.

Puisqu'il y a des composés, il faut qu'il y ait des substances simples ; car qu'est-ce qu'un composé, si-non un aggrégat de simples ?

Où il n'y a point de parties, il n'y a ni étendue, ni figure, ni divisibilité. Telle est la monade, l'atome réel de la nature, l'élément vrai des choses.

Il ne faut pas en craindre la dissolution. On ne conçoit aucune manière, dont une substance simple puisse périr naturellement. On ne conçoit aucune manière, dont une substance simple puisse naître naturellement. Car tout ce qui périt, périt par dissolution ; tout ce qui se forme, se forme par composition.

Les monades ne peuvent donc être ou cesser que dans un instant, par création ou par annihilation.

On ne peut expliquer comment il surviendroit en elles quelque altération naturelle : ce qui n'a point de parties, n'admet l'interception ni d'un accident, ni d'une substance.

Il faut cependant qu'elles aient quelques qualités, sans quoi on ne les distingueroit pas du non-être.

Il faut plus ; c'est qu'une monade diffère d'une autre monade quelconque ; car il n'y a pas dans la nature un seul être qui soit absolument égal et semblable à un autre, en sorte qu'il ne soit pas possible d'y reconnoître une différence interne et applicable à quelque chose d'interne. [« Il n'y » a peut-être rien de moins raisonnable que ce

» principe pour ceux qui ne pensent que super-
» ficiellement, et rien de plus vrai pour les autres.
» Il n'est pas nouveau, c'étoit une des opinions
» des stoïciens ».] (*Voyez* l'art. Académiciens,
Philosophie des) Encyc. mét. phil. anc. et mod.
t. I, p. 48. col. 1.

Tout être créé est sujet au changement. La monade est créée; chaque monade est donc dans une vicissitude continuelle.

Les changemens de la monade naturelle partent d'un principe interne; car aucune cause externe ne peut influer sur elle.

En général, il n'y a point de force, quelle qu'elle soit, qui ne soit un principe de changement.

Outre un principe de changement, il faut encore admettre dans ce qui change, quelque forme, quelque modèle qui spécifie et différencie. De-là, multitude dans le simple, nombre dans l'unité, car tout changement naturel se fait par dégrés. Quelque chose change, et quelque chose reste non changée. Donc, dans la substance, il y a pluralité d'affections, de qualités et de rapports, quoiqu'il y ait absence de parties.

Qu'est-ce qu'un état passager, qui marque multitude et pluralité dans l'être simple et dans la substance une ? On n'en conçoit point d'autre que ce que nous appelons *perception*, chose très-distincte de ce que nous entendons par *conscience*; car il y a perception avant conscience. [« Ce

» principe est très-difficile à attaquer, et très-dif-
» ficile à défendre. C'est, selon Léibnitz, ce qui
» constitue la différence de la monade et de l'esprit,
» de l'être corporel et de l'être intellectuel ».]

L'action d'un principe interne, cause de mutation ou de passage d'une perception à une autre, est ce qu'on peut appeler *appétit*. L'appétit n'atteint pas toujours à la perception à laquelle il tend : mais il en approche, pour ainsi dire ; et quelque légère que soit cette altération, il en naît des perceptions nouvelles.

Il ne faut point appliquer les causes mécaniques à ces perceptions, ni à leurs résultats ; parce qu'il n'y a ni mouvement, ni figure, ni parties agissantes et réagissantes. Ces perceptions et leurs changemens sont tout ce qu'il y a dans la substance simple. Elles constituent toutes les actions internes.

On peut, si l'on veut, donner le nom *d'entéléchie* à toutes les substances simples ou monades créées ; car elles ont en elles une certaine perfection propre, une suffisance essentielle ; elles sont elles-mêmes les causes de leurs actions internes. Ce sont comme des automates incorporels : [« Quelle
» différence y a-t-il entre ces êtres et la molécule
» sensible de Hobbes ? Je ne l'entends pas. L'axiome
» suivant m'incline bien davantage à croire que
» c'est la même chose ».]

Si l'on veut appeler *ame* ce qui, en général, a perception et appétit, je ne m'oppose pas à ce qu'on regarde les substances simples ou les monades créées comme des ames. Cependant, la perception étant où la connoissance n'est pas, il vaudroit mieux s'en tenir, pour les substances simples qui n'ont que la perception, aux mots de *monades* ou *d'entéléchies*; et pour les substances qui ont les perceptions et la mémoire ou conscience, aux mots *d'ame et d'esprit*.

Dans la défaillance, dans la stupeur ou le sommeil profond, l'ame, qui ne manque pas tout-à-fait de perception, ne diffère pas d'une simple monade. L'état présent d'une substance simple procède naturellement de son état précédent; ainsi le présent est gros de l'avenir.

Lorsque nous sortons du sommeil, de la défaillance, de la stupeur, nous avons la conscience de nos perceptions ; il faut donc qu'il n'y ait eu aucune interruption absolue ; qu'il y ait eu des perceptions immédiatement précédentes et contiguës, quoique nous n'en ayons pas la conscience. Car la perception est engendrée de la perception, comme le mouvement, du mouvement : *cet axiome fécond mérite le plus grand examen.*

Il paroît que nous serions dans un état de stupeur parfaite, tant que nous ne distinguerions rien à nos perceptions. Or cet état est celui de la monade pure.

Il paroît encore que la nature, en accordant aux animaux des organes qui rassemblent plusieurs rayons de lumière, plusieurs ondulations de l'air, dont l'efficacité est une suite de leur union ou multitude, elle a mis en eux la cause de perceptions sublimes. Il faut raisonner de la même manière de la saveur, des odeurs, et du toucher. C'est par la mémoire, que les perceptions sont liées dans les ames. La mémoire imite la raison ; mais ce ne l'est pas.

Les animaux apperçoivent un objet, ils en sont frappés ; ils s'attendent à une perception ou sensation semblable à celle qu'ils ont éprouvée antérieurement de la part de cet objet ; ils se meuvent ; mais ils ne raisonnent pas : ils ont la mémoire. *Voyez* l'article INSTINCT DES ANIMAUX. Encyc. mét. phil. anc. et med. tom. III.

L'imagination forte, qui nous frappe et nous meut, naît de la fréquence et de l'énergie des perceptions précédentes.

L'effet d'une seule impression forte équivaut quelquefois à l'effet habituel et réitéré d'une impression foible et durable.

Les hommes ont de commun avec les animaux, le principe qui lie leurs perceptions. La mémoire est la même en eux. La mémoire est un médecin empyrique, qui agit par expérience sans théorie.

C'est la connoissance des vérités nécessaires et éternelles, qui distingue l'homme de la bête. C'est elle qui fait en nous la raison et la science, l'ame. C'est à la connoissance des vérités nécessaires et éternelles, et à leurs abstractions qu'il faut rapporter ces actes réfléchis qui nous donnent la conscience de nous.

Ces actes réfléchis sont la source la plus féconde de nos raisonnemens. C'est l'échelle par laquelle nous nous élevons à la pensée de l'être, de la substance simple ou complexe, de l'immatériel, de l'éternel, de Dieu. Nous concevons que ce qui est limité en nous, existe en lui sans limites.

Nos raisonnemens ont deux grandes bases; l'une est le principe de contradiction, l'autre est le principe de la raison suffisante.

Nous regardons comme faux tout ce qui implique contradiction; nous pensons que rien n'est sans une raison suffisante, pourquoi cela est ainsi et non autrement, quoique souvent cette raison ne nous soit pas connue. *Ce principe n'est pas nouveau; les anciens l'ont employé.*

Si une vérité est nécessaire, on peut la résoudre dans ses élémens, et parvenir, par analyse ou voie de décomposition, à des idées primitives, où se consomme la démonstration.

Il y a des idées simples qui ne se définissent point. Il y a aussi des axiomes, des demandes, des principes primitifs qui ne se prouvent point. La preuve et la définition seroient identiques à l'énonciation.

On peut découvrir la raison suffisante dans les choses contingentes ou de fait. Elle est dans l'enchaînement universel : il y a une résolution ou analyse successive de causes ou raisons particulières; d'autres raisons ou causes particulières; et ainsi de suite.

Cependant, toute cette suite ne nous menant que de contingence en contingence ; et la dernière n'exigeant pas moins une analyse progressive que la première, on ne peut s'arrêter : pour arriver à la certitude, il faut tenir la raison suffisante ou dernière, fût-elle à l'infini.

Mais où est cette raison suffisante et dernière, si-non dans quelque substance nécessaire, source et principe de toute mutation ?

Et quelle est cette substance, terme dernier de la série, si-non Dieu ? Dieu est donc, et il suffit.

Cette substance, une, suprême, universelle, nécessaire, n'a rien hors d'elle qui n'en dépende. Elle est donc illimitée; elle contient donc toute réalité possible; elle est donc parfaite : car qu'est-ce que la perfection, si-non l'illimité d'une grandeur réelle et positive.

D'où il suit que la créature tient de Dieu sa perfection ; et les imperfections de sa nature, de son essence incapable de l'illimité. Voilà ce qui la distingue de Dieu.

Dieu est la source, et des existences, et des essences, et de ce qu'il y a de réel dans le possible. L'entendement divin est le sein des vérités essentielles. Sans Dieu, rien de réel, ni dans le possible, ni dans l'existant, ni même dans le néant.

En effet, s'il y a quelque réalité dans les essences, dans les existences, dans les possibilités, cette réalité est fondée dans quelque chose d'existant et de réel, et conséquemment dans la nécessité d'un être auquel il suffise d'être possible pour être existant. *Ceci n'est que la démonstration de Descartes retournée.*

Dieu est le seul être, qui ait ce privilége d'être nécessairement, s'il est possible ; or, rien ne montrant de la contradiction dans sa possibilité, son existence est donc démontrée *à priori.* Elle l'est encore *à posteriori ;* car les contingens sont : or ces contingens n'ont de raison suffisante et dernière que dans un être nécessaire, ou qui ait en lui-même la raison de son existence.

Il ne faut pas inférer de-là que les vérités éternelles, qui ne se voient pas sans Dieu, soient dépendantes de sa volonté et arbitraires.

Dieu est une unité ou substance simple, origine de toutes les monades créées qui en sont émanées, pour ainsi dire, par des fulgurations continuelles. [« Nous nous sommes servis de ce mot *fulguration*, » parce que nous n'en connoissons point d'autre » qui lui réponde. Au-reste, cette idée de *Leib-* » *nitz* est toute platonicienne, et pour la subtilité, » et pour la sublimité »).

Il y a en Dieu puissance, entendement et volonté ; puissance, qui est l'origine de tout ; enten-

M *

dement, où est le modèle de tout; volonté, par qui tout s'exécute pour le mieux.

Il y a aussi dans la monade les mêmes qualités correspondantes, perception et appétit; mais perception limitée, appétit fini.

On dit que la créature agit hors d'elle-même, et souffre. Elle agit hors d'elle-même, en tant que parfaite; elle souffre, en tant qu'imparfaite.

La monade est active, en tant qu'elle a des perfections distinctes; passive, en tant qu'elle a des perfections confuses.

Une créature n'est plus ou moins parfaite qu'une autre, que par le principe qui la rend capable d'expliquer ce qui se passe dans elle et dans une autre; c'est ainsi qu'elle agit sur celle-ci.

Mais dans les substances simples, l'influence d'une monade, par exemple, est purement idéale; elle n'a d'effet que par l'entremise de Dieu. Dans les idées de Dieu, l'action d'une monade se lie à l'action d'une autre; et il est la raison de l'action de toutes : c'est son entendement, qui forme leurs dépendances mutuelles.

Ce qu'il y a d'actif et de passif dans les créatures, est réciproque. Dieu comparant deux substances simples, apperçoit dans l'une et l'autre la rai son qui oblige l'une à l'autre. L'une est active sous un aspect, et passive sous un autre aspect; active, en ce qu'elle sert à rendre raison de ce qui arrive dans ce qui procède d'elle; passive, en ce qu'elle sert à rendre raison de ce qui arrive dans ce dont elle procède.

Cependant comme il y a une infinité de combinaisons et de mondes possibles dans les idées de Dieu ; et que de ces mondes il n'en peut exister qu'un ; il faut qu'il y ait une certaine raison suffisante de son choix : or cette raison ne peut être que dans le différent dégré de perfection ; d'où il s'ensuit que le monde qui est, est le plus parfait. Dieu l'a choisi dans sa sagesse, connu dans sa bonté, produit dans la plénitude de sa puissance. *Voilà comme* Léibnitz *en est venu à son système de l'optimisme. Voyez* cet article.

Par cette correspondance d'une chose créée à une autre, et de chacune à toutes, on conçoit qu'il y a dans chaque substance simple des rapports, d'après lesquels, avec une intelligence proportionnée au tout, une monade étant donnée, l'univers entier le seroit. Une monade est donc une espèce de miroir représentatif de tous les êtres et de tous les phénomènes. [« Cette idée, que les
» petits esprits prendront pour une vision, est celle
» d'un homme de génie : pour le sentir, il n'y a qu'à
» la rapprocher de son principe d'enchaînement et
» de son principe de dissimilitude »].

Si l'on considère une ville sous différens points, on la voit différente ; c'est une multiplication d'optique. Ainsi la multitude des substances simples est si grande, qu'on croiroit qu'il y a une infinité d'univers différens ; mais ce ne sont que des images sunographiques d'un seul considéré sous différens aspects de chaque monade. Voilà la source de la vérité, de l'ordre, de l'économie, et de la plus grande perfection possible ; et cette hypothèse est la seule qui réponde à la grandeur, à la sagesse et à la magnificence de Dieu.

Les choses ne peuvent donc être autrement qu'elles sont, Dieu ayant produit la monade pour le tout ; le tout pour la monade qui le représente, non parfaitement, mais d'une manière confuse ; non pour elle, mais pour Dieu, sans quoi elle seroit elle-même Dieu.

La monade est limitée, non dans ses rapports, mais dans sa connoissance. Toutes tendent à un même but infini. Toutes ont en elles des raisons suffisantes de cet infini ; mais avec des bornes et des dégrés différens de perceptions : et ce que nous disons des simples, il faut l'entendre des composés.

Tout étant plein, tous les êtres liés, tout mouvement se transmet avec plus ou moins d'énergie à raison de la distance ; tout être reçoit en lui l'impression de ce qui se passe par-tout ; il en a la perception ; et Dieu, qui voit tout, peut lire en un seul être ce qui arrive en tous, ce qui y est arrivé, et ce qui y arrivera ; et il en seroit de même de la monade, si les distances et d'autres causes n'affoiblissoient pas ses perceptions ; et d'ailleurs elle est finie.

L'ame ne peut voir en elle que ce qui y est distinct ; elle ne peut donc être à toutes les perfections, parce qu'elles sont diverses et infinies.

Quoique l'ame ou toute monade créée soit représentative de l'univers, elle l'est bien mieux du corps auquel elle est attachée, et dont elle est l'entéléchie.

Or, le corps par sa connexion au tout représentant le tout, l'ame par sa connexion au corps et au tout le représente aussi.

Le corps et la monade, son entéléchie, constituent ce que nous appelons l'*être vivant*; le corps et la monade, son ame, constituent l'animal.

Le corps d'un être, soit animal, soit vivant, est toujours organique ; car qu'est-ce que l'organisation ? un assemblage formant un tout relatif à un autre. D'où il s'ensuit que les parties sont toutes représentatives de l'universalité; la monade, par ses perceptions ; le corps, par sa forme et ses mouvemens, ou états divers.

Un corps organique d'un être vivant est une sorte de machine divine, surpassant infiniment tout automate artificiel. Qu'est-ce qui a pu empêcher le grand ouvrier de produire ces machines ? la matière n'est-elle pas divisible à l'infini ? n'est-elle pas même actuellement divisée à l'infini ?

Or, cette machine divine représentant le tout, n'a pu être autre qu'elle est.

Il y a donc, à parler à la rigueur, dans la plus petite portion de matière, un monde de créatures vivantes, animales, entéléchies, ames, etc.

Il n'y a donc dans l'univers rien d'inutile, ni de stérile, ni de mort, nul chaos, nulle confusion réelle.

Chaque corps a une entéléchie dominante ; c'est l'ame dans l'animal ; mais ce corps a ses membres pleins d'autres êtres vivans, de plantes, d'animaux ; etc. et chacun de ceux-ci a avec son ame dominante son entéléchie.

Tous les corps sont en vicissitude ; des parties s'en échappent continuellement ; d'autres y entrent.

L'ame ne change point. Le corps change peu-à-peu ; il y a des métamorphoses, mais nulle métempsycose. Il n'y a point d'ame sans corps.

Conséquemment il n'y a ni génération, ni mort parfaite ; tout se réduit à des développemens et à des dépérissemens successifs.

Depuis qu'il est démontré que la putréfaction n'engendre aucun corps organique ; il s'ensuit que le corps organique préexistoit à la conception ; et que l'ame occupoit ce corps préexistant ; et que l'animal étoit ; et qu'il n'a fait que paroître sous une autre forme.

J'appellerois *spermatiques*, ces animaux qui

parviennent par voie de conception à une grandeur considérable ; les autres, qui ne passent point sous des formes successives, naissant, croissant, sont multipliés et détruits.

Les grands animaux n'ont guère un autre sort ; ils ne font que se montrer sur la scène. Le nombre de ceux qui changent de théâtre est petit.

Si naturellement un animal ne commence point, naturellement il ne finit point.

L'ame, miroir du monde indestructible, n'est point détruite. L'animal même perd ses enveloppes, et en prend d'autres ; mais, à travers ses métamorphoses, il reste toujours quelque chose de lui.

On déduit de ces principes, l'union, ou plutôt la convenance de l'ame et d'un corps organique. L'ame a ses loix qu'elle suit ; et le corps, les siennes. S'ils sont unis, c'est par la force de l'*harmonie préétablie* entre toutes les substances, dont il n'y a pas une seule qui ne soit représentative de l'univers.

Les ames agissent, selon les loix des causes finales, par des appétits, par des moyens et par des fins ; le corps, selon les loix des causes efficientes ou motrices ; et il y a, pour ainsi dire, deux règnes coordonnés entre eux, l'un des causes efficientes, l'autre des causes finales.

Descartes a connu l'impossibilité que l'ame donnât quelque force ou mouvement au corps, parce

que la quantité de force reste toujours la même dans la nature ; cependant il a cru que l'ame pouvoit changer la direction des corps. Ce fut une suite de l'ignorance où l'on étoit de son temps sur une loi de nature, qui veut que la même direction totale persévère dans la matière. Avec cette connoissance de plus, et le pas qu'il avoit déjà fait, il seroit infailliblement arrivé au système de *l'harmonie préétablie :* selon ce système, le corps agissant, comme si par impossible il n'y avoit point d'ame, et les ames, comme si par impossible il n'y avoit point de corps, et tous les deux, comme s'ils influoient l'un sur l'autre. [« Il est incroyable
» comment deux loix mécaniques, géométrique-
» ment démontrées, l'une sur la somme du mou-
» vement dans la nature, l'autre sur la direction
» des parties de la matière, ont eu un effet sur
» le système de l'union de l'ame avec le corps. Je
» demanderois volontiers si ces spéculations phy-
» sico-mathématiques et abstraites, appliquées
» aux choses intellectuelles ; n'obscurcissent pas,
» au-lieu d'éclairer ; et n'ébranlent pas plus-tôt la
» distinction des deux substances, qu'elles n'en
» expliquent le commerce. D'ailleurs, quelle foule
» d'autres difficultés ne naissent pas de ce système
» *leibnitien*, sur la nature et sur la grace, sur les
» droits de Dieu et sur les actions des hommes, sur
» la volonté, la liberté, le bien et le mal, les
» châtimens présens et à venir, etc. »!

Dieu a créé l'ame dans le commencement, de la manière qu'elle se représente et produit en elle tout ce qui s'exécute dans le corps ; et le corps, de manière qu'il exécute tout ce que l'ame se représente et veut. *Voyez* l'article HARMONIE PRÉÉTABLIE.

L'ame produit ses perceptions et ses appétits ; le corps, ses mouvemens ; et l'action de l'une des substances conspire avec l'action de l'autre, en conséquence du concert que Dieu a ordonné entre elles dans la formation du monde.

Une perception précédente est la cause d'une perception suivante dans l'ame. Un mouvement analogue à la perception première de l'ame est la cause d'un mouvement second analogue à la seconde perception de l'ame. [« Il faut convenir » qu'il est difficile d'appercevoir comment, au » milieu de ce double changement, la liberté de » l'homme peut se conserver. Les *léibnitiens* pré- » tendent que cela n'y fait rien ; le croye qui » pourra »].

L'ame et l'animal ont la même origine que le monde, et ne finiront qu'avec lui. Les ames spermatiques des animaux raisonnables passent de l'état d'ame sensible à celui plus parfait d'ame raisonnable.

Les ames, en général, sont des miroirs de l'univers, des images représentatives des choses ; l'ame de l'homme est de plus un miroir représentatif, une image de son créateur.

Tous les esprits ensemble forment la cité de Dieu, gouvernement le plus parfait de tous sous le monarque le plus parfait.

Cette cité, cette monarchie est le monde moral dans le monde naturel. Il y a aussi la même harmonie préétablie entre le règne physique de la nature et le règne moral de la grace, c'est-à-dire entre l'homme et Dieu considéré, ou comme auteur de la grande machine, ou comme souverain de la cité des esprits.

Les choses, en conséquence de cette hypothèse, conduisent à la grace par les voies de la nature. Ce monde sera détruit et réparé par des moyens naturels; et la punition et le châtiment des esprits aura lieu, sans que l'harmonie cesse. Ce dernier événement en sera le complément.

Le Dieu, architecte de l'univers, satisfera au Dieu législateur; et les fautes seront punies, et les vertus récompensées, dans l'ordre de la justice et du mécanisme.

Nous n'avons donc rien de mieux à faire que de fuir le mal et de suivre le bien, convaincus que nous ne pourrions qu'approuver ce qui se passe dans le physique et dans le moral, s'il nous étoit donné d'embrasser le tout.

III. *Principes de la théologie naturelle de* Leibnitz.

En quoi consiste la toute-puissance de Dieu, si-non dans ce que tout dépend de lui, et qu'il ne dépend de rien.

Dieu est indépendant, et dans son existence, et dans ses actions.

Dans son existence, parce qu'il est nécessaire et éternel.

Dans ses actions, naturellement et moralement ; naturellement, parce qu'il est libre ; moralement, parce qu'il n'a point de supérieur.

Tout dépend de Dieu, et les possibles, et les existans.

Les possibles ont leur réalité dans son existence. S'il n'existoit pas, il n'y auroit rien de possible. Les possibles sont de toute éternité dans ses idées.

Les existans dépendent de Dieu, et dans leur existence, et dans leurs actions ; dans leur existence, parce qu'il les a créés librement, et qu'il les conserve de même ; dans leurs actions, parce qu'il y concourt, et que le peu de bien qu'elles font vient de lui.

Le concours de Dieu est ou ordinant, ou spécial.

Dieu sait tout, connoît tout, et les possibles, et les existans. Les existans dans ce monde, les possibles dans les mondes possibles. La science des existans passés, présens et futurs, s'appelle *science de vision*. Elle ne diffère point de la science de simple intelligence de ce monde, considéré seulement comme possible, si ce n'est qu'en-même-temps que Dieu le voit possible, il le voit aussi comme devant être créé.

La science de simple intelligence, prise dans un sens plus strict, relativement aux vérités nécessaires et possibles, s'appelle *science moyenne*, relativement aux vérités possibles et contingentes; et *science de vision*, relativement aux vérités contingentes et actuelles.

Si la connoissance du vrai constitue la sagesse, le désir du bien constitue la bonté. La perfection de l'entendement dépend de l'une; la perfection de la volonté dépend de l'autre.

La nature de la volonté suppose la liberté; la liberté suppose la spontanéité et la délibération, conditions sans lesquelles il y a nécessité.

Il y a deux nécessités; la métaphysique, qui implique l'impossibilité d'agir; la morale, qui implique l'inconvénient à agir plutôt ainsi qu'autrement. Dieu n'a pu se tromper dans le choix. Sa liberté n'en est que plus parfaite. Il y avoit tant d'ordres possibles de choses, différens de celui qu'il a choisi. Louons sa sagesse et sa bonté, et n'en concluons rien contre sa liberté.

Ceux-là se trompent, qui prétendent qu'il n'y a de possible que ce qui est.

La volonté est antécédente ou conséquente. Par

l'antécédente, Dieu veut que tout soit bien, et qu'il n'y ait point de mal ; par la conséquente, qu'il y ait le bien qui est, et le mal qui est, parce que le tout ne pourroit être autrement.

La volonté antécédente n'a pas son plein effet ; la conséquente l'a.

La volonté de Dieu se divise encore en productive et en permissive. Il produit ses actes ; il permet les nôtres.

Le bien et le mal peuvent être considérés sous trois points de vue ; le métaphysique, le physique et le moral. Le métaphysique est relatif à la perfection et à l'imperfection des choses non-intelligentes ; le physique, aux commodités et aux incommodités des choses intelligentes ; le moral, à leurs actions vertueuses ou vicieuses.

Dans aucun de ces cas, le mal réel n'est l'objet de la volonté productive de Dieu ; dans le dernier, il l'est de sa volonté permissive. Le bien naît toujours, même quand il permet le mal.

La providence de Dieu se montre dans tous les effets de cet univers. Il n'a proprement prononcé qu'un décret ; c'est que tout fût comme il est.

Le décret de Dieu est irrévocable, parce qu'il a tout vu avant que de le porter. Nos prières et nos travaux sont entrés dans son plan ; et son plan a été le meilleur possible.

Soumettons-nous donc aux événemens ; et quelque fâcheux qu'ils soient, n'accusons point son ouvrage ; servons-le , obéissons-lui , aimons-le , et mettons toute notre confiance dans sa bonté.

Son intelligence , jointe à sa bonté , constitue sa justice. Il y a des biens et des maux dans ce monde ; et il y en aura dans l'autre ; mais quelque petit que soit le nombre des élus , la peine des malheureux ne sera point à comparer avec la récompense des bienheureux.

Il n'y a point d'objections prises du bien et du mal moral, que les principes précédens ne résolvent.

Je ne pense pas qu'on puisse se dispenser de croire que les ames préexistantes aient été infectées dans notre premier père.

La contagion, que nous avons contractée, nous a cependant laissé comme les restes de notre origine céleste , la raison et la liberté ; la raison , que nous pouvons perfectionner ; la liberté , qui est exempte de nécessité et de coaction.

La futurition des choses , la préordination des événemens , la prescience de Dieu , ne touchent point à notre liberté.

IV. Exposition des principes que Léibnitz *opposa à Clarke, dans leur dispute.*

Dans les ouvrages de Dieu , la force se conserve toujours la même. Elle passe de la matière à la matière , selon les loix de la nature et l'ordre le meilleur préétabli.

Si Dieu produit un miracle, c'est une grace et non un effet de la nature; ce n'est point aux mathématiques, mais à la métaphysique qu'il faut recourir contre l'impiété.

Le principe de contradiction est le fondement de toute vérité mathématique ; c'est par celui de la raison suffisante, qu'on passe des mathématiques à la physique. Plus il y a de matière dans l'univers, plus Dieu a pu exercer sa sagesse et sa puissance. Le vide n'a aucune raison suffisante.

Si Dieu sait tout, ce n'est pas seulement par sa présence à tout, mais encore par son opération; il conserve, par la même action qu'il a produite, et les êtres, et tout ce qu'il y a en eux de perfection.

Dieu a tout prévu ; et si les créatures ont un besoin continuel de son secours, ce n'est ni pour corriger, ni pour améliorer l'univers.

Ceux qui prennent l'espace pour un être absolu, s'embarrassent dans de grandes difficultés ; ils admettent un être éternel, infini, qui n'est pas Dieu; car l'espace a des parties, et Dieu n'en a pas.

L'espace et le temps ne sont que des relations. L'espace est l'ordre des co-existences; le temps, l'ordre des successions.

Ce qui est surnaturel surpasse les forces de toute créature; c'est un miracle; une volonté sans motif est une chimère, contraire à la nature de la volonté et à la sagesse de Dieu.

L'ame n'a point d'action sur le corps ; ce sont

deux êtres qui conspirent en conséquence des loix de l'harmonie préétablie.

Il n'y a que Dieu qui puisse ajouter des forces à la nature ; et c'est une action miraculeuse et surnaturelle.

Les images, dont l'ame est affectée immédiatement, sont en elle ; mais elles sont coordonnées avec les actions du corps.

La présence de l'ame au corps n'est qu'imparfaite.

Celui qui croit que les forces actives et vives souffrent de la diminution dans l'univers, n'entend ni les loix primitives de la nature, ni la beauté de l'œuvre divine.

Il y a des miracles ; les uns, que les anges peuvent opérer ; d'autres, qui sont dans la puissance de Dieu seul, comme anéantir ou créer.

Ce qui est nécessaire, l'est essentiellement ; et ce qui est contingent doit son existence à un être meilleur, qui est la raison suffisante des choses.

Les motifs inclinent, mais ne forcent point. La conduite des contingens est infaillible, mais n'est pas nécessaire.

La volonté ne suit pas toujours la décision de l'entendement ; on prend du temps pour un examen plus mûr.

La quantité n'est pas moins des choses relatives que des choses absolues ; ainsi, quoique le temps et l'espace soient des rapports, ils ne sont pas moins appréciables.

Il n'y a point de substance créée absolument sans matière. Les anges mêmes y sont attachés.

L'espace et la matière ne sont qu'un. Point d'espace, où il n'y a point de matière.

L'espace et la matière ont entre eux la même différence, que le temps et le mouvement: quoique différens, ils ne sont jamais séparés.

La matière n'est éternelle et nécessaire, que dans la fausse supposition de la nécessité et de l'éternité de l'espace.

Le principe des indiscernables renverse l'hypothèse des atômes et des corps similaires.

On ne peut conclure de l'étendue à la durée.

Si l'univers se perfectionne ou se détériore, il a commencé.

L'univers peut avoir eu un commencement, et ne peut avoir de fin. Quoi qu'il en soit, il y a des limites.

Le monde ne seroit pas soustrait à la toute-puissance de Dieu par son éternité. Il faut remonter à la monade, pour y trouver la cause de l'harmonie universelle. C'est par elle qu'on lie un état conséquent à un autre antécédent.

Tout être qui suit des causes finales, est libre, quoiqu'il agisse de concert avec un être assujetti, sans connoissance, à des causes efficientes.

Si l'universalité des corps s'accroît d'une force nouvelle, c'est par miracle; car cet accroissement se fait dans un lieu, sans qu'il y ait diminution dans un autre. S'il n'y avoit point de créatures, il n'y auroit ni temps, ni espace ; et l'éternité et l'immensité de Dieu cesseroient.

Celui qui niera le principe de la raison suffisante, sera réduit à l'absurde.

V. *Principes du droit naturel, selon* Léibnitz.

Le droit est une sorte de puissance morale ; et l'obligation, une nécessité du même genre. On entend, par moral, ce qui, auprès d'un homme de bien, équivaut au naturel. L'homme de bien est celui qui aime tous ses semblables, autant que la raison le permet. La justice, ou cette vertu qui règle le sentiment que les Grecs ont désigné sous le nom de *philantropie*, est la charité du sage. La charité est une bienveillance universelle ; et la bienveillance, une habitude d'aimer. Aimer, c'est se réjouir du bonheur d'un autre, ou faire de sa félicité une partie de la sienne. Si un objet est beau et sensible en-même-temps, on l'aime d'amour. Or, comme il n'y a rien de si parfait que Dieu, rien de plus heureux, rien de plus puissant, rien de si sage, il n'y a pas d'amour supérieur à l'amour divin. Si nous sommes sages, c'est-à-dire, si nous aimons Dieu, nous participerons à son bonheur ; et il fera le nôtre.

La sagesse n'est autre chose que la science du bonheur ; voilà la source du droit naturel, dont il y a trois dégrés : droit strict dans la justice commutative ; équité, ou plus rigoureusement, charité dans la justice distributive ; et piété, ou probité dans la justice universelle. De-là naissent les préceptes de n'offenser personne, de rendre à chacun ce qui lui appartient, et de bien vivre.

C'est un principe de droit strict, qu'il ne faut offenser personne, afin qu'on n'ait point d'action contre nous dans la cité, point de ressentiment hors de la cité : de-là naît la justice commutative.

Le dégré supérieur au droit strict peut s'appeler *équité ;* ou si l'on aime mieux, *charité*, vertu qui ne s'en tient pas à la rigueur du droit srict, mais en conséquence de laquelle on contracte des obligations, qui empêchent ceux qui pourroient y être intéressés à exercer contre nous une action qui nous contraint.

Si le dernier dégré est de n'offenser personne, un intermédiaire est de servir à tous, mais autant qu'il convient à chacun, et qu'ils en sont dignes; car il n'est pas permis de favoriser tous ses semblables, ni tous également.

C'est là ce qui constitue la justice distributive, et fonde le principe de droit qui ordonne de rendre à chacun ce qui lui est dû.

C'est ici qu'il faut rappeler les loix politiques: ces loix sont instituées dans la république pour le bonheur des sujets ; elles appuyent ceux qui n'avoient que le droit, lorsqu'ils exigent des autres ce qu'il étoit juste qu'ils rendissent ; c'est à elles à peser le mérite : de-là naissent les priviléges, les châtimens et les récompenses. Il s'ensuit que l'équité s'en tient dans les affaires au droit strict ; et qu'elle ne perd de vue l'égalité naturelle, que dans les cas où elle y est contrainte par la raison d'un plus grand bien ; ce qu'on appelle l'acception des personnes, peut avoir lieu dans la distribution des biens publics ou des nôtres, mais non dans l'échange des biens d'autrui.

Le premier dégré de droit ou de justice, c'est la probité ou la pitié. Le droit strict garantit de la misère et du mal. Le dégré supérieur au droit strict tend au bonheur ; mais à ce bonheur qu'il nous est permis d'obtenir dans ce monde, sans porter nos regards au-delà. Mais si l'on se propose la démonstration universelle, que tout ce qui est honnête est utile, et que tout ce qui est déshonnête est nuisible, il faut monter à un principe plus élevé, l'immortalité de l'ame, et l'existence d'un Dieu créateur du monde ; de manière que nous soyons tous considérés comme vivans dans une cité très-parfaite, et sous un souverain si sage, qu'il ne peut se tromper ; si puissant, que nous ne pouvons pas, par quelque voie que ce soit, échapper à son autorité ; si bon, que le bonheur soit de lui obéir.

C'est par sa puissance et sa providence admise par les hommes, que ce qui n'est que droit devient fait ; que personne n'est offensé ou blessé que par lui-même ; qu'aucune bonne action n'existe sans récompense assurée ; aucune mauvaise, sans un châtiment certain : car rien n'est négligé dans cette république du monde par le souverain universel.

Il y a sous ce point de vue une justice universelle, qui proscrit l'abus des choses qui nous appartiennent de droit naturel ; qui nous retient la main dans le malheur ; qui empêche un grand nombre d'actions mauvaises ; et qui n'en commande pas un moindre nombre de bonnes : c'est la soumission au grand monarque, à celui qui nous a fait, et à qui nous nous devons, nous et les nôtres ; c'est la crainte de nuire à l'harmonie universelle.

C'est la même considération ou croyance, qui fait la force du principe de droit, qu'il faut bien vivre, c'est-à-dire, honnêtement et pieusement.

Outre les loix éternelles du droit, de la raison et de la nature, dont l'origine est divine, il en est de volontaires qui appartiennent aux mœurs, et qui ne sont que par l'autorité d'un supérieur.

Voilà l'origine du droit civil ; ce droit tient sa force de celui qui a le pouvoir en main dans la république ; hors de la république, de ceux qui ont le même pouvoir que lui : c'est le consentement volontaire et tacite des peuples, qui fonde le droit des gens.

Ce droit n'est pas le même pour tous les peuples

et pour tous les temps ; du-moins , cela n'est pas nécessaire.

La base du droit social est dans l'enceinte du droit de la nature.

Le droit des gens protége celui qui doit veiller à la liberté publique ; qui n'est point soumis à la puissance d'un autre ; qui peut lever des troupes, avoir des hommes en armes , et faire des traités , quoiqu'il soit lié à un supérieur par des obligations , qu'il doive foi et hommage , et qu'il ait voué l'obéissance : de-là les notions de potentat et de souverain.

La souveraineté n'exclut point une autorité supérieure à elle dans la république. Celui-là est souverain , qui jouit d'une puissance et d'une liberté telles , qu'il en est autorisé à intervenir aux affaires des nations par ses armes , et à assister dans leurs traités.

Il en est de la puissance civile dans les républiques libres , comme dans la nature ; c'est ce qui a volonté.

Si les loix fondamentales n'ont pas pourvu dans la république à ce que ce qui a volonté jouisse de son droit , il y a vice.

Les actes sont des dispositions qui tiennent leur efficacité du droit ; ou il faut les regarder comme des voies de fait.

Les actes , qui tiennent leur efficacité du droit , sont judiciaires ou intrajudiciaires ; ou un seul y intervient, ou plusieurs ; un seul, comme dans les testamens ; plusieurs, comme dans les conventions.

Voilà l'analyse succinte de la philosophie de *Léibnitz*.

Jamais homme, peut-être, n'a autant lu, autant étudié, plus médité, plus écrit que *Léibnitz :* cependant il n'existe de lui aucun corps d'ouvrages. Il est surprenant que l'Allemagne, à qui cet homme fait lui seul autant d'honneur que Platon, Aristote et Archimède ensemble en font à la Grèce, n'ait pas encore recueilli ce qui est sorti de sa plume. Ce qu'il a composé sur le monde, sur Dieu, sur la nature, sur l'ame, comportoit l'éloquence la plus sublime. Si ces idées avoient été exposées avec le coloris de Platon, le philosophe de de Léipsik ne le céderoit en rien au philosophe d'Athènes.

On s'est plaint, et avec quelque raison peut-être, que nous n'avions pas rendu à ce philosophe toute la justice qu'il meritoit. C'étoit ici le lieu de réparer cette faute, si nous l'avons commise, de parler avec éloge, avec admiration, de cet homme célèbre ; et nous le faisons avec joie. Nous n'avons jamais pensé à déprimer les grands hommes ; nous sommes trop jaloux de l'honneur de l'espèce humaine : et puis, nous aurions beau dire, leurs ouvrages, transmis à la postérité, déposeroient en leur faveur, et contre nous ; on ne les verroit pas moins grands ; et on nous trouveroit bien petits.

LOCKE.

(PHILOSOPHIE DE)

Jean *Locke* naquit à Wrington, à sept ou huit milles de Bristol, le 29 août 1631. Son père servit dans l'armée des parlementaires, au temps des guerres civiles ; il prit soin de l'éducation de son fils, malgré le tumulte des armes. Après ses premières études, il l'envoya à l'université d'Oxford, où il fit peu de progrès. Les exercices de collége lui parurent frivoles ; et cet excellent esprit n'eût peut-être jamais rien produit, si le hasard, en lui présentant quelques ouvrages de Descartes, ne lui eût montré qu'il y avoit une doctrine plus satisfaisante que celle dont on l'avoit occupé ; et que son dégoût, qu'il prenoit pour incapacité naturelle, n'étoit qu'un mépris secret de ses maîtres.

Il passa de l'étude du cartésianisme à celle de la médecine ; c'est-à-dire, qu'il prit des connoissances d'anatomie, d'histoire naturelle et de chimie, et qu'il considéra l'homme sous une infinité de points de vue intéressans. Il n'appartient qu'à celui qui a pratiqué la médecine pendant long-temps, d'écrire de la métaphysique ; c'est lui seul qui a vu les phénomènes, la machine tranquille, ou furieuse ; foible, ou vigoureuse ; saine, ou brisée ; délirante, ou réglée ; successivement imbécille, éclairée ; stupide, bruyante, muette, léthargique, agissante, vivante et morte.

Il voyagea en Allemagne et dans la Prusse. Il examina ce que la passion et l'intérêt peuvent sur les caractères. De retour à Oxford, il suivit le cours de ses études dans la retraite et l'obscurité. C'est ainsi qu'on devient savant, et qu'on reste pauvre : *Locke* le savoit, et ne s'en soucioit guère. Le chevalier Ashley (*), si connu dans la suite sous le nom de *Shaftesbury*, s'attacha le philosophe, moins encore par les pensions dont il le gratifia, que par de l'estime, de la confiance et de l'amitié. On acquiert un homme du mérite de *Locke* ; mais on ne l'achète pas. C'est ce que les riches, qui font de leur or la mesure de tout, ignorent, excepté peut-être en Angleterre. Il est rare qu'un lord ait eu à se plaindre de l'ingratitude d'un savant.

(*) On pourroit croire qu'il s'agit ici de l'auteur des *characteristicks*, de la lettre sur l'enthousiasme, etc. Mais celui dont Diderot veut parler, est mylord Ashley, qui fut depuis comte de Shaftesbury, et grand chancelier d'Angleterre, sous Charles II. *Locke* fit connoissance de ce seigneur, à Oxford, en 1666 ; il fut instituteur de son fils et de son petit-fils, celui qui s'est rendu si célèbre par ses ouvrages philosophiques, et qui mourut à Naples en 1711.

NOTE DE L'ÉDITEUR.

Nous voulons être aimés : *Locke* le fut de milord Ashley, du duc de Buckinhgam, de mylord Halifax ; moins jaloux de leurs titres que de leurs lumières, ils étoient vains d'être ses égaux. Il accompagna le comte de Northumberland et son épouse en France et en Italie. Il fit l'éducation du fils de mylord Ashley : les parens de ce jeune seigneur lui laissèrent le soin de marier son élève. Croit-on que le philosophe ne fut pas plus sensible à cette marque de considération, qu'il ne l'eût été au don d'une bourse d'or ?

Il avoit alors trente-cinq ans. Il avoit conçu que les pas qu'on feroit dans la recherche de la vérité seroient toujours incertains, tant que l'instrument ne seroit pas mieux connu ; et il forma le projet de son *Essai sur l'entendement humain.* Depuis, sa fortune souffrit différentes révolutions ; il perdit successivement plusieurs emplois, auxquels la bienveillance de ses protecteurs l'avoit élevé. Il fut attaqué d'éthisie ; il quitta son pays ; il vint en France, où il fut accueilli par les personnes les plus distinguées. Attaché à mylord Ashley, il partagea sa faveur et ses disgraces. De retour à Londres, il n'y demeura pas long-temps. Il fut obligé d'aller chercher de la sécurité en Hollande, où il acheva son grand ouvrage. Les hommes puissans sont bien inconséquens ; ils persécutent ceux qui font, par leurs talens, la gloire des nations qu'ils gouvernent ; et ils craignent leur désertion. Le roi d'Angleterre, offensé de la retraite de *Locke*, fit rayer son nom des registres du collége d'Oxford. Dans la suite, des amis qui le regrettoient, sollicitèrent son pardon; mais *Locke* rejeta avec fierté une grace, qui l'auroit accusé d'un crime qu'il n'avoit pas commis. Le roi, indigné, le fit demander aux états-généraux, avec quatre-vingt-quatre personnes que le mécontentement de l'administration avoit attachées au duc de Montmouth dans une entreprise rebelle. *Locke* ne fut point livré; il faisoit peu de cas du duc de Montmouth; ses desseins lui paroissoient aussi périlleux que mal concertés. Il se sépara du duc, et se réfugia d'Amsterdam à Utrecht, et d'Utrecht à Clèves, où il vécut quelque temps caché.

Cependant les troubles de l'état cessèrent : son innocence fut reconnue; on le rappela; on lui rendit les honneurs académiques dont on l'avoit injustement privé; on lui offrit des postes importans. Il rentra dans sa patrie sur la même flotte qui y conduisoit la princesse d'Orange : il ne tint qu'à lui d'être envoyé en différentes cours de l'Europe, mais son goût pour le repos et la méditation le détacha des affaires publiques; et il mit la dernière main à son *Traité de l'entendement humain*, qui parut pour la première fois en 1697. Ce fut alors que le gouvernement rougit de l'indigence et de l'obscurité de *Locke*; on le contraignit d'entrer dans la commission établie pour l'intérêt du commerce, des colonies et des plantations. Sa santé, qui s'affoiblissoit, ne lui permit pas de vaquer long-temps à cette importante fonction ; il s'en dépouilla, sans rien retenir des honoraires qui y étoient attachés, et se retira à vingt-cinq milles de Londres, dans une terre du comte de Marsham. Il avoit publié un petit ouvrage sur le gouvernement civil, *de imperio civili ;* il y exposoit l'injustice et les inconvéniens du despotisme et de la tyrannie. Il composa à la campagne son *Traité de l'éducation des enfans*, sa *Lettre sur la tolérance*, son écrit sur les monnoies, et l'ouvrage singulier intitulé : le *Christianisme raisonnable*, où il bannit tous les mystères de la religion et des auteurs sacrés, restitue la raison dans ses droits, et ouvre la porte de la vie éternelle à ceux qui auront cru en Jésus-Christ réformateur, et pratiqué la loi naturelle. Cet ouvrage lui suscita des haines et des disputes, et le dégoûta du travail : d'ailleurs, sa santé s'affoiblissoit. Il se livra donc tout-à-fait au repos et à la lecture de l'écriture sainte.

Il avoit éprouvé que l'approche de l'été le ranimoit. Cette saison ayant cessé de produire en lui cet effet, il en conjectura la fin de sa vie; et sa conjecture ne fut que trop vraie. Ses jambes s'enflèrent ; il annonça lui-même sa mort à ceux qui l'environnoient. Les malades, en qui les forces défaillent avec rapidité, pressentent, par ce qu'ils en ont perdu dans un certain temps, jusqu'où ils peuvent aller avec ce qui leur en reste, et ne se trompent guère dans leur calcul. *Locke* mourut en 1704, le 8 novembre, dans son fauteuil, maître de ses pensées, comme un homme qui s'éveille et qui s'assoupit par intervalles, jusqu'au moment où il cesse de se réveiller ; c'est-à-dire, que son dernier jour fut l'image de toute notre vie.

Il étoit fin, sans être faux ; plaisant sans amertume ; ami de l'ordre, ennemi de la dispute, consultant volontiers les autres, les conseillant à son tour, s'accommodant aux esprits et aux caractères, trouvant par-tout l'occasion de s'éclairer ou d'instruire, curieux de tout ce qui appartient aux arts, prompt à s'irriter et à s'appaiser, honnête homme, et moins calviniste que socinien.

Il renouvela l'ancien axiome : il n'y a rien dans l'entendement, qui n'ait été auparavant dans la sensation ; et il en conclut qu'il n'y avoit aucun principe de spéculation, aucune idée de morale innée.

D'où il auroit pu tirer une autre conséquence très-utile ; c'est que toute idée doit se résoudre, en dernière décomposition, en une représentation sensible, et que, puisque tout ce qui est dans notre entendement est venu par la voie de la sensation, tout ce qui sort de notre entendement est chimérique, ou doit, en retournant par le même chemin, trouver hors de nous un objet sensible pour s'y rattacher.

De-là une grande règle en philosophie : c'est que toute expression, qui ne trouve pas hors de notre esprit un objet sensible auquel elle puisse se rattacher, est vide de sens.

Il me paroît avoir pris souvent pour des idées des choses qui n'en sont pas, et qui n'en peuvent être, d'après son principe ; tel est, par exemple, le froid, le chaud ; le plaisir, la douleur ; la mémoire, la pensée ; la réflexion, le sommeil ; la volonté, etc. Ce sont des états, que nous avons éprouvés, et pour lesquels nous avons inventé des signes, mais dont nous n'avons nulle idée quand nous ne les éprouvons plus. Je demande à un homme ce qu'il entend par plaisir, quand il ne jouit pas ; et par douleur, quand il ne souffre pas. J'avoue, pour moi, que j'ai beau m'examiner, que je n'apperçois en moi que des mots de réclame pour rechercher certains objets, ou pour les éviter : rien de plus. C'est un grand malheur qu'il n'en soit pas autrement ; car si le mot *plaisir*, prononcé ou médité, réveilloit en nous quelque sensation, quelque idée ; et si ce n'étoit pas un son pur, nous serions heureux autant et aussi souvent qu'il nous plairoit.

Malgré tout ce que *Locke* et d'autres ont écrit sur les idées et sur les signes de nos idées, je crois la matière toute nouvelle, et la source intacte d'une infinité de vérités, dont la connoissance simplifiera beaucoup la machine qu'on appelle *esprit*, et compliquera prodigieusement la science qu'on appelle *grammaire*. La logique vraie peut se réduire à un très-petit nombre de pages ; mais plus cette étude sera courte, plus celle des mots sera longue.

Après avoir sérieusement réfléchi, on trouvera peut-être, 1.° que ce que nous appelons *liaison d'idées* dans notre entendement, n'est que la mémoire de la co-existence des phénomènes dans la nature; et que ce que nous appelons, dans notre entendement, *conséquence,* n'est autre chose qu'un souvenir de l'enchaînement ou de la succession des effets dans la nature.

2.° Que toutes les opérations de l'entendement se réduisent, ou à la mémoire des signes ou sons, ou à l'imagination ou mémoire des formes et figures.

Mais ce n'est pas assez, pour être heureux, que de jouir d'un bon esprit ; il faut encore avoir le corps sain. Voilà ce qui détermina *Locke* à commencer son *Traité de l'éducation*, après avoir publié celui de l'*entendement.*

Locke prend l'enfant, quand il est né. Il me semble qu'il auroit dû remonter un peu plus haut. Quoi donc? n'y auroit-il point de règles à prescrire pour la production d'un homme? Celui qui veut que l'arbre de son jardin prospère, choisit la saison, prépare le sol, et prend un grand nombre de précautions, dont la plupart me semblent applicables à un être de la nature, beaucoup plus important que l'arbre. Je veux que le père et la mère soient sains; qu'ils soient contens; qu'ils aient de la sérénité; et que le moment, où ils se disposent à donner l'existence à un enfant, soit celui où ils se sentent le plus satisfaits de la leur. Si l'on remplit d'amertume la journée d'une femme enceinte, croit-on que ce soit sans conséquence pour la plante molle qui germe et s'accroît dans son sein? Lorsque vous aurez planté dans votre verger un jeune arbrisseau, allez le secouer avec violence, seulement une fois par jour; et vous verrez ce qui en arrivera. Qu'une femme enceinte soit donc un objet sacré pour son époux et pour ses voisins.

Lorsqu'elle aura mis au jour son fruit, ne le couvrez ni trop, ni trop peu. Accoutumez-le à marcher tête nue; rendez-le insensible au froid des pieds; nourrissez-le d'alimens simples et communs; allongez sa vie, en abrégeant son sommeil; multipliez son existence, en appliquant son attention et ses sens à tout; armez-le contre le hasard, en le rendant insensible aux contre-temps; armez-le contre le préjugé, en ne le soumettant jamais qu'à l'autorité de la raison. Si vous fortifiez en lui l'idée générale de l'ordre, il aimera le bien; si vous fortifiez en lui l'idée générale de honte, il craindra le mal. Il aura l'ame élevée, si vous attachez ses premiers regards sur de grandes choses: accoutumez-le au spectacle de la nature, si vous voulez qu'il ait le goût simple et grand; parce que la nature est toujours grande et simple. Malheur aux enfans, qui n'auront jamais vu couler les larmes de leurs parens, au récit d'une action généreuse; malheur aux enfans, qui n'auront jamais vu couler les larmes de leurs parens, sur la misère des autres. La fable dit que Deucalion et Pyrrha repeuplèrent le monde en jetant des pierres derrière eux. Il reste dans l'ame la plus sensible une molécule qui tient de sa première origine, et qu'il faut travailler à reconnoître et à amollir.

Locke avoit dit, dans son *Essai sur l'entendement humain*, qu'il ne voyoit aucune impossibilité à ce que la matière pensât. Des hommes pusillanimes s'effrayeront de cette assertion: et qu'importe que la matière pense ou non? Qu'est-ce que cela fait à la justice ou à l'injustice, à l'immortalité et à tous les principes du systême, soit politique, soit religieux?

Quand la sensibilité seroit le germe premier de la pensée; quand elle seroit une propriété générale de la matière; quand, inégalement distribuée entre toutes les productions de la nature, elle s'exerceroit avec plus ou moins d'énergie, selon la variété de l'organisation; quelle conséquence fâcheuse en pourroit-on tirer? *aucune*. L'homme seroit toujours ce qu'il est, jugé par le bon et le mauvais usage de ses facultés.

MACARIENS.

C'est ainsi qu'on désigne les temps où le consul Macarius fut envoyé par l'empereur Constans, avec le consul Paul, pour ramener les Donatistes dans le sein de l'église. On colora le sujet de leur mission du prétexte de soulager la misère des pauvres par les libéralités de l'empereur : c'est un moyen qu'on emploiera rarement, et qui réussira presque toujours. On irrite l'hétérodoxie par la persécution ; et on l'éteindroit presque toujours par la bienfaisance : mais il n'en coûte rien pour exterminer, et il en coûteroit pour soulager. Optat de Milive, et S. Augustin parlent souvent des temps *macariens :* ils correspondent à l'an de J. C. 348. Ils furent ainsi appelés du nom du consul Macarius.

MACHIAVÉLISME.

Espèce de politique détestable, qu'on peut rendre en deux mots ; par l'art de tyranniser, dont Machiavel, le florentin, a répandu les principes dans ses ouvrages.

Machiavel fut un homme d'un génie profond, et d'une érudition très-variée. Il sut les langues anciennes et modernes ; il posséda l'histoire ; il s'occupa de la morale et de la politique ; il ne négligea pas les lettres. Il écrivit quelques comédies, qui ne sont pas sans mérite. On prétend qu'il apprit à régner à César-Borgia. Ce qu'il y a de certain, c'est que la puissance despotique de la maison de Médicis lui fut odieuse; et que cette haine, qu'il étoit si bien dans ses principes de dissimuler, l'exposa à de longues et cruelles persécutions. On le soupçonna d'être entré dans la conjuration de Soderini ; il fut pris et mis en prison : mais le courage, avec lequel il résista aux tourmens de la question qu'il subit, lui sauva la vie ; les Médicis, qui ne purent le perdre dans cette occasion, le protégèrent et l'engagèrent par leurs bienfaits à écrire l'histoire; il le fit : l'expérience du passé ne le rendit pas plus circonspect. Il trempa encore dans le projet, que des citoyens formèrent, d'assassiner le cardinal Jules de Médicis, qui fut dans la suite élevé au souverain pontificat sous le nom de Clément VII. On ne put lui opposer que les éloges continuels qu'il avoit faits de Brutus et Cassius. S'il n'y en avoit pas assez pour le condamner à mort, il y en avoit autant et plus qu'il n'en falloit pour le châtier par la perte de ses pensions ; ce qui lui arriva. Ce nouvel échec le précipita dans la misère, qu'il supporta pendant quelque temps. Il mourut à l'âge de 48 ans, l'an 1527, d'un médicament qu'il s'administra lui-même, comme un préservatif contre la maladie. Il laissa un fils appelé Luc Machiavel. Ses derniers discours, s'il est permis d'y ajouter foi, furent ceux d'un philosophe; il disoit qu'il aimoit mieux être dans l'enfer avec Socrate, Alcibiade, César, Pompée, et les autres grands hommes de l'antiquité, que dans le ciel, avec les fondateurs du christianisme.

Nous avons de lui huit livres de l'histoire de Florence ; sept livres de l'art de la guerre ; quatre de la république ; trois de discours sur Tite-Live ; la vie de Castruccio ; deux comédies, et les traités du prince et du sénateur. (*Voyez* dans l'article DIDEROT (PHILOSOPHIE DE), ce que ce philosophe dit sur le but que Machiavel s'est proposé, en écrivant son *Traité du prince,* ci-dessus, *tom. II, pag.* 208.) On appèle *machiavéliste* un homme qui suit dans sa conduite les principes de Machiavel, qui consistent à tendre à ses avantages particuliers, par quelques voies que ce soit. Il y a des *machiavélistes* dans tous les états.

MALABARES.

(PHILOSOPHIE DES)

LES premières notions, que nous avons eues de la religion et de la morale de ces peuples, étoient conformes à l'inattention, à l'inexactitude et à l'ignorance de ceux qui nous les avoient transmises. C'étoient des commerçans, qui ne connoissoient guère des opinions des hommes que celles qu'ils ont de la poudre d'or, et qui ne s'étoient pas éloignés de leurs contrées pour savoir ce que des peuples du Gange, de la côte de Coromandel et du Malabar pensoient de la nature et de l'Etre suprême. Ceux qui ont entrepris les mêmes voyages par le zèle de porter le nom de J. C. et d'élever des croix dans les mêmes pays, étoient un peu plus instruits : pour se faire entendre de ces peuples, ils ont été forcés d'en apprendre la langue ; de connoître leurs préjugés pour les combattre ; de conférer avec leurs prêtres ; et c'est de ces missionnaires que nous tenons le peu de lumières sur lesquelles nous puissions compter : trop heureux si l'enthousiasme, dont ils étoient possédés, n'a pas altéré, tantôt en bien, tantôt en mal, des choses dont les hommes en général ne s'expliquent qu'avec l'emphase et le mystère.

Les peuples du *Malabar* sont distribués en tribus ou familles ; ces tribus ou familles forment autant de sectes ; ces sectes, animées de l'aversion la plus forte les unes contre les autres, ne se mêlent point. Il y en a quatre principales divisées en 98 familles, parmi lesquelles celle des bramines est la plus considérée. Les bramines se prétendent issus d'un dieu qu'ils appèlent *Brama, Birama,* ou *Biruma :* le privilége de leur origine c'est d'être regardés par les autres comme plus saints, et de se croire eux-mêmes les prêtres, les philosophes, les docteurs et les sages nés de la nation ; ils étudient et enseignent les sciences naturelles et divines ; ils sont théologiens et médecins. Les idées qu'ils ont de l'homme philosophe ne sont pas trop inexactes, ainsi qu'il paroît par la réponse que fit un d'entre eux à qui l'on demandoit ce que c'est qu'un sage. Ses vrais caractères, dit le barbare, sont de mépriser les fausses et vaines joies de la vie ; de s'affranchir de tout ce qui séduit et enchaîne le commun ; de manger quand la faim le presse, sans aucun choix recherché des mets ; de faire de l'Être suprême l'objet de sa pensée et de son amour ; de s'en entretenir sans cesse ; et de rejeter, comme au-dessous de son application, tout autre sujet ; en sorte que sa vie devient une pratique continuelle de la vertu, et une seule prière. Si l'on compare ce discours avec ce que nous avons dit des anciens brachmanes, on en conclura qu'il reste encore parmi ces peuples quelques traces de leur première sagesse. *Voyez* l'article BRACHMANES.

Les brames ne sont point habillés, et ne vivent point comme les autres hommes ; ils sont liés d'une corde qui tourne sur le col, qui passe de leur épaule gauche au côté droit de leur corps, et qui les ceint au-dessus des reins. On donne cette corde aux enfans avec cérémonie. Quant à leur vie, voici comme les Indiens s'en expliquent :

ils se lèvent deux heures avant le soleil ; ils se baignent dans des eaux sacrées ; ils font une prière : après ces exercices, ils passent à d'autres, qui ont pour objet la purgation de l'ame ; ils se couvrent de cendres ; ils vaquent à leurs fonctions de théologiens et de ministres des dieux ; ils parent les idoles ; ils craignent de toucher à des choses impures ; ils évitent la rencontre d'un autre homme, dont l'approche les souilleroit ; ils s'abstiennent de la chair ; ils ne mangent de rien qui ait eu vie : leurs mets et leurs boissons sont purs ; ils veillent rigoureusement sur leurs actions et sur leurs discours. La moitié de leur journée est employée à des occupations saintes ; ils donnent le reste à l'instruction des hommes ; ils ne travaillent point des mains : c'est la bienfaisance des peuples et des rois, qui les nourrit. Leur fonction principale est de rendre les hommes meilleurs, en les encourageant à l'amour de la religion et à la pratique de la vertu, par leur exemple et leurs exhortations. Le lecteur attentif apperçevra une grande conformité entre cette institution et celle des thérapeutes ; il ne pourra guère s'empêcher, à l'examen des cérémonies égyptienne et indienne, de leur soupçonner une même origine : et s'il se rappelle ce que nous avons dit de Xéxia, de son origine et de ses dogmes ; ses conjectures se tourneront presque en certitude ; et reconnoissant dans la langue du *malabare* une multitude d'expressions grecques, il verra la sagesse parcourir successivement l'Archipel, l'Egypte, l'Afrique, les Indes, et toutes les contrées adjacentes. *V.* l'art. JAPONNOIS. (PHILOSOPHIE DES.)

On peut considérer les bramines sous deux aspects différens; l'un, relatif au gouvernement civil; l'autre, au gouvernement ecclésiastique, comme législateurs ou comme prêtres. (*Voyez* l'article BRAMINES, tom. I, p. 55 et suiv.)

Ce qui concerne la religion est renfermé dans un livre qu'ils appellent le *Veda,* qui n'est qu'entre leurs mains, et sur lequel il n'y a qu'un bramine qui puisse sans crime porter l'œil ou lire. C'est ainsi que cette famille d'imposteurs habiles s'est conservé une grande autorité dans l'état, et un empire absolu sur les consciences. Ce secret est plus ancien.

Il est traité dans le *Veda* de la matière première, des anges, des hommes, de l'ame, des châtimens préparés aux méchans, des récompenses qui attendent les bons, du vice, de la vertu, des mœurs, de la création, de la génération, de la corruption, des crimes, de leur expiation, de la souveraineté, des temples, des dieux, des cérémonies et des sacrifices.

Ce sont les bramines, qui sacrifient aux dieux pour le peuple, sur lequel on lève un tribut pour l'entretien de ces ministres, à qui les souverains ont encore accordé d'autres priviléges.

Des deux sectes principales de religion, l'une s'appelle *tchiva samciam*, l'autre *wistna samciam*; chacune a ses divisions, ses sous-divisions, ses tribus et ses familles ; et chaque famille, ses bramines particuliers.

Il y a encore dans le *Malabar* deux espèces d'hommes qu'on peut ranger parmi les philosophes ; ce sont les jogigueles et gúanigueles. Les premiers ne se mêlent ni des cérémonies, ni des rits ; ils vivent dans la solitude ; ils contemplent, ils se macèrent ; ils ont abandonné leurs femmes et leurs enfans ; ils regardent ce monde comme une illusion ; le rien, comme l'état de perfection : ils y tendent de toute leur force ; ils travaillent du matin au soir à s'abrutir, à ne rien désirer, ne rien haïr, ne rien penser, ne rien sentir ; et lorsqu'ils ont atteint cet état de stupidité complète, où le présent, le passé et l'avenir s'est anéanti pour eux ; où il ne leur reste ni peine, ni plaisir, ni crainte, ni espérance ; où ils sont absorbés dans un engourdissement d'ame et de corps profond ; où ils ont perdu tout sentiment, tout mouvement, toute idée ; alors ils se tiennent pour sages, pour parfaits, pour heureux, pour égaux à Foé, pour voisins de la condition de Dieu.

Ce quiétisme absurde a eu ses sectateurs dans l'Afrique et dans l'Asie ; et il n'est presqu'aucune contrée, aucun peuple religieux où l'on n'en rencontre des vestiges. Par-tout où l'homme sortant de son état se proposera l'être éternel, immobile, impassible, inaltérable, pour modèle, il faudra qu'il descende au-dessous de la bête. Puisque la nature t'a fait homme, sois homme, et non dieu.

La sagesse des guanigueles est mieux entendue ; ils ont en aversion l'idolâtrie ; ils méprisent l'ineptie des jogigueles ; ils s'occupent de la méditation des attributs divins ; et c'est à cette inutile spéculation qu'ils passent leur vie.

Au reste, la philosophie des bramines est diversifiée à l'infini ; ils ont parmi eux des stoïciens, des épicuriens : il y en a qui nient l'immortalité, les châtimens et les récompenses à venir ; pour qui l'estime des hommes et la leur est l'unique récompense de la vertu ; qui traitent le Veda comme une vieille fable ; qui ne recommandent aux autres et ne songent eux-mêmes qu'à jouir de la vie, et qui se moquent du dogme fondamental, le retour périodique des êtres. Ces derniers ne sont pas les moins sages.

Ces philosophes professent leurs sentimens en secret. Les sectes sont au *Malabar* aussi intolérantes qu'ailleurs ; et l'indiscrétion a coûté plusieurs fois la vie aux bramines épicuriens.

L'athéisme a aussi ses partisans dans le *Malabar :* et où n'en a-t-il pas ? on y lit un poëme, où l'auteur s'est proposé de démontrer qu'il n'y a point de Dieu ; que les raisons de son existence sont vaines ; qu'il n'y a aucune vérité absolue ; que la courte limite de la vie circonscrit le mal et le bien ; que c'est une folie de laisser à ses pieds le bonheur réel, pour courir après une félicité chimérique qui ne se conçoit point.

Il n'est pas étonnant qu'il y ait des athées par-tout où il y a des superstitieux ; c'est un raisonnement qu'on fera par-tout où l'on racontera de la divinité des choses absurdes. Au-lieu de dire, Dieu n'est pas tel qu'on me le peint, on dira il n'y a point de Dieu ; et l'on dira la vérité.

Les bramines avadontes sont des espèces de gymnosophistes. (*Voyez* ce dernier article.)

Ils ont tous quelques notions de médecine, d'astrologie et de mathématiques ; leur médecine n'est qu'un empyrisme. Ils placent la terre au centre du monde ; et ils ne conçoivent pas qu'elle peut se mouvoir autour du soleil, sans que les eaux des mers déplacées ne se répandissent sur toute sa surface. Ils ont des observations célestes, mais très-imparfaites ; ils prédisent les éclipses ; mais les causes qu'ils donnent de ce phénomène sont absurdes. Il y a tant de rapport entre les noms qu'ils ont imposés aux signes du zodiaque, qu'on ne peut douter qu'ils ne les aient empruntés des Grecs ou des Latins. Voici l'abrégé de leur théologie.

Théologie des peuples du Malabar.

La substance suprême est l'essence par excellence, l'essence des essences et de tout ; elle est infinie ; elle est l'être des êtres. Le Véda l'appelle *Vastou* ; cet être est invisible ; il n'a point de figure ; il ne peut se mouvoir ; on ne peut le comprendre.

Personne ne l'a vu ; il n'est point limité ni par l'espace ni par le temps.

Tout est plein de lui ; c'est lui qui a donné naissance aux choses.

Il est la source de la sagesse, de la science, de la sainteté, de la verité.

Il est infiniment juste, bon et miséricordieux.

Il a créé tout ce qui est. Il est le conservateur du monde ; il aime à converser parmi les hommes ; il les conduit au bonheur.

On est heureux, si on l'aime et si on l'honore.

Il a des noms qui lui sont propres, et qui ne peuvent convenir qu'à lui.

Il n'y a ni idole ni image, qui puisse le représenter ; on peut seulement figurer ses attributs par des symboles ou emblêmes.

Comment l'adorera-t-on, puisqu'il est incompréhensible ?

Le Véda n'ordonne l'adoration que des dieux subalternes.

Il prend part à l'adoration de ces dieux, comme si elle lui étoit adressée ; et il la récompense.

Ce n'est point un germe, quoiqu'il soit le germe de tout. Sa sagesse est infinie ; il est sans tache ; il a un œil au front ; il est juste ; il est immobile ; il est immuable ; il prend une infinité de formes diverses.

Il n'y a point d'acception devant lui ; sa justice est la même sur tout et pour tous. Il s'annonce de différentes manières ; mais il est toujours difficile à deviner.

Nulle science humaine n'atteint à la profondeur de son essence.

Il a tout créé ; il conserve tout ; il ordonne le passé, le présent et l'avenir, quoiqu'il soit hors des temps.

C'est le souverain pontife. Il préside en tout et par-tout ; il remplit l'éternité ; il est lui seul éternel.

Il est abîmé dans un océan profond et obscur qui le dérobe. On n'approche du lieu qu'il habite que par le repos. Il faut que les sens de l'homme qui le cherche se concentrent en un seul.

Mais il ne se montre jamais plus clairement que dans sa loi, et dans les miracles qu'il opère sans cesse à nos yeux.

Celui qui ne le reconnoît, ni dans la création, ni dans la conservation, néglige l'usage de sa raison, et ne le verra point ailleurs.

Avant que de s'occuper de l'ordination générale

des choses, il prit une forme matérielle ; car l'esprit n'a aucun rapport avec le corps ; et pour agir sur le corps, il faut que l'esprit s'en revêtisse.

Source de tout, germe de tout, principe de tout, il a donc en lui l'essence, la nature, les propriétés, la vertu des deux sexes.

Lorsqu'il eut produit les choses, il sépara les qualités masculines des féminines, qui, confondues, seroient restées stériles. Voilà les moyens de propagation et de génération dont il se servit.

C'est de la séparation des qualités masculines et féminines, de la génération et de la propagation, qu'il a permis que nous fissions trois idoles ou symboles intelligibles qui fussent l'objet de notre adoration.

Nous l'adorons principalement dans nos temples sous la forme des parties de la génération des deux sexes qui s'approchent ; et cette image est sacrée.

Il est émané de lui deux autres dieux puissans : le tschiven, qui est mâle ; c'est le père de tous les dieux subalternes : le tschaïdi ; c'est la mère de toutes les divinités subalternes.

Le tschiven a cinq têtes, entre lesquelles il y en a trois principales, Brama, Isuzen et Wistnou.

L'être à cinq têtes est ineffable et incompréhensible ; il s'est manifesté sous ce symbole par condescendance pour notre foiblesse : chacune de ses faces est un symbole de ses attributs relatifs à l'ordination et au gouvernement du monde.

L'être à cinq têtes est le dieu gubernateur ; c'est de lui qu'émane tout le système théologique.

Les choses qu'il a ordonnées retourneront un jour à lui ; il est l'abîme qui engloutira tout.

Celui qui adore les cinq têtes, adore l'Être suprême ; elles sont toutes en tout.

Chaque dieu subalterne est mâle ; et la déesse subalterne est femelle.

Outre les premiers dieux subalternes, il y en a au-dessous d'eux trois cent trente millions d'autres ; et au-dessous de ceux-ci, quarante mille. Ce sont des prophètes que ces derniers ; et l'Être souverain les a créés prophètes.

Il y a quatorze mondes, sept mondes supérieurs, et sept mondes inférieurs.

Ils sont tous infinis en étendue ; et ils ont chacun leurs habitans particuliers.

Le padalalogue, ou le monde appelé de ce nom, est le séjour du dieu de la mort ; d'émen, c'est l'enfer.

Dans le monde padalalogue, il y a des hommes : ce lieu est un quarré oblong.

Le magaloque est la cour de Wistnou.

Les mondes ont une infinité de périodes finies; la première et la plus ancienne, que nous appelons *Ananden*, a duré cent quarante millions d'années ; les autres ont suivi celle-là.

Ces révolutions se succèdent et se succèderont pendant des millions innombrables de temps et d'années, d'un dieu à un autre ; l'un de ces dieux naissant, quand un autre périt.

Toutes ces périodes finies, le temps de l'isuren ou de l'incréé reviendra.

Il y a lune et soleil dans le cinquième monde; anges tutélaires dans le sixième monde ; anges du premier ordre formateur des nuées dans le septième et le huitième.

Le monde actuel est le père de tous ; tout ce qui y est est mal.

Le monde est éclos d'un œuf.

Il finira par être embrasé ; ce sera l'effet des rayons du soleil.

Il y a de bons et de mauvais esprits issus des hommes.

L'essence et la nature de l'ame humaine ne sont pas différentes de la nature et de l'essence de l'ame des brutes.

Les corps sont les prisons des ames ; elles s'en échappent, pour passer en d'autres corps ou prisons.

Les ames émanèrent de Dieu : elles existoient en lui ; elles en ont été chassées pour quelque faute qu'elles expient dans les corps.

Un homme, après sa mort, peut devenir, par des transmigrations successives, animal, pierre, même diable.

C'est dans d'autres mondes, c'est dans les vieux que l'ame de l'homme sera heureuse après sa mort.

Ce bonheur à venir s'acquerra par la pratique des bonnes œuvres et l'expiation des mauvaises.

Les mauvaises actions s'expient par les pélerinages, les fêtes, les ablutions et les sacrifices.

L'enfer sera le lieu du châtiment des fautes inexpiées ; là, les méchans seront tourmentés ; mais il y en a peu dont le tourment soit éternel.

Les ames des mortels étant répandues dans toutes les substances vivantes, il ne faut ni tuer un être vivant, ni s'en nourrir ; sur-tout la vache qui est sainte entre toutes : ses excrémens sont sacrés.

Physique des peuples du Malabar.

Il y a cinq élémens ; l'air, l'eau, le feu, la terre et l'agachum, ou l'espace qui est entre notre atmosphère et le ciel.

Il y a trois principes de mort et de corruption ; anoubum, maguei et ramium ; ils naissent tous trois de l'union de l'ame et du corps ; anoubum est l'enveloppe de l'ame, ramium, la passion ; maguei, l'imagination.

Les êtres vivans peuvent se ranger sous cinq classes ; les végétans, ceux qui vivent, ceux qui veulent, les sages, et les heureux.

Il y a trois tempéramens ; le mélancolique, le sanguin, le phlegmatique.

Le mélancolique fait les hommes ou sages, ou modestes, ou durs, ou bons.

O *

Le sanguin fait les hommes ou pénitens, ou tempérans, ou vertueux.

Le phlegmatique fait les hommes ou impurs, ou fourbes, ou méchans, ou menteurs, ou paresseux, ou tristes.

C'est le mouvement du soleil autour d'une grande montagne qui est la cause du jour et de la nuit.

La transmutation des métaux en or est possible.

Il y a des jours heureux et des jours malheureux ; il faut les connoître, pour ne rien entreprendre sous de mauvais présages.

Morale des peuples du Malabar.

Ce que nous allons en exposer est extrait d'un ouvrage attribué à un bramine célèbre, appelé *Barthrouherri*. On dit de ce philosophe que, né d'un père bramine, il épousa, contre la loi de sa secte, des femmes de toute espèce ; que son père, au lit de la mort, jetant sur lui des regards pleins d'amertume, lui reprocha que, par cette conduite irrégulière, il s'étoit exclu du ciel, tant que ses femmes et les enfans qu'il avoit eus d'elles, et les enfans qu'ils auroient existeroient dans le monde; que Barthrouherri, touché, renvoya ses femmes, prit un habit de réforme, étudia, fit des pélerinages, et s'acquit la plus grande considération. Il disoit :

La vie de l'homme est une bulle ; cependant l'homme s'abaisse devant les grands ; il se corrompt dans leurs cours ; il loue leurs forfaits ; il les perd ; il se perd lui-même.

Tandis que l'homme pervers vieillit et décroît, sa perversité se renouvelle et s'accroît.

Quelque durée qu'on accorde aux choses de ce monde, elles finiront, elles nous échapperont, et laisseront notre âme pleine de douleur et d'amertume ; il faut y renoncer de bonne heure. Si elles étoient éternelles en soi-même, on pourroit s'y attacher sans exposer son repos.

Il n'y a que ceux que le ciel a daigné éclairer qui s'élèvent vraiment au-dessus des passions et des richesses.

Les dieux ont dédommagé les sages des horreurs de la prison où il les retiennent, en leur accordant les biens de cette vie ; mais ils y sont peu attachés.

Les craintes attaquent l'homme de toutes parts ; il n'y a de repos et de sécurité que pour celui qui marche dans les voies de Dieu.

Tout finit. Nous voyons la fin de tout ; et nous vivons comme si rien ne devoit nous manquer.

Le désir est un fil ; souffre qu'il se rompe, mets ta confiance en Dieu, et tu seras sauvé.

Soumets-toi avec respect à la loi du temps qui n'épargne rien. Pourquoi poursuivre ces choses dont la possession est si incertaine ?

Si tu te laisses captiver par les biens qui t'environnent, tu seras tourmenté. Cherche Dieu; tu n'auras pas approché de lui que tu mépriseras le reste.

Ame de l'homme, Dieu est en toi, et tu cours après autre chose !

Il faut s'assurer du vrai bonheur avant la vieillesse et la maladie. Différer, c'est imiter celui qui creuseroit un puits pour en tirer de l'eau, lorsque le feu consumeroit le toît de sa maison.

Laisse là toutes ces pensées vaines qui t'attachent à la terre ; méprise toute cette science qui t'élève à tes yeux et aux yeux des autres ; quelle ressource y trouveras-tu au dernier moment ?

La terre est le lit du sage ; le ciel le couvre ; le vent le rafraîchit ; le soleil l'éclaire ; celle qu'il aime est dans son cœur : que le souverain le plus puissant du monde a-t-il de préférable ?

On ne fait entendre la raison, ni à l'imbécille, ni à l'homme irrité.

L'homme qui sait peu se taira, s'il est assis parmi les sages ; son silence dérobera son peu d'instruction ; et on le prendra pour un d'entre eux.

La richesse de l'ame est à l'abri des voleurs ; plus on la communique, plus on l'augmente.

Rien ne pare tant un homme qu'un discours sage.

Il ne faut point de cuirasse à celui qui sait supporter une injure. L'homme qui s'irrite n'a pas besoin d'un autre ennemi.

Celui qui conversera avec les hommes en deviendra meilleur.

Le prince imitera les femmes de mauvaise vie ; il simulera beaucoup ; il dira la vérité aux bons ; il mentira aux méchans ; il se montrera, tantôt humain, tantôt féroce ; il fera le bien dans un moment, le mal dans un autre ; alternativement économe et dissipateur.

Il n'arrive à l'homme que ce qui lui est envoyé de Birama.

Le méchant interprète mal tout.

Celui qui se lie avec les méchans, loue les enfans d'iniquité, manque à ses devoirs, court après la fortune, perd sa candeur, méprise la vertu, n'a jamais le repos.

L'homme de bien conforme sa conduite à la droite raison, ne consent point au mal, se montre grand dans l'adversité, et se plaît à vivre, quelque soit son destin.

Dormez dans un désert, au milieu des flots, entre les traits des ennemis, au fond d'une vallée, au sommet d'une montagne, dans l'ombre d'une forêt, exposé dans une plaine ; si vous êtes un homme de bien, il n'y a point de péril pour vous.

MALEBRANCHISME,

OU PHILOSOPHIE DE MALEBRANCHE.

Nicolas *Malebranche* naquit à Paris le 16 août 1638, d'un secrétaire du roi et d'une femme titrée : il fut le dernier de six enfans. Il apporta en naissant une complexion délicate et un vice de conformation. Il avoit l'épine du dos tortueuse, et le sternum très-enfoncé. Son éducation se fit à la maison paternelle. Il n'en sortit que pour étudier la philosophie au collége de la Marche, et la théologie en Sorbonne. Il se montra sur les bancs homme d'esprit, mais non génie supérieur. Il entra dans la congrégation de l'Oratoire en 1660. Il s'appliqua d'abord à l'histoire sainte ; mais les faits ne se lioient point dans sa tête, et le peu de progrès produisit en lui le dégoût. Il abandonna par la même raison l'étude de l'hébreu et de la critique sacrée. Mais le traité *de l'homme* de Descartes, que le hasard lui présenta, lui apprit tout d'un coup à quelle science il étoit appelé. Il se livra tout entier au cartésianisme, au grand scandale de ses confrères. Il avoit à-peine trente-six ans lorsqu'il publia sa *recherche de la vérité*. Cet ouvrage, quoique fondé sur des principes connus, parut original. On y remarqua l'art d'exposer nettement des idées abstraites, et de les lier; du style, de l'imagination, et plusieurs autres qualités très-estimables, que le propriétaire ingrat s'occupoit lui-même à décrier. La *recherche de la vérité* fut attaquée et défendue dans un grand nombre d'écrits. Selon *Malebranche*, « Dieu est » le seul agent; toute action est de lui; les causes » secondes ne sont que des occasions qui déter- » minent l'action de Dieu ». En 1677, cet auteur tenta l'accord difficile de son systême avec la religion, dans ses *conversations chrétiennes*. Le fond de toute sa doctrine c'est « que le corps ne peut » être mu physiquement par l'ame; ni l'ame, af- » fectée par le corps; ni un corps, par un autre » corps; c'est Dieu qui fait tout en tout par une » volonté générale ». Ces vues lui en inspirèrent d'autres sur la grace. Il imagina que l'ame humaine de Jésus-Christ étoit la cause occasionnelle de la distribution de la grace, par le choix qu'elle fait de certaines personnes pour demander à Dieu qu'il la leur envoie; et que, comme cette ame, toute parfaite qu'elle est, est finie, il ne se peut que l'ordre de la grace n'ait ses défectuosités, ainsi que l'ordre de la nature. Il en conféra avec Arnauld. Il n'y avoit guère d'apparence que ces deux hommes, l'un philosophe très-subtil, l'autre théologien très-opiniâtre, pussent s'entendre. Aussi n'en fut-il rien. *Malebranche* publia son *traité de la nature et de la grace,* et aussi-tôt Arnauld se disposa à l'attaquer.

Dans cet intervalle, le Père *Malebranche* composa ses *méditations chrétiennes et métaphysiques*; et elles parurent en 1683 : c'est un dialogue entre le verbe et lui. Il s'efforce à y démontrer que le verbe est la raison universelle; que tout ce que voyent les esprits créés, ils le voyent dans cette substance incréée, même les idées des corps; que le verbe est donc la seule lumière qui nous éclaire, et le seul maître qui nous instruit. La même année, Arnauld publia son ouvrage des *vraies et fausses idées*. Ce fut le premier acte d'hostilité. La proposition, *que l'on voit toutes choses en Dieu*, y fut attaquée. Il ne falloit à Arnauld ni tout le talent, ni toute la considération dont il jouissoit, pour avoir l'avantage sur *Malebranche*. A plus forte raison étoit-il inutile d'embrasser la question de plusieurs autres, et d'accuser son adversaire d'admettre une étendue matérielle en Dieu, et d'accréditer des dogmes capables de corrompre la pureté du christianisme. Au reste, il n'arriva à *Malebranche* que ce qui arrivera à tout philosophe qui se mettra imprudemment aux prises avec un théologien. Celui-ci rapportant tout à la révélation, et celui-là, tout à la raison, il y a cent à parier que l'un finira par être très-peu orthodoxe, l'autre assez mince raisonneur; et que la religion aura reçu quelque blessure profonde. Pendant cette vive contestation, en 1684, *Malebranche* donna le *traité de la morale*, ouvrage où cet auteur tire nos devoirs de principes qui lui étoient particuliers. Ce pas me paroît bien hardi, pour ne rien dire de pis. Je ne conçois pas comment on ose faire dépendre la conduite des hommes, de la vérité d'un système métaphysique.

Les *réflexions philosophiques et théologiques sur le traité de la nature et de la grace* parurent en 1685. Là, Arnauld prétend que la doctrine de *Malebranche* n'est ni nouvelle, ni sienne; il restitue le philosophique à Descartes, et le théologique à saint Augustin. *Malebranche*, las de disputer au-lieu de répondre, s'occupa à remettre ses idées sous un unique point de vue; et ce fut ce qu'il exécuta en 1688, dans les *entretiens sur la métaphysique et la religion.*

Il avoit eu, auparavant, une contestation avec Regis, sur la grandeur apparente de la lune, et en général sur celle des objets. Cette contestation fut jugée par quatre des plus grands géomètres, en faveur de notre philosophe.

Regis renouvela la dispute des idées, et attaqua le père *Malebranche* sur ce qu'il avoit avancé, que *le plaisir rend heureux :* ce fut alors qu'on vit un chrétien austère apologiste de la volupté.

Le livre *de la connoissance de soi-même*, où le père François Lami, bénédictin, avoit appuyé de l'autorité de *Malebranche* son opinion de l'amour de Dieu, donna lieu à ce dernier d'écrire en 1697, *l'ouvrage de l'amour de Dieu.* Il montra que cet amour étoit toujours intéressé ; et il se vit exposé en-même-temps à deux accusations bien opposées; l'une, de favoriser le sentiment d'Epicure sur le plaisir; et l'autre, de subtiliser tellement l'amour de Dieu, qu'il en excluoit toute délectation.

Arnauld mourut en 1694. On publia deux lettres posthumes de ce docteur, *sur les idées et sur le plaisir*. *Malebranche* y répondit ; et joignit à sa réponse un *traité contre la prévention*. Ce n'est point, comme le titre le feroit penser, un écrit de morale contre une des maladies les plus générales de l'esprit humain ; mais une plaisanterie où l'on se propose de démontrer géométriquement qu'Arnauld n'a fait aucun des livres qui ont paru sous son nom contre le père *Malebranche*. On part de la supposition qu'Arnauld a dit vrai, lorsqu'il a protesté devant Dieu qu'il avoit toujours un désir sincère de bien prendre les sentimens de ceux qu'il combattoit ; et qu'il s'étoit toujours fort éloigné d'employer des artifices, pour donner de fausses idées de ces auteurs et de leurs livres : puis, sur des passages tronqués, des sens mal entendus à dessein, des artifices trop marqués pour être involontaires, on conclut que celui qui a fait le serment n'a pas fait les livres.

Tandis que *Malebranche* souffroit tant de contradictions dans son pays, on lui persuada que sa philosophie réussissoit à merveille à la Chine ; et pour répondre à la politesse des Chinois, il fit en 1708 un petit ouvrage intitulé : *Entretien d'un philosophe chrétien et d'un philosophe chinois, sur la nature de Dieu.* Le Chinois prétend que la matière est éternelle, infinie, incréée ; et que le *ly*, espèce de forme de la matière, est l'intelligence et la sagesse souveraines, quoiqu'il ne soit pas un être intelligent et sage, distinct de la matière et indépendant d'elle. Les journalistes de Trévoux prétendirent que le philosophe européen avoit calomnié les lettrés de la Chine, par l'athéisme qu'il leur attribuoit. (*Voyez* l'art. CHINOIS, PHILOSOPHIE DES).

Les *réflexions sur la prémotion physique*, en réponse à un ouvrage intitulé : *de l'action de Dieu sur les créatures*, furent la dernière production de *Malebranche*. Il parut à notre philosophe que le système de l'action de Dieu, en conservant le nom de la liberté, anéantissoit la chose ; et il s'attache à expliquer comment son système la conservoit toute entière. Il représente la prémotion physique par une comparaison, aussi concluante, peut-être, et certainement plus touchante que toutes les subtilités métaphysiques ; et il dit : « Un ouvrier a fait
» une statue, qui se peut mouvoir par une char-
» nière, et s'incliner respectueusement devant lui,
» pourvu qu'il tire un cordon. Toutes les fois qu'il
» tire le cordon, il est fort content des hom-
» mages de sa statue ; mais, un jour qu'il ne le tire

» point, la statue ne salue point; et il la brise
» de dépit ». *Malebranche* n'a pas de peine à conclure que ce statuaire bizarre n'a ni bonté, ni justice. Il s'occupe ensuite à exposer un sentiment, où l'idée de Dieu est soulagée de la fausse rigueur que quelques théologiens y attachent, et justifiée de la véritable rigueur que la religion y découvre, et de l'indolence que la philosophie y suppose.

Malebranche n'étoit pas seulement métaphysicien ; il étoit aussi géomètre et physicien ; et ce fut en considération de ces deux dernières qualités que l'académie des sciences lui accorda, en 1699, le titre d'honoraire. Il donna, dans la dernière édition de la *recherche de la vérité*, qui parut en 1712, une théorie des loix du mouvement; un essai sur le système général de l'univers, la dureté des corps, leur ressort, la pesanteur, la lumière, sa propagation instantanée, sa réflexion, sa réfraction, la génération du feu et les couleurs. Descartes avoit inventé les tourbillons, qui composent cet univers. *Malebranche* inventa les tourbillons, dans lesquels chaque grand tourbillon étoit distribué ; les tourbillons de *Malebranche* sont infiniment petits ; la vîtesse en est fort grande; la force centrifuge presque infinie ; son expression est le quarré de la vîtesse divisé par le diamètre. Lorsque des particules grossières sont en repos les unes auprès des autres, et se touchent immédiatement ; elles sont comprimées en tou[...]s par les forces centrifuges des petits tourbillons qui les environnent ; de-là la dureté. Si on les presse de façon que les petits tourbillons, contenus dans les interstices, ne puissent plus s'y mouvoir comme auparavant, ils tendent, par leurs forces centrifuges, à rétablir ces corps dans leur premier état ; de-là le ressort, etc. Il mourut le 13 octobre 1715, âgé de 77 ans. Ce fut un rêveur des plus profonds et des plus sublimes. Une page de Loke contient plus de vérités que tous les volumes de *Malebranche;* mais une ligne de celui-ci montre plus de subtilité, d'imagination, de finesse, et de génie, peut-être, que tout le gros livre de Locke. Poëte, il méprisoit la poésie. Ses sentimens ne firent pas grande fortune, ni en Allemagne où Leibnitz dominoit, ni en Angleterre où Newton avoit tourné les esprits vers des objets plus solides.

MÉGARIQUE.

(SECTE)

EUCLIDE de Mégare fut le fondateur de cette secte, qui s'appela ausi l'*éristique : mégarique*, de la part de celui qui présidoit dans l'école ; *éristique*, de la manière contentieuse et sophistique dont on y disputoit. Ces philosophes avoient pris de Socrate l'art d'interroger et de répondre ; mais ils l'avoient corrompu par la subtilité du sophisme et la frivolité des sujets. Ils se proposoient moins d'instruire, que d'embarrasser ; de montrer la vérité, que de réduire au silence. Ils se jouoient du bon sens et de la raison. On compte, parmi ceux qui excellèrent particulièrement dans cet abus du temps et des talens, Euclide ; ce n'est pas le géomètre ; Eubulide, Alexinus, Euphante, Apollonius-Cronus, Diodore-Cronus, Ichtias, Clinomaque et Stilpon : nous allons dire un mot de chacun d'eux.

Euclide de Mégare reçut de la nature un esprit prompt et subtil. Il s'appliqua de bonne heure à l'étude. Il avoit lu les ouvrages de Parménide, avant que d'entendre Socrate. La réputation de celui-ci l'attira dans Athènes. Alors les Athéniens, irrités contre les habitans de Mégare, avoient décerné la mort contre tout mégarien qui oseroit entrer dans leur ville. Euclide, pour satisfaire sa curiosité, sans exposer trop indiscrètement sa vie, sortoit à la chûte du jour, prenoit une longue tunique de femme, s'enveloppoit la tête d'un voile, et venoit passer la nuit chez Socrate. Il étoit difficile que la manière facile et paisible de philosopher de ce maître, plût beaucoup à un jeune homme aussi bouillant. Aussi Euclide n'eut guère moins d'empressement à le quitter, qu'il en avoit montré à le chercher. Il se jeta du côté du barreau ; il se livra aux sectateurs de l'éléatisme; et Socrate, qui le regrettoit sans-doute, lui disoit : « O Euclide, tu sais tirer » parti des sophistes, mais tu ne sais pas user des » hommes ».

Euclide, de retour à Mégare, y ouvrit une école brillante, où les Grecs, amis de la dispute, accoururent en foule. Socrate lui avoit laissé toute la pétulance de son esprit; mais il avoit adouci son caractère. On reconnoît les leçons de Socrate dans la réponse que fit Euclide à quelqu'un qui lui disoit dans un transport de colère : Je veux mourir, si je ne me venge. Je veux mourir, reprit Euclide, si je ne t'appaise, et si tu ne m'aimes comme auparavant.

Après la mort de Socrate, Platon et les autres disciples de Socrate, effrayés, cherchèrent à Mégare un asyle contre les suites de la tyrannie. Euclide les reçut avec humanité, et leur continua ses bons offices jusqu'à ce que le péril fut passé, et qu'il leur fût permis de reparoître dans Athènes.

On nous a transmis fort peu de chose des principes philosophiques d'Euclide. Il disoit : dans une argumentation, l'on procède d'un objet à son semblable ou à son dissemblable : dans le premier cas, il faut s'assurer de la similitude; dans le second, la comparaison est nulle.

Il n'est pas nécessaire, dans la réfutation d'une erreur, de poser des principes contraires; il suffit de suivre les conséquences de celui que l'adversaire admet; s'il est faux, on aboutit nécessairement à une absurdité.

Le bien est un; on lui donne seulement différens noms.

Il s'exprimoit sur les dieux et sur la religion avec beaucoup de circonspection. Cela n'étoit guère dans son caractère; mais le sort malheureux de Socrate l'avoit apparemment rendu sage. Interrogé par quelqu'un sur ce que c'étoit que les dieux, et sur ce qui leur plaisoit le plus : je ne sais là-dessus qu'une chose, répondit-il, c'est qu'ils haïssent les curieux.

Eubulide le Milésien succéda à Euclide. Cet homme avoit pris Aristote en aversion; et il n'échappoit aucune occasion de le décrier : on compte Démosthène parmi ses disciples. On prétend que l'orateur d'Athènes en apprit, entre autres choses, à corriger le vice de sa prononciation. Il se distingua par l'invention de différens sophismes, dont les noms nous sont parvenus. Tels sont le menteur, le caché, l'électre, le voilé, le sorite, le cornu, le chauve : nous en donnerions des exemples, s'ils en valoient la peine. Je ne sais qui je méprise le plus, ou du philosophe qui perdit son temps à imaginer ces inepties, ou de ce Philetas de Cos qui se fatigua tellement à les résoudre qu'il en mourut.

Clinomaque parut peu après Eubulide. Il est

le premier qui fit des axiomes, qui en disputa, qui imagina des catégories et autres questions de dialectique.

Clinomaque partagea la chaire d'Eubulide avec Alexinus, le plus redoutable sophiste de cette école. Zénon, Aristote, Ménédème, Stilpon et d'autres en furent souvent impatientés. Il se retira à Olympie, où il se proposoit de fonder une secte, qu'on appelleroit du nom pompeux de cette ville, l'*olympique*. Mais le besoin des choses de la vie, l'intempérie de l'air, l'insalubrité du lieu dégoûtèrent ses auditeurs; ils se retirèrent tous, et le laissèrent là seul avec un valet. Quelque temps, après, se baignant dans l'Alphée, il fut blessé par un roseau, et il mourut de cet accident. Il avoit écrit plusieurs livres que nous n'avons pas, et qui ne méritent guère nos regrets.

Alexinus, ou si l'on aime mieux, Eubulide, eut encore pour disciple Euphante. Celui-ci fut précepteur du roi Antigone. Il ne se livra pas tellement aux difficiles minuties de l'école éristique, qu'il ne se reservât des momens pour une étude plus utile et plus sérieuse. Il composa un ouvrage de l'art de régner, qui fut approuvé des bons esprits. Il disputa, dans un âge avancé, le prix de la tragédie; et ses compositions lui firent honneur. Il écrivit aussi l'histoire de son temps. Il eut pour condisciple Apollonius-Cronus, qu'on connoît peu. Il forma Diodore, qui porta le même surnom, et qui lui succéda. On dit de celui-ci, qu'embarrassé par Stilpon en présence de Ptolomée-Soter, il se retira confus, se renferma pour chercher la solution des difficultés que son adversaire lui avoit proposées, et qui lui avoient attiré de l'empereur le surnom de Cronus; et qu'il mourut de travail et de chagrin. Ceuton et Sextus Empyricus le nomment cependant parmi les plus fiers logiciens. Il eut cinq filles, qui toutes se firent de la réputation par leur sagesse et leur habileté dans la dialectique; Philon, maître de Carnéade, n'a pas dédaigné d'écrire leur histoire. Il y a eu un grand nombre de Diodore et d'Euclide, qu'il ne faut pas confondre avec les philosophes de la secte *mégarique*. Diodore s'occupa beaucoup des propositions conditionnelles. Je doute que ses règles valussent mieux que celles d'Aristote et les nôtres. Il fut encore un des sectateurs de la physique atomique. Il regardoit les corps comme composés de particules indivisibles, et les plus petites possibles, finies en grandeur, infinies en nombre : mais leur accordoit-il d'autres qualités que la figure et la position ? c'est ce qu'on ignore, et par conséquent, si ces atomes étoient ou non les mêmes que ceux de Démocrite.

Il ne nous reste d'Icthias que le nom; aucun philosophe de la secte ne fut plus célèbre que Stilpon.

Stilpon fut instruit par les premiers hommes de

son temps. Il fut auditeur d'Euclide, et contemporain de Thrasimaque, de Diogène le cynique, de Pasiclès le Thébain, de Dioclès, et d'autres qui ont laissé une grande réputation après eux. Il ne se distingua pas moins par la réforme des penchans vicieux qu'il avoit reçus de la nature, que par ses talens. Il aima dans sa jeunesse les femmes et le vin. On l'accuse d'avoir eu du goût pour la courtisanne Nicarete, femme aimable et instruite. Mais on sait que, de son temps, les courtisannes fréquentoient assez souvent les écoles des philosophes. Laïs assistoit aux leçons d'Aristippe ; et Aspasie fait autant d'honneur à Socrate, qu'aucun autre de ses disciples. Il eut une fille qui n'imita pas la sévérité des mœurs de son père ; et il disoit à ceux qui lui parloient de sa mauvaise conduite : « Je ne suis pas plus deshonoré par ses vices, qu'elle n'est honorée » par mes vertus ». Quelle apparence qu'il eût osé s'exprimer ainsi, s'il eût donné à sa fille l'exemple de l'incontinence qu'on lui reprochoit ! Le refus, qu'il fit des richesses que Ptolomée Soter lui offroit, après la prise de Mégare, montre qu'il fut au-dessus de toutes les grandes tentations de la vie. « Je n'ai rien perdu, disoit-il à ceux qui lui de- » mandoient l'état de ses biens, pour qu'ils lui fus- » sent restitués après le pillage de sa patrie par » Démétrius, fils d'Antigone ; il me reste mes » connoissances et mon éloquence ». Le vainqueur fit épargner sa maison, et se plut à l'entendre. Il avoit de la simplicité dans l'esprit, un beau naturel, une érudition très-étendue. Il jouissoit d'une si grande célébrité, que, s'il lui arrivoit de paroître dans les rues d'Athènes, on sortoit des maisons pour le voir. Il fit un grand nombre de sectateurs à la philosophie qu'il avoit embrassée. Il dépeupla les autres écoles. Métrodore abandonna Théophraste, pour l'entendre ; Clitarque et Simmias, Aristote; et Péonius, Aristide. Il entraîna Phrasidenus le péripatéticien, Alcinus, Zénon, Cratès et d'autres. Les dialogues qu'on lui attribue ne sont pas dignes d'un homme tel que lui. Il eut un fils appelé Dryson ou Brison, qui cultiva la philosophie, et qu'on compte parmi les maîtres de Pyrrhon. Les subtilités de la secte éristique conduisent naturellement au scepticisme. Dans la recherche de la vérité, on part d'un fil qui se perd dans les ténèbres ; et qui ne manque guère d'y ramener, si on le suit sans discussion. Il est un point intermédiaire où il faut s'arrêter ; et il semble que l'ignorance de ce point ait été le vice principal de l'école de Mégare, et de la secte de Pyrrhon.

Il nous reste peu de chose de la philosophie de Stilpon; et ce peu encore est-il fort au-dessous des talens et de la réputation de ce philosophe.

Il prétendoit qu'il n'y a point d'universaux ; et que ce mot, *homme*, par exemple, ne signifioit rien d'existant. Il ajoutoit qu'une chose ne pouvoit être le prédicat d'une autre, etc.

Le souverain bien, selon lui, c'étoit de n'avoir l'ame troublée d'aucune passion.

On le soupçonnoit, dans Athènes, d'être peu religieux. Il fut traduit devant l'aréopage, et condamné à l'exil, pour avoir répondu à quelqu'un qui lui parloit de Minerve : « Qu'elle n'étoit point fille » de Jupiter, mais bien du statuaire Phidias ». Il dit une autre fois à Cratès qui l'interrogeoit sur les présens qu'on adresse aux dieux, et sur les honneurs qu'on leur rend : « Etourdi, quand tu auras de ces » questions à me faire, que ce ne soit pas dans les » rues ». On raconte encore de lui un entretien en songe avec Neptune, où le dieu ne pouvoit être traité aussi familièrement que par un homme libre de préjugés. Mais, de ce que Stilpon faisoit assez peu de cas des dieux de son pays, s'ensuit-il qu'il fut athée ? Je ne le crois pas : et quand il l'eût été ?

MOSAÏQUE et CHRÉTIENNE.
(PHILOSOPHIE)

Le scepticisme et la crédulité sont deux vices également indignes d'un homme qui pense. Parce qu'il y a des choses fausses, toutes ne le sont pas ; parce qu'il y a des choses vraies, toutes ne le sont pas : le philosophe ne nie ni n'admet rien sans examen; il a, dans sa raison, une juste confiance; il sait, par expérience, que la recherche de la vérité est pénible; mais il ne la croit point impossible. Il ose descendre au fond de son puits, tandis que l'homme méfiant et pusillanime se tient courbé sur les bords, et juge de-là, se trompant, soit qu'il prononce qu'il l'apperçoit malgré la distance et l'obscurité, soit qu'il prononce qu'il n'y a personne. De-là, cette multitude incroyable d'opinions diverses de-là, le mépris de la raison et de la philosophie ; de-là, la nécessité prétendue de recourir à la révélation, comme au seul flambeau qui puisse nous éclairer dans les sciences naturelles et morales ; de-là, le mélange monstrueux de la théologie et des systêmes, mélange qui a achevé de dégrader la religion et la philosophie : la religion, en l'assujettissant à la discussion ; la philosophie, en l'assujettissant à la foi. On raisonna, quand il falloit croire ; on crut, quand il falloit raisonner ; et l'on vit éclore en un moment une foule de mauvais chrétiens et de mauvais philosophes. La nature est le seul livre du philosophe ; les saintes (*) écritures sont le seul livre du théologien. Ils ont chacun leur argumentation particulière : l'autorité de l'église, de la tradition, des pères, de la révélation, fixe l'un ; l'autre ne reconnoît que l'expérience et l'observation pour guides : tous les deux usent de leur raison, mais d'une manière particu-

―――――――――

(*) *Voyez* à la fin de cet article, l'addition de l'éditeur.

lière et diverse, qu'on ne confond point sans inconvénient pour les progrès de l'esprit humain, sans péril pour la foi : c'est ce que ne comprirent point ceux qui, dégoûtés de la philosophie sectaire et du pyrrhonisme, cherchèrent à s'instruire des sciences naturelles dans les sources où la science du salut étoit et avoit été jusqu'alors la seule à puiser. Les uns s'en tinrent scrupuleusement à la lettre des écritures; les autres, comparant les récits de Moyse avec les phénomènes, et n'y remarquant pas toute la conformité qu'ils désiroient, s'embarrassèrent dans des explications allégoriques : d'où il arriva qu'il n'y a point d'absurdités que les premiers ne soutinssent ; point de découvertes que les autres n'apperçussent dans le même ouvrage.

Cette espèce de philosophie n'étoit pas nouvelle. *Voyez* ce que nous avons dit de celle des Juifs et des premiers chrétiens, de la cabale, du platonisme des temps moyens de l'école d'Alexandrie, du pythagorico-platonico-cabalisme, etc.

Une observation assez générale, c'est que les systèmes philosophiques ont eu, de tout temps, une influence fâcheuse sur la médecine et sur la théologie. La méthode des théologiens est d'abord d'anathématiser les opinions nouvelles; ensuite, de les concilier avec leurs dogmes ; celle des médecins, de les appliquer tout-de-suite à la théorie et même à la pratique de leur art. Les théologiens retiennent long-temps les opinions philosophiques qu'ils ont une fois adoptées. Les médecins, moins opiniâtres, les abandonnent sans peine : ceux-ci circulent paisiblement au gré des systématiques, dont les idées passent et se renouvellent ; ceux-là font grand bruit, condamnant comme hérétique dans un moment, ce qu'ils ont approuvé comme catholique dans un autre ; et montrant toujours plus d'indulgence ou d'aversion pour un sentiment, selon qu'il est plus arbitraire ou plus obscur, c'est-à-dire, qu'il fournit un plus grand nombre de points de contact, par lesquels il peut s'attacher aux dogmes dont il ne leur est pas permis de s'écarter.

Parmi ceux qui embrassèrent l'espèce de philosophie dont il s'agit ici, il y en eut qui, ne confondant pas tout-à-fait les limites de la raison et de la foi, se contentèrent d'éclairer quelques points de l'écriture, en y appliquant les découvertes des philosophes. Ils ne s'appercevoient pas que le peu de service qu'ils rendoient à la religion, même dans le cas où leur travail étoit heureux, ne pouvoit jamais compenser le danger du mauvais exemple qu'ils donnoient. Si l'on en étoit plus disposé à croire le petit nombre de vérités sur lesquelles l'histoire sainte se concilioit avec les phénomènes naturels, ne prenoit-on pas une pente toute contraire, dans le grand nombre de cas où l'expérience et la révélation sembloient parler diversement ? C'est là, en effet, tout le fruit qui résulte des ouvrages de Severlin, d'Alstédius, de Glassius, de Zuzold, de Valois, de Bochart, de Maius, d'Ursin, de Scheuchzer, de Grabovius, et d'une infinité d'autres qui se sont efforcés de trouver dans les saintes écritures tout ce que les philosophes ont écrit de la logique, de la morale, de la métaphysique, de la physique, de la chimie, de l'histoire naturelle, de la politique. Il me semble qu'ils auroient dû imiter les philosophes dans leur précaution. Ceux-ci n'ont point publié de systêmes, sans prouver d'abord qu'ils n'avoient rien de contraire à la religion : ceux-là n'auroient jamais dû rapporter les systêmes des philosophes à l'écriture sainte, sans s'être bien assurés, auparavant, qu'ils ne contenoient rien de contraire à la vérité : négliger ce préalable, n'étoit-ce pas s'exposer à faire dire beaucoup de sottises à l'esprit-saint ? Les rêveries de Robert Flud n'honoroient-elles pas beaucoup Moyse ? et quelle satyre plus directe et plus cruelle pourroit-on faire des livres attribués à cet auteur, que d'établir une concorde exacte entre ses idées et celles de plusieurs physiciens que je pourrois citer ?

Laissons donc là les ouvrages de Bigot, de Fromond, de Casmann, de Pfeffer, de Bayer, d'Aslach, de Danée, de Dickenson ; et lisons Moyse, sans chercher dans sa genèse des découvertes qui n'étoient pas de son temps, et dont il ne se proposa jamais de nous instruire.

Alstédius, Glassius et Zuzold, ont cherché à

concilier la logique des philosophes avec celle des théologiens : belle entreprise !

Valois, Bochard, Maius, Ursin, Scheuchzer ont vu dans Moyse tout ce que nos philosophes, nos naturalistes, nos mathématiciens même ont découvert.

Buddée vous donnera le catalogue de ceux qui ont démontré que la dialectique et la métaphysique d'Aristote est la même que celle de Jésus-Christ.

Parcourez Budiger, Wucherer et Wolf; et vous les verrez se tourmentant pour attribuer aux auteurs révélés tout ce que nos philosophes ont écrit de la nature, et tout ce qu'ils ont rêvé de ses causes et de sa fin.

Je ne sais ce que Bigot a prétendu; mais Fromond veut absolument que la terre soit immobile. On a, de cet auteur, deux traités sur l'ame et sur les météores, moitié philosophiques, moitié chrétiens.

Casmann a publié une biographie naturelle, morale et économique, d'où il déduit une morale et une politique théosophique: celui-ci pourtant n'asservissoit pas tellement la philosophie à la révélation, ni la révélation à la philosophie, qu'il ne prononçât très-nettement qu'il ne valût mieux s'en tenir aux saintes écritures sur les préceptes de la vie, qu'à Aristote et aux philosophes anciens; et à Aristote et aux philosophes anciens sur les choses naturelles, qu'à la bible et à l'ancien testament. Cependant il défend l'âme du monde d'Aristote contre Platon; et il promet une grammaire, une rhétorique, une logique, une arithmétique, une géométrie, une optique et une musique chrétienne. Voilà les extravagances où l'on est conduit par un zèle aveugle de tout christianiser.

Alstédius, malgré son savoir, prétendit aussi qu'il falloit conformer la philosophie aux saintes écritures; et il en fit un essai sur la jurisprudence et la médecine, où l'on a bien de la peine à retrouver le jugement de cet auteur.

Bayer, encouragé par les tentatives du chancelier Bacon, publia l'ouvrage intitulé le *Fil du Labyrinthe*; ce ne sont pas des spéculations frivoles; plusieurs auteurs ont suivi le fil de Bayer, et sont arrivés à des découvertes importantes sur la nature: mais cet homme n'est pas exempt de la folie de son temps.

Aslach auroit un nom bien mérité parmi les philosophes, si le même défaut n'eût défiguré ses écrits; il avoit étudié; il avoit voyagé; il savoit; mais il étoit philosophe et théologien; et il n'a jamais pu se résoudre à séparer ces deux caractères. Sa religion est philosophique; et sa physique est chrétienne.

Il faut porter le même jugement de Lambert Danée.

Dickenson n'a pas été plus sage. Si vous en croyez celui-ci, Moyse a donné en six pages tout ce qu'on a dit et tout ce qu'on dira de bonne cosmologie.

Il y a deux mondes, le supérieur immatériel, l'inférieur ou le matériel. Dieu, les anges et les esprits bienheureux habitent le premier ; le second est le nôtre, dont il explique la formation par le concours des atomes, que le tout-puissant a mus et dirigés. Adam a tout su. Les connoissances du premier homme ont passé à Abraham, et d'Abraham à Moyse. Les théogonies des anciens ne sont que la vraie cosmogonie défigurée par des symboles. Dieu créa des particules de toute espèce. Dans le commencement, elles étoient immobiles ; de petits vides les séparoient. Dieu leur communiqua deux mouvemens ; l'un, doux et oblique ; l'autre, circulaire : celui-ci fut commun à la masse entière ; celui-là, propre à chaque molécule. De-là, des collisions, des séparations, des unions, des combinaisons ; le feu, l'air, l'eau, la terre, le ciel, la lune, le soleil, les astres, et tout cela comme Moyse l'a entendu et l'a écrit. Il y a des eaux supérieures, des eaux inférieures ; un jour sans soleil, de la lumière sans corps lumineux ; des germes, des plantes, des ames ; les unes matérielles et qui sentent : des ames spirituelles ou immatérielles ; des forces plastiques, des sexes, des générations ; que sais-je encore ? Dickenson appelle à son secours toutes les folies anciennes et modernes ; et quand il en a fait une fable qui satisfait aux premiers chapitres de la genèse, il croit avoir expliqué la nature, et concilié Moyse avec Aristote, Epicure, Démocrite et les philosophes.

Thomas Burnet parut sur la scène après Dickenson. Il naquit de bonne maison en 1632, dans le village de Richemond. Il continua, dans l'université de Cambridge, les études qu'il avoit commencées au sein de sa famille. Il eut pour maîtres Cudworth, Viddringhton, Sharp, et d'autres qui professoient le platonisme qu'ils avoient ressuscité. Il s'instruisit profondément de la philosophie des anciens. Ses défauts et ses qualités n'échappèrent point à un homme qui ne s'en laissoit point imposer, et qui avoit un jugement à lui. Platon lui plut comme moraliste, et lui déplut comme cosmologue. Personne n'exerça mieux la liberté éclectique ; il ne s'en départit pas même dans l'examen de la religion chrétienne. Après avoir épuisé la lecture des auteurs de réputation, il voyagea. Il vit la France, l'Italie et l'Allemagne. Chemin faisant, il recueilloit sur la terre nouvelle tout ce qui pouvoit le conduire à la connoissance de l'ancienne. De retour, il publia la première partie de la théorie sacrée de la terre, ouvrage où il se propose de concilier Moyse avec les phénomènes. Jamais tant de recherches, tant d'érudition, tant de connoissantes, d'esprit et de talens, ne furent plus mal employés. Il obtint la faveur de Charles II. Guillaume III accepta la dédicace de la seconde partie de sa théorie, et lui accorda le titre de son chapelain, à la sollicitation du célèbre Tillotson. Mais notre philosophe ne tarda pas à se dégoûter de la cour, et à revenir à la solitude et aux livres. Il ajouta à sa théorie ses archéologies philosophiques, ou les preuves que presque toutes les nations avoient connu la cosmogonie de Moyse, comme il l'avoit conçue; et il faut avouer que Burnet apperçut dans les anciens beaucoup de singularités qu'on n'y avoit pas remarquées : mais ses idées sur la naissance et la fin du monde, la création, nos premiers parens, le serpent, le déluge, et autres points de notre foi, ne furent pas accueillies des théologiens avec la même indulgence que des philosophes. Son christianisme fut suspect. On le persécuta ; et cet homme paisible se trouva embarrassé dans des disputes ; et suivi par des inimitiés qui ne le quittèrent qu'au bord du tombeau. Il mourut, âgé de 66 ans. Il avoit écrit deux ouvrages; l'un, de l'état des morts et des ressuscités; l'autre, de la foi et des devoir du chrétien, dont il laissa des copies à quelques amis. Il en brûla d'autres par humeur. Voici l'analyse de son système.

Entre le commencement et la fin du monde, on peut concevoir des périodes, des intermédiaires, ou des révolutions générales qui changeront la face de la terre.

Le commencement de chaque période fut comme un nouvel ordre de choses.

Il viendra un dernier période, qui fera la consommation de tout.

C'est sur-tout à ces grandes catastrophes qu'il faut diriger ses observations. Notre terre en a souffert plusieurs, dont l'histoire sacrée nous instruit, qui nous sont confirmées par l'histoire profane, et qu'il faut reconnoître toutes les fois qu'on regarde à ses pieds.

Le déluge universel en est une.

La terre, au sortir du chaos, n'avoit ni la forme, ni la contexture que nous lui remarquons.

Elle étoit composée de manière qu'il devoit s'ensuivre une dissolution; et de cette dissolution, un déluge.

Il ne faut que regarder les montagnes, les vallées, les mers, les entrailles de la terre, sa surface, pour s'assurer qu'il y a eu bouleversement et rupture.

Puisqu'elle a été submergée par le passé, rien n'empêche qu'elle ne soit un jour brulée.

Les parties solides se sont précipitées au fond des eaux; les eaux ont surnagé; l'air s'est élevé au-dessus des eaux.

Le séjour des eaux et leur poids, agissant sur la surface de la terre, en ont consolidé l'intérieur

Des poussières séparées de l'air, et se répandant sur les eaux qui couvroient la terre, s'y sont assemblées, durcies, et ont formé une croûte.

Voilà donc des eaux contenues entre un noyau et une enveloppe dure.

C'est de-là qu'il déduit la cause du déluge, la fertilité de la première terre, et l'état de la nôtre.

Le soleil et l'air continuant d'échauffer et de durcir cette croûte, elle s'entr'ouvrit, se brisa, et ses masses séparées se précipitèrent au fond de l'abîme qui les soutenoit.

De-là la submersion d'une partie du globe, les vallées, les montagnes, les mers, les gouffres, les fleuves, les rivières, les continens, leurs séparations, les îles et l'aspect général de notre globe.

Il part de là pour expliquer avec assez de facilité plusieurs grands phénomènes.

Avant la rupture de la croûte, la sphère étoit droite ; après cet événement, elle s'inclina. De-là, cette diversité de phénomènes naturels dont il est parlé dans les mémoires qui nous restent des premiers temps qui ont eu lieu, et qui ont cessé ; les âges d'or et de fer, etc.

Ce petit nombre de suppositions lui suffit, pour justifier la cosmogonie de Moyse avec toutes ses circonstances.

Il passe de là à la conflagration générale et à ses suites ; et, si l'on veut oublier quelques observations, qui ne s'accordent point avec l'hypothèse de

Burnet, on conviendra qu'il étoit difficile d'imaginer rien de mieux. C'est une fable qui fait beaucoup d'honneur à l'esprit de l'auteur.

- D'autres abandonnèrent la physique, tournèrent leurs vues du côté de la morale, et s'occupèrent à la conformer à la loi de l'évangile; on nomme parmi ceux-ci Seckendorf, Boëcler, Paschius, Geuslingtus, Beeman, Werenfeld, etc. Les uns se tirèrent de ce travail avec succès; d'autres brouillèrent le christianisme avec différens systêmes d'éthique, tant anciens que modernes, et ne se montrèrent ni philosophes, ni chrétiens. *Voyez* la morale chrétienne de Crellius, et celle de Danée. Il règne une telle confusion dans ces ouvrages, que l'homme pieux et l'homme qui cherche à s'éclairer, ne savent ce qu'ils doivent faire, ni ce qu'ils doivent s'interdire.

On tenta aussi d'allier la politique avec la morale du Christ, au hasard d'établir, pour la société en général, des principes qui, suivis à la lettre, la réduiroient en un monastère. *Voyez* là-dessus Buddée, Fabricius et Pfeffius.

Valentin Alberti prétend qu'on n'a rien de mieux à faire, pour poser les vrais fondemens du droit naturel, que de partir de l'état de perfection, tel que l'écriture sainte nous le représente, et de passer ensuite aux changemens qui se sont introduits dans le caractère des hommes sous l'état de corruption. Voyez son *Compendium juris natuturalis orthodoxiæ theologiæ conformatum.*

Voici un homme qui s'est fait un nom au temps où les esprits vouloient ramener tout à la révélation. C'est Jean Amos Coménius. Il naquit en Moravie, l'an 1592. Il étudia à Herborn. Sa patrie étoit alors le théâtre de la guerre. Il perdit ses biens, ses ouvrages, et presque sa liberté. Il alla chercher un asyle en Pologne. Ce fut là qu'il publia son *Janua linguarum reserata*, qui fut traduit dans toutes les langues. Cette première production fut suivie du *Synopsis physicæ ad lumen divinum reformatæ.* On l'appela en Suisse et en Angleterre. Il fit ces deux voyages. Le comte d'Oxenstiern le protégea ; ce qui ne l'empêcha pas de mener une vie errante et malheureuse. Allant de province en province, et de ville en ville, et rencontrant la peine par-tout, il arriva à Amsterdam. Il auroit pu y demeurer tranquille ; mais il se mit à faire le prophète. L'on sait bien que ce métier, qui n'exige qu'une imagination forte et beaucoup d'effronterie, ne s'accorde guère avec le repos. Il annonçoit des pertes, des guerres, des malheurs de toute espèce, la fin du monde, qui duroit encore, à son grand étonnement, lorsqu'il mourut en 1671. Ce fut un des plus ardens défenseurs de la mauvaise physique de Moyse. Il ne pouvoit souffrir qu'on la décriât, sur-tout en public et dans les écoles. Cependant il n'étoit pas ennemi de la liberté de penser. Il disoit, du chancelier Bacon, qu'il avoit trouvé la clef du sanctuaire de la nature, mais qu'il avoit laissé à d'autres le soin de l'ouvrir. Il regardoit la doctrine d'Aristote comme pernicieuse ; et il n'auroit pas tenu à lui qu'on ne brûlât tous les livres de ce philosophe, parce qu'il n'avoit été ni circoncis ni baptisé.

Bayer n'étoit pas plus favorable à Aristote ; il prétendoit que sa manière de philosopher ne conduisoit à rien ; et qu'en s'y assujettissant, on disputoit à l'infini, sans trouver un point où l'on pût s'arrêter. On peut regarder Bayer comme le disciple de Coménius. Outre le *Fil du Labyrinthe*, on a de lui un ouvrage intitulé : « Fundamenta » interpretationis et administrationis generalia, ex » mundo, mente et scripturis jacta, *ou* Ostium » vel atrium naturæ schronographicè delineatum ».

Il admet trois principes ; la matière, l'esprit et la lumière. Il appelle la matière la masse *mosaïque* ; il la considère sous deux points de vue ; l'un, de première création ; l'autre, de seconde création. Elle ne dura qu'un jour dans son état de première création ; il n'en reste plus rien. Le monde, tel qu'il est, nous la montre dans son état de seconde création. Pour passer de-là à la genèse des choses, il pose pour principe que la masse unie à l'esprit et à la lumière constitue le corps ; que la masse étoit informe, discontinue, en vapeurs, poreuse et cohérente en quelque sorte ; qu'il y a une nature fabricante, un esprit vital, un plasmateur *mosaique*, des ouvriers externes, des ouvriers particuliers ; que chaque espèce a le sien, chaque individu ; qu'il y en a de solitaires et d'universaux; que les uns peuvent agir sans le concours des autres ; que ceux-ci n'ont de pouvoir que celui qu'ils reçoivent, etc. Il déduit l'esprit vital de l'incubation de l'esprit saint ; c'est l'esprit vital qui forme les corps selon les idées de l'incubateur ; son action est, ou médiate ou immédiate, ou interne ou externe ; il est intelligent et sage, actif et pénétrant ; il arrange, il vivifie, il ordonne ; il se divise en général et en particulier, en naturel et accidentel, en terrestre et céleste, en sidéréal et élémentaire, substantifique, modifiant, etc. L'esprit vital commence, la fermentation achève. A ces deux principes, il en ajoute un instrumental ; c'est la lumière, être moyen entre la masse ou la matière et l'esprit ; de-là naissent le mouvement, le froid, le chaud, une infinité de mots vides de sens, et de sottises que je n'ai pas le courage de rapporter, parce qu'on n'auroit pas la patience de les lire.

Il s'ensuit de ce qui précède, que tous ces auteurs, plus instruits de la religion que versés dans les secrets de la nature, n'ont servi presque de rien au progrès de la véritable philosophie ;

Qu'ils n'ont point éclairci la religion, et qu'ils ont obscurci la raison ;

Qu'il n'a pas dépendu d'eux qu'ils n'aient déshonoré Moyse, en lui attribuant toutes leurs rêveries ;

Qu'en voulant éviter un écueil, ils ont donné dans un autre; et qu'au-lieu d'illustrer la révélation, ils ont, par un mélange insensé, défiguré la philosophie ;

Qu'ils ont oublié que les saintes écritures n'ont pas été données aux hommes pour les rendre physiciens, mais meilleurs ;

Qu'il y a bien de la différence entre les vérités naturelles contenues dans les livres sacrés, et les vérités morales ;

Que la révélation et la raison ont leurs limites, qu'il ne faut pas confondre ;

Qu'il y a des circonstances où Dieu s'abaisse à notre façon de voir ; et qu'alors il emprunte nos idées, nos expressions, nos comparaisons, nos préjugés même ;

Que, s'il en usoit autrement, souvent nous ne l'entendrions pas ;

Qu'en voulant donner à tout une égale autorité, ils méconnoissoient toute certitude ;

Qu'ils arrêteront les progrès de la philosophie, et qu'ils avanceront ceux de l'incrédulité.

Laissant donc de côté ces systèmes, nous achèverons de leur donner tout le ridicule qu'ils méritent, si nous exposons l'hypothèse de Moyse telle que Coménius l'a introduite.

Il y a trois principes des choses ; la matière, 'esprit, et la lumière.

La matière est une substance corporelle, brute, ténébreuse et constitutive des corps.

Dieu en a créé une masse capable de remplir l'abîme créé.

Quoiqu'elle fût invisible, ténébreuse et informe, cependant elle étoit susceptible d'extension, de contraction, de division, d'union, et de toutes sortes de figures et de formes.

La durée en sera éternelle en elle-même, et sous ses formes ; il n'en peut rien périr ; les liens qui la lient sont indissolubles ; on ne peut la séparer d'elle-même, de sorte qu'il reste une espèce de vide au milieu d'elle.

L'esprit est une substance déliée, vivante par elle-même, invisible, insensible, habitante des corps, et végétante.

Cet esprit est infus dans toute la masse rude et informe ; il est primitivement émané de l'incubation de l'esprit-saint ; il est destiné à l'habiter, à la pénétrer, à y régner, et à former, par l'entremise de la lumière, les corps particuliers, selon les idées qui leur sont assignées, à produire en eux leurs facultés, à coopérer à leur génération, et à les ordonner avec sagesse.

Cet esprit vital est plastique.

Il est ou universel, ou particulier, selon les

sujets dans lesquels il est diffus, et selon le rapport des corps auxquels il préside ; naturel ou accidentel, perpétuel ou passager.

Considéré relativement à son origine, il est ou primordial, ou séminal, ou minéral, ou animal.

En qualité de primordial, il est au-dessus du céleste ou sidéré, ou élémentaire ; et partie substantifiant, partie modifiant.

Il est séminal, eu égard à sa concentration générale.

Il est minéral, eu égard à sa concentration spécifique d'or, ou de marbre.

Il se divise encore en vital, relativement à sa puissance et à ses fonctions ; et il est total ou principal, et dominant ou partiel, et subordonné et allié.

Considéré dans sa condition, il est libre ou lié, assoupi ou fermentant, lancé ou retenu, etc.

Ses propriétés sont d'habiter la matière, de la mouvoir, de l'égaler, de préserver les idées particulières des choses, et de former les corps destinés à des opérations subséquentes.

La lumière est une substance moyenne, visible par elle-même, et mobile, brillante, pénétrant la matière, la disposant à recevoir les aspects, et efformatrice des corps.

Dieu destina la matière, dans l'œuvre de la création, à être un instrument universel, à introduire dans la masse toutes les opérations de l'esprit, et à les signer chacune d'un caractère particulier, selon les usages divers de la nature.

La lumière est ou universelle et primordiale, ou produite et caractérisée.

Sa partie principale s'est retirée dans les astres qui ont été répandus dans le ciel pour tous les usages différens de la nature.

Les autres corps n'en ont pris ou retenu que ce qu'il leur en falloit pour les usages à venir, auxquels ils étoient préparés.

La lumière remplit ses fonctions par son mouvement, son agitation et ses vibrations.

Ces vibrations se propagent du centre à la circonférence, ou sont renvoyées de la circonférence au centre.

Ce sont elles qui produisent la chaleur et le feu dans les corps sublunaires. Sa source éternelle est dans le soleil.

Si la lumière se retire ou revient en arrière, le froid est produit, la lune est la région du froid.

La lumière vibrée et la lumière retirée sont l'une et l'autre, ou dispersées ou réunies, ou libres et agissantes, ou retenues; c'est selon les corps où elles résident : elles sont aussi, sous cet aspect, ou naturelles et originaires, ou adventices ou occasionnelles, ou permanentes et passagères, ou transitoires.

Ces trois principes diffèrent entre eux ; et voici leurs différences. La matière est l'être premier;

l'esprit, l'être premier vivant ; la lumière, l'être premier mobile ; c'est la forme qui survient qui les spécifie.

La forme est une disposition, une caractérisation des trois premiers principes, en conséquence de laquelle la masse est configurée ; l'esprit, concentré ; la lumière, tempérée ; de manière qu'il y a entre eux une liaison, une pénétration réciproque et analogue à la fin que Dieu a prescrite à chaque corps.

Pour parvenir à cette fin, Dieu a imprimé aux individus des vestiges de sa sagesse, et des causes agissant extérieurement : les esprits reçoivent les idées, les formes, les simulacres des corps à engendrer, la connoissance de la vie, des procédés et des moyens ; et les corps sont produits, comme il l'a prévu de toute éternité, dans sa volonté et son entendement.

Qu'est-ce que les élémens ? que des portions spécifiées de matière terrestre, différenciées particulièrement par leur densité et leur rareté.

Dieu a voulu que les premiers individus, ou restassent dans leur première forme, ou qu'ils en engendrassent de semblables à eux, imprimant et propageant leurs idées et leurs autres qualités.

Il ne faut pas compter le feu au nombre des élémens ; c'est un effet de la lumière.

De ces trois principes, naissent les principes des chimistes.

Le mercure naît de la matière jointe à l'esprit ; c'est l'aqueux des corps.

De l'union de l'esprit avec la lumière, naît le sel, ou ce qui fait la consistance des corps.

De l'union de la matière et du feu, ou de la lumière, naît le soufre.

Grande portion de matière au premier ; grande portion d'esprit au second ; grande portion de lumière au troisième.

Trois choses entrent dans la composition de l'homme ; le corps, l'esprit et l'ame.

Le corps vient des élémens ;

L'esprit, de l'ame du monde ;

L'ame, de Dieu.

Le corps est mortel; l'esprit, dissipable ; l'ame, immortelle.

L'esprit est l'organe et la demeure de l'ame.

Le corps est l'organe et la demeure de l'esprit.

L'ame a été formée de l'ame du monde qui lui préexistoit; et cet esprit intellectuel diffère de l'esprit vital en dégré de pureté et de perfection.

Voilà le tableau de la physique *mosaïque* de Coménius. Nous ne dirons de sa morale, qu'il désignoit aussi par l'épithète de *mosaïque*, qu'une chose; c'est qu'il réduisoit tous les devoirs de la vie aux préceptes du Décalogue.

[*NOTA*. Il est souvent question, dans cet article, des *saintes écritures* ; comme cette manière de désigner l'ancien et le nouveau testament est une espèce de formule que l'ignorance et la crédulité ont consacrée, on peut être surpris de la voir employée par un de ces *libres penseurs*, dont les écrits remplis de vérités neuves et hardies ont contribué aux progrès des lumières. En effet, Diderot parle ici du code religieux des juifs et des chrétiens en termes si mesurés, si respectueux, que rien ne contraste plus fortement avec ses principes philosophiques. La disparate sera encore plus sensible, si l'on rapproche l'expression qui fait le sujet de cette note, d'une foule de réflexions dispersées dans d'autres articles du même auteur, et qui, présentées avec cette éloquence douce et persuasive, qui tire toute sa force de la clarté des idées, et de la justesse des raisonnemens, montrent toutes les religions, en général, comme le produit plus ou moins bizarre de l'imagination, de l'enthousiasme et de la terreur.

Ces contradictions, que Diderot, placé entre la honte d'écrire contre sa pensée, et le danger de la dire librement, ne pouvoit guère éviter, ne sont pas, je l'avoue, sans quelque inconvénient; mais ce n'est point sa dialectique qui est ici en défaut. Ces jugemens si divers, si opposés qu'il porte des mêmes objets, sont l'effet nécessaire de la tyrannie et des vices du gouvernement sous lequel il vivoit. On peut même ajouter que tous ces lieux communs de doctrine exotérique dont ce philosophe fait quelquefois usage, ne sont que trop bien justifiés par l'esprit d'intolérance et de perfection qui animoit les prêtres, les magistrats et les ministres; et qui, si *la révolution* n'eût pas brisé nos fers, et affranchi les hommes de génie du joug sous lequel la superstition les tenoit captifs, auroit nécessairement fini par éteindre parmi nous l'amour des sciences et des lettres, dont la culture peut seule sauver de l'oubli (1) les peuples et les empires.

Diderot n'avoit donc, pour ce qu'il appelle ici très-pieusement *les saintes écritures*, qu'un respect apparent, et à proprement parler, de pure circonstance : il pensoit même avec un savant théologal (2), dont les paroles sont remarquables, que *toutes les religions ont cela, qu'elles sont étranges et horribles au sens commun* : mais il écrivoit sous le règne d'un tyran jaloux de son autorité, à qui les prêtres répétoient sans cesse qu'il se rendroit d'autant plus puissant, qu'il sauroit mieux faire respecter la religion, c'est-à-dire ses ministres. Il ne se dissimuloit pas tout ce qu'il avoit à craindre de ces apôtres du mensonge, dont la conduite dans tous les temps et chez tous les peuples prouve, selon la remarque judicieuse de Hobbes, que, *toutes les fois que la raison est contraire à l'homme, l'homme est contraire à la raison*. Le parlement lui paroissoit un ennemi plus redoutable encore. Il n'ignoroit pas que ce corps haineux, vindicatif, et implacable, parloit souvent de la nécessité de faire enfin *un grand exemple*, c'est-à-dire, de brûler un philosophe ; et il ne doutoit pas

---

(1) Vixere fortes ante Agamemnona
Multi : sed omnes illacrymabiles
Urgentur ignotique longâ
Nocte, carent quia vate sacro.

HORAT. Carm. lib. 4. Od. 10, vers. 25 et seq.

(2) Pierre Charron : *Voyez* son livre *de la Sagesse*, liv. 2, chap. 5 ; page 382, édit. de Paris, 1604.

que ces magistrats sanguinaires ne le désignassent en secret pour victime. Sans avoir cet amour immodéré de la vie qui affoiblit, qui détend les ressorts de l'ame, et avec lequel on ne médite, on ne fait rien de grand dans aucun genre, elle n'étoit pas pour lui sans quelque prix. Sa femme, son enfant, dont il se plaisoit à cultiver les heureuses dispositions ; ses amis, dont la société lui étoit si agréable, et les conseils si nécessaires ; le désir d'achever l'Encyclopédie, et d'acquérir, par un ouvrage utile, de justes droits à l'estime de ses concitoyens et à la reconnoissance de la postérité : tous ces motifs réunis étoient autant de chaînes invisibles qui l'attachoient fortement à la vie. Il étoit d'ailleurs dans l'age où, fatigué d'une existence tumultueuse, inquiète, agitée, on aspire au repos (*); et où il est même devenu un besoin de toute la machine. Il évitoit donc de se commettre avec des prêtres et des magistrats dont la haine, plutôt assoupie qu'éteinte, pouvoit se rallumer en un instant avec violence. C'est par ces considérations graves et impérieuses, auxquelles mille réflexions ultérieures donnoient encore plus de poids, qu'il faut expliquer cet assentiment qu'il paroit donner ici à certains préjugés reçus. Il s'exprime avec la même circonspection dans tous les articles où il étoit à-peu-

---

(*) OTIUM divos rogat in patenti
 Prensus Ægæo, simul atra nubes
 Condidit lunam, neque certa fulgent
  Sidera nautis.
OTIUM bello furiosa Thrace ;
OTIUM Medi pharetra decori, etc.

    HORAT. Carm. lib. 2, Od. 16.

près sûr que ses ennemis iroient chercher curieusement sa profession de foi : mais dans d'autres articles détournés, et dont les titres assez insignifians semblent ne rien promettre de philosophique, il foule aux pieds ces mêmes préjugés religieux avec d'autant plus de mépris qu'il avoit été forcé de les respecter ailleurs (1):

Nam cupidè conculcatur nimis antè metutum.

En un mot, Diderot étoit athée, et même un athée très-ferme et très-réfléchi. Il étoit arrivé à ce résultat d'une bonne méthode d'investigation, par toutes les voies qui conduisent le plus directement et le plus sûrement à la vérité, c'est-à-dire, par la méditation, l'expérience, l'observation et le calcul.

Cette espèce d'analyse de sa philosophie ésotérique ou secrète, suffit pour donner la vraie valeur de tous les passages dans lesquels il sacrifie plus ou moins à l'erreur commune (2). On voit présentement que ces passages et ces expressions si orthodoxes, n'ont aucun sens dans son système ; ce qu'il falloit démontrer. Q. E. D.]

Cette addition, qui commence page 370, est de l'éditeur.

---

(1) *Voyez* ce qu'il dit lui-même à ce sujet, au mot ENCYCLOPÉDIE : J'ai cité le passage dans un des paragraphes qui servent d'introduction à l'article JÉSUS-CHRIST. *Voyez* dans l'Encyc. méthod. le diction. de la philos. anc. et mod. tome II, p. 767.

(2) On peut joindre à cette note ce que j'ai dit ailleurs sur le même sujet. *Voyez* le diction. de la philos. anc. et mod. tom. II, page 215, note 2 ; et l'article DU MARSAIS (PHILOSOPHIE DE), tome III, page 172, note 2.

NATURALISTES.

On donne le nom de *naturalistes* à ceux qui n'admettent point de Dieu, mais qui croyent qu'il n'y a qu'une substance matérielle, revêtue de diverses qualités qui lui sont aussi essentielles que la longueur, la largeur, la profondeur, et en conséquence desquelles tout s'exécute nécessairement dans la nature, comme nous le voyons. *Naturaliste*, en ce sens, est synonyme à *athée*, *spinosiste*, *matérialiste*, etc.

ORIENTALE.

(PHILOSOPHIE)

Peu de temps après la naissance de Jésus-Christ, il se forma une secte de philosophes, assez singulière, dans les contrées les plus connues de l'Asie et de l'Afrique. Ils se piquoient d'une intelligence extraordinaire dans les choses divines, ou celles sur lesquelles on croit le plus, parce qu'on y entend le moins; et où il ne faut pas raisonner, mais soumettre sa raison, faire des actes de foi, et non des systèmes ou des syllogismes. Ils donnoient leur doctrine pour celle des plus anciens philosophes, qu'ils prétendoient leur avoir été transmise dans sa pureté: et plusieurs d'entre eux ayant embrassé la religion chrétienne, et travaillé à concilier leurs idées avec ses préceptes, on vit tout-à-coup éclore cet essaim d'hérésies dont il est parlé dans l'histoire de l'église, sous le nom fastueux de *gnostiques*. Ces gnostiques corrompirent la simplicité de l'évangile, par les inepties les plus frivoles ; se répandirent parmi les juifs et les gentils, et défigurèrent de la manière la plus ridicule leur philosophie ; imaginèrent les opinions les plus monstrueuses ; fortifièrent le fanatisme dominant ; supposèrent une foule de livres sous les noms les plus respectables ; et remplirent une partie du monde de leur misérable et détestable science.

Il seroit à souhaiter qu'on approfondît l'origine et les progrès des sectes : les découvertes qu'on feroit sur ce point éclairciroient l'histoire sacrée et philosophique des deux premiers siècles de l'église, période qui ne sera sans obscurité, que quand quelqu'homme d'une érudition et d'une pénétration peu commune aura achevé ce travail.

Nous n'avons plus les livres de ces sectaires ; il ne nous en reste qu'un petit nombre de fragmens peu considérables. En supprimant leurs ouvrages, les premiers pères de l'église, par un zèle plus ardent qu'éclairé, nous ont privés de la lumière dont nous avions besoin, et presque coupé le fil de notre histoire.

On ne peut révoquer en doute l'existence de ces philosophes ; Porphyre en fait mention : il dit, dans la vie de Plotin, γεγόνασι δε κατ' αυτόν τῶν χριστιανῶν πολλοὶ μέν καὶ ἄλλοι αἱρετικοί δέ ἐκ τῆς παλαιᾶς φιλοσοφίας ανηγμένοι, οἱ περί τον ἀδελφίον καὶ ἀκυλῖνον, κ. τ. λ. Il y avoit alors plusieurs chrétiens, hérétiques, et autres professant une doctrine émanée de l'ancienne philosophie, et marchant à la suite d'Adelphius et d'Aquilinus, etc. Ils méprisoient Platon : ils ne parloient que de Zoroastre, de Zostriam, de Nichotée et de Mélus ; et ils se regardoient comme les restaurateurs de la sagesse orientale : nous pourrions ajouter au témoignage de Porphyre, celui de Théodote et d'Eunappe.

Ces philosophes prirent le nom de *gnostiques*, parce qu'ils s'attribuoient une connoissance plus sublime et plus étendue de Dieu, et de ses puissances ou émanations, qui faisoient le fond de leur doctrine.

Ils avoient pris ce nom long-temps avant que d'entrer dans l'église. Les gnostiques furent d'abord certains philosophes spéculatifs : on étendit ensuite cette dénomination à une foule d'hérétiques, dont les sentimens avoient quelqu'affinité avec leur doctrine. Irénée dit que Ménandre, disciple de Simon, fut un gnostique ; Basilide fut un gnostique, selon Jérôme ; Epiphane met Saturnin au nombre des gnostiques ; Philastrius appelle Nicolas, chef des gnostiques.

Ce titre de gnostique a donc passé, des écoles de la philosophie des gentils, dans l'église de Jésus-

Christ ; et il est très-vraisemblable que c'est de cette doctrine trompeuse que Paul a parlé dans son épître à Timothée, et qu'il désigne par les mots ψευδωνύμος γνώσεος ; d'où l'on peut conclure que le gnosisme n'a pas pris naissance parmi les chrétiens.

Le terme de *gnosis* est grec : il étoit en usage dans l'école de Pythagore et de Platon ; et il se prenoit pour la contemplation des choses immatérielles et intellectuelles.

On peut donc conjecturer que les philosophes orientaux prirent le nom de *gnostiques*, lorsque la philosophie pythagorico-platonicienne passa de la Grèce dans leur contrée ; ce qui arriva peu de temps après la naissance de Jésus-Christ : alors la Chaldée, la Perse, la Syrie, la Phénicie et la Palestine étoient pleines de gnostiques. Cette secte pénétra en Europe. L'Égypte en fut infectée ; mais elle s'enracina particulièrement dans la Chaldée et dans la Perse. Ces contrées furent le centre du gnosisme : c'est là que les idées des gnostiques se mêlèrent avec les visions des peuples, et que leur doctrine s'amalgama avec celle de Zoroastre.

Les Perses, qui étoient imbus du platonisme, trompés par l'affinité qu'ils remarquèrent entre les dogmes de cette école dont ils sortoient, et la doctrine des gnostiques orientaux, qui n'étoit que le pythagorico-platonisme défiguré par des chimères chaldéennes et zoroastriques, se méprirent sur l'origine de cette secte. Bien loin de se dire platoniciens, les gnostiques orientaux reprochoient à Platon de n'avoir rien entendu à ce qu'il y a de secret et de profond sur la nature divine, « Plato- » nem in profunditatem intelligibilis essentiæ non » penetrasse » : Plotin, *Ennéad. II, liv.* 9, *chap.* 6, indigné de ce jugement des gnostiques, leur dit : « Quasi ipsi quidem intelligibilem naturam » cognoscendo attingentes, Plato autem reliqui- » que beati viri minimè » ? « Comme si vous sa- » viez de la nature intelligible ce que Platon et les » les autres hommes de sa trempe céleste ont » ignoré ». *Plot. ibid.* Il revient encore aux gnostiques en d'autres endroits ; et toujours avec la même véhémence. « Vous vous faites un mérite, » ajoute-t-il, de ce qui doit vous être reproché » sans cesse ; vous vous croyez plus instruits, » parce qu'en ajoutant vos extravagances aux » choses sensées que vous avez empruntées, vous » avez tout corrompu ».

D'où il s'ensuit, qu'à travers le système de la *philosophie orientale*, quel qu'il fût, on reconnoissoit des vestiges du pythagorico-platonisme; ils avoient changé les dénominations. Ils admettoient la transmigration des âmes d'un corps dans un autre. Ils professoient la trinité de Platon, l'être, l'entendement, et un troisième architecte ; et ces conformités, quoique moins marquées peut-être qu'elles ne le paroissoient à Plotin, n'étoient pas les seules qu'il y eût entre le gnosisme et le platonico-pythagorisme.

Le platonico-pythagorisme passa de la Grèce à Alexandrie. Les Egyptiens, avides de tout ce qui concernoit la divinité, accoururent dans cette ville fameuse par ses philosophes. Ils brouillèrent leur doctrine avec celle qu'ils y puisèrent. Ce mélange passa dans la Chaldée, où il s'accrut encore des chimères de Zoroastre; et c'est ce chaos d'opinions qu'il faut regarder comme la *philosophie orientale*, où le gnosisme, qui s'introduisit avec ses sectateurs dans l'église de Jésus-Christ, s'empara de ses dogmes, les corrompit, et y produisit une multitude incroyable d'hérésies qui retinrent le nom de *gnosisme*.

Leur système de théologie consistoit à supposer des émanations, et à appliquer ces émanations aux phénomènes du monde visible. C'étoit une espèce d'échelle, où des puissances moins parfaites, placées les unes au-dessous des autres, formoient autant de dégrés depuis Dieu jusqu'à l'homme, où commençoit le mal moral. Toute la portion de la chaîne, comprise entre le grand abîme incompréhensible, ou Dieu, jusqu'au monde, étoit bonne, d'une bonté qui alloit, à-la-vérité, en dégénérant; le reste étoit mauvais, d'une dépravation qui alloit toujours en augmentant. De Dieu au monde visible, la bonté étoit en raison inverse de la distance; du monde au dernier dégré de la chaîne, la méchanceté étoit en raison directe de la distance.

Il y avoit aussi beaucoup de rapport entre cette théorie et celle de la cabale judaïque.

Les principes de Zoroastre, les séphiroths des juifs, les éons des gnostiques, ne sont qu'une même doctrine d'émanations sous des expressions différentes. Il y a dans ces systèmes des sexes différens de principes, de séphiroths, d'éons, parce qu'il y falloit expliquer la génération d'une émanation, et la propagation successive de toutes.

Les principes de Zoroastre, les séphiroths de la cabale, les éons, perdent de leur perfection à mesure qu'ils s'éloignent de Dieu dans tous ces systèmes, parce qu'il y falloit expliquer l'origine du bien et du mal physique et moral.

Quels moyens l'homme avoit-il de sortir de sa place, de changer sa condition misérable, et de s'approcher du principe premier des émanations ? C'étoit de prendre son corps en aversion, d'affoiblir en lui les passions, d'y fortifier la raison, de méditer, d'exercer des œuvres de pénitence, de se purger, de faire le bien, d'éviter le mal, etc.

Mais il n'acquéroit qu'à-la-longue, et après de longues transmigrations de son ame dans une longue succession de corps, cette perfection qui s'élevoit au-dessus de la chaîne de ce monde visible. Parvenu à ce dégré, il étoit encore loin de la source divine; mais en s'attachant constamment à ses devoirs, enfin il y arrivoit ; c'étoit là qu'il jouissoit de la félicité complète.

Plus une doctrine est imaginaire, plus il est facile de l'altérer ; aussi les gnostiques se divisèrent-ils en une infinité de sectes différentes.

L'éclat des miracles et la sainteté de la morale du christianisme les frappèrent ; ils embrassèrent notre religion, mais sans renoncer à leur philosophie ; et bientôt Jésus-Christ ne fut pour eux qu'un bon très-parfait, et le Saint-Eprit un autre.

Comme ils avoient une langue toute particulière, on les entendoit peu. On voyoit en gros qu'ils s'écartoient de la simplicité du dogme ; et on les condamnoit sous une infinité de faces diverses.

On peut voir, à l'article CABALE, ce qu'il y a de commun entre la *philosophie orientale* et la philosophie judaïque ; à l'article PYTHAGORISME, ce que ces sectaires avoient emprunté de ce philosophe ; à l'article PLATONISME, ce qu'ils devoient à Platon ; et dans cet article même, ce qu'ils avoient reçu du christianisme : l'extrait abrégé qui va suivre de la doctrine de Zoroastre, montrera la conformité de leurs idées avec celles de cet homme célèbre dans l'antiquité.

Selon Zoroastre, il y a un principe premier, infini et éternel.

De ce premier principe éternel et infini, il en est émané deux autres.

Cette première émanation est pure, active et parfaite.

Son origine ou son principe, est le feu intellectuel.

Ce feu est très-parfait et très-pur.

Il est la source de tous les êtres immatériels et matériels.

Les êtres immatériels forment un monde. Les matériels en forment un autre.

Le premier a conservé la lumière pure de son origine; le second l'a perdue. Il est dans les ténèbres, et les ténèbres s'accroissent à mesure que la distance du premier principe est plus grande.

Les dieux, et les esprits voisins du principe lumineux, sont ignés et lumineux.

Le feu et la lumière vont toujours en s'affoiblissant; où cessent la chaleur et la lumière, commencent la matière, les ténèbres et le mal, qu'il faut attribuer à Arimane, et non à Orosmade.

La lumière est d'Orosmade; les ténèbres sont d'Arimane : ces principes et leurs effets sont incompatibles.

La matière, dans une agitation perpétuelle, tend sans cesse à se spiritualiser, à devenir lucide et active.

Spiritualisée, active et lucide, elle retourne à sa source, au feu pur, à Mithras, où son imperfection finit, et où elle jouit de la suprême félicité.

On voit que, dans ce système, l'homme, comfondu avec tous les êtres du monde visible, est compris sous le nom commun de *matière*.

Ce que nous venons d'exposer de la *philosophie orientale* y laisse encore beaucoup d'obscurité. Nous connoîtrions mieux l'histoire des hérésies comprises sous le nom de *gnosisme*, si nous avions les livres des gnosistes ; ceux qu'on attribue à Zoroastre, Zostrian, Mésus, Allogène, ne seroient pas supposés, que nous ne serions pas encore fort instruits. Comment se retirer de la nomenclature ? Comment apprécier la juste valeur de leurs métaphores ? Comment interpréter leurs symboles ? Comment suivre le fil de leurs abstractions ? Comment exalter son imagination au point d'atteindre à la leur ? Comment s'enivrer et se rendre fou assez pour les entendre ? Comment débrouiller le chaos de leurs opinions ? Contentons-nous donc du peu que nous en savons ; et jugeons assez sainement de ce que nous en savons, pour ne pas regretter ce qui nous manque.

PARMÉNIDÉENNE, (PHILOSOPHIE)
OU PHILOSOPHIE DE PARMÉNIDE.

Parménide fut un des philosophes de la secte éléatique. *Voyez* ce que nous en avons dit à l'article ÉLÉATIQUE (SECTE). Selon lui, la philosophie se considéroit, ou relativement à l'opinion et à la sensation, ou relativement à la vérité. Sous le premier point de vue, la matière étant en vicissitude perpétuelle, et les sens, imbécilles et obtus, ce que l'on assuroit lui paroissoit incertain; et il n'admettoit de constant et d'assuré, que ce qui étoit appuyé sur le témoignage de la raison: c'est là toute sa logique. Sa métaphysique se réduisoit au petit nombre d'axiomes suivans. Il ne se fait rien de rien. Il n'y a qu'un seul principe des choses. Il est immobile et immuable. C'est l'Etre universel : il est éternel ; il est sans origine ; sa forme est sphérique; il est le seul être réel : le reste n'est rien. Rien ne s'engendre ; rien ne périt. Si le contraire nous paroît, c'est que l'aspect des choses nous en impose. Sa physique n'est guère plus étendue ni plus savante. Il regardoit le froid et le chaud comme les principes de tout. Le feu ou le chaud, c'est la même chose. La terre ou le froid, c'est la même chose. Le feu est la cause efficiente ; la terre est la cause matérielle. La lune emprunte du soleil sa lumière ; et, à proprement parler, elle brille du même éclat. La terre est ronde : elle occupe le centre : elle est suspendue en un équilibre, que sa distance, égale de tout ce qu'on peut regarder comme une circonférence, entretient. Elle peut être ébranlée, mais non déplacée. Les hommes sont sortis du limon par l'action du froid et du chaud. Le monde passera ; il sera consumé. La portion principale de l'ame réside dans le cœur.

Il s'occupa beaucoup de la dialectique ; mais il ne nous reste rien de ses principes : on lui attribue l'invention du sophisme de Zénon, connu sous le nom d'*Achille*.

Platon nous a laissé un dialogue, intitulé *le Parménide*, parce que ce philosophe éléatique y fait le rôle principal. Voici les principes qu'on y établit.

Il y a en tout unité et multitude. L'unité est l'idée originelle et première. La multitude, ou pluralité, est des individus ou singuliers.

Il y a des idées, ou certaines natures communes qui contiennent les individus, qui en sont les causes, qui les constituent et qui les dénomment.

Il y a des espèces ; et c'est une unité commune dans chaque individu qui les constitue.

Les individus ou singuliers ne peuvent ni se concevoir, ni être conçus relativement à l'espèce, que par l'unité commune. Autre chose est l'espèce, autre chose les individus. L'espèce est l'unité qui les comprend.

Les idées sont dans notre entendement comme des notions ; elles sont dans la nature comme des causes.

Les idées, dans la nature, donnent aux choses l'existence et la dénomination.

Il n'y a rien qu'on ne puisse réduire à l'unité de l'idée ; oes choses, en elles-mêmes, sont donc réellement invisibles.

Il y a l'idée du beau ; c'est la même que celle du bon ; il y a les choses ou leurs idées.

La première est Dieu ; les autres sont les espèces des choses dans l'ordre de la nature.

Il y a, dans ces idées secondaires, une sorte d'unité, le fondement des singuliers.

L'espèce, distribuée en plusieurs individus séparés, est une, toute en elle, non distincte d'elle.

Son étendue à plusieurs individus ne rend point son idée divisible. L'idée a son essence en soi ; l'individu a son idée propre ; l'idée, comme telle, n'est donc pas un simple rapport.

Les notions que nous avons sont conformes aux idées des choses ; elles rendent leurs formes éternelles ; mais ce ne sont que des images, et non des êtres réels ; c'est le fondement du commerce de la nature et de l'entendement.

La première idée archétype a ses propriétés, comme d'être simple ou une, sans parties, sans figure, sans mouvement, sans limites, infinie, éternelle ; cause de l'existence des choses, et de leurs facultés ; supérieure à toute essence ; diffuse en tout, et circonscrivant la multitude dans les limites de l'unité.

Les idées secondaires ont aussi leurs propriétés, comme d'être unes, mais finies ; d'exister, à-la-vérité, dans l'entendement divin, mais de se voir dans les individus, comme l'humanité dans l'homme ; elles sont unes et diverses, unes en elles-mêmes, diverses dans les singuliers : elles sont en mouvement et en repos; elles agissent par des principes contraires; mais il est un lien commun de similitude, qui lie ces contraires; il y a donc quelque chose d'existant qui n'est pas elles; elles agissent dans le temps; mais quelle que soit leur action, elles demeurent les mêmes.

Toute cette métaphysique a bien du rapport avec le système de Léibnitz; et ce philosophe ne s'en défendoit guère. *Voyez* LÉIBNITZIANISME.

On peut la réduire en peu de mots, à ceci. L'existence diffère de l'essence; l'essence des choses existantes est hors des choses : il y a des semblables et des dissemblables. Tout se rapporte à certaines classes et à certaines idées. Toutes les idées existent dans une unité ; cette unité, c'est Dieu. Toutes les choses sont donc unes. La science n'est pas des singuliers, mais des espèces; elle diffère des choses existantes. Puisque les idées sont en Dieu, elles échappent donc à l'homme; tout lui est incompréhensible et caché ; ses notions ne sont que des images, des ombres.

Nous craignons que Platon n'ait fort altéré la philosophie de Parménide. Quoi qu'il en soit, voilà ce que nous avons cru devoir en exposer ici, avant que de passer au temps où les opinions de ce philosophe reparurent sur la scène, élevées sur les ruines de celles d'Aristote et de Platon, par un homme qui n'est pas aussi connu qu'il méritoit ; c'est Bernardinus Télésius. *Voyez* BACONISME.

Télésius naquit dans le royaume de Naples, en 1508, d'une famille illustre. On lui reconnut de la pénétration : on l'encouragea à l'étude des lettres et de la philosophie ; et l'exemple et les leçons d'Antoine Télésius, son oncle, ne lui furent pas inutiles. Il passa ses premières années dans les écoles de Milan. De-là il alla à Rome, où il cultiva tout ce qu'il y avoit d'hommes célèbres. La nécessité de prendre possession d'un bénéfice, qu'on lui avoit conféré, le rappela dans sa patrie. Il y vivoit ignoré et tranquille, lorsqu'elle fut prise et saccagée par les Français. Télésius fut jeté dans une prison, où il auroit perdu la vie, sans quelques protecteurs qui se souvinrent de lui, et qui obtinrent sa liberté. Il se réfugia à Padoue, où il se livra à la poésie, à la philosophie et à la morale. Il fit des progrès surprenans dans les mathématiques ; il s'attacha à perfectionner l'optique ; et ce ne fut pas sans succès. De Padoue, il revint à Rome, où il connut Ubald Bandinelli, et Jean Della Casa ; il obtint même la faveur de Paul IV. De retour de Rome, où il épousa Diane Sersali, qui lui donna trois enfans, il devint veuf. La mort prématurée de sa femme le toucha vivement, et le ramena à la solitude, et à l'étude des sciences auxquelles les affaires domestiques l'avoient arraché.

Il relut les anciens; il écrivit ses pensées; et il publia l'ouvrage intitulé, de *Naturâ, juxtâ propria Principia.* Cet ouvrage fut applaudi; les Napolitains l'appelèrent dans leurs écoles. Il céda à leurs sollicitations; et il professa dans cette ville sa nouvelle doctrine : il ne s'en tint pas là; et il y fonda une espèce d'académie : Ferdinand Carafe se l'attacha. Il étoit aimé, honoré, estimé, heureux, lorsque les moines, qui souffroient impatiemment le mépris qu'il faisoit d'Aristote dans ses leçons et ses écrits, s'élevèrent contre lui, le tourmentèrent, et lui ôtèrent le repos et la vie. Il mourut en 1588. Il publia dans le cours de ses études d'autres ouvrages que celui que nous avons cité.

Principes de la physique de Télesius.

Il y a trois principes des choses; deux agens et incorporels, c'est le froid et le chaud; un instrumental et passif, c'est la matière.

Le chaud, mobile de sa nature, est antérieur au mouvement d'une propriété de temps, d'ordre et de nature; il en est la cause.

Le froid est immobile.

La terre et toutes ses propriétés sont du froid.

Le ciel et les astres sont du chaud.

Les deux agens incorporels, le froid et le chaud, ont besoin d'une masse corporelle qui les soutienne; c'est la matière.

La quantité de la matière n'augmente ni ne diminue dans l'univers.

La matière est sans action ; elle est noire et invisible de sa nature ; du-reste, propre à se prêter à l'action des deux principes.

Ces deux principes actifs ont la propriété de se multiplier et de s'étendre.

Ils sont toujours opposés, et tendent sans cesse à se déplacer. Ils ont, l'un et l'autre, la faculté de connoître et de sentir, non-seulement leurs propres actions, leurs propres passions, mais les passions et les actions de leur antagoniste.

Ils ont d'abord engendré le ciel et la terre : le soleil a fait le reste. La terre a produit les mers, et les produit tous les jours.

C'est à la chaleur et à la diversité de son action et de l'opposition du principe contraire, qu'il faut attribuer tout ce qui différencie les êtres entre eux.

Il nous est impossible d'avoir des notions fort distinctes de ces effets.

Le ciel est le propre séjour de la chaleur ; c'est là qu'elle s'est principalement retirée, et qu'elle est à l'abri des attaques du froid.

Des lieux placés au-dessous des abîmes de la mer servent d'asyle au froid ; c'est là qu'il réside, et que la chaleur du ciel ne peut pénétrer.

La terre a quatre propriétés principales, le froid, l'opacité, la densité et le repos.

De ces quatre principes, deux résident tranquilles dans ses entrailles ; deux autres se combattent perpétuellement à sa surface.

Ce combat est l'origine de tout ce qui se produit entre le ciel et la terre, sans en excepter les corps qui la couvrent et qu'elle nourrit.

Ces corps tiennent plus ou moins du principe qui prédomine dans leur formation.

Le chaud a prédominé dans la production du ciel et des corps célestes.

Le ciel et les astres ont un mouvement qui leur est propre. Ce mouvement varie ; mais ces phénomènes ne supposent aucune intelligence qui y préside. *Voyez* SPINOSISTES.

Le ciel est lucide de sa nature ; les astres le sont aussi, quoiqu'il y ait entre eux plusieurs différences.

Les plantes ne sont pas sans une sorte d'ame : cette ame est un peu moins subtile, que celle des animaux.

Il y a différens dégrés de perfection entre les animaux.

L'ame de l'homme est de Dieu : c'est lui qui la place dans leurs corps, à mesure qu'ils naissent : c'est la forme du corps ; elle est incorporelle et immortelle.

Tous les sens, excepté celui de l'ouïe, ne sont qu'un toucher.

La raison est particulière à l'homme : les animaux ne l'ont pas.

Ceux qui désireront connoître plus au long le

système de Télésius, et ce qu'il a de conforme avec les principes de Parménide, peuvent recourir à l'ouvrage du chancelier Bacon : ils y verront comment des efforts que le froid et le chaud font pour se surmonter mutuellement et s'assembler ; la terre, pour convertir le soleil ; et le soleil, pour convertir la terre; efforts qui durent sans cesse, et qui n'obtiennent point leur fin ; sans quoi le principe du repos ou celui du mouvement s'anéantissant, tout finiroit : comment, dis-je, le froid et le chaud ayant des vicissitudes continuelles, il en résulte une infinité de phénomènes différens.

Ces phénomènes naissent ou de la force de la chaleur, ou de la disposition de la matière, ou de la résistance, ou du concours des causes opposées.

La chaleur varie en intensité, en quantité, en durée, en moyen, en succession.

La succession varie selon la proximité, l'éloignement, l'allée, le retour, la répétition, les intervalles.

En s'affoiblissant, la chaleur paroît avoir quelque chose de commun avec le froid, et en produire les effets.

C'est à la chaleur du soleil, qu'il faut principalement attribuer les générations.

Cet astre atteint à toutes les parties de la terre, et n'en laisse aucune sans chaleur.

Il raisonne du froid comme il a raisonné du chaud. Il y distingue des dégrés et des effets proportionnés à ces dégrés : ces effets sont les contraires des effets du chaud.

Jetant ensuite les yeux sur la matière subjuguée alternativement par les deux principes, il y apperçoit la propriété d'augmenter, de diminuer et de changer la chaleur.

Ou la chaleur y préexistoit, ou non ; si elle y préexistoit, elle s'accroît de celle qui survient.

Nous ne pousserons pas plus loin cette analyse : ce qui précède suffit pour montrer combien on peut déduire d'effets d'un si petit nombre de principes ; et combien aussi il en reste d'inexplicables.

Mais ce qui jette particulièrement du ridicule sur les idées de Télésius, c'est que la terre, ce point de l'espace, devient le théâtre d'une guerre qui décide de l'état de l'univers.

Ce philosophe est moins à louer de l'édifice qu'il a bâti, que du succès avec lequel il a attaqué celui qui subsistoit de son temps.

PÉRIPATÉTICIENNE, (PHILOSOPHIE) ou PHILOSOPHIE D'ARISTOTE, ou ARISTOTÉLISME.

On a traité fort au long du péripatétisme, ou de la philosophie d'Aristote, à l'*article* ARISTOTÉLISME (*) ; il nous en reste cependant des choses

---

(*) Cet article n'est point de Diderot.
NOTE DE L'ÉDITEUR.

intéressantes à dire, que nous avons réservées pour cet article, qui servira de complément à celui que nous venons de citer, et dont nous n'avons été que l'éditeur.

De la vie d'Aristote.

Nous n'avons rien à ajouter à ce qui en a été dit à l'*article* ARISTOTÉLISME. Consultez cet endroit sur la naissance, l'éducation, les études, et le séjour de ce philosophe à la cour de Philippe et à celle d'Alexandre ; sur son attachement et sur sa reconnoissance pour Platon son maître ; sur sa vie dans Athènes ; sur l'ouverture de son école ; sur sa manière de philosopher ; sur sa retraite à Chalcis ; sur sa mort ; sur ses ouvrages ; sur les différentes parties de sa philosophie en général. Mais, pour nous conformer à la méthode que nous avons suivie dans tous les articles précédens, nous allons donner ici les principaux axiomes de chacune des parties de sa doctrine, considérées plus attentivement.

De la logique d'Aristote.

1. La logique a pour objet ou le vraisemblable ou le vrai ; ou, pour dire la même chose en des termes différens, ou la vérité probable, ou la vérité constante et certaine ; le vraisemblable ou la vérité problable appartient à la dialectique ; la vérité constante et certaine, à l'analyse. Les démons-

trations de l'analyse sont certaines ; celles de la dialectique ne sont que vraisemblables.

2. La vérité se démontre ; et, pour cet effet, on se sert du syllogisme ; et le syllogisme est ou démonstratif ou analytique, ou topique et dialectique. Le syllogisme est composé de propositions ; les propositions sont composées de termes simples.

3. Un terme est ou homonyme, ou synonyme, ou paronyme ; homonyme, lorsqu'il comprend plusieurs choses diverses sous un nom commun ; synonyme, lorsqu'il n'y a point de différence entre le nom de la chose et sa définition ; paronyme, lorsque les choses qu'il exprime, les mêmes en elles, diffèrent par la terminaison et le cas.

4. On peut réduire sous dix classes les termes univoques ; on les appelle *prédicamens* ou *catégories*.

5. Et ces dix classes d'êtres peuvent se rapporter ou à la substance qui est par elle-même, ou à l'accident, qui a besoin d'un sujet pour être.

6. La substance est ou première, proprement dite, qui ne peut être le prédicat d'une autre, ni lui adhérer ; ou seconde, subsistante dans la première, comme les genres et les espèces.

7. Il y a neuf classes d'accidens ; la quantité, la relation, la qualité, l'action, la passion, le temps, le lieu, la situation, l'habitude.

8. La quantité est ou continue ou discrète ; elle n'a point de contraire ; elle n'admet ni le plus ni le

moins ; et elle dénomme les choses, en les faisant égales ou inégales.

9. La relation est le rapport de toute la nature d'une chose à une autre ; elle admet le plus et le moins ; c'est elle qui entraîne une chose par une autre ; qui fait suivre la première d'une précédente ; et celle-ci, d'une seconde ; et qui les joint.

10. La qualité se dit de ce que la chose est ; et l'on en distingue de quatre sortes, la disposition naturelle et l'habitude, la puissance et l'impuissance naturelle, la passibilité et la passion, la forme et la figure ; elle admet intensité et rémission ; et c'est elle qui fait que les choses sont dites semblables ou dissemblables.

11. L'action et la passion : la passion, de celui qui souffre ; l'action, de celui qui fait, marque le mouvement, admet des contraires, intensité et rémission.

12. Le temps et le lieu, la situation et l'habitude, indiquent les circonstances de la chose désignée par ces mots.

13. Après ces prédicamens, il faut considérer les termes qui ne se réduisent point à ce système de classes, comme les opposés ; et l'opposition est, ou relative, ou contraire, ou privative, ou contradictoire ; la priorité, la simultanéité, le mouvement, l'avoir.

14. L'énonciation ou la proposition est composée

de termes ou mots; il faut la rapporter à la doctrine de l'interprétation.

15. Le mot est le signe d'un concept de l'esprit; il est ou simple et incomplexe, ou complexe; simple, si le concept ou la perception est simple; et la perception simple, n'est ni vraie, ni fausse; ou la perception est complexe, et participe de la fausseté et de la vérité, et le terme est complexe.

16. Le nom est un mot d'institution, sans rapport au temps, et dont aucune des parties prise séparément, et en elle-même, n'a de signification.

17. Le verbe est un mot qui marque le temps, dont aucune partie ne signifie par elle-même, et qui est toujours le signe des choses qui se disent d'une autre.

18. Le discours est une suite de mots d'institution, dont chaque partie séparée et l'ensemble signifient.

19. Entre les discours, le seul qui soit énonciatif, et appartenant à l'herméneutique, est celui qui énonce le vrai ou le faux; les autres sont ou de la rhétorique, ou de la poésie. Il a son sujet, son prédicat et sa copule.

20. Il y a cinq sortes de propositions; des simples et des complexes; des affirmatives et des négatives; des universelles, des particulières, des indéfinies et des singulières; des impures et modales. Les modales sont ou nécessaires ou

possibles ; ou contingentes, ou impossibles.

21. Il y a trois choses à considérer dans la proposition; l'opposition, l'équipollence et la conversion.

22. L'opposition est, ou contradictoire, ou contraire, ou sous-contraire.

23. L'équipollescence fait que deux propositions désignent la même chose, et peuvent être ensemble toutes les deux vraies ou toutes les deux fausses.

24. La conversion est une transposition de termes, telle que la proposition affirmative et négative soit toujours vraie.

25. Le syllogisme est un discours où, de prémisses posées, il s'ensuit nécessairement quelque chose.

26. Trois termes font toute la matière du syllogisme. La disposition de ces termes, selon les figures et les modes, en est la forme.

27. La figure est une disposition du terme moyen et des extrêmes, telle que la conséquence soit bien tirée. Le mode est la disposition des propositions, eu égard à la quantité et à la qualité.

28. Il y a trois figures de syllogismes. Dans la première, le terme moyen est sujet de la majeure, et prédicat de la mineure; et il y a quatre modes où la conséquence est bien tirée. Dans la seconde, le terme moyen est le prédicat des deux extrêmes; et il y a quatre modes qui concluent

bien. Dans la troisième, le moyen est le sujet aux deux extrêmes ; et il y a six modes où la conclusion est bonne.

29. Tout syllogisme est dans quelqu'une de ses figures, se parfait dans la première, et peut se réduire à son mode universel.

30. Il y a six autres formes du raisonnement ; la conversion des termes, l'induction, l'exemple, l'abduction, l'instance, l'enthymème. Mais toutes, ayant force de syllogisme, peuvent et doivent y être réduites.

31. **L'invention des syllogismes exige :** 1. Les termes du problème donné, et la supposition de la chose en question, des définitions, des propriétés, des antécédences, des conséquences, des répugnances. 2. Le discernement des essentiels, des propres, des accidentels, des certains et des probables. 3. Le choix des conséquences universelles. 4. Le choix d'antécédences, dont la chose soit une conséquence universelle. 5. L'attention de joindre le signe d'universalité, non au conséquent, mais à l'antécédent. 6. L'emploi des conséquences prochaines et non éloignées. 7. Le même emploi des antécédens. 8. La préférence de conséquences d'une chose universelle, et de conséquences universelles d'une chose.

La finesse et l'étendue d'esprit qu'il y a dans toutes ces observations, est incroyable. Aristote n'auroit découvert que ces choses, qu'il faudroit le regarder comme un homme du premier ordre.

Il eût perfectionné tout-d'un-coup la logique, s'il eût distingué les idées de leurs signes, et qu'il se fût plus attaché aux notions qu'aux mots. Interrogez les grammairiens sur l'utilité de ses distinctions.

32. Tout discours scientifique est appuyé sur quelque pensée antérieure de la chose dont on discourt.

33. Savoir, c'est entendre ce qu'une chose est; qu'elle est, que telle est sa cause, et qu'elle ne peut être autrement.

34. La démonstration est une suite de syllogismes, d'où naît la science.

35. La science apodictique est des causes vraies, premières, immédiates, les plus certaines, et les moins sujettes à une démonstration préliminaire.

36. Il n'y a de science démonstrative que d'une chose nécessaire; la démonstration est donc composée de choses nécessaires.

37. Ce qu'on énonce du tout, est ce qui convient au tout, par lui-même, et toujours.

38. Le premier universel, est ce qui est par soi-même, dans chaque chose, parce que la chose est chose.

39. La démonstration se fait par des conclusions d'éternelle vérité. D'où il s'ensuit qu'il n'y a ni démonstration des choses passagères, ni science, ni même définition.

R *

40. Savoir que la chose est, est un ; et savoir pourquoi elle est, est un autre ; de-là, deux sortes de démonstrations, l'une à *priori*, l'autre à *posteriori*. La démonstration à *priori* est la vraie et la plus parfaite.

41. L'ignorance est l'opposé de la science ; ou c'est une négation pure, ou une dépravation. Cette dernière est la pire ; elle naît d'un syllogisme qui est faux, dont le moyen pèche. Telle est l'ignorance qui naît du vice des sens.

42. Nulle science ne naît immédiatement des sens. Ils ont pour objet l'individuel, ou singulier ; et la science est des universaux. Ils y conduisent, parce que l'on passe de l'individuel connu par le sens à l'universel.

43. On procède par induction, en allant des individuels connus par les sens aux universaux.

44. Le syllogisme est dialectique, lorsque la conclusion suit de chose probable ; or, le probable est ce qui semble à tous ou à plusieurs, aux hommes instruits et sages.

45. La dialectique n'est que l'art de conjecturer. C'est par cette raison, qu'elle n'atteint pas toujours sa fin.

46. Dans toute proposition, dans tout problème, on énonce, ou le genre, ou la différence, ou la définition, ou le propre, ou l'accident.

47. La définition est un discours qui explique la nature de la chose, son propre, non ce qu'elle

est, mais ce qui y est. Le genre est ce qui peut se dire de plusieurs espèces différentes. L'accident est ce qui peut être ou n'être pas dans la chose.

48. Les argumens de la dialectique procèdent ou par l'induction, ou par le syllogisme. Cet art a ses lieux. On emploie l'induction contre les ignorans ; le syllogisme, avec les hommes instruits.

49. L'*elenchus* est un syllogisme qui contredit la conclusion de l'antagoniste ; si l'*elenchus* est faux, le syllogisme est d'un sophiste.

50. L'*elenchus* est sophistique ou dans les mots, ou hors des mots.

51. Il y a six sortes de sophismes de mots, l'homonisme, l'amphibologie, la composition, la division, l'accent, la figure du mot.

52. Il y a sept sortes de sophismes hors des mots ; le sophisme d'accident ; le sophisme d'universalité, ou de conclusion d'une chose avouée avec restriction à une chose sans restriction ; le sophisme fondé sur l'ignorance de l'*elenchus* ; le sophisme du conséquent ; la pétition de principe ; le sophisme de cause supposée telle, et non telle ; le sophisme des interrogations successives.

53. Le sophiste trompe ou par des choses fausses, ou par des paradoxes, ou par le solécisme, ou par la tautologie. Voilà les limites de son art.

De la philosophie naturelle d'Aristote.

Il disoit : 1. Le principe des choses naturelles n'est point un, comme il a plu aux éléatiques ; ce n'est point l'homéomérie d'Anaxagore, ni les atomes de Leucippe et de Démocrite, ni les élémens sensibles de Thalès et de son école, ni le nombre de Pythagore, ni les idées de Platon.

2. Il faut que les principes des choses naturelles soient opposés entre eux par qualité et par privation.

3. J'appelle *principes*, des choses qui ne sont point réciproquement les unes des autres, ni d'autres choses, mais qui sont d'elles-mêmes, et dont tout est ; tels sont les premiers contraires. Puisqu'ils sont premiers, ils ne sont point d'autres ; puisqu'ils sont contraires, ils ne sont pas les uns des autres.

4. Ils ne sont pas infinis ; sans cette condition, il n'y a nul accès à la connoissance de la nature. Il y en a plus de deux. Deux se mettroient en équilibre à la fin, ou se détruiroient ; et rien ne seroit produit.

5. Il y a trois principes des choses naturelles ; deux contraires, la forme et la privation ; un troisième, également soumis aux deux autres, la matière. La forme et la matière constituent la chose. La privation n'est qu'accidentelle. Elle n'entre

point dans la matière ; elle n'a rien qui lui convienne.

6. Il faut que ce qui donne origine aux choses, soit une puissance. Cette puissance est la matière première. Les choses ne sont pas de ce qui est actuellement, ni de ce qui n'est pas actuellement ; car ce n'est rien.

7. La matière ni ne s'engendre, ni ne se détruit; car elle est la première ; le sujet infini de tout. Les choses sont formées premièrement, non pas d'elles-mêmes, mais par accident. Elles se résoudront, ou se résolvent en elles.

8. Des choses qui sont, les unes sont par leur nature, d'autres par des causes. Les premières ont en elles le principe du mouvement; les secondes ne l'ont pas. La nature est le principe et la cause du mouvement ou du repos, en ce qui est premièrement de soi, et non par accident ; ou elles se reposent et se meuvent par leur nature ; telles sont les substances matérielles. Les propriétés sont analogues à la nature, qui consiste dans la matière et dans la forme. Cependant la forme, qui est un acte, est plus de la nature que de la matière.

[Ce principe est très-obscur. On ne sait ce que le philosophe entend par *nature*. Il semble avoir pris ce mot sous deux acceptions différentes, l'une de propriété essentielle, l'autre de cause générale.]

9. Il y a quatre espèces de causes ; la matérielle,

dont tout est ; la formelle, par qui tout est, et qui est la cause de l'essence de chaque chose ; l'efficiente, qui produit tout ; et la finale, pour laquelle tout est. Ces causes sont prochaines ou éloignées; principales ou accessoires ; en acte ou en puissance ; particulières ou universelles.

10. Le hasard est cause de beaucoup d'effets. C'est un accident qui survient à des choses projetées. Le fortuit se prend dans une acception plus étendue. C'est un accident qui survient à des choses projetées par la nature, du-moins pour une fin marquée.

11. La nature n'agit point fortuitement, au hasard, et sans dessein; ce que nature prémédite a lieu en tout ou en partie, comme dans les monstres.

12. Il y a deux nécessités, l'une absolue, l'autre conditionnelle. La première est de la matière ; la seconde, de la forme ou fin.

13. Le mouvement est un acte de la puissance en action.

14. Ce qui passe sans fin est infini. Il n'y a point d'acte infini dans la nature. Il y a cependant des êtres infinis en puissance.

15. Le lieu est une surface immédiate et immobile d'un corps qui en contient un autre. Tout corps qu'un autre contient est dans le lieu. Ce qui n'est pas contenu dans un autre n'est pas dans le lieu. Les corps, ou se reposent dans leur lieu naturel,

où ils y tendent comme des portions arrachées à un tout.

16. Le vide est un lieu dénué de corps. Il n'y en a point de tel dans la nature. Le vide se suppose; il n'y auroit point de mouvement ; car il n'y auroit ni haut ni bas, ni aucune partie où le mouvement tendît.

17. Le temps est le calcul du mouvement relatif à la priorité et à la postériorité. Les parties du temps touchent à l'instant présent, comme les parties d'une ligne au point.

18. Tout mouvement et tout changement se fait dans le temps ; et il y a dans tout être mu, vîtesse ou lenteur qui se peut déterminer par le temps; ainsi le ciel, la terre et la mer sont dans le temps, parce qu'ils peuvent être mus.

19. Le temps étant un nombre nombré, il faut qu'il y ait un être nombreux qui soit son support.

20. Le repos est la privation du mouvement dans un corps considéré comme mobile.

21. Point de mouvement qui se fasse en un instant. Il se fait toujours dans le temps.

22. Ce qui se meut dans un temps entier, se meut dans toutes les parties de ce temps.

23. Tout mouvement est fini; car il se fait dans le temps.

24. Tout ce qui se meut, est mu par un autre qui agit ou au-dedans ou au-dehors du mobile.

25. Mais comme ce progrès à l'infini est im-

possible, il faut donc arriver à un premier moteur, qui ne prenne son mouvement de rien, et qui soit l'origine de tout mouvement.

26. Ce premier moteur est immobile ; car s'il se mouvoit, ce seroit par un autre ; car rien ne se meut de soi. Il est éternel ; car tout se meut de toute éternité ; et si le mouvement avoit commencé, le premier moteur n'auroit pu mouvoir, et la durée ne seroit pas éternelle. Il est indivisible et sans quantité. Il est infini ; car le moteur doit être le premier, puisqu'il meut de toute éternité. Sa puissance est illimitée ; or, une puissance infinie ne peut se supposer dans une quantité finie, telle qu'est le corps.

27. Le ciel, composé de corps parfaits, comprenant tout, et rien ne le comprenant, est parfait.

28. Il y a autant de corps simples que de différences dans le mouvement simple. Or, il y a deux mouvemens simples, le rectiligne et le circulaire. Celui-là tend à s'éloigner du centre, ou à en approcher, sans modification ou avec modification. Comme il y a quatre mouvemens rectilignes simples, il y a quatre élémens ou corps simples. Le mouvement circulaire étant de nature contraire au mouvement rectiligne, il faut qu'il y ait une cinquième essence différente des autres, plus parfaite, divine ; c'est le ciel.

29. Le ciel n'est ni pesant, ni léger. Il ne tend ni à s'approcher, ni à s'éloigner du centre comme

les graves et les légers. Il se meut circulairement.

30. Le ciel n'ayant point de contraire, il est sans génération, sans conception, sans accroissement, sans diminution, sans changement.

31. Le monde n'est point infini ; et il n'y a hors de lui nul corps infini ; car le corps infini est impossible.

32. Il n'y a qu'un monde. S'il y en avoit plusieurs, poussés les uns contre les autres, ils se déplaceroient.

33. Le monde est éternel : il ne peut ni s'accroître, ni diminuer.

34. Le monde ou le ciel se meut circulairement par sa nature; ce mouvement, toutefois, n'est pas uniforme et le même dans toute son étendue. Il y a des orbes qui en croisent d'autres ; le premier mobile a des contraires ; de-là, les causes des vicissitudes, des générations et des corruptions dans les choses sublunaires.

35. Le ciel est sphérique.

36. Le premier mobile se meut uniformément; il n'a ni commencement, ni milieu, ni fin. Le premier mobile et le premier moteur sont éternels, et ne souffrent aucune altération.

37. Les astres, de même nature que le corps ambiant qui les soutient, sont seulement plus denses. Ce sont les causes de la lumière et de la chaleur. Ils frottent l'air et l'embrâsent. C'est surtout ce qui a lieu dans la sphère du soleil.

38. Les étoiles fixes ne se meuvent point d'elles-mêmes ; elles suivent la loi de leurs orbes.

39. Le mouvement du premier mobile est le plus rapide. Entre les planètes qui lui sont soumises, celles-là se meuvent le plus vîte, qui en sont les moins éloignées ; et réciproquement.

40. Les étoiles sont rondes. La lune l'est aussi.

41. La terre est au centre du ciel. Elle est ronde, et immobile dans le milieu qui la soutient ; elle forme un orbe ou globe avec l'eau.

42. L'élément est un corps simple, dans lequel les corps composés sont divisibles ; et il existe en eux, ou en acte, ou en puissance.

43. La gravité et la légéreté sont les causes motrices des élémens. Le grave est ce qui est porté vers le centre ; le léger, ce qui tend vers le ciel.

44. Il y a deux élémens contraires ; la terre, qui est grave absolument ; le feu, qui est naturellement léger. L'air et l'eau sont d'une nature moyenne entre la terre et le feu, et participent de la nature de ces extrêmes contraires.

45. La génération et la corruption se succèdent sans fin. Elle est ou simple, ou accidentelle. Elle a pour cause le premier moteur et la matière première de tout.

46. Être engendré est un ; être altéré, un autre. Dans l'altération, le sujet reste entier ; mais les qualités changent. Tout passe dans la génération.

L'augmentation ou la diminution est un changement dans la quantité; le mouvement local, un changement d'espace.

47. L'accroissement suppose nutrition. Il y a nutrition, lorsque la substance d'un corps passe dans la substance d'un autre. Un corps animé augmente, si sa quantité s'accroît.

48. L'action et la passion sont mutuelles dans le contact physique. Il a lieu entre des choses en partie dissemblables de forme, en partie semblables de nature; les unes et les autres tendant à s'assimiler le patient.

49. Les qualités tactiles, objets des sens, naissent des principes et de la différence des élémens qui différencient les corps. Ces qualités sont par paires, au nombre de sept; le froid et le chaud; l'humide et le sec; le grave et le léger; le dur et le mol; le visqueux et l'aride; le rude et le doux; le grossier et le ténu.

50. Entre ces qualités premières, il y en a deux d'actives, le chaud et le froid; deux de passives, l'humide et le sec; le chaud rassemble les homogènes; le froid dissipe les hétérogènes. On retient difficilement l'humide, et le sec facilement.

51. Le feu naît du chaud et de l'aride; l'air, du chaud et de l'humide; l'eau, du froid et de l'humide; la terre, du froid et du sec.

52. Les élémens sont tous convertibles les uns

dans les autres ; non par génération, mais par altération.

53. Les corps mixtes sont composés ou mélangés de tous les élémens.

54. Il y a trois causes de mixtes ; la matière, qui peut être ou ne pas être telle chose ; la forme, cause de l'essence ; et le mouvement du ciel, cause efficiente universelle.

55. Entre les mixtes, il y en a de parfaits ; il y en a d'imparfaits : entre les premiers, il faut compter les météores, comme les comètes, la voie lactée, la pluie, la neige, la grêle, les vents, etc.

56. La putréfaction s'oppose à la génération des mixtes parfaits. Tout est sujet à putréfaction, excepté le feu.

57. Les animaux naissent de la putréfaction aidée de la chaleur naturelle.

Principes de la psychologie d'Aristote.

1. L'ame ne se meut point d'elle-même ; car tout ce qui se meut, est mu par un autre.

2. L'ame est la première entéléchie du corps organique naturel ; elle a la vie en puissance. La première entéléchie est le principe de l'opération ; la seconde est l'acte ou l'opération même. *Voyez*, sur ce mot obscur *entéléchie*, l'article LÉIBNITZIANISME.

3. L'ame a trois facultés; la nutritive, la sensitive, et la rationnelle. La première contient les autres en puissance.

4. La nutritive est celle par qui la vie est à toutes choses; ses actes sont la génération et le développement.

5. La sensitive est celle qui les fait sentir. La sensation est, en général, un changement occasionné dans l'organe par la présence d'un objet apperçu. Le sens ne se meut point de lui-même.

6. Les sens extérieurs sont la vue, l'ouïe, l'odorat, le goût et le toucher.

7. Ils sont tous affectés par des espèces sensibles abstraites de la matière, comme la cire reçoit l'impression du cachet.

8. Chaque sens apperçoit les différences de ses objets propres, aveugles sur les objets d'un autre sens. Il y a donc quelque autre sens commun et interne qui saisit le tout, et juge sur le rapport des sens externes.

9. Le sens diffère de l'intellect. Tous les animaux ont des sens; peu ont de l'intellect.

10. La fantaisie ou l'imagination diffère du sens et de l'intellect; quoique sans exercice préliminaire des sens il n'y ait point d'imagination, comme sans imagination il n'y a point de pensées.

11. La pensée est un acte de l'intellect, qui montre science, opinion et prudence.

12. L'imagination est un mouvement animal

dirigé par le sens en action, en conséquence duquel l'animal est agité, concevant des choses tantôt vraies, tantôt fausses.

13. La mémoire naît de l'imagination. Elle est le magasin de réserve des choses passées ; elle appartient en partie à l'imagination, en partie à l'entendement ; à l'entendement, par accident ; en elle-même, à l'imagination. Elles ont leur principe dans la même faculté de l'ame.

14. La mémoire, qui naît de l'impression sur le sens, occasionnée par quelqu'objet, cesse, si trop d'humidité ou de sécheresse efface l'image. Elle suppose donc une sorte de tempérie dans le cerveau.

15. La réminiscence s'exerce, non par le tourment de la mémoire, mais par le discours, et la recherche exacte de la suite des choses.

16. Le sommeil suit la stupeur ou l'enchaînement des sens ; il affecte sur-tout le sens interne commun.

17. L'insomnie provient des simulacres de l'imagination offerts dans le sommeil, quelques mouvemens s'excitant encore, ou subsistant dans les organes de la sensation vivement affectés.

18. L'intellect est la troisième faculté de l'ame ; elle est propre à l'homme ; c'est la portion de lui qui connoît et qui juge.

19. L'intellect est ou agent, ou patient.

20. Patient, parce qu'il prend toutes les formes

des choses; agent, parce qu'il juge et connoît.

21. L'intellect agent peut être séparé du corps; il est immortel, éternel, sans passion. Il n'est point confondu avec le corps. L'intellect passif, ou patient, est périssable.

22. Il y a deux actes dans l'entendement; ou il s'exerce sur les indivisibles, et ses perceptions sont simples, et il n'y a ni vérité ni fausseté; ou il s'occupe des complexes, et il affirme ou nie, et alors il y a ou vérité ou fausseté.

23. L'intellect actif est ou théorétique ou pratique : le théorétique met en acte la chose intelligible ; le pratique juge la chose bonne ou mauvaise, et meut la volonté à aimer ou haïr ; à désirer ou à fuir.

24. L'intellect pratique et l'appétit sont les causes du mouvement local de l'animal ; l'un connoît la chose et la juge, l'autre la désire ou l'évite.

25. Il y a dans l'homme deux appétits, l'un raisonnable, et l'autre sensitif: celui-ci est ou irascible, ou concupiscent ; il n'a de règle que le sens et l'imagination.

26. Il n'y a que l'homme qui ait l'imagination délibérative, en conséquence de laquelle il choisit le mieux. Cet appétit raisonnable qui en naît, doit commander en lui à l'appétit sensitif qui lui est commun avec les brutes.

27. La vie est une permanence de l'ame, retenue par la chaleur naturelle.

28. Le principe de la chaleur est dans le cœur; la chaleur cessant, la mort suit.

Métaphysique d'Aristote.

1. La métaphysique s'occupe de l'être en tant qu'être, et de ses principes. Ce terme *être* se dit proprement de la substance dont l'essence est une; et improprement, de l'accident qui n'est qu'un attribut de la substance; la substance est donc le premier objet de la métaphysique.

2. Un axiome universel et premier, c'est qu'il est impossible qu'une chose soit et ne soit pas, dans le même sujet, et en-même-temps, de la même manière et sous le même point de vue. Cette vérité est indémontrable; et c'est le dernier terme de toute argumentation.

3. L'être est ou par lui-même, ou par accident; ou en acte, ou en puissance; ou en réalité, ou en intention.

4. Il n'y a point de science de l'être par accident; c'est une sorte de non-être; il n'a point de cause.

5. L'être par lui, suit dans sa division les dix prédicamens.

6. La substance est le support des accidens; c'est en elle qu'on considère la matière, la forme, les rapports, les raisons, la composition. Nous nous servons du mot de *substance* par préférence

à celui de *matière*, quoique la matière soit substance, et le sujet premier.

7. La matière première est le sujet de tout. Toutes les propriétés séparées du corps par abstraction, elle reste ; ainsi elle n'est ni une substance complète, ni une quantité, ni de la classe d'aucun autre prédicament. La matière ne peut se séparer de la forme ; elle n'est ni singulière, ni déterminée.

8. La forme constitue ce que la chose est dite être ; c'est toute sa nature, son essence, ce que la définition comprend. Les substances sensibles ont leurs définitions propres ; il n'en est pas ainsi de l'être par accident.

9. La puissance est ou active, ou passive. La puissance active est le principe du mouvement, ou du changement d'une chose en une autre, ou de ce qui nous paroît tel.

10. La puissance passive est dans le patient ; et l'on ne peut séparer son mouvement du mouvement de la puissance active, quoique ces puissances soient en des sujets différens.

11. Entre les puissances, il y en a de raisonnables ; il y en a qui n'ont point la raison.

12. La puissance séparée de l'exercice n'en existe pas moins dans les choses.

13. Il n'y a point de puissance dont les actes soient impossibles. Le possible est ce qui suit, ou ce qui suivra de quelques puissances.

14. Les puissances sont ou naturelles, ou acquises; acquises ou par l'habitude, ou par la discipline.

15. Il y a acte, lorsque la puissance devient autre qu'elle n'étoit.

16. Tout acte est antérieur à la puissance et à tout ce qui y est compris, antérieur de concept, d'essence et de temps.

17. L'être intentionnel est ou vrai ou faux; vrai, si le jugement de l'intellect est conforme à la chose; faux, si cela n'est pas.

18. Il y a vérité et fausseté même dans la simple appréhension des choses, non-seulement considérée dans l'énumération, mais en elle-même en tant que perception.

19. L'entendement ne peut être trompé dans la connoissance des choses immuables; l'erreur n'est que des contingens et des passagers.

20. L'unité est une propriété de l'être; ce n'est point une substance; mais un catégorème, un prédicat de la chose, en tant que chose ou être. La multitude est l'opposé de l'unité. L'égalité et la similitude se rapportent à l'unité; il en est de même de l'identité.

21. Il y a diversité de genre et d'espèce; de genre, entre les choses qui n'ont pas la même matière; d'espèce, entre celles dont le genre est le même.

22. Il y a trois sortes de substances ; deux naturelles, dont l'une est corruptible, comme les animaux ; et l'autre sempiternelle, comme le ciel ; la troisième, immobile.

23. Il faut qu'il y ait quelque substance immobile et perpétuelle, parce qu'il y a un mouvement local éternel ; un mouvement circulaire propre au ciel qui n'a pu commencer. S'il y a un mouvement et un temps éternels, il faut qu'il y ait une substance sujet de ce mouvement, et mue ; et une substance, source de ce mouvement, et non mue ; une substance qui exerce le mouvement et le contienne ; une substance sur laquelle il soit exercé et qui le meuve.

24. Les substances génératrices du mouvement éternel ne peuvent être matérielles ; car elles meuvent par un acte éternel, sans le secours d'autres puissances.

25. Le ciel est une de ces substances. Il est mu circulairement. Il ne faut point y chercher la cause des générations et des conceptions, parce que son mouvement est uniforme. Elle est dans les sphères inférieures, et sur-tout dans la sphère du soleil.

26. Le premier ciel est donc éternel ; il est mu d'un mouvement éternel ; il y a donc autre chose d'éternel qui le meut, qui est acte et substance, et qui ne se meut point.

27. Mais comment agit ce premier moteur ?

En désirant, et en concevant. Toute son action consiste en une influence, par laquelle il concourt avec les intelligences inférieures pour mouvoir leurs sphères.

28. Toute la force effectrice du premier moteur n'est qu'une application des forces des moteurs subalternes à l'ouvrage qui leur est propre, et auquel il coopère, de manière qu'il en est entièrement indépendant, quant au reste ; ainsi les intelligences meuvent le ciel, non par la génération des choses inférieures, mais pour le bien général auquel elles tendent à se conformer.

29. Ce premier moteur est Dieu, être vivant, éternel, très-parfait, substance immobile, différente des choses sensibles, sans parties matérielles, sans quantité, sans divisibilité.

30. Il jouit d'une félicité complète et inaltérable ; elle consiste à se concevoir lui-même et à se contempler.

31. Après cet être des êtres, la première substance, c'est le moteur premier du ciel, au-dessous duquel il y a d'autres intelligences immatérielles, éternelles, qui président au mouvement des sphères inférieures, selon leur nombre et leurs dégrés.

32. C'est une ancienne tradition, que ces substances motrices des sphères sont des dieux ; et cette doctrine est vraiment céleste. Mais sont-elles sous la forme de l'homme, ou d'autres animaux ? C'est un préjugé qu'on a accrédité parmi

les peuples, pour la sûreté de la vie et la conservation de loix.

De l'athéisme d'Aristote. Voyez l'article Aristotélisme. (Encyc. mét. diction. de la Philos. anc. et mod. tom. I).

Principes de la morale ou de la philosophie pratique d'Aristote.

1. La félicité morale ne consiste point dans les plaisirs des sens, dans la richesse, dans la gloire civile, dans la puissance, dans la noblesse, dans la contemplation des choses intelligibles ou des idées.

2. Elle consiste dans la fonction de l'ame occupée, dans la pratique d'une vertu; ou s'il y a plusieurs vertus, dans le choix de la plus utile et la plus parfaite.

3. Voilà le vrai bonheur de la vie, le souverain bien de ce monde.

4. Il y en a d'autres qu'il faut regarder comme des instrumens qu'il faut diriger à ce but; tels sont les amis, les grandes possessions, les dignités, etc.

5. C'est l'exercice de la vertu qui nous rend heureux autant que nous pouvons l'être.

6. Les vertus sont ou théorétiques, ou pratiques.

7. Elles s'acquièrent par l'usage. Je parle des pratiques, et non des contemplatives.

8. Il est un milieu, qui constitue la vertu morale en tout.

9. Ce milieu écarte également l'homme de deux points opposés et extrêmes, à l'un desquels il pèche par excès, et à l'autre par défaut.

10. Il n'est pas impossible à saisir, même dans les circonstances les plus agitées, dans les momens de passion les plus violens, dans les actions les plus difficiles.

11. La vertu est un acte délibéré, choisi et volontaire. Il suit de la spontanéité, dont le principe est en nous.

12. Trois choses la perfectionnent; la nature, l'habitude et la raison.

13. Le courage est la première des vertus; c'est le milieu entre la crainte et la témérité.

14. La tempérance est le milieu entre la privation et l'excès de la volupté.

15. La libéralité est le milieu entre l'avarice et la prodigalité.

16. La magnificence est le milieu entre l'économie sordide et le faste insolent.

17. La magnanimité, qui se rend justice à elle-même, qui se connoît, tient le milieu entre l'humilité et l'orgueil.

18. La modestie, qui est relative à la poursuite

des honneurs, est également éloignée du mépris et de l'ambition.

19. La douceur, comparée à la colère, n'est ni féroce, ni engourdie.

20. La popularité, ou l'art de capter la bienveillance des hommes, évite la rusticité et la bassesse.

21. L'intégrité, ou la candeur, se place entre l'impudence et la dissimulation.

22. L'urbanité ne montre ni grossièreté, ni bassesse.

23. La honte, qui ressemble plus à une passion qu'à une habitude, a aussi son point entre deux excès opposés; elle n'est ni pusillanime, ni intrépide.

24. La justice, relative au jugement des actions, est ou universelle, ou particulière.

25. La justice universelle est l'observation des loix établies pour la conservation de la société humaine.

26. La justice particulière, qui rend à un chacun ce qui lui est dû, est ou distributive, ou commutative.

27. Distributive, lorsqu'elle accorde les honneurs et les récompenses en proportion du mérite. Elle est fondée sur une progression géométrique.

28. Commutative, lorsque dans les échanges elle garde la juste valeur des choses; et elle est fondée sur une proportion arithmétique.

29. L'équité diffère de la justice. L'équité cor-

rige les défauts de la loi. L'homme équitable ne l'interprète point en sa faveur d'une manière trop rigide.

30. Nous avons traité des vertus propres à la portion de l'ame qui ne raisonne pas. Passons à celle de l'intellect.

31. Il y a cinq espèces de qualités intellectuelles ou théorétiques ; la science, l'art, la prudence, l'intelligence, la sagesse.

32. Il y a trois choses à fuir dans les mœurs. La disposition vicieuse, l'incontinence, la férocité. La bonté est l'opposé de la disposition vicieuse. La continence est l'opposé de l'incontinence. L'héroïsme est l'opposé de la férocité. L'héroïsme est le caractère des hommes divins.

33. L'amitié est compagne de la vertu ; c'est une bienveillance parfaite entre des hommes qui se payent de retour. Elle se forme, ou pour le plaisir, ou pour l'utilité ; elle a pour base, ou les agrémens de la vie, ou la pratique du bien ; et elle se divise en imparfaite et en parfaite.

34. C'est ce que l'on accorde dans l'amitié, qui doit être la mesure de ce que l'on exige.

35. La bienveillance n'est pas l'amitié, c'en est le commencement ; la concorde l'amène.

36. La douceur de la société est l'abus de l'amitié.

37. Il y a diverses sortes de voluptés.

38. Je ne voudrois pas donner le nom de vo-

lupté aux plaisirs déshonnêtes. La volupté vraie est celle qui naît des actions vertueuses, et de l'accomplissement des désirs.

39. La félicité, qui naît des actions vertueuses est ou active, ou contemplative.

40. La contemplative, qui occupe l'ame, et qui mérite à l'homme le titre de sage, est la plus importante.

41. La félicité, qui résulte de la possession et de la jouissance des biens extérieurs, n'est pas à comparer avec celle qui découle de la vertu et de ses exercices.

Des successeurs d'Aristote, Théophraste, Straton, Lycon, Ariston, Critolaüs, Diodore, Dicéarque, Eudème, Héraclide, Phanias, Démétrius, Hyéronimus.

Théophraste naquit à Erèse, ville maritime de l'île de Lesbos. Son père le consacra aux muses, et l'envoya sous Alcippe. Il vint à Athènes; il vit Platon; il écouta Aristote qui disoit de Callisthène et de lui, qu'il falloit des éperons à Callisthène, et un mors à Théophraste. *Voyez* à l'article ARISTOTÉLISME, les principaux traits de son caractère et de sa vie. Il se plaignoit, en mourant, de la nature, qui avoit accordé de si longs jours aux corneilles, et de si courts aux hommes. Toute la ville d'Athènes suivit à pied son convoi. Il nous reste plusieurs de ses ouvrages. Il fit peu de changemens à la doctrine de son maître.

Il admettoit avec Aristote autant de mouvemens que de prédicamens ; il attribuoit aussi au mouvement l'altération, la génération, l'accroissement, la corruption et leurs contraires. Il disoit que le lieu étoit immobile ; que ce n'étoit point une substance, mais un rapport à l'ordre et aux positions ; que le lieu étoit dans les animaux, les plantes, leurs dissemblables animés ou inanimés, parce qu'il y avoit dans tous les êtres une relation des parties au tout qui déterminoit le lieu de chaque partie ; qu'il falloit compter entre les mouvemens, les appétis, les passions, les jugemens, les spéculations de l'ame : que tous ne naissoient pas des contraires ; mais que des choses avoient pour causes leurs contraires, d'autres leurs semblables, d'autres encore ce qui est actuellement. Que le mouvement n'étoit jamais séparé de l'action ; que les contraires ne pouvoient être compris sous un même genre ; que les contraires pouvoient être la cause des contraires ; que la salure de la mer ne venoit pas de la chaleur du soleil, mais de la terre qui lui servoit de fond ; que la direction oblique des vents avoit pour cause la nature des vents même, qui, en partie graves, et en partie légers, étoient portés en-même-temps en haut et en bas ; que le hasard, et non la prudence, mène la vie ; que les mules engendrent en Cappadoce ; que l'ame n'étoit pas fort assujettie au corps ; mais qu'elle faisoit beaucoup d'elle-même ; qu'il n'y avoit point de volupté fausse ; qu'elles étoient toutes vraies ; enfin, qu'il y avoit un principe de toutes choses, par lequel elles étoient et subsistoient ; et que ce principe étoit un et divin.

Il mourut à l'age de 85 ans ; il eut beaucoup d'amis ; et il étoit d'un caractère à s'en faire et à les conserver ; il eut aussi quelques ennemis : et qui est-ce qui n'en a pas ? On nomme parmi ceux-ci Epicure et la célèbre Léontine.

Straton naquit à Lampsaque. Il eut pour disciple Ptolémée Philadelphe ; il ne négligea aucune des parties de la philosophie ; mais il tourna particulièrement ses vues vers les phénomènes de la nature. Il prétendoit :

Qu'il y avoit dans la nature une force divine, cause des générations, de l'accroissement, de la diminution ; et que, cependant, cette cause étoit sans intelligence ;

Que le monde n'étoit point l'ouvrage des dieux, mais celui de la nature ; non comme Démocrite l'avoit rêvé, en conséquence du rude et du poli, des atomes droits ou crochus, et autres visions ;

Que tout se faisoit par des poids et des mesures ;

Que le monde n'étoit point un animal ; mais que le mouvement et le hasard avoient tout produit et conservoient tout ;

Que l'être, ou la permanence de ce qui est, c'étoit la même chose ;

Que l'ame étoit dans la base des sourcils ;

Que les sens étoient des espèces de fenêtres par lesquelles l'ame regardoit ; qu'elle étoit tellement unie aux sens, que, eu égard à ses opérations, elle ne paroissoit pas en différer ;

Que le temps étoit la mesure du mouvement et du repos ;

Que les temps se résolvoient en individus; mais que le lieu et les corps se divisoient à l'infini ;

Que ce qui se meut, se meut dans un temps individuel ;

Que tout corps étoit grave, et tendoit au milieu;

Que ce qui est au-delà du ciel étoit un espace immense, vide de sa nature, mais remplissant sans cesse des corps ; en sorte que ce n'est que par la pensée qu'on peut le considérer comme subsistant par lui-même ;

Que cet espace étoit l'enveloppe générale du monde ;

Que toutes les actions de l'ame étoient des mouvemens, et l'appétit irraisonnable, et l'appétit sensible ;

Que l'eau est le principe du premier froid ;

Que les comètes ne sont qu'une lumière des astres renfermée dans une nue, comme nos lumières artificielles dans une lanterne ;

Que nos sensations n'étoient pas, à proprement

parler, dans la partie affectée, mais dans un autre lieu principal ;

Que la puissance des germes étoit spiritueuse et corporelle ;

Qu'il n'y avoit que deux êtres, le mot et la chose ; et qu'il y avoit de la vérité et de la fausseté dans le mot.

Straton mourut sur la fin de la 127.e olympiade. *Voyez*, à l'article ARISTOTÉLISME, le jugement qu'il faut porter de sa philosophie.

Lycon, successeur de Straton, eut un talent particulier pour instruire les jeunes gens. Personne ne sut mieux exciter en eux la honte, et réveiller l'émulation. Sa prudence n'étoit pas toute renfermée dans son école ; il en montra plusieurs fois dans les conseils qu'il donna aux Athéniens ; il eut la faveur d'Attale et d'Eumène. Antiochus voulut se l'attacher, mais inutilement. Il étoit fastueux dans son vêtement. Né robuste, il se plaisoit aux exercices athlétiques ; il fut chef de l'école péripatéticienne pendant 44 ans. Il mourut de la goutte, à 74 ans.

Lycon laissa la chaire d'Aristote à Ariston. Nous ne savons de celui-ci qu'une chose ; c'est qu'il s'attacha à parler et à écrire avec élégance et douceur ; et qu'on désira souvent dans ses leçons un poids et une gravité plus convenables au philosophe et à la philosophie.

Ariston eut pour disciple et successeur Critolaüs

de Phaselide. Il mérita, par son éloquence, d'être associé à Carnéade et à Diogène, dans l'ambassade que les Athéniens décernèrent aux Romains. L'art oratoire lui paroissoit un mal dangereux, et non pas un art. Il vécut plus de quatre-vingts ans. Dieu n'étoit, selon lui, qu'une portion très-subtile d'æther. Il disoit que toutes ces cosmogonies que les prêtres débitoient aux peuples n'avoient rien de conforme à la nature, et n'étoient que des fables ridicules ; que l'espèce humaine étoit de toute éternité ; que le monde étoit de lui-même; qu'il n'avoit point eu de commencement, aucune cause capable de le détruire, et qu'il n'auroit pas de fin. Que la perfection morale de la vie consistoit à s'assujettir aux loix de la nature. Qu'en mettant les plaisirs de l'ame et ceux du corps dans une balance, c'étoit peser un atome avec la terre et les mers. *Il y a beaucoup de vrai dans ces différentes assertions.*

On sait que Diodore, instruit par Critolaüs, lui succéda dans le lycée; mais on ignore qui il fut, quelle fut sa manière d'enseigner, combien de temps il occupa la chaire, ni qui lui succéda. La chaîne péripatéticienne se rompit à Diodore. D'Aristote à celui-ci, il y eut onze maîtres, entre lesquels il nous en manque trois. On peut donc finir à Diodore la première période de l'école péripatéticienne, après avoir dit un mot de quelques personnages célèbres qui lui ont fait honneur.

Dicéarque fut de ce nombre ; il étoit Messénien. Cicéron en faisoit grand cas. Ce philosophe disoit :

1. L'ame n'est rien : c'est un mot vide de sens. La force par laquelle nous agissons, nous sentons, nous pensons, est diffuse dans toute la matière, dont elle est aussi inséparable que l'étendue, et où elle s'exerce diversement, selon que l'être un et simple est diversement configuré. *Ce principe est bien près de la vérité.*

2. L'espèce humaine est de toute éternité.

3. Toutes les divinations sont fausses, si l'on en excepte celles qui se présentent à l'ame, lorsque, libre de distractions, elle est suffisamment attentive à ce qui se passe en elle.

4. Qu'il vaut mieux ignorer l'avenir, que le connoître.

Il étoit versé profondément dans la politique. On lisoit tous les ans une fois, dans l'assemblée des éphores, le livre qu'il avoit écrit de la république de Lacédémone.

Des princes l'employèrent à mesurer la hauteur et la distance des montagnes, et à perfectionner la géographie.

Eudème, né à Rhodes, étudia sous Aristote. Il ajouta quelque chose à la logique de son maître, sur les argumentations hypothétiques et sur les modes. Il avoit écrit l'histoire de la géométrie et de l'astronomie.

Héraclide de Pont écouta Platon, embrassa le pythagorisme, passa sous Speusipe, et finit par devenir aristotélicien. Il réunit le mérite d'orateur à celui de philosophe.

Phanias de Lesbos étudia la nature, et s'occupa aussi de l'histoire de la philosophie.

Démétrius de Phalère fut un des plus célèbres disciples de Théophraste. Il obtint de Cassandre, roi de Macédoine, dans la 115.ᵉ olympiade, l'administration des affaires d'Athènes, fonction dans laquelle il montra beaucoup de sagesse. Il rétablit le gouvernement populaire; il embellit la ville; il augmenta ses revenus; et les Athéniens, animés d'une reconnoissance qui se montroit tous les jours, lui élevèrent jusqu'à 350 statues, ce qui n'étoit arrivé à personne avant lui. Mais il n'étoit guère possible de s'illustrer, et de vivre tranquille chez un peuple inconstant : la haine et l'envie le persécutèrent. On se souleva contre l'oligarchie. On le condamna à mort. Il étoit alors absent. Dans l'impossibilité de se saisir de sa personne, on se jeta sur ses statues, qui furent toutes renversées en moins de temps qu'on n'en avoit élevé une. Le philosophe se réfugia chez Ptolémée Soter, qui l'accueillit, et l'employa à réformer la législation. On dit qu'il perdit les yeux pendant son séjour à Alexandrie; mais que s'étant adressé à Sérapis, ce dieu lui rendit la vue; et que Démétrius reconnut ce bienfait dans les hymnes que les Athéniens chantèrent dans la suite. Il conseilla à Ptolémée de se nommer pour successeurs les enfans d'Euridice, et d'exclure le fils de Bérénice. Le prince n'écouta point le philosophe; et s'associa Ptolémée, connu sous le nom de *Philadelphe*. Celui-ci, après la mort de son père, relégua Démétrius dans le fond d'une province, où il vécut pauvre, et mourut de la piqûre d'un aspic. On voit, par la liste des ouvrages qu'il avoit composés, qu'il étoit poëte, orateur, philosophe, historien; et qu'il n'y avoit presque aucune branche de la connoissance humaine, qui lui fût étrangère. Il aima la vertu, et fut digne d'un meilleur sort.

Nous ne savons presque rien d'Hyéronimus de Rhodes.

De la philosophie péripatéticienne à Rome, pendant le temps de la république, et sous les empereurs. Voyez l'*article* Aristotélisme, et l'article Philosophie des Romains.

De la philosophie d'Aristote chez les Arabes. Voyez les *articles* Arabes *et* Aristotélisme.

De la philosophie d'Aristote chez les Sarrasins. Voyez l'*article* Sarrazins *et* Aristotélisme.

De la philosophie d'Aristote dans l'église. Voyez les *articles* Jésus-Christ, Pères de l'église, *et* Aristotélisme.

De la philosophie d'Aristote parmi les scholas-

tiques. Voyez les *art.* Philosophie scholastique et Aristotélisme.

Des restaurateurs de la philosophie d'Aristote. Voyez l'*article* Aristotélisme, et l'*article* Philosophie.

Des philosophes récens aristotélico-scholastiques. Voyez l'*article* Aristotélisme, où ce sujet est traité très-au long. Nous restituerons seulement ici quelques noms moins importans qu'on a omis ; et qui, peut-être, ne valent guère la peine d'être tirés de l'oubli.

Après Bannez, on trouve dans l'histoire de la philosophie, *Franciscus Sylvestrius.* Sylvestrius naquit à Ferrare ; il fut élu chef de son ordre ; il enseigna à Bologne ; il écrivit trois commentaires sur les traités de l'ame d'Aristote. Matthæus Aquarius les a publiés avec des additions et des questions philosophiques. Sylvestrius mourut en 1528.

Michel Zanard, de Bergame, homme qui savoit lever des doutes et les résoudre ; il a écrit, *De triplici universo, de physicâ et metaphysicâ, et commentaria cum dubiis et questionibus in octo libros Aristotelis.*

Joannes à S. Thoma, de l'ordre aussi des dominicains ; il s'entendit bien en dialectique, en métaphysique et en physique, en prenant ces mots selon l'acception qu'ils avoient de son temps ; ce qui réduit le mérite de ses ouvrages à peu de choses, sans rien ôter à son talent. Presque tous ces hommes, qui auroient porté la connoissance humaine jusqu'où elle pouvoit aller, occupés à des argumentations futiles, furent des victimes de l'esprit dominant de leur siècle.

Chrysostôme Javelle. Il naquit en Italie, en 1488; il regarda les opinions et la philosophie de Platon comme plus analogues à la religion; et celle d'Aristote, comme préférable pour la recherche des vérités naturelles. Il écrivit donc de la philosophie morale, selon Aristote d'abord; ensuite selon Platon; et en dernier lieu selon Jésus-Christ. Il dit, dans une de ses préfaces: « Aristotelis disciplina nos qu&dem doctos ac sub- » tilissimè de moralibus, sicut de naturalibus dis- » serentes afficere potest; at moralis platonica ex » vi dicendi atque paternâ adhortatione, veluti pro- » phetia quædam, et quasi superûm vox inter » homines tonans, nos procul dubio sapientiores, » probatiores, vitâque feliciores reddit ». Il y a de la finesse dans son premier traité, de la sublimité dans le second; de la simplicité dans le troisième.

Parmi les disciples qu'Aristote a eus chez les franciscains, il ne faut pas oublier Jean Ponzius, Mastrius, Bonaventure Mellut, Jean Lallemand, Martin Meurisse, Claude Frassenius, etc.

Dans le catalogue des aristotéliciens de l'ordre de Cîteaux, il faut insérer, après Ange Manriquez,

Bartholomée Goïnez, Marcile Vasquez, Pierre de Oviedo, etc.

Il faut placer à la tête des scholastiques de la société de Jésus, Pierre Hurtado de Mendosa avant Vasquez; et après celui-ci, Paul Vallius et Baltazar Tellez; et après Suarès, François Tolet, et Antoine Rubius.

A ces hommes, on peut ajouter François Alphonse, François Gonsalez, Thomas Compton, François Rasler, Antonius Polus, Honoré Fabri : celui-ci, soupçonné dans sa société de favoriser le cartésianisme, y souffrit de la persécution.

Des philosophes qui ont suivi la véritable philosophie d'Aristote. Voy. *l'article* ARISTOTÉLISME.

Parmi ceux-ci, le premier qui se présente est Nicolas Léonic Thomée. Il naquit en 1457 : il étudia la langue grecque et les lettres, sous le célèbre Démétrius Chalcondylas; et il s'appliqua sérieusement à exposer la doctrine d'Aristote, telle qu'elle nous est présentée dans les ouvrages de ce philosophe. Il ouvrit la voie à des hommes plus célèbres, Pomponace et à ses disciples. Voyez à *l'article* ARISTOTÉLISME, *l'abrégé de la doctrine de* Pomponace.

Celui-ci eut pour disciples Hercule Gonzaga, qui fut depuis cardinal; Théophile Folengius, de l'ordre de S. Benoît, et auteur de l'ouvrage burlesque que nous avons sous le titre de *Merlin Cocaye* : Paul Jove, Helidée, Gaspar Contarin, autre cardinal ; Simon Porta, Jean Genesius de Sepulveda, Jules-César Scaliger, Lazare Bonami, Jules-César Vanini, et Ruphus, l'adversaire le plus redoutable de son maître. Voyez l'*article* ARISTOTÉLISME.

Inscrivez après Ruphus, parmi les vrais aristotéliciens, Marc-Antoine Majoragius, Daniel Barbarus, Jean Génesius de Sepulveda, Petrus Victorius ; et après les Strozze, Jacques Mazonius, Hubert Gifanius, Jules Pacius ; et à la suite de César Crémonin, François Vicomescat, Louis Septale, plus connu parmi les anatomistes qu'entre les philosophes ; Antoine Montecatious, François Burana, Jean-Paul Pernumia, Jean Cottusius, Jason de Nores, Fortunius Licetus, Antoine Scaynus, Antoine Roccus, Félix Ascorombonus, François Robortel, Marc-Antoine Muret, Jean-Baptiste Monslor, François Vallois, Nunnesius Balfurcus, etc.

Il ne faut pas oublier, parmi les protestans aristotéliciens, Simon Simonius, qui parut sur la scène après Joachim Camérarius et Mélancthon ; Jacob Schegius, Philippe Scherbius, etc.

Ernest Sonerus précéda Michel Picard, et Conrad Horneius lui succéda, et à Corneille Martius.

Christianus Dreierus, Melchior Zeidlerus, et

Jacques Thomasius, finissent cette seconde période de l'aristotélisme.

Nous exposerons dans un article particulier, la philosophie de Thomasius. *Voyez* THOMASIUS. (PHILOSOPHIE DE).

Il nous resteroit à terminer cet article par quelques considérations sur l'origine, les progrès et la réforme du *péripatétisme* ; sur les causes de sa durée; sur le rallentissement qu'il a apporté aux progrès de la vraie science ; sur l'opiniâtreté de ses sectateurs ; sur les argumens qu'il a fournis aux athées ; sur l'influence qu'il a eue sur les mœurs ; sur les moyens qu'on pouvoit employer contre la secte, et qu'on négligea ; sur l'attachement mal entendu que les protestans affectèrent pour cette manière de philosopher ; sur les tentatives inutiles qu'on fit pour l'améliorer ; et sur quelques autres points non moins importans : mais nous renvoyons toute cette matière à quelque traité de l'histoire de la philosophie en général et en particulier, où elle trouvera sa véritable place.

PERSES.

(PHILOSOPHIE DES)

Les seuls garans que nous ayons ici de l'histoire de la philosophie, les Arabes et les Grecs, ne sont pas d'une autorité aussi solide et aussi pure, qu'un critique sévère le désireroit. Les Grecs n'ont pas manqué d'occasions de s'instruire des loix, des coutumes, de la religion et de la philosophie de ces peuples ; mais peu sincères en général dans leurs récits, la haine qu'ils portoient aux *Perses* les rend encore plus suspects. Qu'est-ce qui a pu les empêcher de se livrer à cette fureur habituelle de tout rapporter à leurs idées particulières ? La distance des temps, la légéreté du caractère, l'ignorance et la superstition des Arabes, n'affoiblissoient guère moins leur témoignage. Les Grecs mentent par orgueil. Les Arabes mentent par intérêt. Les premiers défigurent tout ce qu'ils touchent, pour se l'approprier ; les seconds, pour se faire valoir. Les uns cherchent à s'enrichir du bien d'autrui ; les autres, à donner du prix à ce qu'ils ont. Mais c'est quelque chose, que de bien connoître les motifs de notre méfiance ; nous en serons plus circonspects.

De Zoroastre.

Zerdusht ou *Zaradusht*, selon les Arabes, et *Zoroastre*, selon les Grecs, fut le fondateur ou le restaurateur de la philosophie et de la théologie chez les *Perses*. Ce nom signifie l'*ami du feu*. Sur cette étymologie, on a conjecturé qu'il ne désignoit pas une personne, mais une secte. Quoi qu'il en soit, qu'il n'y ait jamais eu d'homme

appelé *Zoroastre*, ou qu'il y en ait eu plusieurs
de ce nom, comme quelques-uns le prétendent,
on n'en peut guère reculer l'existence au-delà
du règne de Darius, fils d'Hystaspe. Il y a la même
incertitude sur la patrie du premier Zoroastre.
Est-il Chinois, Indien, Perse, Médo-Perse ou
Mède ? S'il en faut croire les Arabes, il est né
dans l'Aderbijan, province de la Médie. Il faut
entendre toutes les puérilités merveilleuses qu'ils
racontent de sa naissance et de ses premières
années ; au-reste, elles sont dans le génie des
Orientaux, et du caractère de celles dont tous
les peuples de la terre ont défiguré l'histoire des
fondateurs du culte religieux qu'ils avoient embrassé. Si ces fondateurs n'avoient été que des
hommes ordinaires, de quel droit eût-on exigé
de leurs semblables un respect aveugle pour leurs
opinions.

Zoroastre, instruit dans les sciences orien-
tales, passe chez les Islalites. Il entre au service
d'un prophète. Il y prend la connoissance du vrai
Dieu. Il commet un crime. Le prophète, qu'on
croit être Daniel ou Esdras, le maudit ; et il est
attaqué de la lèpre. Guéri apparemment, il erre ;
il se montre aux peuples ; il fait des miracles ;
il se cache dans des montagnes ; il en descend ;
il se donne pour un envoyé d'en-haut ; il s'annonce comme le restaurateur et le réformateur
du culte de ces mages ambitieux que Cambise

avoit exterminés. Les peuples l'écoutent. Il va
à Xis ou Ecbatane. C'étoit le lieu de la naissance de Smerdis ; et le magianisme y avoit encore des sectateurs cachés. Il y prêche ; il y a
des révélations. Il passe de-là à Balch sur les rives
de l'Oxus, et s'y établit. Hystaspe régnoit alors.
Ce prince l'appelle. Zoroastre le confirme dans la
religion des mages, que Hystaspe avoit gardée ; il
l'entraîne par des prestiges ; et sa doctrine devient publique, et la religion de l'état. Il y en a
qui le font voyager aux Indes, et conférer avec
les Bracmanes ; mais c'est sans fondement. Après
avoir établi son culte dans la Bactriane, il vint
à Suse, où l'exemple du roi fut suivi de la conversion de presque tous les courtisans. Le magianisme, ou plutôt la doctrine de Zoroastre
se répandit chez les *Perses*, les Parthes, les Bactres, les Corasmiens, les Saïques, les Mèdes et
plusieurs autres peuples barbares. L'intolérance
et la cruauté du mahométisme naissant, n'ont pu,
jusqu'à-présent, en effacer toutes les traces. Il
en reste toujours dans la Perse et dans l'Inde. De
Suse, Zoroastre retourna à Balch, où il éleva
un temple au feu, s'en dit archimage, et travailla à attirer à son culte les rois circonvoisins ;
mais ce zèle ardent lui devint funeste. Argaspe,
roi des Scythes, étoit très-attaché au culte des
astres ; c'étoit celui de sa nation et de ses ayeux.
Zoroastre ne pouvant réussir auprès de lui par

la persuasion, emploie l'autorité et la puissance de Darius. Mais Argaspe, indigné de la violence qu'on lui faisoit dans une affaire de cette nature, prit les armes, entra dans la Bactriane, et s'en empara, malgré l'opposition de Darius, dont l'armée fut taillée en pièces. La destruction du temple patriarchal, la mort de ses prêtres et celle de Zoroastre même furent les suites de cette défaite. Peu de temps après, Darius eut sa revanche ; Argaspe fut battu ; la province perdue, recouvrée ; les temples consacrés au feu, relevés ; la doctrine de Zoaoastre, remise en vigueur ; et l'Azur Gustasp, ou l'édifice de Hystaspe, reconstruit. Darius en prit même le titre de grand-prêtre, et se fit appeler de ce nom sur son tombeau. Les Grecs, qui connoissoient bien les affaires de la *Perse*, gardent un profond silence sur ces événemens, qui peut-être ne sont que des fables inventées par les Arabes, dont il faudroit réduire le récit à ce qu'il y eut, dans un temps, un imposteur, qui prit le nom de Zoroastre déjà révéré dans la *Perse*, attira le peuple, séduisit la cour par des prestiges, abolit l'idolâtrie, et lui substitua l'ancien culte du feu, qu'il arrangea seulement à sa manière. Il y a aussi quelque apparence que cet homme n'étoit pas tout-à-fait ignorant dans la médecine et les sciences naturelles et morales : mais, que ce fut une encyclopédie vivante, comme les Arabes le disent, c'est sûrement un de ces mensonges pieux auxquels le zèle, qui ne croit jamais pouvoir trop accorder aux fondateurs de religion, se détermine si généralement. Tout ce qu'on a dit de J.-C. en est une preuve.

Des Guèbres.

Depuis ces temps reculés, les Guèbres ont persisté dans le culte de Zoroastre. Il y en a aux environs d'Ispahan, dans un petit village, appelé de leur nom *Gauradab*. Les Musulmans les regardent comme des infidèles, et les traitent en conséquence. Ils exercent là les fonctions les plus viles de la société ; ils ne sont pas plus heureux dans la Commanie : c'est la plus mauvaise province de la *Perse*. On leur y fait payer bien cher le peu d'indulgence qu'on a pour leur religion. Quelques-uns se sont réfugiés à Surate et à Bombaye, où ils vivent en paix, honorés pour la sainteté et la pureté de leurs mœurs, adorant un seul Dieu, priant vers le soleil, révérant le feu, détestant l'idolâtrie, et attendant la résurrection des morts et le jugement dernier. *Voyez* l'article Guèbres ou Gaures.

Des livres attribués à Zoroastre.

De ces livres, le Zend ou le Zendavesta est le plus célèbre. Il est divisé en deux parties ; l'une comprend la liturgie ou les cérémonies à observer dans le culte du feu ; l'autre prescrit les devoirs de l'homme en général, et ceux de l'homme religieux. Le Zend est sacré ; et ce vieux recueil de contes absurdes, qu'on appelle la Bible, n'a pas plus d'autorité parmi les chrétiens, ni l'alcoran parmi les Turcs. On pense bien que Zoroastre le reçut aussi d'en-haut. Il est écrit en langue et en caractères *perses*. Il est renfermé dans les temples ; il n'est pas permis de le communiquer aux étrangers ; et tous les jours de fêtes, les prêtres en lisent quelques pages au peuple. Thomas Hyde nous en avoit promis une édition : mais il ne s'est trouvé personne, même en Angleterre, qui ait voulu en faire les frais.

Le zend n'est point un ouvrage de Zoroastre ; il faut en rapporter la supposition au temps d'Eusèbe. On y trouve des pseaumes de David ; on y raconte l'origine du monde d'après Moyse ; il y a les mêmes choses sur le déluge ; il y est parlé d'Abraham, de Joseph et de Salomon. C'est une de ces productions, telles qu'il en parut une infinité dans ces siècles, où toutes les sectes qui étoient en grand nombre, cherchoient à prévaloir les unes sur les autres par le titre d'ancienneté. Outre le zend, on dit que Zoroastre avoit encore écrit dans son traité quelques centaines de milliers de vérités sur différens sujets.

Des oracles de Zoroastre.

Il nous en reste quelques fragmens qui ne font pas grand honneur à l'anonyme qui les a fabriqués; quoiqu'ils aient eu de la réputation parmi les platoniciens de l'école d'Alexandrie; c'est qu'on n'est pas difficile sur les titres qui autorisent nos opinions. Ces philosophes n'étoient pas fâchés de retrouver quelques-unes de leurs idées dans les écrits d'un sage aussi vanté que Zoroastre.

Du mage Hystaspe.

Cet Hystaspe est le père de Darius; il se fit chef des mages. Il y eut là-dedans plus de politique que de religion. Il doubla son autorité sur les peuples, en réunissant dans sa personne les titres de pontife et de roi. L'inconvénient de cette réunion, c'est qu'un seul homme ayant à soutenir deux grands caractères, il arrive souvent que le roi déshonore le pontife, ou que le pontife rabaisse le roi.

D'Ostanès ou d'Otanès.

On prétend qu'il y eut plusieurs mages de ce nom, et qu'ils donnèrent leur nom à la secte entière, qui en fut appelée *ostanite*. On dit qu'Ostanès ou Otanès cultiva le premier l'astronomie chez les *Perses*. On lui attribue un livre de chimie. Ce fut lui qui initia Démocrite aux mystères de Memphis. Il n'y a que le rapport des temps qui contredise cette fable.

Du mot mage.

Ceux qui le dérivent de l'ancien mot *mog*, qui, dans la *Perse* et dans la Médie, signifioit *adorateur* ou *prêtre du feu*, en ont trouvé l'étymologie la plus vraisemblable.

De l'origine du magianisme.

Cette doctrine étoit établie dans l'empire de Babylone et d'Assyrie, et chez d'autres peuples de l'Orient, long-temps avant la fondation des *Perses*. Zoroastre n'en fut que le restaurateur. Il faut en conclure de-là l'extrême ancienneté.

Du caractère d'un mage.

Ce fut un théologien et un philosophe. Un mage naissoit toujours d'un autre mage. Ce fut, dans le commencement, une seule famille peu nombreuse, qui s'accrut en elle-même : les pères se marioient avec leurs filles ; les fils, avec leurs mères ; les frères, avec leurs sœurs. Épars dans les campagnes, d'abord ils n'occupèrent que quelques bourgs ; ils fondèrent ensuite des villes, et se multiplièrent au point de disputer la souveraineté aux monarques. Cette confiance dans leur nombre et leur autorité les perdit.

Des classes des mages.

Ils étoient divisés en trois classes. Une classe infime, attachée au service des temples; une classe supérieure, qui commandoit à l'autre; et un archimage, qui étoit le chef de toutes les deux. Il y avoit aussi trois sortes de temples; des oratoires, où le feu étoit gardé dans une lampe; des temples, où il s'entretenoit sur un autel; et une basilique, le siège de l'archimage, et le lieu où les adorateurs alloient faire leurs grandes dévotions.

Des devoirs des mages.

Zoroastre leur avoit dit : Vous ne changerez ni le culte, ni les prières. Vous ne vous emparerez point du bien d'autrui. Vous fuirez le mensonge. Vous ne laisserez entrer dans votre cœur aucun desir impur; dans votre esprit, aucune pensée perverse. Vous craindrez toute souillure ; vous oublierez l'injure ; vous instruirez les peuples. Vous présiderez aux mariages. Vous fréquenterez sans cesse les temples. Vous méditerez le zendavesta ; ce sera votre loi, et vous n'en connoîtrez point d'autre : et que le ciel vous punisse éternellement, si vous souffrez qu'on le corrompe. Si vous êtes archimage, observez la pureté la plus rigoureuse;

Purifiez-vous de la moindre faute par l'ablution. Vivez de votre travail. Recevez la dîme des peuples. Ne soyez ni ambitieux, ni vain. Exercez les œuvres de la miséricorde ; c'est le plus noble emploi que vous puissiez faire de vos richesses. N'habitez pas loin des temples, afin que vous puissiez y entrer sans être apperçu. Lavez-vous souvent. Soyez frugal. N'approchez point de votre femme, les jours de solemnité. Surpassez les autres dans la connoissance des sciences. Ne craignez que Dieu. Reprenez fortement les méchans : de quelque rang qu'ils soient, n'ayez aucune indulgence pour eux. Allez porter la vérité aux souverains ; sachez distinguer la vraie révélation de la fausse. Ayez toute confiance dans la bonté divine. Attendez le jour de sa manifestation, et soyez-y toujours préparé. Gardez soigneusement le feu sacré ; et souvenez-vous de moi jusqu'à la consommation des siècles, qui se fera par le feu.

Des sectes des mages.

Quelque simple que soit un culte, il est sujet à des hérésies. Les hommes se divisent bien entre eux sur des choses réelles ; comment s'accorderoient-ils long-temps sur des objets imaginaires ? Ils sont abandonnés à leur imagination, et il n'y a aucune expérience qui puisse les réunir. Les mages admettoient deux principes, un bon et un

mauvais ; l'un de la lumière, l'autre des ténèbres :
étoient-ils co-éternels, ou y avoit-il priorité et postériorité dans leur existence ? Premier objet de
discussion ; première hérésie ; première cause de
haine, de trahison et d'anathême.

De la philosophie des mages.

Elle avoit pour objet Dieu, l'origine du monde,
la nature des choses, le bien, le mal, et la règle
des devoirs. Le système de Zoroastre n'étoit pas
l'ancien; cet homme profita des circonstances pour
l'altérer, et faire croire au peuple tout ce qu'il lui
plut. La distance des terres, les mensonges des
Grecs, les fables des Arabes, les symboles et
l'emphase des Orientaux, rendent ici la matière
très-obscure.

Des dieux des Perses.

Ces peuples adoroient le soleil ; ils avoient reçu
ce culte des Chaldéens et des Assyriens. Ils appeloient ce dieu *Mithras*. Ils joignoient à Mithras,
Orosmade et Arimane.

Mais il faut bien distinguer ici la croyance des
hommes instruits de la croyance du peuple. Le soleil étoit le dieu du peuple : pour les théologiens,
ce n'étoit que son tabernacle.

Mais en remontant à l'origine, Mithras ne sera
qu'un de ces bienfaiteurs des hommes, qui

les rassembloient, qui les instruisoient, qui leur rendoient la vie plus supportable et plus sûre, et dont ils faisoient ensuite des dieux. Celui des peuples d'Orient s'appeloit *Mithras*. Son ame, au sortir de son corps, s'envola au soleil ; et de-là, le culte du soleil, et la divinité de cet astre.

On n'a qu'à jeter les yeux sur les symboles de Mithras, pour sentir toute la force de cette conjecture. C'est un homme robuste ; il est ceint d'un cimeterre ; il est couronné d'une tiare ; il est assis sur un taureau ; il conduit l'animal féroce ; il le frappe, il le tue. Quels sont les animaux qu'on lui sacrifie ? des chevaux. Quels compagnons lui donne-t-on ? des chiens.

L'histoire d'un homme, défigurée, est devenue un système de religion. Rien ne peut subsister entre les hommes, sans s'altérer ; il faut qu'un système de religion, fût-il révélé, se corrompe à-la-longue, à-moins qu'une autorité infaillible n'en assure la pureté. Supposons que Dieu se montrât aux hommes sous la forme d'un grand spectre de feu ; qu'élevé au-dessus du globe qui tourneroit sous ses pieds, les hommes l'écoutassent en silence ; et que, d'une voix forte, il leur dictât ses loix ; croit-on que ces loix subsisteroient incorruptibles ? croit-on qu'il ne vînt pas un temps où l'apparition même se révoquât en doute ? Il n'y a que le séjour constant de la divinité parmi nous, ou par ses miracles, ou par ses prophètes, ou par un représentant infaillible, ou par la voie de la conscience, ou par elle-même, qui puisse arrêter l'inconstance de nos idées en matière de religion.

Mithras est un et triple ; on retrouve dans ce triple Mithras des vestiges de la trinité de Platon et de la nôtre.

Orosmade, ou Horsmidas, est l'auteur du bien ; Arimane est l'auteur du mal : écoutons Léibnitz sur ces dieux. Si l'on considère, dit le philosophe de Leipsick, que tous les potentats d'Asie se sont appelés *Horsmidas*, qu'Irmen, ou Hermen est le nom d'un dieu ou d'un héros celto-scythe, on sera porté à croire que l'Arimane des *Perses* fut quelque conquérant de l'occident, tels que furent dans la suite Gengis-Kan et Tamerlan, qui passa de la Germanie et de la Sarmatie dans l'Asie, à travers les contrées des Alains et des Massagètes ; et qui fondit dans les états d'un Horsmidas, qui gouvernoit paisiblement ses peuples fortunés, et qui les défendit constamment contre les entreprises du ravisseur. Avec le temps, l'un fut un mauvais génie ; l'autre, un bon ; deux principes contraires, qui sont perpétuellement en guerre, qui se défendent et se battent bien, et dont l'un n'obtient jamais une entière supériorité sur l'autre. Ils se partagent l'empire du monde, le gouvernent, ainsi que Zoroastre l'établit dans sa chronologie. Ajoutez à cela, qu'en effet, au temps de Cyaxare, roi des Mèdes, les Scytes se répandirent en Asie.

Mais comment un trait historique si simple devint-il, à-la-longue, une fable si compliquée ? C'est qu'on transporta, dans la suite, au culte, aux dieux, aux statues, aux symboles religieux, aux cérémonies, tout ce qui appartenoit aux sciences, à l'astronomie, à la physique, à la chymie, à la métaphysique et à l'histoire naturelle. La langue religieuse resta la même ; mais toutes les idées changèrent. Le peuple avoit une religion, et le prêtre une autre.

Principes du systéme de Zoroastre.

Il ne faut pas confondre ce systéme renouvelé avec l'ancien ; celui des premiers mages étoit fort simple ; celui de Zoroastre se compliqua.

1. Il ne se fait rien de rien.

2. Il y a donc un premier principe, infini, éternel, de qui tout ce qui a été, et tout ce qui est, est émané.

3. Cette émanation a été très-parfaite et très-pure. Il faut la regarder comme la cause du mouvement, de la chaleur et de la vie.

4. Le feu intellectuel, très-parfait, très-pur, dont le soleil est le symbole, est le principe de cette émanation.

5. Tous les êtres sont sortis de ce feu, les matériels et les immatériels. Il est absolu, nécessaire, infini ; il se meut lui-même : il meut et anime tout ce qui est.

6. Mais la matière et l'esprit étant deux natures diamétralement opposées, il est donc émané du feu originel et divin, deux principes subordonnés, ennemis l'un de l'autre, l'esprit et la matière, Orosmade et Arimane.

7. L'esprit plus voisin de sa source, plus pur, engendre l'esprit, comme la lumière, la lumière : telle est l'origine des dieux.

8. Les esprits émanés de l'océan infini de la lumière intellectuelle, depuis Orosmade, jusqu'au dernier, sont, et doivent être regardés comme des natures lucides et ignées.

9. En qualité de natures lucides et ignées, ils ont la force de mouvoir, d'entretenir, d'échauffer, de perfectionner ; et ils sont bons. Orosmade est le premier d'entr'eux ; ils viennent d'Orosmade : Orosmade est la cause de toute perfection.

10. Le soleil, symbole de ses propriétés, est son trône, et le lieu principal de sa lumière divine.

11. Plus les esprits émanés d'Orosmade s'éloignent de leur source ; moins ils ont de pureté, de lumière, de chaleur et de force motrice.

12. La matière n'a ni lumière, ni chaleur, ni force motrice ; c'est la dernière émanation du feu éternel et premier. Sa distance en est infinie ; aussi est-elle ténébreuse, inerte, solide et immobile par elle-même.

13. Ce n'est pas à ce principe de son émanation, mais à la nature nécessaire de son émanation,

à sa distance du principe, qu'il faut attribuer ses défauts. Ce sont ces défauts, suite nécessaire de l'ordre des émanations, qui en font l'origine du mal. *Voyez cet article.*

14. Quoique Arimane ne soit pas, moins qu'Orosmade, une émanation du feu éternel, ou de Dieu ; on ne peut attribuer à Dieu ni le mal, ni les ténèbres de ce principe.

15. Le mouvement est éternel et très-parfait dans le feu intellectuel et divin ; d'où il s'ensuit qu'il y aura une période à la fin de laquelle tout y retournera. Cet océan reprendra tout ce qui en est émané ; tout, excepté la matière.

16. La matière ténébreuse, froide, immobile, ne sera point reçue à cette source de lumière et de chaleur très-pure ; elle restera, elle se mouvra sans cesse agitée par l'action du principe lumineux ; le principe lumineux attaquera sans cesse les ténèbres qui lui résisteront, et qu'elle affoiblira peu-à-peu, jusqu'à ce qu'à la suite des siècles, atténuée, divisée, éclairée autant qu'elle peut l'être, elle approche de la nature spirituelle.

17. Après un long combat, des alternatives infinies, les ténèbres seront chassées de la matière ; les qualités mauvaises seront détruites ; la matière même sera bonne, lucide, analogue à son principe, qui la réabsorbera, et d'où elle émanera de-rechef, pour remplir tout l'espace, et se répandre dans l'univers. Ce sera le règne de la félicité parfaite.

Voilà le système oriental, tel qu'il nous est parvenu, après avoir passé, au sortir des mains des mages, entre celles de Zoroastre ; et de celles-ci, entre les mains des pythagoriciens, des stoïciens, des platoniciens, dont on y reconnoît le ton et les idées.

Ces philosophes le portèrent à Cosroès. Auparavant, la sainteté en avoit été constatée par des miracles à la cour de Sapor ; ce n'étoit alors qu'un manichéisme assez simple. *Voyez* l'art. BELBUCH et ZÉOMBUCH.

Le sadder, ouvrage où la doctrine zoroastrique est exposée, emploie d'autres expressions ; mais c'est le même fond. Il y a un Dieu : il est un, très-saint ; rien ne lui est égal : c'est le Dieu de puissance et de gloire. Il a créé, dans le commencement, un monde d'esprit purs et heureux ; au bout de trois mille ans, sa volonté, lumière resplendissante, sous la forme de l'homme : soixante et dix anges du premier ordre l'ont accompagnée ; et elle a créé le soleil, la lune, les étoiles et les ames des hommes. Après trois autres mille ans, Dieu créa au-dessous de la lune un monde inférieur, plein de matière.

Des dieux et des temples.

La doctrine de Zoroastre les rejetoit aussi. La première chose que Xercès fit en Grèce, ce fut de détruire les temples et les statues. Il satisfaisoit

aux préceptes de sa religion ; et les Grecs le regardoient sans doute comme un impie. Xercès en usoit ainsi, dit Cicéron, « Ut parietibus exclu-
» derentur Dii, quibus esse deberent omnia pa-
» tentia et libera », pour briser les prisons des dieux. Les sectateurs du culte des mages ont aujourd'hui la même aversion pour les idoles.

Abrégé des prétendus oracles de Zoroastre.

Il y a des dieux ; Jupiter en est un. Il est très-bon. Il gouverne l'univers. Il est le premier des dieux. Il n'a point été engendré. Il existe de tous les temps. Il est le père des autres dieux. C'est le grand ; le vieil ouvrier.

Neptune est l'aîné de ses fils. Neptune n'a point eu de mère. Il gouverne sous Jupiter. Il a créé le ciel.

Neptune a eu des frères ; ces frères n'ont point eu de mère. Neptune est au-dessus d'eux.

Les autres dieux ont été tirés de la matière, et sont nés de Junon. Il y a des démons au-dessous des dieux.

Le Soleil est le plus vieux des enfans que Jupiter ait eus de leur mère. Le Soleil et Saturne président à la génération des mortels, aux titans et aux dieux du Tartare.

Les dieux prennent soin des choses d'ici-bas, ou par eux-mêmes, ou par des ministres subalternes, selon les loix générales de Jupiter. Ils sont la cause du bien; rien de mal ne nous arrive par eux. Par un destin inévitable, indéclinable, dépendant de Jupiter, les dieux subalternes exécutent ce qu'il y a de mieux.

L'univers est éternel. Les premiers dieux nés de Jupiter; et les seconds n'ont point eu de commencement, n'auront point de fin; ils ne constituent tous ensemble qu'une sorte de tout.

Le grand ouvrier qui a pu faire le tout, le mieux qu'il étoit possible, l'a voulu; et il n'a manqué à rien.

Il conserve et conservera éternellement le tout immobile, et sous la même forme.

L'ame de l'homme, alliée aux dieux, est immortelle. Le ciel est son séjour : elle y est, et elle y retournera.

Les dieux l'envoient pour animer un corps, conserver l'harmonie de l'univers, établir le commerce entre le ciel et la terre, et lier les parties de l'univers entre elles, et l'univers avec les dieux.

La vertu doit être le but unique d'un être lié avec les dieux.

Le principe de la félicité principale de l'homme est dans sa portion immortelle et divine.

Suite des oracles ou fragmens.

Nous les exposons dans la langue latine, parce

qu'il est presque impossible de les rendre dans la nôtre.

« Unitas dualitatem generat ; Dyas enim apud
» eam sedet, et intellectuali luce fulgurat ; indè
» trinitas ; et hæc trinitas in toto mundo lucet et
» gubernat omnia ».

Voilà bien Mithras, Orosmade et Arimane ; mais sous la forme du christianisme. On croiroit, en lisant ce passage, entendre le commencement de l'évangile selon saint Jean.

« Deus fons fontium, omnium matrix, con-
» tinens omnia, undè generatio variè se manifes-
» tantis materiæ ; undè tractus præter insiliens
» cavitatibus mundorum, incipit deorsum tendere
» radios admirandos ».

Galimatias, moitié chrétien, moitié platonicien et cabalistique.

« Deus, intellectualem in se ignem proprium
» comprehendens, cuncta perficit et mente tradit
» secundâ ; sicque omnia sunt ab uno igne proge-
» nita, patre genita lux ».

Ici le platonisme se mêle encore plus évidemment avec la doctrine de Zoroastre.

« Mens patris striduit, intelligens indefesso con-
» silio ; omniformes ideæ fonte verò ab uno evo-
» lantes exsilierunt, et divisæ intellectualem ignem
» sunt nactæ ».

Proposition toute platonique, mais embarrassée de l'allégorie et du verbiage oriental.

« Anima existens, ignis splendens, vi patris
» immortalis manet et vitæ domina est ; et tenet
» mundi multas plenitudines, mentem enim imi-
» tatur ; sed habet congenitum quid corporis ».

Il est incroyable en combien de façons l'esprit inquiet se replie. Ici on apperçoit des vestiges du léibnitzianisme. *Voyez* cet article.

« Opifex, qui fabricatus est mundum, erat ignis
» moles, qui totum mundum ex igne et aquâ, et
» terrâ et aere omnia composuit ».

Ces élémens étoient regardés par les zoroastriens comme les canaux matériels du feu élémentaire.

« Oportet te festinare ad lucem et patris radios,
» undè missa est tibi anima multam induta lucem ;
» mentem enim in animâ reposuit, et in corpore
» deposuit ».

Ici l'expression est de Zoroastre ; mais les idées sont de Platon.

« Non deorsum prorsus sis est nigritantem mun-
» dum, cui profunditas semper infida substrata est
» et ædes, circum quæque nubilis squallidus,
» idolis gaudens, amens, præceps, tortuosus,
» cæcum profundum semper convolvens, semper
» tegens obscurum corpus iners et spiritu carens,
» et osor lucis mundus et tortuosa fluenta, sub qua
» multi trahuntur ».

Galimatias mélancolique, prophétique et sybillin.

« Quære animi canalem, undè aut quo ordine
» servus factus corporis, in ordinem à quo effluxis-
» ti, iterum resurgas ».

C'est la descente des ames dans les corps, selon l'hypothèse platonicienne.

« Cogitatio igne tota primum habet ordinem;
» mortalis enim ignis proximus factus à Deo lu-
» men habebit ».

Puisqu'on vouloit faire passer ces fragmens sous le nom de Zoroastre, il falloit bien revenir au principe igné.

« Lunæ cursum et astrorum progressum et stre-
» pitum dimitte; semper currit opere necessitatis;
» astrorum progressus tui gratiâ non est editus ».

Ici l'auteur a perdu de vue la doctrine de Zoroastre, qui est toute astrologique; et il a dit quelque chose de sensé.

« Natura suadet esse dæmones puros, et mala
» materiæ germinia, utilia et bona; etc. »

Ces démons n'ont rien de commun avec le magianisme; et ils sont sortis de l'école d'Alexandrie.

Philosophie morale des Perses.

Ils recommandoient la charité, l'honnêteté, le mépris des voluptés corporelles, du faste, de la vengeance des injures; ils défendoient le vol; il faut craindre, réfléchir; consulter la Providence dans ses actions; fuir le mal, embrasser le bien;

commencer le jour par tourner ses pensées vers l'Être suprême ; l'aimer, l'honorer, le servir ; regarder le soleil quand on le prie de jour, la lune quand on s'adresse à lui de nuit ; car la lumière est le symbole de leur existence et de leur présence, et les mauvais génies aiment les ténèbres.

Il n'y a rien dans ces principes qui ne soit conforme au sentiment de tous les peuples ; et qui appartienne plus à la doctrine de Zoroastre, que d'aucun autre philosophe.

L'amour de la vérité est la fin de tous les systêmes philosophiques ; et la pratique de la vertu, la fin de toutes les législations : et qu'importe par quels principes on y soit conduit ?

PHÉNICIENS.

(PHILOSOPHIE DES)

Voici un peuple intéressé, turbulent, inquiet ; qui ose le premier s'exposer sur des planches fragiles, traverser les mers, visiter les nations, lui porter ses connoissances et ses productions, prendre les leurs, et faire de sa contrée le centre de l'univers habité. Mais les entreprises hardies ne se forment point sans l'invention des sciences et des arts. L'astronomie, la géométrie, la mécanique, la politique, sont donc fort anciennes chez les *Phéniciens*.

Ces peuples ont eu des philosophes et même

de nom. Moschus ou Mochus est de ce nombre. Il est dit de Sidon. Il n'a pas dépendu de Possidonius, qu'on ne dépouillât Leucippe et Démocrite de l'invention du système atomique en faveur du philosophe *phénicien;* mais il y a mille autorités qui réclament contre le témoignage de Possidonius. (*Voyez l'article* Atomisme.)

Après le nom de Moschus, c'est celui de Cadmus qu'on rencontre dans les annales de la *philosophie Phénicienne*. Les Grecs le font fils du roi Agénor; les *Phéniciens*, plus croyables sur un homme de leur nation, ne nous le donnent que comme l'intendant de sa maison. La mythologie dit qu'il se sauva de la cour d'Agénor avec Harmonie, célèbre joueuse de flûte; qu'il aborda dans la Grèce, et qu'il y fonda une colonie. Nous n'examinerons pas ce qu'il peut y avoir de vrai et de faux dans cette fable. Il est certain qu'il est l'inventeur de l'alphabet grec; et que ce service seul exigeoit que nous en fissions ici quelque mention.

Il y eut entre Cadmus et Sanchoniaton d'autres philosophes; mais il ne nous reste rien de leurs ouvrages.

Sanchoniaton est très-ancien. Il écrivoit avant l'ère troyenne. Il touchoit au temps de Moyse. Il étoit de Biblos. Ce qui nous reste de ses ouvrages est supposé. Voici son système de cosmogonie.

L'air ténébreux, l'esprit de l'air ténébreux et le chaos sont les principes premiers de l'univers.

Ils étoient infinis ; et ils ont existé long-temps avant qu'aucune limite les circonscrivît.

Mais l'esprit anima ces principes ; le mélange se fit ; les choses se lièrent ; l'amour naquit, et le monde commença.

L'esprit ne connut point la génération.

L'esprit, liant les choses, engendra *mot*.

Mot est, selon quelques-uns, le limon ; selon d'autres, la putréfaction d'une masse aqueuse.

Voilà l'origine de tous les germes, et le principe de toutes les choses ; de là sortirent des animaux privés d'organes et de sens, qui devinrent, avec le temps, des êtres intelligens, contemplateurs du ciel : ils étoient sous la forme d'œufs.

Après la production de *mot*, suivit celle du soleil, de la lune et des autres astres.

De l'air éclairé par la mer et échauffé par la terre, résultèrent les vents, les nuées et les pluies.

Les eaux furent séparées par la chaleur du soleil, et précipitées dans leur lieu ; et il y eut des éclairs et du tonnerre.

A ce bruit, les animaux assoupis sont réveillés ; ils sortent du limon, et remplissent la terre, l'air et la mer, mâles et femelles.

Les *Phéniciens* sont les premiers d'entre les hommes ; ils ont été produits du vent et de la nuit.

Voilà tout ce qui nous a été transmis de la philosophie des *Phéniciens*. C'est bien peu de chose. Seroit-ce que l'esprit de commerce est contraire à celui de la philosophie ? Seroit-ce qu'un peuple, qui ne voyage que pour s'enrichir, ne songe guère à s'instruire ? Je le croirois volontiers. Que l'on compare les essaims incroyables d'Européens qui sont passés de notre monde dans celui que Colomb a découvert, avec ce que nous connoissons de l'histoire naturelle des contrées qu'ils ont parcourues ; et l'on jugera. Que demande un commerçant qui descend de son vaisseau sur un rivage inconnu ; est-ce, quel Dieu adorez-vous ? avez-vous un roi ? quelles sont vos loix ? Rien de cela. Mais, avez-vous de l'or ? des peaux ? du coton ? des épices ? Il prend ces substances ; il donne les siennes en échange ; et il recommence cent fois la même chose, sans daigner seulement s'informer de ce qu'elles sont, comment on les recueille. Il sait ce qu'elles lui produiront à son retour. Voilà le commerçant hollandois. Et le commerçant françois ? Il demande encore : Vos femmes sont-elles jolies ?

PLATONISME,

ou PHILOSOPHIE DE PLATON.

De toutes les sectes qui sortirent de l'école de Socrate, aucune n'eut plus d'éclat, ne fut aussi nombreuse, ne se soutint aussi long-temps que le *platonisme*. Ce fut comme une religion, que les hommes professèrent depuis son établissement, sans interruption, jusqu'à ces derniers temps. Elle eut un sort commun avec le reste des connoissances humaines ; elle parcourut les différentes contrées de l'Asie, de l'Afrique et de l'Europe, y entrant à-mesure que la lumière y poignoit, et s'en éloignant à-mesure que les ténèbres s'y reformoient. On voit Platon marcher d'un pas égal avec Aristote, et partageant l'attention de l'univers. Ce sont deux voix également éclatantes qui se font entendre, l'une dans l'ombre des écoles, l'autre dans l'obscurité des temples. Platon conduit à sa suite l'éloquence, l'enthousiasme, la vertu, l'honnêteté, la décence et les graces. Aristote a la méthode à sa droite, et le syllogisme à sa gauche : il examine, il divise, il distingue, il dispute, il argumente, tandis que son rival semble prophétiser.

Platon naquit à Ægine : il fut allié par Ariston son père à Codrus ; et par sa mère Périctioné, à Solon. Le septième de thargélion de la quatrevingt-septième olympiade, jour de sa naissance, fut dans la suite un jour de fête pour les philosophes. Ses premières années furent employées aux exercices de la gymnastique, à la pratique de la peinture, et à l'étude de la musique, de l'éloquence et de la poésie dithyrambique, épique et tragique : mais ayant comparé ses vers avec ceux d'Homère, il les brûla, et se livra tout entier à la philosophie.

On dit qu'Apollon, épris de la beauté de sa mère Périctioné, habita avec elle ; et que notre philosophe dut le jour à ce dieu. On dit qu'un spectre se reposa sur elle, et qu'elle conçut cet enfant sans cesser d'être vierge. On dit qu'un jour, Ariston et sa femme sacrifiant aux muses sur le mont Hymette, Périctioné déposa le jeune Platon entre des myrtes, où elle le trouva environné d'un essaim d'abeilles, dont les unes voltigeoient autour de sa tête, et les autres enduisoient ses lèvres de miel. On dit que Socrate vit en songe un jeune cygne s'échapper de l'autel qu'on avoit consacré à l'amour dans l'académie ; se reposer sur ses genoux ; s'élever dans les airs ; et attacher, par la douceur de son chant, les oreilles des hommes et des dieux ; et que, lorsqu'Ariston présenta son fils à Socrate, celui-ci s'écria : *Je reconnois le cygne de mon songe.* Ce sont autant de fictions que des auteurs graves n'ont pas rougi de débiter comme des vérités; et qu'il y auroit peut-être du danger à contredire, si Platon étoit le fondateur de quelque système religieux adopté.

Il s'attacha, dès sa jeunesse, à Cratyle et à Héraclite. Socrate, sous lequel il étudia pendant huit ans, lui reconnut bientôt ce goût pour le syncrétisme, ou cette espèce de philosophie, qui, cherchant à concilier entre elles des opinions opposées, les adultère et les corrompt. (*Voyez* l'article SYNCRÉTISME.)

Il n'abandonna point son maître dans la persécution. Il se montra au milieu de ses juges ; il entreprit son apologie ; il offrit sa fortune pour qu'il fût sursis à sa condamnation : mais ceux qui lui avoient fermé la bouche par leurs clameurs lorsqu'il le défendoit, rejetèrent ses offres ; et Socrate but la ciguë.

La mort de Socrate laissa la douleur et la terreur parmi les philosophes. Ils se réfugièrent à Mégare, chez le dialecticien Euclide, où ils attendirent un temps moins orageux. De là Platon passa en Egypte, où il visita les prêtres ; en Italie, où il s'initia dans la doctrine de Pythagore; il vit à Cyrène le géomètre Théodore ; il ne négligea aucun moyen d'augmenter ses connoissances. De retour dans Athènes, il ouvrit son école : il choisit un gymnase environné d'arbres, et situé sur les confins d'un faubourg ; ce lieu s'appeloit *l'académie ;* on lisoit à l'entrée : ὐδεὶς ἀγεωμέτρητος ἰσίτω, *on n'est point admis ici sans être géomètre.*

L'académie étoit voisine du Céramique. Là, il y avoit des statues de Diane ; un temple ; et les tombeaux de Thrasibule, de Périclès, de Chabrias, de Phormion, et de ceux qui étoient morts à Marathon ; et des monumens de quelques hommes qui avoient bien mérité de la république ; et une statue de l'amour ; et des autels consacrés à Minerve, à Mercure, aux Muses, à Hercule, à Jupiter, surnommé καταιβατος, à Apollon ; et les trois Graces ; et l'ombre de quelques platanes antiques. Platon laissa cette partie de son patrimoine en mourant à tous ceux qui aimeroient le repos, la solitude, la méditation et le silence.

Platon ne manqua pas d'auditeurs. Speusippe, Xénocrate et Aristote assistèrent à ses leçons. Il forma Hypéride, Lycurgue, Démosthène et Isocrate. La courtisane Lasthénie de Mantinée fréquenta l'académie ; Axiothée de Phliase s'y rendoit en habit d'homme. Ce fut un concours de personnes de tout âge, de tout état, de tout sexe et de toute contrée. Tant de célébrité ne permit pas à l'envie et à la calomnie de rester assoupies : Xénophon, Antisthène, Diogène, Aristippe, Æchine, Phédon, s'élevèrent contre lui ; et Athénée s'est plu à transmettre à la postérité les imputations odieuses, dont on a cherché à flétrir la mémoire de Platon ; mais une ligne de son ouvrage suffit pour faire oublier et ses défauts, s'il en eut, et les reproches de ses ennemis. Il semble qu'il soit plus permis aux grands hommes d'être méchans. Le mal qu'ils commettent passe avec eux ; le bien qui résulte de leurs ouvrages dure éternellement : ils ont affligé leurs parens, leurs amis, leurs concitoyens, leurs contemporains ; je le veux ; mais ils continuent d'instruire et d'éclairer l'univers. J'aimerois mieux Bacon grand auteur et homme de bien ; mais il faut opter ; je l'aime mieux encore grand homme et fripon, qu'homme de bien et ignoré : ce qui eût été le mieux pour lui et pour les siens, n'est pas le mieux pour moi : c'est un jugement que nous portons malgré nous. Nous lisons Homère, Virgile, Horace, Cicéron, Milton, le Tasse, Corneille, Racine, et ceux qu'un talent extraordinaire a placés sur la même ligne ; et nous ne songeons guère à ce qu'ils ont été. Le méchant est sous la terre ; nous n'en avons plus rien à craindre : ce qui reste après lui de bien, subsiste ; et nous en jouissons. Voilà des lignes vraies que j'écris à regret ; car il me plairoit bien davantage de troubler le grand homme qui vit tranquille sur sa malfaisance, que de l'en consoler par l'oubli que je lui en promets ; mais après tout, cette éponge des siècles fait honneur à l'espèce humaine.

Platon fut un homme de génie, laborieux, continent et sobre, grave dans son discours et dans son maintien, patient, affable ; ceux qui s'offensent de la liberté avec laquelle son banquet est écrit, en méconnoissent le but (*) ; et puis il

---

(*) Pour bien entendre ceci, il faut se rappeler un beau passage de l'article COMPOSITION EN PEINTURE. C'est là que Diderot développe, avec cette éloquence

n'est pas moins important, pour juger les mœurs que pour juger les ouvrages, de remonter aux temps, et de se transporter sur les lieux ; nous sommes moins ce qu'il plaît à la nature, qu'au moment où nous naissons.

Il s'appliqua toute sa vie à rendre la jeunesse

---

persuasive qu'il sait si bien employer, une pensée qu'il ne fait ici qu'indiquer d'une manière très-générale, et qui, sans être déplacée dans l'article cité ci-dessus, semble, sous plusieurs rapports, appartenir plus particulièrement encore à celui-ci.

« Un peintre qui aime le simple, le vrai et le grand, » dit ce judicieux philosophe, s'attachera particuliè-
» rement à Homère et à Platon. Je ne dirai rien d'Ho-
» mère ; personne n'ignore jusqu'où ce poëte a porté
» l'imitation de la nature. Platon est un peu moins
» connu de ce côté ; j'ose pourtant assurer qu'il ne
» le cède guère à Homère. Presque toutes les entrées
» de ses dialogues sont des chefs-d'œuvre de vérité
» pittoresque : on en rencontre même dans le cours
» du dialogue ; je n'en apporterai qu'un exemple tiré
» du banquet. Le banquet, qu'on regarde communé-
» ment comme une chaine d'hymnes à l'amour, chan-
» tés par une troupe de philosophes, est une des apo-
» logies les plus délicates de Socrate. On sait trop le
» reproche injuste, auquel ses liaisons étroites avec
» Alcibiade l'avoient exposé. Le crime imputé à
» Socrate étoit de nature que l'apologie directe de-
» venoit une injure ; aussi Platon n'a-t-il garde d'en
» faire le sujet principal de son dialogue. Il assemble
» des philosophes dans un banquet ; il leur fait chan-

instruite et vertueuse. Il ne se mêla point des affaires publiques. Ses idées de législation ne quadroient pas avec celles de Dracon et de Solon : il parloit de l'égalité de fortune et d'autorité qu'il est difficile d'établir, et peut-être impossible de conserver chez un peuple. Les Arcadiens, les

―――――――――――

« ter l'amour. Le repas et l'hymne étoient sur la fin,
« lorsqu'on entend un grand bruit dans le vestibule;
« les portes s'ouvrent, et l'on voit Alcibiade cou-
« ronné de lierre et environné d'une troupe de joueuses
« d'instrumens. Platon lui suppose cette pointe de vin,
« qui ajoute à la gaité, et qui dispose à l'indiscrétion.
« Alcibiade entre ; il divise sa couronne en deux au-
« tres ; il en remet une sur sa tête, et de l'autre il
« ceint le front de Socrate : il s'informe du sujet de
« la conversation ; les philosophes ont tous chanté le
« triomphe de l'Amour. Alcibiade chante sa défaite
« par la sagesse, ou les efforts inutiles qu'il a faits
« pour corrompre Socrate. Ce récit est conduit avec
« tant d'art, qu'on n'y apperçoit par-tout qu'un
« jeune libertin que l'ivresse fait parler, et qui s'ac-
« cuse sans ménagement des desseins les plus corrom-
« pus, et de la débauche la plus honteuse : mais l'im-
« pression qui reste au fond de l'ame, sans qu'on le
« soupçonne pour le moment, c'est que Socrate est
« innocent, et qu'il est très-heureux de l'avoir été;
« car Alcibiade, entêté de ses propres charmes, n'eût
« pas manqué d'en relever encore la puissance en dé-
« voilant leur effet pernicieux sur le plus sage des
« Athéniens. Quel tableau, que l'entrée d'Alcibiade
« et de son cortège, au milieu des philosophes ! N'en

Thébains, les Cyrénéens, les Siracusains, les Crétois, les Eléens, les Pyrrhéens, et d'autres qui travailloient à réformer leurs gouvernemens l'appelèrent; mais trouvant ici, une répugnance invincible à la communauté générale de toutes choses; là, de la férocité, de l'orgueil, de la suf-

---

» seroit-ce pas encore un bien intéressant, et bien
» digne du pinceau de Raphaël ou de Van-Loo, que
» la représentation de cette assemblée d'hommes vé-
» nérables enchainés par l'éloquence et les charmes
» d'un jeune libertin, *pendentes ab ore loquentis* » ?
(Ano. Encyclop. tom. III, p. 774.)

J'ai lu plusieurs fois le banquet de Platon, et surtout le discours d'Alcibiade, qui m'a toujours paru le plus bel endroit de ce dialogue. Mais, pour être juste envers tout le monde, je dois dire, à l'honneur de Diderot, qu'il se montre ici plus grand peintre que le vieux philosophe. L'analyse rapide qu'il fait du discours d'Alcibiade, dont il rapproche avec art les traits les plus saillans; les idées accessoires qu'il y joint; le but moral et philosophique qu'il suppose, avec beaucoup de vraisemblance, que Platon s'est proposé dans ce dialogue, dont le titre semble au contraire annoncer des images et des détails qui peuvent allarmer la pudeur; l'intérêt, que ce but d'une honnêteté si délicate inspire pour les deux personnages de cette scène, sur lesquels il veut que l'attention du lecteur se porte toute entière; tout cela réuni rend, à mon sens, la copie supérieure à l'original, et d'un effet plus piquant.

NOTE DE L'ÉDITEUR.

fisance; trop de richesses, trop de puissance, des difficultés de toute espèce, il n'alla point; il se contenta d'envoyer ses disciples. Dion, Pithon, et Héraclide, qui avoient puisé dans son école la haine de la tyrannie, en affranchirent, le premier, la Sicile; les deux autres, la Thrace. Il fut aimé de quelques souverains. Les souverains ne rougissoient pas alors d'être philosophes. Il voyagea trois fois en Sicile; la première, pour connoître l'île, et voir la chaudière de l'Etna; la seconde, à la sollicitation de Denis et des pythagoriciens, qui avoient espéré que son éloquence et sa sagesse pourroient beaucoup sur les esprits. Ce fut aussi l'objet de la troisième visite qu'il fit à Denis. De retour dans Athènes, il se livra tout entier aux muses et à la philosophie. Il jouit d'une santé constante et d'une longue vie, récompense de sa frugalité; il mourut âgé de 81 ans, la première de la cent huitième olympiade. Le perse Mithridate lui éleva une statue; Aristote un autel : on consacra par la solemnité le jour de sa naissance; et l'on frappa des monnoies à son effigie. Les siècles, qui se sont écoulés, n'ont fait qu'accroître l'admiration qu'on avoit pour ses ouvrages. Son style est moyen entre la prose et la poésie; il offre des modèles en tout genre d'éloquence : celui qui n'est pas sensible aux charmes de ses dialogues, n'a point de goût. Personne n'a su établir le lieu de la scène, avec plus de vérité, ni mieux soutenir ses caractères. Il a des momens de l'enthousiasme le plus sublime. Son dialogue de la sainteté est un chef-d'œuvre de finesse ; son apologie de Socrate en est un de véritable éloquence. Ce n'est pas à la première lecture, qu'on saisit l'art et le but du banquet. Il y a plus à profiter, pour un homme de génie, dans une page de cet auteur, que dans mille volumes de critique. Homère et Platon attendent encore un traducteur digne d'eux : il professa la double doctrine. Il est difficile, dit-il, dans le Timée, de remonter à l'auteur de cet univers; et il seroit dangereux de publier ce qu'on en découvriroit. Il vit que le doute étoit la base de la véritable science ; aussi tous ses dialogues respirent-ils le scepticisme. Ils en ressemblent d'autant plus à la conversation. Il ne s'ouvrit de ses véritables sentimens qu'à quelques amis. Le sort de son maître l'avoit rendu circonspect ; il fut partisan, jusqu'à un certain point, du silence pythagorique ; il imita les prêtres de l'Egypte, les mortels les plus taciturnes et les plus cachés. Il est plus occupé à réfuter, qu'à prouver ; et il échappe presque toujours à la malignité du lecteur, à l'aide d'un grand nombre d'interlocuteurs qui ont alternativement tort et raison. Il appliqua les mathématiques à la philosophie ; il tenta de remonter à l'origine des choses ; et il se perdit dans ses spéculations ; il est souvent obscur ; il est peut-être moins à lire pour les choses qu'il dit, que pour la manière de les dire; ce n'est pas qu'on ne rencontre chez lui des vérités générales d'une philosophie profonde et vraie. Parle-t-il de l'harmonie générale de l'univers; celui qui en fut l'auteur emprunteroit sa langue et ses idées.

De la philosophie de Platon.

Il disoit : Le nom de *sage* ne convient qu'à Dieu; celui de *philosophe* suffit à l'homme.

La sagesse a pour objet les choses intelligibles; la science, les choses qui sont relatives à Dieu, et à l'ame quand elle est séparée du corps.

La nature et l'art concourent à former le philosophe.

Il aime la vérité dès son enfance; il a de la mémoire et de la pénétration; il est porté à la tempérance; il se sent du courage.

Les choses sont ou intelligibles ou actives; et la science est ou théorique ou pratique.

Le philosophe, qui contemple les intelligibles, imite l'Etre suprême.

Ce n'est point un être oisif; il agira, si l'occasion s'en présente.

Il saura prescrire des loix, ordonner une république, appaiser une sédition, amender la vieillesse, instruire la jeunesse.

Il ne néglige ni l'art de parler, ni celui d'arranger ses pensées.

Sa dialectique, aidée de la géométrie, l'élévera au premier principe, et déchirera le voile qui couvre les yeux des barbares.

Platon dit que la dialectique est l'art de diviser, de définir, d'inférer, et de raisonner ou d'argumenter.

Si l'argumentation est nécessaire, il l'appelle *apodectique ;* si elle est probable, *épichérématique ;* si imparfaite on inthimématique, *rhétorique ;* si fausse, *sophismatique.*

Si la philosophie contemplative s'occupe des êtres fixes, immobiles, constans, divins, existans par eux-mêmes, et causes premières des choses, elle prend le nom de *théologie ;* si les astres et leurs révolutions, le retour des substances à une seule, la constitution de l'univers sont ses objets, elle prend celui de *philosophie naturelle ;* si elle envisage les propriétés de la matière, elle s'appelle *mathématique.*

La philosophie pratique est, ou morale, ou domestique, ou civile; morale, quand elle travaille à l'instruction des mœurs; domestique, à l'économie de la famille ; civile, à la conservation de la république.

De la dialectique de Platon.

La connoissance de la vérité naît de la sensation, quoiqu'elle n'appartienne point à la sensation, mais à l'esprit ; c'est l'esprit qui juge.

L'esprit ou l'entendement a pour objet les choses simples, intelligibles par elles-mêmes, constantes, ou qui sont telles qu'on les conçoit ; ou les choses sensibles, mais qui échappent à l'organe, ou par leur petitesse, ou par leur mobilité, et qui sont en vicissitude ou inconstantes ; il y a science et opinion ; science des premières, opinion des secondes.

La sensation est une affection de l'ame conséquente à quelque impression faite sur le corps.

La mémoire est la permanence de la forme reçue dans l'entendement, en conséquence de la sensation.

Si le témoignage de la mémoire se confirme par celui de la sensation, il y a opinion ; s'ils se contredisent, il y a erreur.

L'ame humaine est une table de cire, où la nature imprime son image ; la pensée est l'entretien de l'ame avec elle-même ; le discours est l'énonciation extérieure de cet entretien.

L'intelligence est l'acte de l'entendement appliqué aux premiers objets intelligibles.

L'intelligence comprend ou les intelligibles qui lui sont propres et qui étoient en elle, et elle les comprend avant que l'ame fût unie au corps; ou les mêmes objets, mais après son union avec le corps : alors l'intelligence s'appelle *connoissance naturelle*.

Cette connoissance naturelle constitue la réminiscence, qu'il ne faut pas confondre avec la mémoire; la mémoire est des choses sensibles; la réminiscence est des intelligibles.

Entre les objets intelligibles, il y en a de premiers, comme les idées; de secondaires, comme les attributs de la matière, ou les espèces qui n'en peuvent être séparées. Pareillement, entre les objets sensibles, il y en a de premiers, comme la blancheur, et les autres abstraits; de secondaires, comme le blanc, et les autres concrets.

L'entendement ne juge point des objets intelligibles premiers, sans cette raison qui fait la science. C'est, de sa part, un acte simple, une appréhension pure et sans discours. Le jugement des objets intelligibles secondaires suppose la même raison et le même acte, mais moins simple; et il y a intelligence.

Le sens ne juge point des objets sensibles premiers ou secondaires, sans cette raison qui fait l'opinion. Le jugement des concrets la suppose ainsi que le jugement des abstraits; mais il y a sensation.

On est à ce qu'il y a de vrai et de faux, dans la spéculation; à ce qu'il y a de propre et d'étranger aux actions, dans la pratique.

C'est la raison innée du beau et du bon, qui rend le jugement pratique; cette raison innée est comme une règle dont nous faisons constamment l'application pendant la vie.

Le dialecticien s'occupera d'abord de l'essence de la chose, ensuite de ses accidens.

Il commencera par définir, diviser, résoudre, puis il inférera et raisonnera.

Qu'est-ce que la division ? c'est la distribution d'un genre en espèces, d'un tout en parties, d'accidens en sujets, de sujets en accidens. On ne parvient à la notion de l'essence, que par ce moyen.

Qu'est-ce que la définition ? Comment se fait-elle ? En partant du genre, passant à la différence la plus prochaine, et descendant de là à l'espèce.

Il y a trois sortes de résolutions : l'une, qui remonte des sensibles aux intelligibles ; une seconde, qui procède par voie de démonstration ; une troisième, par voie de supposition.

Il faut que l'orateur connoisse l'homme, les différences de l'espèce humaine, les formes diverses de l'énonciation, les motifs de persuasion, et les avantages des circonstances : c'est là ce qui constitue l'art de bien dire.

Il ne faut pas ignorer la manière dont le sophisme prend le caractère de la vérité.

La connoissance des mots, et la raison de la dénomination ou l'étymologie, ne sont pas étrangères à la dialectique.

De la philosophie contemplative de Platon , *et premièrement de sa théologie.*

Il y a deux causes des choses ; l'une, dont elles sont ; l'autre, par laquelle elles sont. Celle-ci est Dieu ; l'autre est la matière. Dieu et la matière sont éternels, et également indépendans, quant à leur essence, à leur existence.

La matière est infinie en étendue et en durée.

La matière n'est point un corps ; mais tous les corps sont d'elle.

Il y a dans la matière une force aveugle, brute, nécessaire, innée, qui la meut témérairement, et dont elle ne peut être entièrement dépouillée. C'est un obstacle que Dieu même n'a pu surmonter. C'est la raison pour laquelle il n'a pas fait ce que l'on conçoit de mieux. De-là, tous les défauts et tous les maux. Le mal est nécessaire ; il y en a le moins qu'il est possible.

Dieu est un principe de bonté, opposé à la méchanceté de la matière. C'est la cause par laquelle tout est ; c'est la source des êtres existans par eux-mêmes, spirituels et parfaits ; c'est le principe premier ; c'est le grand ouvrier ; c'est l'ordinateur universel.

Il est difficile à l'entendement de s'élever jusqu'à lui. Il est dangereux à l'homme de divulguer ce qu'il en a conçu.

On peut démontrer évidemment son existence et ses attributs.

Elle se manifeste à celui qui s'interroge lui-même, et à celui qui jette quelques regards attentifs sur l'univers.

Dieu est une raison incorporelle, qu'on ne saisit que par la pensée.

Il est libre, il est puissant, il est sage ; il dispose de la matière, autant que l'essence de celle-ci le permet.

Il est bon ; un être bon est inaccessible à l'envie. Il a donc voulu que tout fût bon ; qu'il n'y eût de mal, que celui qu'il ne pouvoit empêcher.

Qu'est-ce qui l'a dirigé dans l'ordination du monde ? Un exemplaire éternel qui étoit en lui, qui y est, et qui ne change point.

Cet exemplaire éternel, cette raison première des choses, cette intelligence contient en elle les exemplaires, les raisons et les causes de toutes les autres : ces exemplaires sont éternels par eux-mêmes, immanens ; et les modèles de l'essence des choses passagères et changeantes.

Lorsque Dieu informa la matière, lorsqu'il voulut que le monde fût, il y plaça une ame.

Il y a des dieux incréés ; il y en a de produits.

Ceux-ci ne sont par leur nature, ni éternels, ni immortels, ni indissolubles ; mais ils durent et dureront toujours par un acte de la volonté divine, qui les conserve et qui les conservera.

Philos. anc. et mod. Tome II.   X

Il y a des démons, dont la nature est moyenne entre celle des dieux et de l'homme.

Ils transmettent ce qui est de Dieu, à l'homme; et ce qui est de l'homme, à Dieu. Ils portent nos prières et nos sacrifices en haut ; ils descendent en bas les graces et les inspirations.

L'Etre éternel, les dieux au-dessous de lui, mais éternels comme lui; les dieux produits, les démons, les hommes, les animaux, les êtres matériels, la matière, le destin ; voilà la chaîne universelle.

De la physique de Platon.

Rien ne se fait sans cause. L'ouvrier a en soi le modèle de son ouvrage; il a les yeux sur ce modèle en travaillant; il en réalise l'idée.

Puisque le monde est, il est par quelque principe.

C'est un grand automate.

Il est un, parce qu'il est tout.

Il est corporel, visible et tangible ; mais on ne voit rien sans feu ; on ne touche point sans solidité; il n'y a point de solidité sans terre: Dieu produisit donc d'abord le feu et la terre; ensuite, l'eau qui servit de moyen d'union entre la terre et le feu.

Puis, il anima la masse.

L'ame ordonna, la masse obéit ; la masse fut sensible. L'ame diffuse échappa aux sens : on ne la conçut que par son action.

Il voulut que l'ame du monde fût éternelle ; que la masse du monde fût éternelle ; que le composé de l'ame et de la masse fût éternel. Mais comment attacha-t-il l'éternité à un tout produit et répugnant par la nature à cet attribut ? Ce fut par une image mobile de la durée, que nous appelons le temps. Il tira cette image de l'éternité qui est une ; et il en revêtit le monde.

Les corps ont de la profondeur ; la profondeur est composée de plans ; les plans se résolvent tous en triangle : les élémens sont donc triangulaires.

La plus solide des figures, c'est le cube. La terre est cubique, le feu est pyramydal, l'air est en octaèdre, l'eau est en icosaèdre.

Les figures, les nombres, les mouvemens, les puissances furent coordonnés de la manière la plus convenable à la nature de la matière.

Le mouvement est un ; il appartient à la grande intelligence ; il se distribue en sept espèces.

Le mouvement, ou la révolution circulaire du monde, est un effet de la présence du mouvement en tout et par-tout.

Le monde a ses périodes. A la consommation de ces périodes, il revient à son état d'origine ; et la grande année recommence.

La lune, le soleil et le reste des astres, ont été formés pour éclairer la terre et mesurer la durée.

L'orbe au-dessus de la terre est celui de la

lune ; l'orbe au-dessus de la lune est celui du soleil.

Un orbe général les emporte tous d'un commun mouvement, tandis qu'ils se meuvent chacun en des sens contraires au mouvement général.

Cette terre, qui nous nourrit, est suspendue par le pole. C'est le séjour de la lumière et des ténèbres. C'est la plus ancienne des divisions produites dans la profondeur du ciel.

La cause première abandonna la production des animaux aux dieux subalternes. Ils imitèrent sa vertu génératrice : elle avoit engendré les dieux ; les dieux engendrèrent les animaux.

De-là, Platon descend à la formation des autres corps. *Voyez* LE TIMÉE.

De l'ame, selon Platon, *ou de sa psychologie.*

Dieu ayant abandonné la formation de l'homme aux dieux subalternes, il versa dans la masse générale ce germe immortel, divin, qui devoit en être extrait, et anima l'être destiné à connoître la justice, et offrir des sacrifices.

Ce germe fut infecté par son union avec la matière. De-là, l'origine du mal moral, les passions, les vices, les vertus, la douleur, les châtimens, les peines et les récompenses à venir.

L'ame a trois parties différentes ; et chacune de ses parties a son séjour ; une partie incorruptible, placée dans la tête; une partie concupiscente, placée dans le cœur; une partie animale, placée entre le diaphragme et l'ombilic. Celle-ci préside aux fonctions animales; la précédente, aux passions; la supérieure, à la raison.

L'ame est immortelle. Elle est le principe du mouvement : elle se meut, et meut le reste. Elle est l'élément de la vie ; elle s'occupe des choses permanentes, éternelles, immortelles, analogues à sa nature : elle se rappelle les connoissances, qu'elle avoit avant que d'être unie au corps.

Avant que de les enfermer dans ce sépulcre, il a dit que, si elles obéissoient fidèlement aux loix de la nécessité et du destin auxquelles il les soumettoit, elles seroient un jour récompensées d'un bonheur sans fin.

Voyez ce qu'il dit de la formation du corps dans le dialogue que nous avons déjà cité.

Platon regardoit les mathématiques comme la science la plus propre à accoutumer l'homme aux généralités et aux abstractions, et à l'élever des choses sensibles aux choses intelligibles.

Il s'en manquoit beaucoup qu'il méprisât l'astronomie et la musique ; mais la perfection de l'entendement et la pratique de la vertu étoient toujours le dernier terme auquel il les rapportoit. Ce fut un théosophe par excellence. *Voyez* l'article THÉOSOPHES.

De la philosophie pratique de Platon, *et premièrement de sa morale.*

Dieu est le souverain bien.

La connoissance et l'imitation du souverain bien est la plus grande félicité de l'homme.

Ce n'est que par l'ame, que l'homme peut acquérir quelque similitude avec Dieu.

La beauté, la santé, la force, les richesses, les dignités, ne sont des biens que par l'usage qu'on en fait : ils rendent mauvais ceux qui en abusent.

La nature a doué de certaines qualités sublimes ceux qu'elle a destinés à la condition de philosophe. Ils seront un jour assis à la table des dieux ; c'est là qu'ils connoîtront la vérité, et qu'ils riront de la folie de ceux qui se laissent jouer par des simulacres.

Il n'y a de bon que ce qui est honnête.

Il faut préférer à tout la vertu, parce que c'est une chose divine: elle ne s'apprend point ; Dieu la donne.

Celui qui sait être vertueux, sait être heureux au milieu de l'ignominie, dans l'exil, malgré la mort et ses terreurs.

Donnez tout à l'homme, excepté la vertu; vous n'aurez rien fait pour son bonheur.

Il n'y a qu'un grand précepte ; c'est de s'assimiler à Dieu.

On s'assimile à Dieu par dégrés ; et le premier, c'est d'imiter les bons génies, et d'avoir leur prudence, leur justice et leur tempérance.

Il faut bien connoître la nature de l'homme et sa condition ; et regarder le corps comme une prison, dont l'ame tirée par la mort passera à la connoissance de la nature essentielle et vraie, si l'homme a été heureusement né ; s'il a reçu une éducation, des mœurs, des sentimens conformes à la loi générale ; et s'il a pratiqué les maximes de la sagesse.

L'effet nécessaire de ces qualités sera de se séparer des choses humaines et sensibles, et de s'attacher à la contemplation des intelligibles.

Voilà la préparation au bonheur : on y est initié par les mathématiques.

Les pas suivans consistent à dompter ses passions, et à s'accoutumer à la tâche du philosophe, ou à l'exercice de la vertu.

La vertu est la meilleure et la plus parfaite affection de l'ame, qu'elle embellit, et où elle assied la constance et la fermeté, avec l'amour de la vérité dans la conduite et les discours, seul ou avec les autres.

Chaque vertu a sa partie de l'ame à laquelle elle préside ; la prudence préside à la partie qui raisonne ; la force, à la partie qui s'irrite ; la tempérance, à la partie qui désire.

La prudence est la connoissance des biens, des

maux et des choses qui tiennent le milieu ; la force est l'observation légitime d'un décret doux ou pénible; la tempérance est l'assujettissement des passions à la raison. La justice est une harmonie particulière de ces trois vertus, en conséquence de laquelle chaque partie de l'ame s'occupe de ce qui lui est propre, de la manière la plus conforme à la dignité de son origine : la raison commande, et le reste obéit.

Les vertus sont tellement enchaînées entre elles, qu'on ne peut les séparer : celui qui pêche est déraisonnable, imprudent et ignorant. Il est impossible que l'homme soit en-même-temps prudent, intempérant et pusillanime.

Les vertus sont parfaites ; elles ne s'augmentent et ne se diminuent point : c'est le caractère du vice.

La passion est un mouvement aveugle de l'ame frappée d'un objet bon ou mauvais.

Les passions ne sont pas de la partie raisonnable ; aussi naissent-elles et passent-elles malgré nous.

Il y a des passions sauvages et féroces ; il y en a de douces.

La volupté, la douleur, la colère, la commisération, sont du nombre de ces dernières ; elles sont de la nature de l'homme; elles ne commencent à être vicieuses qu'en devenant excessives.

Les passions sauvages et féroces ne sont pas dans la nature ; elles naissent de quelque dépravation particulière. Telle est la misanthropie.

Dieu nous a rendus capables de plaisir et de peine.

Il y a des peines de corps, des peines d'ame, des peines injustes, des peines outrées, des peines raisonnables, des peines mesurées, des peines contraires au bien, et d'autres qui lui sont conformes.

L'amitié est une bienveillance réciproque, qui rend deux êtres également soigneux l'un du bonheur de l'autre ; égalité qui s'établit et se conserve par la conformité des mœurs.

L'amour est une espèce d'amitié.

Il y a trois sortes d'amour ; un amour honteux et brutal, qui n'a d'objet que la volupté corporelle ; un amour honnête et céleste, qui ne regarde qu'aux qualités de l'ame ; un amour moyen, qui se propose la jouissance de la beauté de l'ame et du corps.

De la politique de Platon.

Les fonctions des citoyens dans la république, semblables à celles des membres du corps, se réduiront à la garder, à la défendre et à la servir. Les gardiens de la république veillent et commandent ; les défenseurs prennent les armes et se battent ; ses serviteurs sont répandus dans toutes les autres professions.

La république la plus heureuse est celle où

le souverain, philosophe, connoît le premier bien.

Les hommes vivront misérables, tant que les philosophes ne règneront pas ; ou que ceux qui règnent, privés d'une sorte d'inspiration divine, ne seront pas philosophes.

La république peut prendre cinq formes différentes ; l'aristocratie, où un petit nombre de nobles commande ; la timocratie, où l'on obéit à des ambitieux ; la démocratie, où le peuple exerce la souveraineté ; l'oligarchie, où elle est confiée à quelques-uns ; la tyrannie, ou l'administration d'un seul, la plus mauvaise de toutes.

Si l'administration pêche, il faut la corriger ; c'est l'usage d'un nombre d'hommes de tout âge et de toute condition, dont les différens intérêts se balanceront.

L'usage commun des femmes ne peut avoir lieu que dans une république parfaite.

La vertu de l'homme politique consiste à diriger ses pensées et ses actions au bonheur de la république.

Des successeurs de Platon.

Ceux qui succédèrent à Platon ne professèrent point tous rigoureusement sa doctrine. Sa philosophie souffrit différentes altérations, qui distinguèrent l'académie en ancienne, moyenne, nouvelle et dernière. L'ancienne fut de vrais *platoniciens*, au nombre desquels on compte Speusippe, Xénocrate, Polémon, Cratès et Crantor. La moyenne, de ceux qui retinrent ses idées, mais qui élevèrent la question de l'imbécilité de l'entendement humain, et de l'incertitude de nos connoissances, parmi lesquels on nomme Arcésilaüs, Lacyde, Evandre et Egésine. La nouvelle, qui fut fondée par Carnéade et Clitomaque, et qui se divisa dans la suite en quatrième et cinquième; celle-ci sous Philon et Charmide, celle-là sous Antiochus. (*Voyez sur ces cinq différentes académies l'article* ACADÉMICIENS, (PHILOSOPHIE DES) *Encycl. méthod. Dict. de la Philos. anc. et mod. tom. I, depuis la pag.* 19, *jusqu'à la pag.* 132.

De l'académie première ou ancienne, ou des vrais platoniciens.

De Speusippe.

Ce philosophe occupa la chaire de Platon, son oncle; ce fut un homme d'un caractère doux; il prit plus de goût pour Lasthénie et pour Axiothée, ses disciples, qu'il ne convenoit à un philosophe valétudinaire. Un jour, qu'on le portoit à l'académie sur un brancard, il rencontra Diogène, qui ne répondit à son salut qu'en lui reprochant la honte de vivre dans l'état misérable où il étoit. Frappé de paralysie, il se nomma pour successeur Xénocrate. On dit qu'il mourut entre les bras d'une femme. Il exigea un tribut de ses auditeurs. Il aima l'argent. Il avoit composé des poëmes; on les lui faisoit réciter en le payant, quoiqu'ils fussent peu conformes aux bonnes mœurs. Au reste, on peut rabattre de ces imputations odieuses, qui n'ont d'autres garans que le témoignage de Denis de Syracuse, qui avoit haï, persécuté et calomnié Platon ; et qui, peut-être, n'en usa pas avec plus d'équité pour Speusippe, parent de Platon, ennemi de la tyrannie, et ami de Dion, que les terreurs de Denis tenoient en exil. Aristote acheta les ouvrages de Speusippe, trois talens, somme exorbitante, mais proportionnée apparemment au mérite qu'il y attachoit, ou à la haine qu'il portoit au *platonisme*, sorte de philosophie qu'il avoit projeté d'éteindre à quelque prix et par quelque moyen que ce fût. Speusippe s'occupa à remarquer ce que les sciences avoient de commun, à les rapprocher, et à les éclairer les unes par les autres. Il marcha sur les traces de Pythagore; il distingua les objets en sensibles et en intellectuels ; et il comparoit les sens aux doigts expérimentés d'une joueuse de flûte. Du reste, il pensa sur le bonheur, sur la vérité, sur la vertu et la république, comme Platon, dont il différa moins par les idées que par l'expression.

Xénocrate naquit dans le cours de la 95.ᵉ olympiade ; il eut l'intelligence lente et pesante. Platon le comparoit à un âne paresseux qui avoit besoin d'éperons, et Aristote à un cheval fougueux à qui il falloit un mors. Il avoit les mœurs dures, l'extérieur rebutant ; et son maître lui répétoit sans cesse de sacrifier aux Graces. Il se comparoit lui-même à un vase dont le col étoit étroit, qui recevoit difficilement, mais qui retenoit bien. Il montra bien à la cour de Denis qu'il étoit capable d'attachement et de reconnoissance, en disant avec hardiesse au tyran, qu'on ne disposoit point de la tête de Platon, sans avoir auparavant disposé de celle de Xénocrate.

Il se conforma rigoureusement à la discipline et à la doctrine de l'académie ; il représenta Platon par la pureté de ses mœurs et la gravité de son maintien et de ses discours. Telle fut l'opinion qu'on eut de sa véracité, qu'appelé en témoignage, les juges le dispensèrent du serment. Envoyé en ambassade à Philippe de Macédoine, les présens de ce souverain ne le tentèrent point ; et il refusa constamment de conférer avec lui secrètement. Il servoit utilement sa patrie en d'autres circonstances non moins importantes, sans qu'il en coûtât rien à son intégrité. Il remit à Alexandre la plus grande partie des cinquante talens qu'il lui fit offrir ; il n'est pas surprenant, après ces marques de désintéressement, qu'il fût pauvre, et qu'il ne se trouvât pas en état de payer le tribut qu'on exigeoit dans Athènes de ceux qui voyageoient ; mais il l'est beaucoup, que, faute de payement, ces Athéniens, dont il avoit si bien mérité l'estime, l'aient vendu ; et qu'il n'ait été rendu à sa patrie que par la bienfaisance de Démétrius de Phalère, qui le racheta. Phryné, qui avoit fait gageure avec quelques jeunes libertins qu'elle le corromproit, eût perdu la haute opinion de ses charmes, le préjugé qu'elle avoit conçu de la foiblesse de Xénocrate, et la somme qu'elle avoit déposée ; mais elle retira son argent, en disant qu'elle s'étoit engagée à émouvoir un homme, mais non une statue. Il falloit que celui qui résistoit à Phryné fût ou passa pour impuissant. On crut, de Xénocrate, qu'il s'étoit assuré de lui-même, en se détachant des organes destinés à la volupté, long-temps avant que de passer la nuit à côté de la célèbre courtisanne. Les enfans même le respectoient dans les rues ; et sa présence suspendoit leurs jeux. Ce fut un homme silencieux. Il disoit qu'il s'étoit quelquefois repenti d'avoir parlé, jamais de s'être tu. Il se distingua par sa clémence, par sa sobriété, et toutes les vertus qui caractérisent l'homme de bien et le philosophe. Il vécut de longues années, sans aucun reproche. Il éloigna de son école, comme un vase sans ses anses, celui qui ignoroit la géométrie, l'astronomie et la musique. Il définit la réthorique comme Platon. Il divisa la philosophie en logique, physique et morale. Il prétendit qu'il falloit commencer la dialectique par le traité des mots. Il distingua les objets en sensibles, intelligibles et composés; et la connoissance, en science, sensation et opinion. Il rapporta sa doctrine des dieux à celle des nombres, à la monade ou l'unité qu'il appela *Dieu*; au nombre deux, dont il fit une divinité femelle; et à l'impair, qui fut Jupiter. Il admit des puissances subalternes, tels que le ciel et les astres; et des démons diffus dans toute la masse de l'univers, et adorés parmi les hommes sous les noms de Junon, de Neptune, de Pluton et de Cérès. Selon lui, l'ame qui se meut d'elle-même fut un nombre. Il imagina trois denses différens; il composa les étoiles et le soleil de feu, et d'un premier dense; la lune, d'un air particulier, et d'un second dense; et la terre, d'air et d'eau, et d'un troisième dense. L'ame ne fut susceptible ni de densité, ni de rareté. Il disoit: tout ce qui est, est ou bien, ou mal, ou indifférent; la vertu est préférable à la vie, le plus grand des biens, etc. Il mourut âgé de quatre-vingt-deux ou quatre-vingt-quatre ans.

Polémon fut un de ces agréables débauchés, dont la ville d'Athènes fourmilloit. Un jour qu'il sortoit au lever du soleil de chez une courtisanne avec laquelle il avoit passé la nuit, ivre d'amour et de vin, les cheveux épars, les pieds chancelans, ses vêtemens en désordre, la poitrine nue, ses brodequins tombans et à moitié détachés, une couronne en lambeaux, et placée irrégulièrement sur sa tête, il apperçut la porte de l'école de Xénocrate ouverte : il entra ; il s'assit ; il plaisanta le philosophe et ses disciples. Les idées qu'on avoit là du bonheur quadroient peu avec celle d'un jeune homme qui auroit donné sa vie pour un verre de vin de Chio et un baiser de sa maîtresse. Xénocrate ne se déconcerta point ; il quitta le sujet dont il entretenoit ses auditeurs, et se mit à parler de la modestie et de la tempérance. D'abord la gravité du philosophe abattit un peu la pétulance du jeune libertin ; bientôt elle le rendit attentif. Polémon se tut, écouta, fut touché, rougit de son état ; et on le vit, à-mesure que le philosophe parloit, embarrassé, se baisser furtivement, rajuster son brodequin, ramener ses bras nus sous son manteau, et jeter loin de lui sa couronne. Depuis ce moment, il professa la vie la plus austère ; il s'interdit l'usage du vin ; il s'exerça à la fermeté ; et il y réussit au point que, mordu à la jambe par un chien enragé, il conserva sa tranquillité au milieu d'une foule de personnes que cet accident avoit rassemblées, et qui en étoient frappées de terreur. Il aima la solitude autant qu'il avoit aimé la dissipation. Il se retira dans un petit jardin ; et ses disciples se bâtirent des chaumières autour de la sienne. Il fut chéri de son maître et de ses disciples, et honoré de ses concitoyens. Il forma Crantor,

Cratès le stoïcien, Zénon et Arcésilaüs. Sa philosophie fut pratique. Il faut plus agir, disoit-il, que spéculer ; vivre selon la nature ; imiter Dieu ; étudier l'harmonie de l'univers ; et l'introduire dans sa conduite. Il mourut de phthisie, dans un âge fort avancé.

Cratès l'athénien succéda à Polémon, son maître et son ami. Jamais deux jeunes hommes ne furent unis d'un lien plus solide et plus doux que ceux-ci. Ils eurent les mêmes goûts, les mêmes amusemens, les mêmes études, les mêmes exercices, les mêmes sentimens, les mêmes vertus, les mêmes mœurs ; et quand ils moururent, ils furent enfermés dans un même tombeau. Cratès écrivit de la philosophie, composa des pièces de théâtre, et laissa des harangues. Arcésilaüs et Bion le boristhénite se distinguèrent dans son école. Il y eut plusieurs philosophes de son nom, avec lesquels il ne faut pas le confondre.

Crantor occupa l'académie après Polémon. Il fut philosophe et poëte dramatique. Son ouvrage *de luctu* eut beaucoup de réputation. Cicéron nous en a transmis les idées principales dans son livre *de la consolation*. Sa doctrine ne différa guère de celle de Platon. Il disoit : La vie de l'homme est un long tissu de misères, que nous nous faisons à nous-mêmes, ou auxquelles la nature nous a condamnés. La santé, la volupté et les richesses sont des

X *

biens, mais d'un prix fort différent. L'absence de la douleur est un avantage qui coûte bien cher : on ne l'obtient que de la férocité de l'ame ou de la stupeur du corps. L'académie ancienne ou première finit à Crantor.

De l'Académie moyenne.

Arcésilaüs ou Arcésilas en est le fondateur. Il naquit la première année de la cent seizième olympiade ; il apprit les mathématiques, sous Autolique ; la musique, sous Xante ; la géométrie, sous Hypponique ; l'art oratoire et la poésie, sous différens maîtres ; enfin, la philosophie, dans l'école de Théophraste, qu'il quitta pour entendre Aristote, qu'il quitta pour entendre Polémon. Il professa dans l'académie, après la mort de Crantor. Ce fut un homme éloquent et persuasif. Il ménageoit peu le vice dans ses disciples ; cependant il en eut beaucoup. Il les aima ; il les secourut dans le besoin. Sa philosophie ne fut pas austère. Il ne se cacha point de son goût pour les courtisannes Théodorie et Philète. On lui reproche aussi le vin et les beaux garçons (*). A en juger par la constance qu'il

---

(*) Sur cette atroce calomnie, que Diderot ne rapporte ici qu'en qualité d'historien, *Voyez* ce que nous avons dit dans l'article ACADÉMICIENS, (PHI-

montra dans les douleurs de la goutte, il ne paroît pas que la volupté eût amoli son courage. Il vécut loin des affaires publiques, renfermé dans son école. On lui fait un crime de ses liaisons avec Hiéroclès. Il mourut en délire, âgé de 75 ans. Il excita la jalousie de Zénon, d'Hyéroninus le péripatéticien, et d'Epicure. La philosophie académique changea de face sous Arcésilas. Pour se former quelque idée de cette révolution, il faut se rappeler :

1. Que les académiciens n'admettoient aucune science certaine des choses sensibles ou de la matière, être qui est dans un flux et un changement perpétuel; d'où ils inféroient la modestie dans les assertions, les précautions contre les préjugés, l'examen, la patience et le doute.

2. Qu'ils avoient la double doctrine, l'ésotérique et l'exotérique (*Voyez cet article*) ; qu'ils combattoient les opinions des autres philosophes dans leurs leçons publiques, mais qu'ils n'exposoient leurs propres sentimens que dans le particulier.

3. Qu'au temps où Socrate parut, Athènes étoit

LOSOPHIE DES) Encyclop. mét. Dict. de la Philos. anc. et mod. tome I, depuis la page 29, colonne 2, jusqu'à la page 40.
NOTE DE L'ÉDITEUR.

infectée de sophistes ; et que Socrate ne trouva pas de meilleur moyen de détromper ses concitoyens de ces hommes vains, que d'affecter l'ignorance et le doute; que de les interroger sur ce qu'il savoit mieux qu'eux ; que de les embarrasser; et que de les couvrir de ridicule.

4. Que ce doute affecté de Socrate devint, dans quelques-uns de ses disciples, le germe d'un doute réel sur les sens, sur la conscience et sur l'expérience, trois témoignages auxquels Socrate en appeloit sans cesse.

5. Qu'il en résulta une sorte de philosophie incommode, inquisitive, épineuse, qui fut enseignée principalement dans les écoles dialectiques, mégariques et érétriaques, où la fureur de disputer pour et contre subsista très-long-temps.

6. Que Platon, homme d'un goût sain, d'un grand jugement, d'un génie élevé et profond, sentit bientôt la frivolité de ces disputes scholastiques; se tourna vers des objets plus importans ; et songea à rappeler dans l'usage de la raison une sorte de sobriété, distinguant entre les objets de nos réflexions ceux qu'il nous étoit permis de bien connoître, et ceux sur lesquels nous ne pouvions jamais qu'opiner.

7. Qu'au temps d'Arcésilas, de Xénocrate et d'Aristote, il s'éleva une école nouvelle où l'on combattoit tous les systémes connus, et où l'on

élevoit sur leurs débris la doctrine de la foiblesse absolue de l'entendement humain, et de l'incertitude générale de toutes nos connoissances.

8. Qu'au milieu de cette foule de sectes opposées, la *philosophie de Platon* commença à souffrir quelque altération ; que le silence sur la doctrine ésotérique avoit été mal gardé ; que ce qu'on en avoit laissé transpirer étoit brouillé et confus dans les esprits ; et qu'on pensa qu'il falloit plutôt désaprendre ceux qui étoient mal instruits, que d'instruire ceux qu'on ne trouveroit peut-être pas assez dociles.

Voilà ce qui détermina Arcésilas à revenir à la méthode de Socrate, l'ignorance affectée, l'ironie et le doute. Socrate l'avoit employée contre les sophistes : Arcésilas l'employa contre les semi-philosophes, platoniciens ou autres. Il dit donc :

*Principes de la philosophie d'*Arcésilas.

On ne peut rien savoir, ci ce n'est que la chose que Socrate s'étoit réservée, c'est qu'on ne sait rien ; encore cette chose-là même est-elle incertaine.

Tout est caché à l'homme ; il ne voit rien ; il ne conçoit rien. Il ne faut donc ni s'attacher à aucune école, ni professer aucun système, ni rien affirmer ; mais se contenir et se garantir de cette témérité courante, avec laquelle on assure les choses les plus inconnues, on débite comme des vérités les choses les plus fausses.

Il n'y a rien de plus honteux, dans un être qui a de la raison, que d'assurer et d'approuver avant que d'avoir entendu et compris.

Un philosophe peut s'élever contre tous les autres, et combattre leurs opinions par des raisons au-moins aussi fortes que celles qu'ils avancent en preuves.

Le sens est trompeur. La raison ne mérite pas qu'on la croie.

Le doute est très-raisonnable, quant aux questions de la philosophie; mais il ne faut pas l'étendre aux choses de la vie.

D'où l'on voit qu'un académicien de l'académie moyenne, ou un sceptique, diffèrent très-peu; qu'il n'y a pas un cheveu de différence entre le système de Pirrhon et celui d'Arcésilas; qu'Arcésilas ne permettoit pas qu'on appliquât ses principes à la justice, au bien, au mal, aux mœurs et à la société; mais qu'il les regardoit seulement comme des instrumens très-incommodes pour l'orgueil dogmatique des sophistes de son temps. (*Voyez* sur tout ceci *l'article* ACADÉMICIENS, (PHILOSOPHIE DES) *Encyclop. méth. Dict. de la Philos. anc. et mod. tom. I, depuis la page* 21 *jusqu'à la pag.* 42.)

Lacyde de Cyrène embrassa la doctrine d'Arcésilas. Il étoit établi dans les jardins de l'académie, la quatrième année de la 134.ᵉ olympiade; il y professa pendant 25 ans. Il eut peu de disciples. On l'abandonna pour suivre Epicure. On préféra le philosophe qui prêchoit la volupté de l'ame et des sens, à celui qui décrioit la lumière de l'une et le témoignage des autres ; et depuis, il n'avoit ni cette éloquence, ni cette subtilité, ni cette vigueur avec laquelle Arcésilas avoit porté le trouble parmi les dialectiques, les stoïciens et les dogmatiques. Lacyde céda sa place à ses deux disciples, Télècle et Evandre. Evandre eut pour successeur Egésine de Pergame ; et celui-ci, Carnéade, qui fut le chef de l'académie nouvelle.

De l'académie nouvelle, ou troisième, quatrième et cinquième.

Les Athéniens furent un peuple folâtre, où les poëtes ne perdirent jamais aucune occasion de jeter du ridicule sur les philosophes ; où les philosophes s'occupoient à faire sortir l'ignorance des poëtes, et à les rendre méprisables ; et où le reste de la nation les prenoit les uns et les autres au mot, et s'en amusoit : de-là, cette multitude de mauvais contes qu'Athénée et Diogène de Laërce, et ceux qui ont écrit avant et après eux l'histoire littéraire de la Grèce, nous ont transmis. Il faut convenir qu'une philosophie qui ravaloit l'homme au-dessous de la bête, en le dépouillant de tous les moyens de connoître la vérité, étoit un sujet excellent de plaisanterie pour des gens oisifs et méchans.

Carnéade naqui la troisième année de la 141.ᵉ olympiade. Il étudia la dialectique sous le stoïcien Diogène ; aussi, disoit-il quelquefois dans la dispute : Ou je vous tiens, ou Diogène me rendra mon argent. Il fut un de ceux que les Athéniens envoyèrent à Rome à l'occasion du sac d'Orope. Son éloquence étoit rapide et violente ; celle de Critolaüs, solide et forte ; celle de Diogène, sobre et modeste. Ces trois hommes parlèrent devant les Romains, et les étonnèrent. Carnéade disputa de la justice pour et contre, en présence de Galba et de Caton le censeur ; et Cicéron dit, des raisons que Carnéade opposa à la notion du juste et de l'injuste, qu'il n'ose se promettre de les détruire, trop heureux s'il parvient à les émousser, et à rassurer les loix et l'administration publique, dont le philosophe grec a ébranlé les fondemens. Quoi qu'il en soit, Carnéade fut imprudent. Son sujet étoit mal choisi ; et il n'étoit pas à présumer que les graves magistrats romains supportassent un art, qui rendoit problématiques les vérités les plus importantes. Comment Caton le censeur eut-il la patience d'écouter celui qui accusoit de fausseté la mesure intérieure des actions ? Ce Carnéade fut un homme terrible. (*Voyez, sur la dialec-*

tique et l'éloquence de Carnéade, l'article ACA-
DÉMICIENS, (PHILOSOPHIE DES)-depuis la page 42
jusqu'à la page 115).

Il réunit en-même-temps la subtilité, la force,
la rapidité, l'abondance, la science, la profondeur;
en un mot, toutes les qualités avec lesquelles on
dispose d'un auditeur. Ses principes différèrent peu
de ceux d'Arcésilas. Selon lui :

Nous n'avons aucun moyen incontestable de reconnoître la vérité, ni la raison, ni les sens, ni
l'imagination; il n'y a rien, ni en nous, ni hors de
nous qui ne nous trompe.

Il n'y a aucun objet qui affecte deux hommes de
la même manière, ou le même homme en deux
momens différens.

Aucun caractère absolu de vérité, ni relatif à
l'objet, ni relatif à l'affection.

Comment s'en rapporter à une qualité aussi in-
constante que l'imagination ?

Point d'imagination, sans la sensation; point de
raison, sans l'imagination. Mais si le sens trompe,
si l'imagination est infidelle ; ou s'ils disent vrai, et
qu'il n'y ait aucun moyen certain de s'assurer des
cas où ils ne trompent pas, que penser de la
raison ?

Tous les axiomes de Carnéade se réduisent à
décrier la mémoire, l'imagination, les sens et la
raison.

D'où il s'ensuit que la doctrine de l'académie moyenne fut à-peu-près la même, que celle de l'académie nouvelle.

Et que l'académie différoit du pirrhonisme, en ce qu'elle laissoit au philosophe la vraisemblance et l'opinion. L'académicien disoit : *videre mihi videor*; et le pirrhonien, *nihil videre mihi videor*.

Carnéade ne reconnoissoit point l'existence des dieux ; mais il soutenoit, contre les stoïciens, que tout ce qu'ils en débitoient étoit vague et incertain.

Il raisonnoit de la même manière sur le destin. Il démontroit qu'il y a des choses en notre puissance ; d'où il concluoit la fausseté de la concaténation générale, et l'impossibilité même pour Apollon de rien prédire des actions de l'homme.

Il faisoit consister le bonheur à imiter la nature, à suivre ses conseils, et à jouir de ses présens.

Le carthaginois Clitomaque succéda à Carnéade; il entra dans l'académie, la deuxième année de la 162.ᵉ olympiade ; et l'occupa environ trente ans. Celui-ci fut tout-à-fait pyrrhonien ; il ne laissa pas même au philosophe le choix entre les choses plus ou moins vraisemblables. Il fit une énigme également inexplicable de l'homme et de la nature. Il décria et, l'observation, et l'expérience, et la dialectique, qu'il comparoit à la lune qui croît et décroît.

Philon étudia plusieurs années sous Clitomaque. Charmidas lui succéda ; et l'académie cessa à Antiochus l'Ascalonite.

Les académies première, moyenne et nouvelle, eurent des sectateurs chez les Romains. (*Voyez l'article* ROMAINS (PHILOSOPHIE DES).

Le *platonisme* se renouvela sous les empereurs. On nomme parmi ces nouveaux platoniciens, Thrasile de Mende, qui vécut sous les règnes d'Auguste et de Tibère ; Théon de Smyrne, Alcinoüs, l'hermaphrodite ou l'eunuque Favorinus, qui se distingua sous Trajan et sous Adrien, parce qu'étant Gaulois, il parla grec : eunuque, il fut accusé d'adultère ; rival en philosophie de l'empereur, il conserva sa liberté et sa vie. Calvisius Taurus, qui parut du temps d'Antonin le pieux; Lucius Apulée, l'auteur du conte de l'Ane d'or ; Atticus, qui fut contemporain de l'empereur philosophe Marc-Aurèle Antonin ; Numénius d'Apamée ; Maxime de Tyr, sous Commode ; Plutarque et Galien.

Ce fut alors que le *platonisme* engendra l'éclectisme. *Voyez l'article* ÉCLECTISME.

Le christianisme commençoit à s'établir. *Voyez aux articles* PHILOSOPHIE DE JÉSUS-CHRIST, DES APÔTRES ET DES PÈRES, *quel fut le sort du* PLATONISME *dans l'église.*

Cette philosophie s'éteignit, ainsi que toutes les autres connoissances ; et ne se renouvela qu'au temps où les Grecs passèrent en Italie. Le premier nom, que l'on trouve parmi les restaurateurs de la doctrine de Platon, est celui de George Gémistus Pléthon ; il vivoit à la cour de Michel Paléologue, douze ans avant le concile de Florence, qui fut tenu sous Eugène IV, l'an 1438, et auquel il assista avec Théodore de Gaza et Bessarion. Il écrivit un livre des loix, que le patriarche de Constantinople Gennade fit brûler après la mort de l'auteur. *Voyez l'art.* Platoniciens et Aristotéliciens, *prem. édit. de l'Encycl.*

Bessarion fut disciple de Gémistus, et sectateur du *platonisme*. La vie de Gémistus et de Bessarion appartient plus à l'histoire de l'église, qu'à celle de la philosophie.

Mais personne, dans ce temps, ne fut plus sincèrement platonicien que Marsile Ficin. Il naquit à Florence en 1433. Il professa publiquement la philosophie. Il forma Ange Politien, Arétin, Cavalcante, Calderin, Mercat et d'autres. Il nous a laissé une traduction de Platon, si maigre, si sèche, si dure, si barbare, si décharnée, qu'elle est à l'original, comme ces vieux barbouillages de peinture, que les amateurs appelent *des croûtes*, sont aux tableaux du Titien ou de Raphaël.

Jean Pic de la Mirandole, qui encouragea ses contemporains à l'étude de Platon, naquit en

1463. Celui-ci connut tout ce que les Latins, les Grecs, les Arabes et les Juifs avoient écrit de la philosophie. Il sut presque toutes les langues. L'amour de l'étude et du plaisir abrégea ses jours. Il mourut avant l'âge de 32 ans.

Alors la philosophie prit une nouvelle face.

TABLE DU TOME VI.

JAPONOIS, (philosophie des). . . . . . page 3
   Du Sintos, du Budso et du Sindo. 9
JÉSUITES, (histoire des superstitions modernes). 17
JÉSUS-CHRIST, (histoire des superstitions anciennes et modernes). AVERTISSEMENT DE
L'ÉDITEUR. 38
IONIQUE, (secte). 67
   De la naissance des choses. 71
   Des choses spirituelles. 72
   Géométrie de Thalès. 73
   Cosmogonie d'Anaximandre. 75
   Philosophie d'Anaxagoras. 78
JOQUES. 85
JORDANUS BRUNUS, (philosophie de). . . *ibid.*
JUIFS, (philosophie des). 98
   De la philosophie des Juifs, depuis leur retour
   de la captivité de Babylone jusqu'à la ruine
   de Jérusalem 100
   Histoire des Samaritains. 101
   Doctrine des Samaritains. 105
   Colonie des Juifs en Égypte. 115
   Origine des différentes sectes chez les Juifs. 120
   De la secte des Saducéens. 121
   Doctrine des Saducéens 125
   Mœurs des Saducéens 131
   Des Caraïtes. Origine des Caraïtes. . . . 132
   Doctrine des Caraïtes. 135

De la secte des Pharisiens. Origine des Pharisiens. . . . . page 139
Doctrine des Pharisiens. 140
Mœurs des Pharisiens. 144
Origine des Esséniens. 146
Histoire des Esséniens 148
Des Thérapeutes. 156
Histoire de la philosophie juive, depuis la ruine de Jérusalem. 164
Origine du Thalmud et de la Gémare. . . 171
Jugemens sur le Thalmud. 174
Des grands hommes qui ont fleuri chez les Juifs dans le douzième siècle. 190
De la philosophie exotérique des Juifs. . . 201
Idée que les juifs ont de la Divinité. . . . 202
Sentiment des Juifs sur la providence et sur la Liberté. 207
Sentiment des Juifs sur la création du monde. 213
Sentiment des Juifs sur les Anges et sur les Démons, sur l'ame et sur le premier homme. 216
Dogmes des Péripatéticiens, adoptés par les Juifs. 234
Principes de morale des Juifs. 237
LÉIBNITZIANISME, ou philosophie de Léibnitz. 239
Addition de l'Éditeur. 249
I. Principes de méditations rationelles de Léibnitz. 267
II. Métaphysique de Léibnitz, ou ce qu'il a pensé des élémens des choses. 273
III. Principes de la théologie naturelle de Léibnitz. 291
IV. Exposition des principes que Léibnitz op-

posa à Clarke dans leur dispute. . . page 294
V. Principes du droit naturel, selon Léibnitz. 298

LOCKE, (philosophie de). 304
MACARIENS. 314
MACHIAVÉLISME . . . . *ibid.*

MALABARES, (philosophie des). 316
    Théologie des peuples du Malabar. 324
    Physique des peuples du Malabar. 329
    Morale des peuples du Malabar. 330

MALEBRANCHISME, ou philosophie de Malebranche. 334
MÉGARIQUE, (secte). 341
MOSAÏQUE et CHRÉTIENNE, (philosophie). . 349
    Addition de l'Éditeur. 370
NATURALISTES. 375
ORIENTALE, (philosophie). . . . . . . *ibid.*
PARMÉNIDÉENNE, (philosophie) ou philosophie de Parménide. 384
    Principes de la physique de Télésius. . . . 390

PÉRIPATÉTICIENNE, (philosophie) ou philosophie d'Aristote, ou Aristotélisme. . . . 394
    De la vie d'Aristote. 395
    De la logique d'Aristote. . . . . *ibid.*
    De la philosophie naturelle d'Aristote. . . 404
    Principes de la psychologie d'Aristote. . . 412
    Métaphysique d'Aristote. 416
    Principes de la morale ou de la philosophie pratique d'Aristote. 421
    Des successeurs d'Aristote, Théophraste, Straton, Lycon, Ariston, Critolaüs, Diodore, Dicéarque, Eudème, Héraclite, Phanias, Démétrius, Hyéronimus. 425

Des philosophes qui ont suivi la véritable philosophie d'Aristote . . . . page 436
PERSES, (philosophie des). 438
 De Zoroastre. 439
 Des Guèbres. 443
 Des livres attribués à Zoroastre. . . . . ibid.
 Des oracles de Zoroastre. 445
 Du mage Hystaspe. . . . . ibid.
 D'Ostanès ou d'Otanès. . . . . ibid.
 Du mot *mage*. 446
 De l'origine du Magianisme. . . . . . ibid.
 Du caractère d'un mage. . . . . ibid.
 Des classes des mages. 447
 Des devoirs des mages. . . . . ibid.
 Des sectes des mages. 448
 De la philosophie des mages. 449
 Des dieux des Perses. . . . . ibid.
 Principes du système de Zoroastre. . . . 452
 Des dieux et des temples. 453
 Abrégé des prétendus oracles de Zoroastre. 456
 Suite des oracles ou fragmens. 457
 Philosophie morale des Perses. 460
PHÉNICIENS, (philosophie des). 461
PLATONISME, ou philosophie de Platon. . . 464
 De la philosophie de Platon. 475
 De la dialectique de Platon. 476
 De la philosophie contemplative de Platon, et premièrement de sa théologie. 480
 De la physique de Platon 482
 De l'ame, selon Platon, ou de sa psychologie. 484
 De la philosophie-pratique de Platon, et premièrement de sa morale. 486
 De la politique de Platon. 489

Des successeurs de Platon. . . . . . page 490
De l'académie première ou ancienne, ou des
  vrais Platoniciens. De Speusippe. . . . 491
De l'académie moyenne. 498
Principes de la philosophie d'Arcésilas. . . 501
De l'académie nouvelle, ou troisième, qua-
  trième et cinquième. 503

FIN DU TOME SIXIÈME.

www.ingramcontent.com/pod-product-compliance
Lightning Source LLC
Chambersburg PA
CBHW051137230426
43670CB00007B/846